## 教师职业技能训练精品规划系列教程
### 编委会

主　　编：胡石其

副 主 编：李炳煌

编　　委：（按姓氏拼音排序）

　　　　　胡石其　金身佳　李炳煌　李　学

　　　　　刘金旺　徐李洁　颜红菊　邹慧明

执行编委：李　学

教师职业技能训练精品规划系列教程

# 教师语言技能训练教程

## The Teacher's Language Skill Training Course

主　编：颜红菊

副主编：周兴杰　邓桂英

编　者：（按汉语拼音字母顺序）

邓桂英　段　斌　黄　青　李　学

刘　婕　罗　玺　石巧红　文　丹

肖希凤　颜红菊　章　桉　赵江平

周兴杰

华中科技大学出版社
http://www.hustp.com
中国·武汉

## 内 容 简 介

本教材是语言训练教材,旨在培养语言能力、提高语言素质,可用于大学生语言训练课程。

本书分三个板块:上篇——教师语言技能语音基础训练;中篇——教师职业语言技能训练;下篇——教师语言技能拓展训练。其中,上篇为语音基础训练,包括语音要素训练和朗读训练;中篇为针对教师职业的专门训练,包括教育语言训练和教学语言训练;下篇为语言素质的拓展训练,包括语言表演训练、演讲训练、应聘语言训练等。

本书特点主要有:①理论和实践相结合,但更注重语言实践训练。本书编写的基本体例是:先进行理论概述,然后实例分析,最后是专项训练。理论概述提供必要的理论基础,但不进行过于深入的专业解释,因为针对的读者并非语言专业人员。实例分析和专项训练提供了大量可供学习参考的范例,对语言训练提供切实可行的具体指导。②注重教学双方的可操作性。本教材提供了步骤清晰、目标明确的训练方案,教师可在课堂上进行训练指导,学生可在课后进行自我训练。③基础训练和提高训练相结合。上篇为语音基础训练,中篇和下篇则是更高层次的训练,从深度和广度都有所拓展,提供了较全方位的语言训练。④专业训练和一般训练相结合。

**图书在版编目(CIP)数据**

教师语言技能训练教程/颜红菊主编.—武汉:华中科技大学出版社,2015.6(2021.8重印)
教师职业技能训练精品规划教材
ISBN 978-7-5680-0970-6

Ⅰ.①教… Ⅱ.①颜… Ⅲ.①教师-语言艺术-师资培训-教材 Ⅳ.①G42

中国版本图书馆 CIP 数据核字(2015)第 133623 号

**教师语言技能训练教程** 颜红菊 主编

策划编辑:周晓方
责任编辑:刘 烨
封面设计:原色设计
责任校对:张会军
责任监印:周治超
出版发行:华中科技大学出版社(中国·武汉)　　电话:(027)81321913
　　　　　武汉市东湖新技术开发区华工科技园　　邮编:430223
录　　排:华中科技大学惠友文印中心
印　　刷:武汉市洪林印务有限公司
开　　本:787mm×1092mm　1/16
印　　张:21　插页:2
字　　数:513 千字
版　　次:2021 年 1 月第 1 版第 9 次印刷
定　　价:58.00 元

本书若有印装质量问题,请向出版社营销中心调换
全国免费服务热线:400-6679-118　竭诚为您服务
版权所有　侵权必究

# 总序
## General Preface

进入 21 世纪以来,我国教师教育体制与机制发生了重大变化,传统教师人才培养的理念、要求、内容及方式受到极大挑战。加强和改革教师教育,促进教师教育事业健康快速发展,为教育发展提供强有力的支撑和保障,已经成为教育行政部门和教师培养机构共同探索的问题。

教师教育体系已经由相对封闭走向灵活开放。到 2011 年止,举办教师教育学科的高等学校共有 527 所,其中师范院校有 144 所,非师范类院校有 383 所,基本实现了"完善以现有师范院校为主体、其他高等学校共同参与、培养培训相衔接的开放的教师教育体系"这一发展目标。

教师教育和教师专业的相关标准已经建立。除已经实行多年的教师资格、教师职称等传统教师标准以外,教育部陆续颁发《教师教育课程标准(试行)》、《幼儿园教师专业标准(试行)》、《小学教师专业标准(试行)》、《中学教师专业标准(试行)》、《中等职业学校教师专业标准(试行)》、《"国培计划"课程标准(试行)》等一系列教师教育和教师专业发展的标准,为教师培养、教师专业发展及评价提供了明确的政策依据。

教师教育办学层次不断提升。原有的中师、专师和独立设置的教育学院逐步合并或升格为本科院校,教师培养起点大幅提高。教育硕士、教育博士等教育专业学位发展速度加快,截至 2014 年,共有 15 所高校培养教育博士和 80 多所高校培养教育硕士,教育专业硕士学位招生人数远远超过教育学学术型硕士招生人数。教师教育办学层次实现了从中师、大专和本科的"旧三级"向专科、本科和研究生"新三级"的转变。

教师教育和教师专业发展的政策导向功能日益突显。从 2007 年秋季起,国家在教育部直属师范大学实行免费师范生教育;2010 年开始全面实施中小学教师国家级培训计划("国培计划");2004 年开始实施"农村学校教育硕士师资培养计划";2010 年推荐"特岗教师"免试攻读教育硕士专业学位;2011 年,教育部印发《关于大力加强中小学教师培训工作的意见》,规定教师每 5 年参加培训的时间不少于 360 学时。以上政策的推行,为教师教育和教师专业发展提供了大量的经费,在实践中创新了教师培养培训的模式,很大程度上体现了教育发展与改革的时代要求。

在教师教育、教师专业发展的外部环境迅速变化的情况下,教师教育机构,特别是承担教师教育任务的高等院校在办学过程中根据本校实际情况形成个性鲜明的教师教育特色、引领教师专业发展方面,还有较多的困难需要克服。比如:如何解决学科发展的学术性要求与教师教育的实践性之间存在的矛盾、持续扩招与就业结构性困难之间的矛盾,如何有效形成教师职前培养和职后培训一体化的机制,如何科学设置、管理教师教育课程,如何合理安排教育实践的场所,等等。解决这些问题,既需要教育理论的有效指引、国家和地方相关政策对教师教育的支持,也需要举办教师教育的高等院校结合本校、本地区实际情况,探索形成具有自身特点的教师教育风格。

湖南科技大学具有悠久的师范教育历史,其前身湘潭师范学院在1984年就升格为本科院校,2000年获得课程与教学专业硕士招生资格,2005年由国务院学位办批准为教育硕士专业学位培养单位,为湖南乃至周边省份培养了上万名优秀中小学教师和教育管理工作者。湖南科技大学在由单科性大学向综合性大学发展过程中,一方面受教师教育大背景变化影响,另一方面由于学校发展定位等内部因素制约,在如何发展教师教育的思路上有过短暂的迷惘困惑。近年来,学校党委、行政部门在深思熟虑、反复论证的基础上,确定将教师教育作为学校发展的基本特色。2011年成立了教育科学研究院,负责统筹、协调、规划全校教师教育;与全省157所省级示范高中和20多所小学、初中学校结为"教师专业发展联盟学校";申请设立湖南省基础教育教学研究基地。

为总结多年来教师教育实践与理论研究成果,我们组织本校教师教育研究者和相关院系负责人编写了"基础教育研究丛书"、"教师教育系列课程"两套丛书,期望能够对推动基础教育发展与教师教育课程建设作出应有的贡献。

是为序。

湖南科技大学副校长
教育科学研究院院长 教授
胡石其

  本书是语言训练教材,旨在培养语言能力、提高语言素质,可用于大学生语言训练课程。

  本书兼顾专业性和通用性。专业性适用师范专业学生,通用性适用其他各专业学生。本书可用于"教师口语"及相类的课程。早在1993年,国家教委就颁布了《师范院校教师口语课程标准(试行)》,指出"教师口语"是一门"培养师范类各专业学生教师职业技能的必修课",课程的目标任务是:"教育学生热爱祖国,认真学习、积极贯彻国家语言文字工作方针政策,增强语言规范意识;能用标准或比较标准的普通话进行口语交际;初步掌握运用教师职业语言进行教育教学的基本技能,并能对中小学生和幼儿的口语进行指导,以利于提高全民族的语言素质。"本书的内容除了教师职业语言技能训练,还有语言基础训练及一般语言技能训练,因此,也可用于其他专业的语言训练选修课。

  本书编写采用三分模式,即基本理论+案例分析+实践操练。作为训练课程的教材,基本理论必不可少,但更多则是介绍训练方法,并辅以大量的训练材料,更多地注重实践性和操作性。

  本书内容由三大部分构成:教师语言技能语音基础训练、教师职业语言技能训练、教师语言技能拓展训练。第一部分是普通话训练,是训练前提;第二部分是专业语言技能训练,是职业技能训练;第三部分是一般语言技能训练,既是职业技能训练的拓展和深化,也是基础。

  本书是湖南省普通高等学校教学改革研究项目——教师基本技能训练课程体系改革的研究与实践(湘教通〔2012〕401号-240)的研究成果,是课题组成员长期教学实践的结晶,也是"教师基本技能训练"语言训练课程教学成果的总结。本书的附录部分,是湖南科技大学师生在语言技能方面的水平和风貌的展示。我们相信,我们的研究探索和课程实践能给师范专业的职业技能教育提供有益的借鉴和启示。

  本书的编写成员均为教师基本技能训练课程的一线授课教师。其中,周兴杰为贵州财经大学教授,其余均为湖南科技大学教师。可以说,这是一支既有较扎实的理论功底,又有丰富的教学实践经验的编写队伍。全书由颜红菊、周兴杰拟定提纲与编写要领,邓桂英、李学统稿,具体编写分工如下:绪论,李学、颜红菊;第一讲,肖希凤;第二讲至第五讲,罗玺;第六讲,赵江平;第七讲,石巧红、颜红菊;第八讲,邓桂英、周兴杰;第九讲,刘婕、黄青;第十讲,文丹、段斌;第十一讲,章桉。本书的录音示范部分,由国家级普通话水平测试员颜红菊及"中华诵经典诵读大赛"全国一等奖获得者刘金旭朗读,国家级普通话水平测试员赵江平审音,湖南科技大学艺术学院文海良监制。

本书附录"芳菲之歌"的材料搜集,得到湖南科技大学学工处副处长莫江平的大力支持。本书的出版得到华中科技大学出版社编辑的极大关心和推进。在此一并谨表由衷感谢。

限于编写者的水平,本教材一定还存在许多待改进之处,希望读者不吝赐教,促进这本教材不断完善。

编　者

2015 年 4 月于湖南科大樱花盛开之时

# 目录 Contents

- ★ 绪论 ·········· 1
  - 一、教师语言的性质 ·········· 1
  - 二、教师语言的基本原则 ·········· 2

## 上篇　教师语言技能语音基础训练

- ★ 第一章　普通话语音基础训练准备 ·········· 13
  - 第一节　普通话基本知识 ·········· 13
    - 一、普通话的定义 ·········· 13
    - 二、普通话的地位 ·········· 13
    - 三、普通话语音基本概念 ·········· 14
  - 第二节　发声训练 ·········· 15
    - 发声训练方案一 ·········· 15
      - 一、气息控制训练 ·········· 15
      - 二、共鸣调节训练 ·········· 16
      - 三、口腔控制训练 ·········· 17
      - 四、综合训练 ·········· 18
      - 五、放松运动 ·········· 19
    - 发声训练方案二 ·········· 19
      - 一、气息控制训练 ·········· 19
      - 二、共鸣调节训练 ·········· 19
      - 三、口腔控制训练 ·········· 20
      - 四、综合训练(节目预告) ·········· 20
      - 五、放松运动 ·········· 21
    - 发声训练方案三 ·········· 21

1

一、气息控制训练……………………………………………………………… 21
　　二、共鸣调节训练……………………………………………………………… 21
　　三、口腔控制训练……………………………………………………………… 22
　　四、综合训练…………………………………………………………………… 22
　　五、放松运动…………………………………………………………………… 22
　发声训练方案四………………………………………………………………… 22
　　一、气息控制训练……………………………………………………………… 22
　　二、共鸣调节训练……………………………………………………………… 23
　　三、综合训练…………………………………………………………………… 23
　　四、放松运动…………………………………………………………………… 24

## 第二章　声母 …………………………………………………………………… 25
### 第一节　概述 ………………………………………………………………… 25
　　一、辅音声母的发音特点……………………………………………………… 25
　　二、普通话声母表……………………………………………………………… 27
### 第二节　声母发音训练 ……………………………………………………… 27
　　一、双唇音：由上唇和下唇形成阻碍………………………………………… 27
　　二、唇齿音：由上齿和下唇形成阻碍………………………………………… 28
　　三、双唇音及唇齿音综合练习………………………………………………… 28
　　四、舌尖前音：由舌尖和上齿背形成阻碍…………………………………… 29
　　五、舌尖前音综合练习………………………………………………………… 30
　　六、舌尖中音：由舌尖和上齿龈形成阻碍…………………………………… 30
　　七、舌尖中音综合练习………………………………………………………… 31
　　八、舌尖后音：舌尖翘起和硬腭前部形成阻碍……………………………… 32
　　九、舌尖后音综合练习………………………………………………………… 33
　　十、舌面音：由舌面前部和硬腭前部形成阻碍……………………………… 34
　　十一、舌面音综合练习………………………………………………………… 35
　　十二、舌根音：由舌根和软腭形成阻碍……………………………………… 36
　　十三、舌根音综合练习………………………………………………………… 36
### 第三节　声母难点音训练 …………………………………………………… 37
　　一、分清平翘舌音……………………………………………………………… 37
　　二、分清 r 与 l ………………………………………………………………… 39
　　三、分清 n 与 l ………………………………………………………………… 40
　　四、分清 f 与 h ………………………………………………………………… 42

## 第三章　韵母 …………………………………………………………………… 44
### 第一节　概述 ………………………………………………………………… 44
　　一、韵母的结构………………………………………………………………… 44
　　二、韵母的分类………………………………………………………………… 44
　　三、普通话韵母总表…………………………………………………………… 45

第二节　韵母发音训练 ············································· 45
　　一、单韵母 ················································· 45
　　二、复韵母 ················································· 49
　　三、鼻韵母 ················································· 54
第三节　韵母难点音训练 ········································· 59
　　一、分清前鼻韵母和后鼻韵母 ··································· 59
　　二、分清齐齿呼和撮口呼 ····································· 62
　　三、ê与e、o、ɑi、ei的辨正 ··································· 62
　　四、防止丢失或添加韵头 ····································· 63

★第四章　声调 ····················································· 65
　第一节　概述 ····················································· 65
　　一、调类和调值 ············································· 65
　　二、普通话声调 ············································· 65
　　三、普通话调号 ············································· 66
　第二节　声调发音训练 ············································· 67
　　一、同调练习*** ············································· 67
　　二、四声调发音混合练习*** ··································· 67
　　三、四音节词语练习*** ······································· 68
　　四、绕口令练习 ············································· 68
　　五、语篇朗读练习 ··········································· 69

★第五章　语流音变 ················································· 70
　第一节　轻声 ····················································· 70
　　一、概述 ··················································· 70
　　二、发音训练 ··············································· 72
　第二节　儿化 ····················································· 74
　　一、概述 ··················································· 74
　　二、发音训练 ··············································· 75
　第三节　变调 ····················································· 78
　　一、上声的变调 ············································· 78
　　二、"一"、"不"的变调规则 ····································· 80
　　三、重叠形容词的变调 ······································· 81
　第四节　语气词"啊"的音变 ········································· 83
　　一、概述 ··················································· 83
　　二、发音训练 ··············································· 83

★第六章　朗读训练 ················································· 85
　第一节　概述 ····················································· 85
　　一、朗读定义 ··············································· 85
　　二、朗读与朗诵的区别 ······································· 85

三、朗读的作用…………………………………………… 87
四、朗读的基本要求……………………………………… 87
五、朗读标注符号………………………………………… 89
第二节 朗读的技巧……………………………………… 89
一、朗读的内部技巧……………………………………… 89
二、朗读的外部技巧……………………………………… 94
三、朗读时的特殊技巧…………………………………… 104
第三节 不同体裁文章的诵读…………………………… 107
一、诗歌朗读……………………………………………… 107
二、散文朗读……………………………………………… 112
三、记叙文朗读…………………………………………… 114
四、说明文朗读…………………………………………… 115
五、议论文朗读…………………………………………… 116
六、寓言故事、童话故事朗读…………………………… 118
第四节 各种体裁作品朗读训练及指导………………… 121

# 中篇 教师职业语言技能训练

## 第七章 课堂教学语言技能训练 …………………… 137
第一节 课堂预设事件语言技能训练…………………… 137
一、课堂预设事件概说…………………………………… 137
二、课堂预设语言技能实例分析………………………… 139
第二节 课堂非预设事件语言技能训练………………… 156
一、概述…………………………………………………… 156
二、课堂非预设事件实例分析…………………………… 159
第三节 课堂教学语言技能专题训练…………………… 166
一、课堂预设事件语言技能专题训练…………………… 166
二、课堂非预设事件语言技能专题训练………………… 168

## 第八章 教育语言技能训练 ………………………… 170
第一节 概述……………………………………………… 170
一、教育语言的含义……………………………………… 170
二、教育语言的重要性…………………………………… 170
三、教师教育语言的主要特点和基本要求……………… 172
第二节 教育语言技能实例分析………………………… 175
一、解困型………………………………………………… 175
二、纠错型………………………………………………… 180
三、激励型………………………………………………… 184

四、教师应忌讳与避免的教育语言 …………………………………… 186
　第三节　教育语言技能专题训练 ………………………………………… 188

# 下篇　教师语言技能拓展训练

## ★第九章　演讲训练 ………………………………………………………… 193
　第一节　演讲概述 ………………………………………………………… 193
　　一、演讲的定义 …………………………………………………………… 193
　　二、演讲的特点 …………………………………………………………… 193
　　三、演讲的形式 …………………………………………………………… 195
　第二节　演讲稿的准备 …………………………………………………… 195
　　一、演讲稿的特点 ………………………………………………………… 196
　　二、演讲稿的写作 ………………………………………………………… 197
　　三、演讲稿的修改 ………………………………………………………… 211
　第三节　演讲的有声语言表达 …………………………………………… 213
　　一、演讲有声语言表达的特点 …………………………………………… 213
　　二、演讲有声语言基本要求 ……………………………………………… 213
　　三、演讲有声语言的节奏 ………………………………………………… 214
　　四、演讲现场交流的方式与互动 ………………………………………… 217
　第四节　演讲的态势语言表达 …………………………………………… 219
　　一、态势语的含义、作用 ………………………………………………… 219
　　二、态势语设计的一般原则 ……………………………………………… 220
　　三、态势语的具体形式及要求 …………………………………………… 220
　第五节　演讲专题训练 …………………………………………………… 222
　　一、演讲稿写作训练 ……………………………………………………… 222
　　二、演讲有声语言表达训练 ……………………………………………… 223
　　三、演讲态势语训练 ……………………………………………………… 226
　　四、演讲有声语言和态势语综合训练 …………………………………… 227
　　五、演讲综合训练 ………………………………………………………… 231

## ★第十章　语言表演训练 …………………………………………………… 232
　第一节　语言表演概述 …………………………………………………… 232
　　一、语言表演的含义 ……………………………………………………… 232
　　二、表演语言的特点 ……………………………………………………… 232
　　三、表演艺术的特点 ……………………………………………………… 233
　　四、语言表演训练的意义和训练目标 …………………………………… 233
　　五、语言表演基础训练 …………………………………………………… 234
　第二节　语言表演实例分析 ……………………………………………… 236

一、主持 …………………………………………………… 237
  二、影视戏剧 ………………………………………………… 242
  三、相声 …………………………………………………… 244
 第三节　语言表演专题训练 ………………………………… 248
  一、主持人语言训练 ………………………………………… 248
  二、影视戏剧语言训练 ……………………………………… 250
  三、相声语言训练 …………………………………………… 251

★第十一章　应聘语言技能训练 …………………………… 255
 第一节　概述 ………………………………………………… 255
  一、应聘语言基本要求 ……………………………………… 256
  二、应聘话语基本环节 ……………………………………… 257
  三、应聘答问基本原则 ……………………………………… 263
 第二节　应聘实例分析 ……………………………………… 265
  一、面试常见问题及其回答要领 …………………………… 265
  二、面试常犯错误及其避免方法 …………………………… 271
 第三节　应聘语言技能专题训练 …………………………… 275

★参考书目 …………………………………………………………… 283
★附录一　湖南科技大学"中华诵·经典诵读大赛"参赛获奖作品 … 285
★附录二　湖南科技大学"芳菲之歌"优秀女生报告会演讲稿 ……… 307

# 绪论

教师语言应该是指教师在教学教育过程中使用的语言,包括口头形式和书面形式。根据目标,可以分为教学语言和教育语言。教学语言指教师在教学活动中使用的语言,一般是在课堂教学中使用,如课堂教学、课堂活动的组织与实施,也包括课后作业批改的书面语言评价、课后的教学辅导活动等。教育语言,我们可以界定为除教学活动外,在其他育人活动中教师使用的语言,如家长会、主题班会、课外活动、师生谈话等。可以说,教师语言是教师对学生实施素质教育整个过程中所使用的语言的总称。

## 一、教师语言的性质

教师语言是一种职业语言,这种职业语言有着本身特有的性质特点。

### (一)教学教育行为性

奥斯汀的言语行为理论认为,人们往往不是为了说话而说话,而是通过说话这种行为实现某种意图或达到某种目的,也就是说,人们说话本身就是在实施某种行为,这种行为是通过言语表达而得以完成的,奥斯汀称为"言语行为"。很多从业人员工作的时候都很少或者不需要说话,甚至禁止说话,工作主要通过肢体操作来完成。教师工作的方式主要有两个,即言传和身教,所谓"身教"就是教师身体行为的示范,所谓"言传"就是教师的言语行为。可以说,教师的教学教育工作,除了通过实际操作的动作示范性教学来实施,更多更主要的,是通过教师的语言来组织和实施的。

因此,从这个角度来说,教师的言语行为本身就是教学教育行为,一个教师的语言能力的高低,综合反映了他的教学教育能力。

苏霍姆林斯基说:教师的语言是一种什么也代替不了的影响学生心灵的工具。教育的艺术首先包括说话的艺术、同人交流的艺术。著名教育家叶圣陶也一再强调:凡是当教师的人绝无例外地要学好语言,才能做好教育和教学工作。

### (二) 话语对象的特殊性

在教学教育的语言环境中,教师面对的话语对象的特殊性在于,他们不像同事之间、朋友之间那样是一种对等的关系,师生之间话语是不对称的。

首先是话语双方数量的不对称。在数量上,除了个别谈话或辅导,教师和学生的对话一般以一对多的模式进行,能够在一对多的模式中引领教学进程、掌控教育活动是教师应该具备的基本能力。

然后是话语双方身份的不对称。教师和学生在年龄和认知能力方面都存在差距。在教学教育活动中,教师是组织者和引导者,掌握更主动的话语权,往往决定言语行为的方式和方向;学生是被组织者和被引导者,在教学教育活动中,往往是被动的一方。

话语不对称的师生关系是教学教育活动中的一对矛盾。如何利用好这一对矛盾,恰当运用话语的主动权,引导教学教育言语行为进入良性互动的轨道,是教师的责任。

### (三) 言语行为的示范性

作为教师,应该在各个方面都为学生做出表率。教师的言语行为是一种传授知识的行为,教师的语言负载着相关学科的知识信息,也是学生言语行为的示范。教师言语行为的方式,也是教师为人处世的方式,反映教师的各种价值取向,在学生面前,教师的言行就是样板,直接影响学生的价值取向,影响他们的品格。说话科学规范、简洁流畅的老师,能培养出严谨细致、条理分明的学生;说话幽默、言辞优美的老师,能培养出性格开朗、心胸开阔的学生;说话充满人文精神、道德关怀的老师,能培养出懂得尊重、懂得关怀、懂得欣赏的学生。

教师的一言一行,学生都看在眼里,潜移默化地影响、塑造学生的言行与品格。因此,"谨言慎行",这一点对教师来说特别重要。

## 二、教师语言的基本原则

基于以上分析的教师语言的性质,我们提出以下几点教师语言的基本原则,作为教师言语行为中应该遵守的基本准则。

### (一) 规范性

规范性原则是指教师的语言应该是规范的语言,是学生语言学习的典范。教师语言的规范性表现在两个方面:一是语言结构的规范性,一是语言道德的规范性。

**1. 语言结构的规范性**

语言结构的规范性是说教师使用的语言本身应该是规范的。以汉语文授课的各级各类学校,教师使用的规范工作语言是普通话,教师应达到相应的等级要求。

1994年10月30日,国家语委、国家教委、广播电影电视部联合发出《关于开展普通话水平测试工作的决定》,文件指出,"普通话是以汉语文授课的各级各类学校的教学语言……掌握并使用一定水平的普通话是社会各行各业人员,特别是教师、播音员、节目主持人、演员等专业人员必备的职业素质"。对播音员、节目主持人、教师等岗位人员,从1995年起逐步实行持普通话等级证书上岗制度。

《中华人民共和国国家通用语言文字法》第十九条规定："凡以普通话作为工作语言的岗位,其工作人员应当具备说普通话的能力。""以普通话作为工作语言的播音员、节目主持人和影视话剧演员、教师、国家机关工作人员的普通话水平,应当分别达到国家规定的等级标准;对尚未达到国家规定的普通话等级标准的,分别情况进行培训。"

标准流畅的普通话实际上是对教师语言在语音、词汇、语法各方面的规范要求,使用科学规范的语言是准确传授知识的前提条件。

在这一方面,教师表现出的比较常见的问题是语音不标准、词汇贫乏、句式单调、缺乏条理等等。实际上,普通话达到规定等级只是一个基本要求,要成为一名优秀的教师,应该对自己有更高要求,语言不仅科学规范,还应该富有表现力、感染力、说服力,做到科学性和艺术性的统一。

**2. 语言道德的规范性**

教师的语言道德是教师职业道德在教师言语行为上的表现。教育部2008年修订的《中小学教师职业道德规范》明确提出教师六条职业道德规范——爱国守法、爱岗敬业、关爱学生、教书育人、为人师表、终身学习,教师一言一行须以此为准绳。如前分析,教师的言语对象是有特殊性的,学生心智还未成熟,是非观、价值观都有极大的可塑性,教师不能像跟其他话语对象那样,口无遮拦,想说什么就说什么,想怎么说就怎么说。说到教师语言的规范,我们一般只关注教师语言结构的规范,而忽视教师语言道德的规范。教师语言道德的失范,严重影响学生的是非观、价值观,并且这种影响将伴随他们一生。因此,教师语言道德的失范比语言结构的失范后果更为严重。

教师语言道德的规范性我们可以从下面几个方面来总结:

(1)传递正能量,引导学生正面积极地看待各种社会现象。

社会是复杂的,各种社会现象有好的也有不好的,有和谐的也有不和谐的。教师应该多让学生看到正面的、积极的、美好的社会现象,在他们心里种下真善美、饱含希望的种子,学生不一定人人都成绩优秀,但教师有责任让每个学生都心理健康、内心充满阳光。对不良的、丑恶的社会现象,在资讯传播如此发达的今天,是不可能完全屏蔽掉的,教师要做的,是教给学生正确的是非观、恰当的处理方式和应对方法,让他们在今后的人生路上能走对方向,而不是发一些不恰当的牢骚,甚至是错误的言论。

如有一位老师,在课堂上给学生讲一则关于大学生因毕业没有找到工作而心中愤懑,接连杀死了三个路人的新闻事件。这个教师对学生说:"你们看,这就是中国的社会,大学生毕业找不到工作已经是个普遍现象了,国家和社会也漠不关心,不及时制定出解决问题的策略,所以才会造成这样的结果……"①这位老师不仅没有正确引导学生的思想,没有剖析当事人心理有缺陷、心理压力过大、心理素质过差等自身因素,反而将问题完全归咎于社会,这等于告诉学生当事人的行为是必然的、是对的,这是极其不负责任的言论,是非常可怕的。

再如一位大学老师在做学术报告的时候说,"早恋"这个词反映了人们对"早恋"的态度,恋爱是多么美好的事,反对早恋是反人类的。"反早恋"是不是"反人类",可以进行学术讨

---

① 连晓洁:《从教师言语现象看教师职业道德的缺失》,载《学园》,2013年第16期.

论,但是,作为面对学生的学术报告,不纯粹是学术讨论,应该考虑到这种观点会对学生产生什么样的影响,这种完全不加区分的言语也是不恰当的。

还有一些社会普遍关注的问题,如给老人让座、摔倒老人该不该扶等等,教师在评价这些现象的时候,应该做正面积极的引导,切忌忘了自己的话语对象,一定要有所约束,对每一句话负责任。

(2)关爱学生,用语言温暖学生心灵。

教师应像关爱自己的孩子那样关爱学生,让学生在老师的一言一行中都感到老师的爱。老师对学生的爱不仅仅体现在对学生生活细节的关心,更多地体现在对学生精神上的爱护,要有一双善于发现学生优点的眼睛,还要有一颗对学生错误宽容的心。

在教学活动中,教师对学生的学习行为做出及时客观的评价,是对学生学习效果的评价。除此以外,老师如果能再加上恰当的人文性评价,则是对学生学习精神的肯定和鼓励,即使学生做错了,也应对学生做出的努力加以肯定。在教育活动中,教师应首先看到学生的优点,找到事件发生的原因,而不是对学生的错误一味地加以指责,甚至是冷言冷语、讽刺挖苦。

陶行知在做小学校长的时候,有一次看到一个学生用泥块砸同学,当即喝止他,并让他放学后到办公室去。万分紧张的学生到办公室后,陶行知并没有直接批评他,而是说出了学生三个优点:按时到场,说明遵守时间;听从劝告及时住手,说明尊敬老师;砸同学事出有因,说明他正直善良,且有勇气批评不良行为。每说一个,就掏出一块糖果奖励给那个惴惴不安的学生。这时学生感动得流泪,主动认识到自己不应该用对待坏人的方式对待同学,陶行知又掏出一块糖果,说奖励他能正确认识自己的错误。至此,教育家陶行知完成了一次完美的教育行为,用爱和宽容对待学生,也让学生学会了爱和宽容。这就是陶行知的四块糖果的故事,这个著名的故事被收录进普通话水平测试大纲的朗读作品中。

(3)爱岗敬业,树立良好的职业形象。

教师是太阳底下最光辉的职业,但绝不是最轻松最简单的职业。这个职业和其他所有职业一样,有着本职业特有的艰辛,教师一样要面临职业所带来的各种压力和烦恼。但是,这些压力和烦恼都不应在学生面前表现出来,尤其是不应以带有不良情绪的言语形式宣泄给学生,如发牢骚、抱怨、不耐烦等。在学生面前,教师应始终做到饱含工作热情,自觉维护良好的职业形象。在这一方面,教师应注意以下两点。

一是区分话语对象,设置话题限制。在我们的界定中,教师语言并不是只要是教师,其语言就是教师语言,而是教师在进行教育教学行为时使用的语言。当然,我们可以广义地理解教育教学行为,就是可以把教师跟学生所有的互动行为都理解为教师对学生的言传身教,都是在进行教育教学活动。同样是在学校环境中,教师与教师之间使用的语言是不一样的,不在我们界定的教师语言范畴内。我们强调这种区分,是强调教师在学生面前应该有话题限制,在学生面前不宜讨论学校老师之间的各种矛盾,也不宜将个人对学校的不满在学生面前发泄出来。这样带来的严重后果是学生将丧失对教师群体和学校的信赖和尊重,更谈不上爱老师、爱学校,也谈不上学校和谐氛围的建立。

二是控制情绪,不将工作压力转嫁给学生。教师的工作业绩往往是通过学生的表现体现的。当学生表现与教师的要求有差距时,教师应积极查找原因,寻求解决方法,而不是弃之不顾、厌烦,甚至划清界限等。"你们学不学都跟我没关系,我工资照拿。""反正也没多少工资,我干吗管你们这么多。""工资又不高,累又累死人,你们还不听话,真不想干了。""讲这么多遍都记不住,我都不想讲了。"诸如此类的话语应在教师语言中禁绝,但遗憾的是,经常有很多教师就脱口而出。这些言语体现出教师对职业的厌烦,试想一个在如此情绪下工作的教师,如何营造轻松愉悦的教学氛围,如何造就学生乐观向上的积极心态。

(4)语言文明,从自身做起。

我们倡导文明新风,要求学生语言美、行为美,而这些,教师应该首先做出表率。我们不仅要求学生使用文明礼貌用语,教师对学生也应使用礼貌用语,对学生也应多使用"请"、"谢谢"、"对不起"。比如,上课回答问题,可以说"请问"、"请你回答";学生做答后,说"谢谢"、"请坐";发现自己的失误,及时更正并道歉,说"对不起"。道歉不仅无损老师的权威,反而能树立老师和蔼和亲、谦谦有礼的形象,并培养学生懂礼貌、懂得尊重他人的良好品德。有些教师高高在上,语言简单粗暴,甚至口出粗言秽语,这是极不妥当的,也是语言道德失范的表现。

## (二)平等性

平等性原则是指师生之间的对话应该是在双方平等的基础上进行的。教师语言的话语对象是学生,前文指出,师生语言活动中话语双方是不对称的,这个不对称是指双方在数量、身份、心智发展、言语行为主动性等方面的不对称。但是,"不对称"不是"不平等",教师掌握言语行为的主动权,不等于教师拥有语言霸权,不等于教师可以抑制甚至剥夺学生的话语权、在语言上凌驾于学生之上,甚至言语粗暴。在师生互动中,教师应有平等意识,与学生平等对话,把学生看成是与自己人格平等的个体,他们年纪再小,也应如此。否则,学生处于教师的语言压制之下,沟通难以顺畅,教育效果难以理想,教师难以赢得学生真正的尊重,可能只是表面的畏惧而已。实现师生对话的平等性,可以从以下两方面来把握。

**1. 让学生有说话的权利,懂得倾听学生的思想和心声**

教师不但要有优秀的口才,还应有一双愿意倾听的耳朵。在课堂教学中,允许学生发表不同意见,在教育活动中,允许学生表达自己的看法、表达自己的体会。在自己说之前,先听听学生怎么说,一方面能使教育教学活动有的放矢,另一方面,学生的个性、思想能得到充分展开、释放。

**2. 互相尊重,平等对话,切勿使用语言暴力**

尊师重教是社会的共识,学生尊重老师是校园基本礼仪,师道尊严也是我国传统社会历来倡导的。新社会强调人与人之间的平等,这种平等也应存在于师生之间,新型的师生关系是建立在师生之间的平等之上的。"尊重"不是单向的,而是双向的,师生之间应互相尊重,教师应该主动建设并维护好师生之间平等的对话模式。

但是,在实际工作中,常会有教师不注意言语的方式方法,甚至会使用过激的言语,这种现象被称为"语言暴力"。教师的语言暴力问题近年来颇受关注。

所谓的教师语言暴力,就是指教师在学校的各种教育教学活动乃至生活中直接或间接地对学生使用谩骂、诋毁、挖苦、讽刺、蔑视、嘲笑等侮辱歧视性的语言,致使学生的人格尊严、精神和心理健康遭到侵犯和损害,属于精神损害的范畴。2004年,在"中国少年儿童平安行动"组委会发布"你认为最急切需要解决的校园伤害"专项调查结果中,语言伤害、同伴暴力、运动伤害成为我国当前亟待解决的三大校园伤害问题,其中81.45%的被访小学生认为校园语言伤害是最急需解决的问题。[①] 2006年2月8日,北京青少年法律援助与研究中心公布了一份教师语言暴力调研报告,报告显示北京有30%的学生受到过教师的语言暴力,"语言暴力"以高达81.45%的得票率位居最急需解决的校园伤害。因此,有人认为,在某种程度上,教师语言暴力现象在我国中小学校园较为普遍。[②]

孙彩霞通过调查归纳出教师语言暴力的类型,主要有以下几种:[③]

(1)讽刺嘲笑型。

如"你没有病吧","还从××学校来的呢,怎么这么笨","考这么点成绩,也不嫌丢人!要是我早跳楼了","你要是能考上大学,太阳就从西边出来了"……

(2)侮辱谩骂型。

如用"笨蛋"、"白痴"、"弱智"、"蠢猪"、"人渣"、"败类"等带有人格贬低的言语侮辱谩骂学生;甚至用"你爸妈是近亲结婚吧,要不怎么会生了你这个白痴"、"有娘生没娘养"、"有其父必有其子"等带有人格侮辱语言对学生进行连带家长的人身攻击。

(3)指责呵斥型。

如"给我滚出去"、"怎么不长记性"、"你整天干吗吃的"、"你有没有脑子"、"就你这种差生给班级丢脸,拉后腿"……

(4)冷漠孤立型。

如"像这样的坏学生,谁也不要理他"、"大家都不要跟他说话"、"以后你有什么事都不要来找我"……

(5)威胁恐吓型。

如"再不听话叫警察把你抓走"、"让学校开除你"、"回头再找你算账"、"别跟我耍花招,我治你们的办法多着呢"、"我的眼神厉害得很,干啥坏事都逃不过我的眼睛"……

(6)妄言断定型。

如"天生就是个蠢材"、"一辈子没有出息"、"你就不是上大学的料"、"你就不是学××科的料"、"我看你这辈子完蛋了"、"我看你早晚会进监狱"、"你已经无可救药了"、"你这样下去,以后顶多就是个扫马路、拿大勺的"……

(7)话语霸权型。

教师话语霸权是一种隐性语言暴力,用一些粗暴的语言剥夺学生说话的权利,如:"你是老师还是我是老师","我说你错了,你就是错了","老师讲话时不许插嘴","竟敢跟老师顶嘴,反了你了","没有举手谁让你发言了","我说行就行,我说不行就是不行"……

语言暴力和批评是不同的。批评是教育不可缺少的一种方式或手段,是建立在尊重学生人格基础之上的,以实现教育目标和改正学生缺点为根本出发点,而语言暴力更多的是为了发泄自己的情绪及不满而不是本着教育的目标出发。语言暴力归根结底是人文素质和职

---

[①] 郑枫:《三大校园伤害困扰小学生》,载《人民日报》,2004年11月17日。
[②] 北京青少年法律援助与研究中心:《教师语言暴力调研报告》,载《新京报》,2006年2月8日。
[③] 孙彩霞:《中小学教师语言暴力问题研究》,河南大学研究生学位论文,2008年。

业道德问题,是人文素质低下、职业道德失范的表现。

(三)激励性

激励性原则是指教师语言应尽可能地调动学生学习的积极性和主动性,增强学生的学习动力,树立勇于向前的信心和决心。知识学习和品格成长是一个艰苦而曲折的过程,需要长时间的坚持,其间会遇到各种各样的挫折和困难,会犯各种各样的错误,还会遇到迷惘和徘徊,在这个过程中,教师的坚定、信任、鼓励就特别重要。激励不仅仅是简单的表扬,而是让学生了解自身长处、短处、优点、缺点,从现有学习中肯定自己,并找到未来学习的方向,树立起对未来学习的信心,能够不断获得新的成功,从而增强学习的内在驱动力,充满学习的激情。

教师语言的激励作用往往通过教师对学生的评价体现,教师采用什么样的方式评价学生的各种表现会直接影响他们的发展。董雷提出在课堂教学中教师的几种语言评价方式,其中的"三句话式评价"值得借鉴①,具体如下:

第一句话是从学生参与学习的情感、态度方面进行评价。

第二句话是从学生学习知识的目标达成度进行评价。

第三句话是对学生学习提出改进的建议。

例如:学生学习《顶碗少年》,在理解"颓废"这个词语时,学生说:"我读了句子,我认为'颓废'的意思就是不振奋。"教师的评价语言第一句是:"你很会联系课文内容思考问题"。第二句是:"你的理解很接近"。第三句是:"但是,不能用否定之否定的方式来理解词语,再想想,结合课文中的句子,这个词语怎样理解?"

在这个例子中,第一句教师准确恰当地评价了学生参与学习的态度和学习的方法;第二句教师评价的是知识目标的达成度;第三句评价是对学生提出正确理解词语的方向,有利于学生提高能力水平。教师的第一句评价用激情满怀的话语激励学生,让学生感到成功的喜悦。在课堂教学中,要突出课堂教学实效。因此,第二句话教师就是要准确地对学生的学习效果给予评价,让学生清楚地知道自己学习的情况,明自己的理解是对还是错。教师评价的第三句话就是要教给学生学习方法,让学生在继续学习中提高理解能力,并通过正确的方式表达出来,这就是学习方法。这样的评价自然地渗透学习方法和学习方向的指导,提高了课堂教学实效。

三句话式的评价策略有利于激发学生情感,激励学生保持长久的学习动力。这种评价方式不仅可以用在课堂教学中,也可以用来评价学生的日常行为,我们可以把这种评价方式改称为"三段式评价"。第一段对学生的主观态度加以肯定,第二段客观分析事件效果,第三段指出改进方法。

在语言运用方面,教师要多使用鼓励性和建设性的话语,少用批评性和讽刺性的话语,如何使评价语言得体而富有效果,有以下几点建议:

(1)避免使用否定词。如果教师经常对学生说"不",很容易挫伤学生的学习积极性。

(2)避免使用夸大词,使用客观公正的评价用语。表扬和批评都应客观公正,没有任何

---

① 董雷:《教师语言评价要促进学生发展》,载《中国教育学刊》,2009年第1期。

原则的表扬是没有价值的表扬,得来太易,学生并不珍惜,反而起不到鼓励作用;批评也不能过度,过度的批评不能让学生心服口服,达不到教育效果。像"完全"、"绝对"、"总是"之类的词语应恰当使用。

(3)不使用贬义词,使用鼓励性评价用语。在学生感到紧张、缺乏自信的时候,教师可以说"没关系"、"试一试"、"别担心"、"已经很好了"、"会更好的",避免说"笨"、"蠢"、"差"等负面评价的词语。

### (四)引导性

引导性原则是指在教学教育活动中,教师应用各种方式引导学生自主探究、自主发现,以提高学生的自我教育、自主学习能力,实现自主成长。

在对教学主体的认识上,有过发展变化,走过了"教师主体—学生主体—教师学生双主体"这样一个发展轨迹。首先是从教师为主体到学生为主体的转变,这是一个进步。传统的教学方式为注入式、灌输式,强调教师的主体地位,学生只是被动接受。提出学生为主体是认识到了学生的能动性,但是,教师的地位又发生了偏移。现在,普遍接受"教学双主体"的观点,认为教学中,教师是教的主体,学生是学的主体,他们在教学活动中各自有各自的角色,具体地说,就是教师引导、学生自主。新课程标准倡导建立自主、探究的学习方式,在这种新的学习方式理念下,教师的主体地位体现为他们在教学活动中的引导作用,学生的主体地位体现为他们在学习活动中的自主性和探究性。因此,教学是一个在教师引导下,学生进行自主发现、探究和不断创新的过程,应积极引导学生实现学习方式的转变,从被动接受走向自主发现和探究。

教学的引导可以分为三个环节进行[1]:

(1)学生自主学习前。

教师的引导体现为主动说明,说明学习的任务、时间、方法、要求等。

(2)学生自主学习时。

教师的引导体现为有效组织,组织学生参与到当前的学习活动中去,不做旁观者和无关者。

(3)学生自主学习后。

教师的引导体现为及时促进,促进学生学习的深入,方式是让学生相互交流学习心得,教师介绍自己的及专家的学习心得,在交流和介绍中,相互启发,相互促进,由浅入深。

在语言策略上可以从下面几个方面来把握:

(1)"先生后师"。

让学生先说、先做,学生有了学习心得和基本体验后教师再教,以教促学。

(2)"面向全体"。

尊重每个学生的话语权利、学习权利,尊重每个学生的个体差异。

(3)多用归纳法,少用演绎法。

通过观察、分析和思考,让学生自己发现、自己总结。

---

[1] 郑逸农:《〈乡愁〉"非指示性"教学设计》,载《语文建设》,2012年第1期。

(4)增加学生话份,减少教师话份。

让学生多说,教师少说;教师多提问,学生多回答。

传统的灌输式教育忽视学生的主体地位,弊端在于禁锢思想、束缚身心,应该坚决摒弃。片面强调学生为主体,又走向另一个极端,忽视教师的主体地位,实际上是一种放任自流,学生行为得不到正确的引导,这也是不可取的。在教学双主体的模式下,教师引导、学生自主交互活动,教师运用各种积极有效的方法进行引导,让学生学会自主判断、自主反思、自主成长,学生才能成为真正的学习主体。

教师语言是教师知识技能水平、人文素质和职业道德修养的综合体现,教师应努力学习,加强训练,提高语言能力,建立科学规范、平等民主、正面积极、激励引导的工作语言范式,让句句话语如春风化雨滋润学生心田,如冬日阳光温暖学生心房。

# 上篇

# 教师语言技能语音基础训练

# 第一章
## 普通话语音基础训练准备

## 第一节 普通话基本知识

### 一、普通话的定义

1955年10月召开的"全国文字改革会议"和"现代汉语规范问题学术会议",将汉民族共同语的名称正式定为"普通话"。

1956年2月6日,国务院发布《关于推广普通话的指示》,确定普通话为汉民族共同语,"以北京语音为标准音、以北方话为基础方言、以典范的现代白话文著作为语法规范"。这个定义从语音、词汇、语法三个方面明确规定了普通话的标准。

### 二、普通话的地位

普通话既是现代汉民族共同语,又是国家通用语。

2004年3月14日第十届全国人民代表大会第二次会议通过的中华人民共和国宪法修正案第十九条第五款规定:"国家推广全国通用的普通话。"

2001年1月1日正式施行的《中华人民共和国国家通用语言文字法》第二条规定:"本法所称的国家通用语言文字是普通话和规范汉字"。

1994年10月30日,国家语委、国家教委、广播电影电视部联合发出:"关于开展普通话水平测试工作的决定",其中指出:"普通话是以汉语文授课的各级各类学校的教学语言;是以汉语传送的各级广播电台、电视台的规范语言;是汉语电影、电视剧、话剧必须使用的规范语言;是全国党政机关、团体、企事业单位干部在公务活动中必须使用的工作语言;是不同方言区及国内不同民族之间的通用语言。掌握并使用一定水平的普通话是社会各行各业人员,特别是教师、播音员、节目主持人、演员等专业人员必备的职业素质。"

# 三、普通话语音基本概念

## (一)发音器官

发音器官可以分为三个部分。

**1. 肺和气管——发声的动力器官**

气流是发音的动力,肺是气流的动力站。气管是气流出入的通道,吸气时气流经过气管进入肺,呼气时气流由肺经过气管呼出。汉语主要靠呼出的气流来发音。

**2. 喉头和声带——声音的主要发生地**

气管的上部接着喉头。喉头是由四块软骨构成的圆筒,圆筒的中部附着声带。声带是两片富有弹性的肌肉薄膜,两片薄膜中间的空隙是声门,声门是气流的通道。声带可以放松,也可以拉紧。放松时发出的声音较低,拉紧时发出的声音较高。声门可以打开,也可以关闭。打开时,气流可以自由通过;关闭时,气流可以从声门的窄缝里挤出,使声带颤动发出响亮的声音。

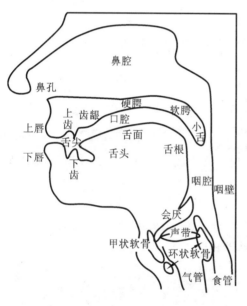

**3. 口腔、鼻腔和咽腔——声音的共鸣器**

喉头上面是咽腔。咽腔是个三岔口,下连喉头,前通口腔,上连鼻腔。呼出的气流由喉头经过咽腔到达口腔和鼻腔。控制口腔和鼻腔通道的是软腭和小舌,软腭上升时,鼻腔关闭,气流从口腔通过,发出口音;软腭下垂时,口腔中的某一部位关闭,气流从鼻腔通过,发出鼻音。口腔、鼻腔、咽腔都是共鸣器。

左图为发音器官示意图。

## (二)元音和辅音

元音和辅音是从音色的角度划分出来的两个音类。元音如 a、o、e、i、u、ü;辅音如 b、p、d、t、g、k、s、r。从发音的角度来说,元音和辅音的区别主要是:

**1. 气流是否受到阻碍**

发元音时,气流在口腔不受到阻碍;发辅音时,气流通过口腔、鼻腔时要受到不同程度的阻碍。

**2. 发音器官肌肉是否均衡紧张**

发元音时,口腔各部位保持均衡的紧张状态;发辅音时,构成阻碍的部位肌肉特别紧张。

**3.气流的强弱程度不同**

发元音时,气流呼出口腔较弱;发辅音时,气流呼出口腔较强。

**(三)普通话音节结构**

普通话的音节分为声母、韵母和声调三个部分。

声母指音节开头的辅音,韵母指音节里声母后面的部分,声调指整个音节的高低升降的变化。元音、辅音和声母、韵母是从不同的角度分析语音得出来的概念。元音、辅音是音色的分类,适用于一切语言;声母、韵母是对汉语的音节进行分析得出的概念,只适用于汉语和与汉语有相同的音节结构的语言。在普通话中,除零声母外,声母均由辅音充当,韵母主要由元音来充当,有的韵母中也有辅音,如鼻韵母。

## 第二节　发声训练

普通话语音训练包括两个方面的训练:一是正音训练,一是发声训练。通常讲得比较多的是正音训练,即训练如何发音准确,发声训练一般被忽略。但是,教师由于其职业的特殊性,工作时需要长时间连续地对大量听众说话,如何做到发声既清晰饱满又轻松自如,掌握科学发声方法非常重要。

我们从气息控制、共鸣调节、口腔控制三个方面设计最基本的发声训练方案,每套方案大约需要15分钟,每次完成一套即可,可在每天早晨进行自我训练,也可在授课时正音训练前进行。

## 发声训练方案一

### 一、气息控制训练

在整个发声过程中,气息的控制是最重要的。呼吸的气流是发声的原动力,气流的状况,如流量、强度、变化等,直接关系到声音的响度、变化、持久性以及音色的清晰、优美、圆润。也就是说,只有气息得到控制,才能控制声音。因此,在各项发声控制训练中,气息控制训练是学习发声中最重要的一环。

气息控制应做到吸气要深,呼气要匀,"吸气一大片,呼气一条线"。呼吸方式采用"胸腹式呼吸"。胸腹式呼吸依靠胸部、腰部、腹部肌肉群协同动作实现。呼吸时,两肩放松,两肋打开,横膈肌下降,充分扩充胸腔;腹部微收,腰腹肌肉紧张,支持横膈肌。中国戏曲界把这种呼吸方法称作"丹田呼吸法",京剧艺术家程砚秋解释为:"气沉丹田,头顶虚空,全凭腰转,两肩轻松"。

**(一)吸气练习**

吸气要深,要求气沉丹田。丹田一般是指肚脐以下三指的地方,因此,发声时,腰腹的支撑特别重要。事实上,气是到不了丹田的,但是,呼吸的时候,丹田要有支撑,就是说,要深呼吸,膈肌下降,腹肌、腰肌要有力,好像气就到了丹田,实际上就是吸气时,尽量吸气,才能保证发声气息饱满,这时候,我们的肩、胸是放松的,而腹和腰部的肌肉是紧张的,横膈肌下降,胸腔的容量就得到扩张,就能够保证有足够的气息供发声来运用。

"气沉丹田"的吸气练习:①

(1)以衣襟中间的纽扣为标记,吸气,感觉气息沿着纽扣慢慢下沉,把气缓缓吸到最下面一颗纽扣的位置。

(2)坐在椅子的前沿,上身略向前倾,吸气,打开双肩,感觉气息沿着后背缓缓下沉,找到两肋打开的感觉,切忌双肩高耸紧张。

(3)闻鲜花。深入、自然地吸气,好像远处飘来一阵花香,陶醉地深吸气,体会降膈和开肋。

(4)吸新鲜空气。想象:在清晨,新鲜空气从全身的毛孔吸入体内,两肋充分地打开。

(5)抬桌子。深吸一口气,憋住,体会腰部、腹部紧张用力的感觉,体会腰腹肌的力度,这时候就是胸腹联合呼吸时,吸气时最后一刻的感觉,能明显地感觉"气沉丹田"。

(6)半打哈欠。半张嘴地打哈欠,进行到最后一刻的感觉和胸腹联合呼吸时吸气的感觉相近。

(二)呼气练习

呼气要匀,气息要有控制,均匀地呼出来。呼气时保持吸气的状态,就是说,腰腹仍然是保持紧张的,不能松懈,我们发出的声音主要是通过呼出的气流冲击声带发出的,吸气深就是为了有充足的气流呼出,呼出的时候,腰腹仍然要托住横膈肌,给气流的运动提供足够的动力,并控制气流的运动。

有控制地、均匀地呼气练习:

(1)叹气。深吸气,然后缓慢呼出,不带出任何语音,体会喉咙的放松。

(2)吹灰尘。深吸气,然后用嘴缓慢呼出,将桌面上的灰尘从左至右吹去。或者吹蜡烛,深吸气,然后将蜡烛火苗吹动,不吹灭,而是保持一定幅度稳定地晃动。

(3)发出音高自然一致的"a"的延长音。半张嘴深吸气,保持半打哈欠的吸气状态,口腔内软腭上升,然后发出持续的"a"。

(4)数数,匀速从1数到20。

(5)数葫芦,清晰地持续地发音。"一口气数不了二十个葫芦,一个葫芦、两个葫芦、三个葫芦……二十个葫芦。"(保持气息,反复练习。)

## 二、共鸣调节训练

我们发声的主要共鸣腔有胸腔、口腔、鼻腔。胸腔共鸣使声音听上去低沉、柔和,口腔共鸣是发声中最主要的一种共鸣,声音适中,鼻腔共鸣使声音变得高亢、穿透性强。发声时应

---

① 赵秀环:《播音主持艺术语言基本功训练教程》,中国传媒大学出版社,2011年版。

三个腔体协同控制,低音区、中音区、高音区共同作用,达到三腔混合共鸣,这样,我们的声音就能饱满、圆润,并且发声轻松。

(一)胸腔共鸣练习

体会胸腔共鸣。用较低的声音发[xa]音,声音不要过于响亮。这时的声音应该是浑厚的,感觉是从胸腔发出的。如感觉不明显,可以逐渐降低音高,适当加大音量,也可用手轻轻按胸部,用"a"做练习音,从高到低,从实声到虚声发长音,体会哪一段声音上胸腔振动强烈,然后在这一声音阶段做胸腔共鸣练习。一般来说,较低又柔和的声音易于产生胸腔共鸣。

用适当低音练习:

春眠不觉晓,处处闻啼鸟。
夜来风雨声,花落知多少。

(二)口腔共鸣练习

口腔共鸣可获得明亮饱满的音色,同时避免喉咙和声带受到损伤,使发声更轻松。发音时口腔自然打开,颧肌微提,软腭上升,尽量打开口腔后部、咽腔。我们可练习一些开口音来体会口腔共鸣。

大厦 爱戴 拔高 八卦 夺标 抹杀 落寞 模特 得到 摹刻
打发 派别 害怕 热化 设法 说话 倒塌 脱稿 活捉 国策

(三)鼻腔共鸣联系

鼻腔共鸣不等于发鼻音,鼻腔共鸣相当于头腔共鸣,声乐中也称"面罩唱法",感觉声音靠前、靠上,发声时,软腭下降,加大鼻腔的空间。我们的民族唱法主要运用头腔共鸣,美声唱法主要运用口腔共鸣,这两种共鸣很重要的一点在于软腭的调节,软腭越往上升,声音越往后,听上去越浑厚,口腔共鸣越大;反之,鼻腔共鸣越大,声音越往前,听上去甜美明亮。我们可以用哼唱歌曲的方式来体会鼻腔共鸣,哼唱时主要运用鼻腔共鸣。普通话中的第一声是调值最高的一个声调,我们也可以练习声调中的第一声来加以练习。

新鲜 铺张 干戈 危机 灯光 江山 开发 天机 虚心 磋商
春天花开 丰收归仓 卑躬屈膝 春耕秋收 身心安康 朝夕相依

## 三、口腔控制训练

发音时,吐字归音很重要,讲究"字正腔圆"。从发声的角度说,讲究吐字就是讲究口腔控制,不是随意运动,唇舌灵活是语音流畅、自如的前提,口腔控制直接影响语音的准确、清晰。我们可以通过口部训练操来加强口腔的控制能力。口部训练操以唇舌练习为主,常做此操可以有效地加强唇、舌肌肉的力量,提高唇舌的灵活程度。

(一)唇的练习

喷——双唇紧闭,阻住气流,突然放开,发出 p 音。
咧——先把双唇紧闭撅起,然后将嘴角用力向两边伸展。
歪——先把双唇紧闭撅起,然后向左歪,向右歪,交替进行。
绕——先把双唇紧闭撅起,然后向左转 360°,再向右转 360°,交替进行。

(二)舌的练习

刮——舌尖抵下齿背,舌体用力,用上门齿齿沿从舌尖到舌面,反复进行。
弹——先将力量集中于舌尖,抵住上齿龈,阻住气流,然后突然打开,爆发出 d、t 音,反复进行。
咬——舌体后缩,舌根抬起至软硬腭交接处阻住气流,然后突然打开,发出 g、k 音,反复进行。
顶——闭唇,用舌尖顶左右内颊,交替进行。
绕——闭唇,把舌尖伸到齿前唇后,顺时针方向环绕 360°,再逆时针方向环绕 360°,交替进行。
立——先把舌自然平放在下齿槽中,然后向左右翻立,交替进行。

(三)绕口令练习

**1. 训练双唇力量**
八百标兵奔北坡,炮兵并排北边跑。
炮兵怕把标兵碰,标兵怕碰炮兵炮。

**2. 训练舌尖力量**
调到敌岛打特盗,特盗太刁投短刀。
挡推顶打短刀掉,踏盗得刀打倒盗。

**3. 训练舌根力量**
哥挎瓜筐过宽沟,赶快过沟看怪狗。
光看怪狗瓜筐扣,瓜滚筐沟哥怪狗。

## 四、综合训练

天气预报:

一股冷空气正在浩浩荡荡进入北方。明天和后天中部和东部都会陆续刮起强烈的北风,风力 5 到 6 级,北方会降温 6 到 12℃,华北南部和黄淮极有可能产生今年的初霜冻;后天,冷空气来到江南,造成 5 到 10℃ 的降温。

北京,小雨转晴,8℃ 到 12℃;哈尔滨,多云转晴,零下 3℃ 到 4℃;长春,多云,零下 5℃ 到 4℃;沈阳,多云转晴,1℃ 到 8℃;天津,多于转阵雨,1℃ 到 13℃;呼和浩特,多云转晴,零下

7℃到2℃;乌鲁木齐,晴,4℃到15℃;银川,晴,零下8℃到3℃;西宁,晴,零下16℃到1℃;兰州,晴,2℃到15℃;西安,晴,5℃到15℃;拉萨,阴,1℃到17℃;成都,阴转阵雨,11℃到15℃;重庆,阴,9℃到14℃;贵阳,小雨转阴,11℃到15℃。

## 五、放松运动

搓脸,提颧肌,松下巴,鼓腮,转颈。

# 发声训练方案二

## 一、气息控制训练

### (一)吸气练习

(1)闻鲜花。深入、自然地吸气,好像远处飘来一阵花香,陶醉地深吸气,体会降膈和开肋。

(2)半打哈欠。半张嘴地打哈欠。

### (二)呼气练习

(1)吹灰尘,或者吹蜡烛。

(2)深吸气,然后发出音高自然一致的"a"的延长音。

### (三)数枣儿

出东门,过大桥,大桥底下一树枣,拿着杆子去打枣,红的多,青的少,一个枣,两个枣,三个枣,四个枣,五个枣,六个枣,七个枣,八个枣,九个枣,十个枣,九个枣,八个枣,七个枣,六个枣,五个枣,四个枣,三个枣,两个枣,一个枣。

这是一个绕口令,一口气说完才算好。

(保持气息,反复练习。)

## 二、共鸣调节训练

### 泊秦淮
#### (杜牧)

烟笼寒水夜笼纱,夜泊秦淮近酒家。
商女不知亡国恨,隔江犹唱后庭花。

### 夜雨寄北

**（李商隐）**

君问归期未有期，巴山夜雨涨秋池。
何当共剪西窗烛，却话巴山夜雨时。

## 三、口腔控制训练

**1. 训练双唇力量**

搬木板摆木板，摆木板搬木板；
搬罢木板摆木板，摆罢木板搬木板。
搬木板又摆木板，块块木板搬摆完。

**2. 训练舌尖力量**

大刀对单刀，单刀对大刀；
大刀单刀对对刀，单刀大刀刀刀对。

**3. 训练舌根力量**

开垦快，块垦宽，快快开垦块块宽。
何贺挥毫绘黄河，浩瀚黄河何贺绘。

## 四、综合训练（节目预告）

中央人民广播电台经济之声节目表：

| | |
|---|---|
| 5:00—6:40 新鲜早世界 | 6:40—7:00 阳光英语 |
| 7:00—7:30 新闻和报纸摘要 | 7:30—8:00 中国经济报道 |
| 8:00—8:30 天下财经 | 8:30—9:00 中国经济报道 |
| 9:00—10:00 证券广播网 | 10:00—11:00 天下财经（重播） |
| 11:00—11:30 财富大道 | 11:30—12:00 证券广播网 |
| 12:00—12:30 全国经济广播网 | 12:30—13:00 非常科学 |
| 13:00—13:10 证券广播网 | 13:10—14:00 财富讲堂 |
| 14:00—15:00 健康慢生活 | 15:00—16:00 证券广播网 |
| 16:00—17:00 缤纷生活 | 17:00—18:00 爱旅游 |
| 18:00—19:00 经济观点 | 19:00—20:00 今天 |
| 20:00—21:00 证券广播网 | 21:00—21:30 汇通天下 |
| 21:30—22:00 英语之夜 | 22:00—22:30 全国新闻联播 |
| 22:30—23:00 财富讲堂 | 23:00—24:00 财富星空 |
| 24:00 播音结束 | |

## 五、放松运动

搓脸,提颧肌,松下巴,鼓腮,转颈。

# 发声训练方案三

## 一、气息控制训练

(一)吸气练习

(1)闻鲜花。深入、自然地吸气,好像远处飘来一阵花香,陶醉地深吸气,体会降膈和开肋。

(2)半打哈欠。半张嘴地打哈欠。

(二)呼气练习

(1)吹灰尘或者吹蜡烛。

(2)深吸气,然后发出音高自然一致的"a"的延长音。

(三)数葫芦瓢

一个葫芦两个瓢,两个葫芦四个瓢,三个葫芦六个瓢,四个葫芦八个瓢,五个葫芦十个瓢,六个葫芦十二个瓢,七个葫芦十四个瓢,八个葫芦十六个瓢,九个葫芦十八个瓢,十个葫芦二十个瓢,十一个葫芦二十二个瓢,十二个葫芦二十四个瓢……

## 二、共鸣调节训练

**咏鹅**

(骆宾王)

鹅、鹅、鹅,曲项向天歌。

白毛浮绿水,红掌拨清波。

**江雪**

(柳宗元)

千山鸟飞绝,万径人踪灭。

孤舟蓑笠翁,独钓寒江雪。

## 三、口腔控制训练

**1. 训练双唇力量**

碰碰车,车砰砰,坐着朋朋和平平,
平平开车碰朋朋,朋朋开车碰平平,
是平平碰朋朋,还是朋朋碰平平。

**2. 训练舌尖力量**

谭家谭老汉,挑担到蛋摊,
买了半担蛋,挑蛋到炭摊,
买了半担炭,满担是蛋炭。

**3. 训练舌根力量**

哥哥过河捉个鸽,回家割鸽来请客,
客人吃鸽称鸽肉,哥哥请客乐呵呵。

## 四、综合训练

青海省第十二届全国人民代表大会代表名单(22名):

王予波、王玉虎(藏族)、王勇、邓晓辉、尼玛卓玛(女,藏族)、毕生忠、任茂东、任建新、刘莉(女)、李小松、何峰(土族)、宋宝善、宗贻平、拜秀花(女,回族)、骆惠宁、诺卫星(蒙古族)、诺尔德(藏族)、娘毛先(女,藏族)、韩永东(撒拉族)、程苏(女)、强卫、穆东升(回族)。

## 五、放松运动

搓脸,提颧肌,松下巴,鼓腮,转颈。

# 发声训练方案四

## 一、气息控制训练

(一)吸气练习

(1)闻鲜花。深入、自然地吸气,好像远处飘来一阵花香,陶醉地深吸气,体会降膈和开肋。

(2)半打哈欠。半张嘴地打哈欠。

(二)呼气练习

(1)吹灰尘或者吹蜡烛。

(2)深吸气,然后发出音高自然一致的"a"的延长音。

(三)数"玲珑塔"

玲珑塔,玲珑塔,玲珑宝塔第一层,一张高桌儿四条腿儿,一个和尚一本经,一副铙钹一口磬,一个木鱼一盏灯,一个金盅儿整四两,西北风一刮响哗楞。

玲珑塔,玲珑塔,玲珑宝塔第三层,三张高桌儿十二条腿儿,三个和尚三本经,三副铙钹三口磬,三个木鱼三盏灯,三个金盅儿十二两,西北风一刮响哗楞。

玲珑塔,玲珑塔,玲珑宝塔第五层,五张高桌儿二十条腿儿,五个和尚五本经,五副铙钹五口磬,五个木鱼五盏灯,五个金盅儿二十两,西北风一刮响哗楞。

玲珑塔,玲珑塔,玲珑宝塔第七层,……
玲珑塔,玲珑塔,玲珑宝塔第九层,……
玲珑塔,玲珑塔,玲珑宝塔十一层,……
玲珑塔,玲珑塔,玲珑宝塔十三层,……
玲珑塔,玲珑塔,玲珑宝塔十二层,……
玲珑塔,玲珑塔,玲珑宝塔第十层,……
玲珑塔,玲珑塔,玲珑宝塔第八层,……
玲珑塔,玲珑塔,玲珑宝塔第六层,……
玲珑塔,玲珑塔,玲珑宝塔第四层,……
玲珑塔,玲珑塔,玲珑宝塔第二层,……

## 二、共鸣调节训练

### 菩萨蛮
#### (韦庄)

人人尽说江南好,游人只合江南老。
春水碧于天,画船听雨眠。
垆边人似月,皓腕凝霜雪。
未老莫还乡,还乡须断肠。

## 三、综合训练

(一)数地名

京广铁路起自北京西站,止于广州西站,全长 2284 千米。这条铁路由原京汉铁路和粤汉铁路组成。1957 年 10 月武汉长江大桥建成后,京汉、粤汉两铁路连通,11 月被命名为京广铁路。它途经保定、石家庄、邢台、邯郸、鹤壁、安阳、新乡、郑州、许昌、漯河、驻马店、信阳、孝感、武汉、咸宁、岳阳、长沙、株洲、衡阳、郴州、韶关、广州等大中城市,纵贯北京、河北、河南、湖北、湖南、广东六省市,并与京山、京包、丰沙、京秦、京承、京原、京通、石太、石德、新焦、陇海、漯宝、宁西、汉丹、武大、石长、沪昆、湘桂、广三、广九等铁路相接,还与海运连通。原京汉铁路自北京至汉口,于1897年4月动工,1906年4月全线完工通车,全长1215千米。

(二)气息补换练习

2013年亚太经济合作组织(APEC)系列会议正在巴厘岛举行。今天开幕的APEC第二十一次领导人非正式会议将把系列会议推向高潮。巴厘岛峰会是中国国家主席习近平首次出席亚太经济合作组织(APEC)峰会,受到各方高度关注。

中共中央台办、国务院台办主任张志军6日在印尼巴厘岛陪同中共中央总书记习近平会见台湾两岸共同市场基金会荣誉董事长萧万长之后,与台湾方面大陆事务主管部门负责人王郁琦进行了简短寒暄。张表示两岸有关部门应加强交流沟通,共同努力推动两岸关系和平发展,造福两岸同胞。

## 四、放松运动

搓脸,提颧肌,松下巴,鼓腮,转颈。

# 第二章 声母

## 第一节 概述

普通话的声母为 22 个,其中一个为零声母,其余 21 个均为辅音声母。零声母指的是以元音开头的音节的声母,这种音节开头没有辅音,为保持系统的平衡,我们称这种音节的声母为零声母。辅音声母指的是处于音节开头的辅音。普通话的 21 个辅音声母是:b、p、m、f、d、t、n、l、g、k、h、j、q、x、zh、ch、sh、r、z、c、s。

### 一、辅音声母的发音特点

辅音的发音最关键的是发音方法和发音部位,我们可以从这两个方面来观察辅音声母的发音特点。

(一) 发音方法

**1. 看阻碍的方式**

发辅音的时候,气流在口腔要受到不同程度的阻碍,一个辅音的发音过程一般可以分为三个阶段:成阻——阻碍开始形成;持阻——阻碍持续;除阻——阻碍解除。只要有一个阶段发生变化,就会导致辅音的音色发生变化,一个辅音就会变成另外一个辅音。根据阻碍方式的不同,辅音声母可以分为五个小类。

(1) 塞音。发音时,发音部位形成闭塞,软腭上升,堵塞鼻腔的通道,气流冲破阻碍,迸裂而出,爆发成声。塞音有 b、p、d、t、g、k。

(2) 擦音。发音时,发音部位接近,留下窄缝,软腭上升,堵塞鼻腔的通道,气流从窄缝中挤出,摩擦成声。擦音有 f、h、x、sh、r、s。

(3) 塞擦音。发音时,发音部位先形成闭塞,软腭上升,堵塞鼻腔的通道,然后气流把阻塞部位冲开一条窄缝,从窄缝中挤出,摩擦成声。先破裂,后摩擦,结合成一个音。就是说塞擦音的前一半是塞音,后一半是擦音,前后两半结合紧密,成为一个语音单位,是一个辅音,并不是两个辅音的复合(《汉语拼音方案》用两个字母标记的塞擦音 zh、ch 和擦音 sh,它们都是一个音,不是复辅音)。塞擦音有 j、q、zh、ch、z、c。

(4)鼻音。发音时,口腔中的发音部位完全闭塞,软腭下降,打开鼻腔通道,气流振动声带,从鼻腔通过发音(作韵尾的鼻音还有 ng,普通话中不作声母,汉语方言中有 ng 声母)。鼻音有 m、n。

(5)边音。发音时,舌尖与上齿龈接触,但舌头的两边仍留有空隙,同时软腭上升,阻塞鼻腔的通道,气流振动声带,从舌头的两边通过。边音有 l。

### 2. 看声带是否颤动

根据声带是否颤动,辅音可以分为清音和浊音两类。发音时声带颤动的是浊音,声音响亮;声带不颤动的是清音;声音不响亮。

浊音共有 m、n、l、r 四个,其余声母都是清音。

辨别清音和浊音,可以捂着耳朵把清浊音连着念,例如 sh、r、sh、r、sh、r 或 f、v、f、v、f、v。

### 3. 看气流的强弱

根据气流的强弱,辅音可以分为送气音和不送气音。塞音、塞擦音发音时,口腔呼出的气流比较强的叫送气音,共有 p、t、k、q、ch、c 等六个。

口腔呼出的气流比较弱的叫不送气音,共有 b、d、g、j、zh、z 等六个。

## (二)发音部位

辅音的发音部位指的是发音时发音器官构成阻碍的部位。根据发音部位的不同,辅音声母可以分为七个小类。

### 1. 双唇音

上唇和下唇构成阻碍,有 b、p、m。

### 2. 唇齿音

上齿和下唇构成阻碍,有 f。

### 3. 舌尖前音

舌尖和上齿背构成阻碍,有 z、c、s。

### 4. 舌尖中音

舌尖和上齿龈构成阻碍,有 d、t、n、l。

### 5. 舌尖后音

舌尖和硬腭前部构成阻碍,有 zh、ch、sh、r。

### 6. 舌面音

舌面前部与硬腭前部构成阻碍,有 j、q、x。

### 7. 舌根音

舌根与软腭构成阻碍,有 g、k、h。

## 二、普通话声母表

根据发音部位和发音方法,普通话辅音声母表列表如下:

| 发音方法 | | 发音部位 | 双唇 | 唇齿 | 舌尖前 | 舌尖中 | 舌尖后 | 舌面 | 舌根 |
|---|---|---|---|---|---|---|---|---|---|
| 塞音 | 清 | 不送气 | b | | | d | | | g |
| | | 送气 | p | | | t | | | k |
| 塞擦音 | 清 | 不送气 | | | z | | zh | j | |
| | | 送气 | | | c | | ch | q | |
| 擦音 | | 清 | | f | s | | sh | x | h |
| | | 浊 | | | | | r | | |
| 鼻音 | | 浊 | m | | | n | | | |
| 边音 | | 浊 | | | | l | | | |

## 第二节 声母发音训练

本节按发音部位从前往后的顺序介绍发音要领并训练。

### 一、双唇音:由上唇和下唇形成阻碍

**1. b[b]**

双唇、不送气、清、塞音。发音时,双唇闭合,阻碍住气流,再突然张开双唇,让气流爆发出来,同时发出"播"音。

发音训练***①

奔波 bēnbō　　摆布 bǎibù　　宝贝 bǎobèi　　包办 bāobàn　　版本 bǎnběn

白布 báibù　　辨别 biànbié　　卑鄙 bēibǐ　　标兵 biāobīng　　斑驳 bānbó

**2. p[p]**

双唇、送气、清、塞音。发音时双唇闭合,阻碍气流,再突然张开双唇送气,气流比 b 强,同时发出"泼"音。情况与 b 相比,只是有一股较强的气流,其余都相同。

发音训练***

偏旁 piānpáng　　偏僻 piānpì　　批评 pīpíng　　匹配 pǐpèi　　品牌 pǐnpái

---

① 加 *** 的条目均为有录音示范的条目,下文同。

拼盘 pīnpán　　澎湃 péngpài　　乒乓 pīngpāng　　铺平 pūpíng　　评聘 píngpìn

3. m[m]

双唇、浊、鼻音。发音时，双唇闭合，关闭口腔，软腭和小舌放松下垂，打开鼻腔通道，让气流从鼻腔中出来，再张开双唇发出"摸"音。

发音训练***

面貌 miànmào　　埋没 máimò　　麦苗 màimiáo　　眉目 méimù　　美妙 měimiào
迷茫 mímáng　　牧民 mùmín　　麻木 mámù　　明媚 míngmèi　　密码 mìmǎ

## 二、唇齿音：由上齿和下唇形成阻碍

f[f]

唇齿、清、擦音。发音时，上齿接近下唇，形成窄缝，让气流从窄缝中摩擦出声，发出"佛"音。

发音训练***

方法 fāngfǎ　　肺腑 fèifǔ　　丰富 fēngfù　　非凡 fēifán　　付费 fùfèi
奋发 fènfā　　芬芳 fēnfāng　　反复 fǎnfù　　仿佛 fǎngfú　　发放 fāfàng

## 三、双唇音及唇齿音综合练习

（一）词语对比练习***

b—p

编排 biānpái　　奔跑 bēnpǎo　　被迫 bèipò

b—m

饱满 bǎomǎn　　表面 biǎomiàn　　蓖麻 bìmá

b—f

缤纷 bīnfēn　　北方 běifāng　　爆发 bàofā

p—b

旁边 pángbiān　　派别 pàibié　　普遍 pǔbiàn

p—m

缥缈 piāomiǎo　　篇目 piānmù　　皮毛 pímáo

p—f

平凡 píngfán　　屏风 píngfēng　　佩服 pèifú

m—b

棉被 miánbèi　　漫笔 mànbǐ　　蒙蔽 méngbì

m—f

模范 mófàn　　蜜蜂 mìfēng　　萌发 méngfā

28

## (二)绕口令练习

**一平盆面**

一平盆面,烙一平盆饼,饼碰盆,盆碰饼。

**八百标兵**

八百标兵奔北坡,炮兵并排北边跑。

炮兵怕把标兵碰,标兵怕碰炮兵炮。

**炮兵和步兵**

炮兵攻打八面坡,炮兵排排炮弹齐发射。

步兵逼近八面坡,歼敌八千八百八十多。

**蜂和蜜**

蜜蜂酿蜂蜜,蜂蜜养蜜蜂。

蜜养蜜蜂蜂酿蜜,蜂酿蜂蜜蜜养蜂。

## 四、舌尖前音:由舌尖和上齿背形成阻碍

**1. z[ts]**

舌尖前、不送气、清、塞擦音。发音时,舌面伸平,先在上齿内侧,形成阻碍,然后放松舌尖,摩擦发出"字"的音。

发音训练***

祖宗 zǔzong　　总则 zǒngzé　　藏族 zàngzú　　曾祖 zēngzǔ　　嘴杂 zuǐzá

造作 zàozuò　　罪责 zuìzé　　自尊 zìzūn　　造字 zàozì　　栽赃 zāizāng

**2. c[ts']**

舌尖前、送气、清、塞擦音。发音的情况和 z 相比,只是气流较强,其余都相同。

发音训练***

层次 céngcì　　苍翠 cāngcuì　　催促 cuīcù　　草丛 cǎocóng　　此次 cǐcì

粗糙 cūcāo　　参差 cēncī　　猜测 cāicè　　措辞 cuòcí　　曹操 cáocāo

**3. s[s]**

舌尖前、清、擦音。发音时,舌面伸平,抵在上齿内侧,舌尖放松,舌尖和上齿背之间留出一条窄缝,让气流从窄缝中出来,摩擦出声,发"丝"音。

发音训练***

色素 sèsù　　琐碎 suǒsuì　　思索 sīsuǒ　　诉讼 sùsòng　　送伞 sòngsǎn

松散 sōngsǎn　　四岁 sìsuì　　速算 sùsuàn　　瑟缩 sèsuō　　素色 sùsè

## 五、舌尖前音综合练习

(一)词语对比练习***

z—c
早操 zǎocāo　　自残 zìcán　　紫菜 zǐcài

z—s
自私 zìsī　　增色 zēngsè　　阻塞 zǔsè

c—z
测字 cèzì　　操纵 cāozòng　　掺杂 cānzá

c—s
彩色 cǎisè　　测算 cèsuàn　　词素 císù

s—z
塞子 sāizi　　色泽 sèzé　　塑造 sùzào

s—c
颂词 sòngcí　　素材 sùcái　　酸菜 suāncài

(二)绕口令练习

### 做早操
早晨早早起,早起做早操。
人人做早操,做操身体好。

### 二人山前来比腿
山前有个崔粗腿,山后有个崔腿粗,二人山前来比腿。
不知是崔粗腿比崔腿粗的腿粗,还是崔腿粗比崔粗腿的腿粗。

### 三哥、三嫂与酸枣
三哥三嫂子,
借给我三斗三升酸枣子,
等我明年收了酸枣子,
就如数还给三哥三嫂这三斗三升酸枣子。

## 六、舌尖中音:由舌尖和上齿龈形成阻碍

1、d[t]

舌尖中、不送气、清、塞音。发音时,舌尖抵住上齿龈,然后舌尖突然放开,发出"得"的音。

发音训练***

电灯 diàndēng　　当代 dāngdài　　导弹 dǎodàn　　大地 dàdì　　达到 dádào

单调 dāndiào　　道德 dàodé　　等待 děngdài　　奠定 diàndìng　　地点 dìdiǎn

**2. t[t]**

舌尖中、送气、清、塞音。发音时，舌尖抵住上齿龈阻碍气流，然后舌尖突然放开送气，轻轻发出"特"的音，气流比 d 要强。

发音训练***

团体 tuántǐ　　铁塔 tiětǎ　　天堂 tiāntáng　　探讨 tàntǎo　　颓态 tuítài

淘汰 táotài　　忐忑 tǎntè　　体贴 tǐtiē　　滩涂 tāntú　　甜头 tiántou

**3. n[n]**

舌尖中、浊、鼻音。发音时，舌尖抵住上齿龈，软腭放松下垂，打开鼻腔通道，让气流进入鼻腔，然后放开舌尖，让气流从鼻子里出来，同时发出"呢"音。

发音训练***

牛奶 niúnǎi　　南宁 nánníng　　男女 nánnǚ　　恼怒 nǎonù　　袅娜 niǎonuó

农奴 nóngnú　　泥泞 nínìng　　能耐 néngnài　　奶奶 nǎinai　　泥淖 nínào

**4. l[l]**

舌尖中、浊、边音。发音时，舌尖抵住上齿龈，舌两边悬空，留出气流通道，舌尖展平的同时，让气流从舌头的两边出来，发出"勒"音。

发音训练***

理论 lǐlùn　　流利 liúlì　　嘹亮 liáoliàng　　老练 lǎoliàn　　轮流 lúnliú

连累 liánlèi　　拉拢 lālǒng　　来历 láilì　　榴莲 liúlián　　玲珑 línglóng

## 七、舌尖中音综合练习

（一）词语对比练习***

d—t

代替 dàitì　　稻田 dàotián　　灯塔 dēngtǎ

d—n

叮咛 dīngníng　　大娘 dàniáng　　当年 dāngnián

d—l

胆略 dǎnlüè　　打捞 dǎlāo　　带领 dàilǐng

t—d

台灯 táidēng　　特点 tèdiǎn　　跳动 tiàodòng

t—n

鸵鸟 tuóniǎo　　体念 tǐniàn　　童年 tóngnián

t—l

铁路 tiělù　　桃李 táolǐ　　提炼 tíliàn

n—d

纽带 niǔdài　　难得 nándé　　浓淡 nóngdàn

n—t
黏土 niántǔ　　　　内胎 nèitāi　　　　农田 nóngtián
l—d
论调 lùndiào　　　　掠夺 lüèduó　　　　朗读 lǎngdú
l—t
龙头 lóngtóu　　　　柳条 liǔtiáo　　　　晾台 liàngtái
l—n
两难 liǎngnán　　　　连年 liánnián　　　　冷暖 lěngnuǎn

(二) 绕口令练习

**聋童**

朦胧彩霓虹，玲珑小聋童。
聋童采柠檬，聋童不懵懂。

**老唐端蛋汤**

老唐端蛋汤，踏凳登宝塔。
只因凳太滑，汤洒汤烫塔。

**炖冻豆腐**

会炖我的炖冻豆腐，来炖我的炖冻豆腐，不会炖我的炖冻豆腐，就别炖我的炖冻豆腐。要是混充会炖我的炖冻豆腐，那就吃不成我的炖冻豆腐。

**四辆四轮大马车**

门口有四辆四轮大马车，你爱拉哪两辆来拉哪两辆。

# 八、舌尖后音：舌尖翘起和硬腭前部形成阻碍

**1. zh[tʂ]**

舌尖后、不送气、清、塞擦音。发音时，舌尖翘起，抵住硬腭前部，形成阻碍，然后放松舌尖，摩擦出声，发出"知"音。

发音训练***

正直 zhèngzhí　　　茁壮 zhuózhuàng　　　政治 zhèngzhì　　　招展 zhāozhǎn
庄重 zhuāngzhòng　　正装 zhèngzhuāng　　主张 zhǔzhāng　　　辗转 zhǎnzhuǎn
挣扎 zhēngzhá　　　　住宅 zhùzhái

**2. ch[tʂʻ]**

舌尖后、送气、清、塞擦音。发音时，舌尖翘起，抵住硬腭前部，形成阻碍，然后放松舌尖送气，摩擦出声，发出"吃"音。发音的情况和 zh 相比，只是气流较强，其余都相同。

发音训练***

车床 chēchuáng　　　长城 chángchéng　　　驰骋 chíchěng　　　出产 chūchǎn
出差 chūchāi　　　　充斥 chōngchì　　　　超产 chāochǎn　　　戳穿 chuōchuān
长春 chángchūn　　　抽出 chōuchū

**3. sh[ʂ]**

舌尖后、清、擦音。发音时,舌尖翘起,靠近硬腭前部,留一道窄缝,让气流从窄缝中出来,摩擦出声,发"师"音。

发音训练***

| 身世 shēnshì | 山水 shānshuǐ | 生疏 shēngshū | 上升 shàngshēng |
| 事实 shìshí | 施舍 shīshě | 舒适 shūshì | 述说 shùshuō |
| 射手 shèshǒu | 双煞 shuāngshà | | |

**4. r[ʐ]**

舌尖后、浊、擦音。发音时,舌尖翘起,靠近硬腭前部,留一道窄缝,让气流从窄缝中挤出来,注意要颤动声带,发"日"音。

发音训练***

| 仍然 réngrán | 忍让 rěnràng | 荏苒 rěnrǎn | 容忍 róngrěn | 如若 rúruò |
| 扰攘 rǎorǎng | 柔软 róuruǎn | 濡染 rúrǎn | 嚷嚷 rāngrang | 柔韧 róurèn |

## 九、舌尖后音综合练习

**(一)词语对比练习***

zh—ch

摘除 zhāichú    涨潮 zhǎngcháo    照常 zhàocháng

zh—sh

照射 zhàoshè    珍视 zhēnshì    整数 zhěngshù

zh—r

阵容 zhènróng    峥嵘 zhēngróng    终日 zhōngrì

ch—zh

查证 cházhèng    产值 chǎnzhí    唱针 chàngzhēn

ch—sh

缠身 chánshēn    产生 chǎnshēng    潮水 cháoshuǐ

ch—r

缠绕 chánrào    常任 chángrèn    传染 chuánrǎn

sh—zh

山楂 shānzhā    纱罩 shāzhào    赊账 shēzhàng

sh—ch

山川 shānchuān    商场 shāngchǎng    奢侈 shēchǐ

sh—r

胜任 shèngrèn    衰弱 shuāiruò    深入 shēnrù

r—zh

热衷 rèzhōng    人种 rénzhǒng    入赘 rùzhuì

r—sh
燃烧 ránshāo　　饶恕 ráoshù　　　惹事 rěshì
r—ch
人称 rénchēng　　日程 rìchéng　　如初 rúchū

(二)绕口令练习

### 石小四和史肖石

石小四,史肖石,一同来到阅览室。
石小四年十四,史肖石年四十。
年十四的石小四爱看诗词,年四十的史肖石爱看报纸。
年四十的史肖石发现了好诗词,忙递给年十四的石小四;
年十四的石小四见了好报纸,忙递给年四十的史肖石。

### 大车拉小车

大车拉小车,小车拉小石头,石头掉下来,砸了小脚趾头。

### 撕字纸

隔着窗户撕字纸,一次撕下横字纸,一次撕下竖字纸,
是字纸撕字纸,不是字纸,不要胡乱撕一地纸。

## 十、舌面音:由舌面前部和硬腭前部形成阻碍

**1. j [tɕ]**

舌面前、不送气、清、塞擦音。发音时,舌尖下垂,舌面隆起,抵住硬腭前部抬起抵住硬腭前部,然后舌面放松,摩擦出声,发出"机"音。

发音训练***

境界 jìngjiè　　简介 jiǎnjiè　　将就 jiāngjiù　　经济 jīngjì　　拒绝 jùjué
基金 jījīn　　　解决 jiějué　　　借鉴 jièjiàn　　　交界 jiāojiè　　绝交 juéjiāo

**2. q [tɕ']**

舌面前、清、塞擦音。发音时,舌尖下垂,舌面隆起,抵住硬腭前部,然后舌面放松的同时送气,气流比 j 强,摩擦发出"七"的读音。

发音训练***

确切 quèqiè　　秦腔 qínqiāng　　齐全 qíquán　　恰切 qiàqiē　　取巧 qǔqiǎo
乞求 qǐqiú　　　牵强 qiānqiǎng　　铅球 qiānqiú　　奇趣 qíqù　　　亲情 qīnqíng

**3. x [ɕ]**

舌面前、清、擦音。发音时,舌尖下垂,舌面隆起靠近硬腭前部,留出一条窄缝,让气流从窄缝中挤出,摩擦发出"西"的音。

发音训练***

虚心 xūxīn　　新鲜 xīnxiān　　想象 xiǎngxiàng　　学习 xuéxí　　休学 xiūxué

详细 xiángxì　　习性 xíxìng　　　行星 xíngxīng　　　写信 xiěxìn　　喜讯 xǐxùn

## 十一、舌面音综合练习

(一)词语对比练习 ***

j—q
机器 jīqì　　　激情 jīqíng　　　健全 jiànquán

j—x
艰辛 jiānxīn　　将息 jiāngxī　　觉醒 juéxǐng

q—j
奇迹 qíjì　　　前进 qiánjìn　　　切记 qièjì

q—x
奇效 qíxiào　　谦虚 qiānxū　　　潜心 qiánxīn

x—j
消极 xiāojí　　歇脚 xiējiǎo　　　心境 xīnjìng

x—q
邪气 xiéqì　　新奇 xīnqí　　　　兴趣 xìngqù

(二)绕口令练习

**七和一**

七加一,七减一,加完减完等于几?
七加一,七减一,加完减完还是七。

**漆匠和锡匠**

七巷一个漆匠,西巷一个锡匠。
七巷漆匠偷了西巷锡匠的锡,
西巷锡匠拿了七巷漆匠的漆;
七巷漆匠气西巷锡匠偷了漆,
西巷锡匠讥七巷漆匠拿了锡,
请问漆匠和锡匠,
谁拿谁的锡,谁偷谁的漆。

**小金看风景**

小金到北京看风景,
小京到天津买纱巾。
看风景,用眼睛,
还带一个望远镜;

看纱巾,带现金,
到了天津把商店进。
买纱巾,用现金,
看风景,用眼睛,
巾、金、津、京、景、睛,都要读标准。

## 十二、舌根音:由舌根和软腭形成阻碍

**1. g[k]**

舌根、不送气、清、塞音。发音时,舌根高抬,顶住软腭并憋住气流,然后突然放开,发出"哥"音。

发音训练***

改革 gǎigé　　巩固 gǒnggù　　高贵 gāoguì　　光顾 guānggù　　各国 gèguó

古怪 gǔguài　　感观 gǎnguān　　观光 guānguāng　　高歌 gāogē　　公关 gōngguān

**2. k[k']**

舌根、送气、清、塞音。发音时,抬高舌根顶住软腭,突然放松舌根,用力送出一口气,发"蝌"音。

发音训练***

开垦 kāikěn　　宽阔 kuānkuò　　坎坷 kǎnkě　　可靠 kěkào　　科考 kēkǎo

空口 kōngkǒu　　慷慨 kāngkǎi　　旷课 kuàngkè　　刻苦 kèkǔ　　扣款 kòukuǎn

**3. h[x]**

舌根、清、擦音。发音时,舌根高抬靠近软腭,中间留出一条窄缝,让气流从窄缝中摩擦出来,发出"喝"音。

发音训练***

欢呼 huānhū　　荷花 héhuā　　航海 hánghǎi　　会合 huìhé　　含混 hánhùn

浑厚 húnhòu　　火红 huǒhóng　　豪华 háohuá　　黄昏 huánghūn　　行货 hánghuò

## 十三、舌根音综合练习

(一)词语对比练习***

g—k

改口 gǎikǒu　　感慨 gǎnkǎi　　功课 gōngkè

g—h

干旱 gānhàn　　高寒 gāohán　　隔阂 géhé

k—g

考古 kǎogǔ　　可观 kěguān　　苦瓜 kǔguā

k—h
葵花 kuíhuā　　考核 kǎohé　　括号 kuòhào
h—g
花梗 huāgěng　　回顾 huígù　　火光 huǒguāng
h—k
会客 huìkè　　活口 huókǒu　　好看 hǎokàn

(二)绕口令练习

### 过沟

哥挎瓜筐过宽沟,赶快过沟看怪狗,
光看怪狗瓜筐扣,瓜滚筐空哥怪狗。

### 哥哥和姑姑

哥哥挂钩,钩挂哥哥刚穿的白小褂儿。
姑姑隔着隔扇去钩鼓,鼓高姑姑难钩鼓,
哥哥帮姑姑去钩鼓,姑姑帮哥哥把小褂儿补。

### 瓜换花

小花和小华,一同种庄稼。
小华种棉花,小花种西瓜。
小华的棉花开了花,小花的西瓜结了瓜。
小花找小华,商量瓜换花。
小花用瓜换了花,小华用花换了瓜。

## 第三节　声母难点音训练

### 一、分清平翘舌音

(一)发音要领

发平舌音 z、c、s,舌尖要放在上齿背或下齿背,舌尖不要太用力,气息从舌尖和上、下齿缝隙中通过。
发翘舌音 zh、ch、sh 时,舌尖要放在硬腭前端有棱的部位,舌尖要翘起来,嘴唇略向前突出。

(二)发音误区

这一组音发音难点主要是翘舌音,常见发音误区有以下几个:
(1)发音部位靠前,舌尖放在上齿龈;

(2)舌头肌肉过于紧张,常伴有拢唇的动作;

(3)舌尖过于后卷,或者接触上腭的面积过大,听起来有"大舌头"的感觉。

(三)记音辨正方法

**1. 记少不记多**

普通话里平舌音字比较少,翘舌音字比较多,它们的比例约是3∶7。如果把平舌音字中的常用字都记熟了,那么当我们看到一个字无法判断其是平舌还是翘舌时,它读成翘舌音的可能性会大得多。这时,我们就姑且把它念成翘舌音。

**2. 利用声韵配合规律记忆**

(1)以 ua、uai、uang 作韵母的字,声母是 zh、ch、sh。如抓、耍、拽、双、床、庄。

(2)以 en 作韵母的字,除了"怎、参(cēn)、岑、森"几个字之外,以 eng 作韵母的字,除了"层、曾"或者以"曾"做声旁的少数字外,其余字的声母都是舌尖后音。

(3)以 ou 作韵母的字,除了"凑"等少数字外,其余的声母是 ch。

(4)以 uen 作韵母的字中,只有"舜、吮、顺、瞬"四个字的声母是 sh,其余字声母是 s。

(5)以 ong 作韵母的字中,声母只有 s,没有 sh。如颂、诵、耸、嵩、宋、松、送、讼。

**3. 偏旁类推法**

(1)"主"舌尖后音(翘舌音),以它作声旁的字一般也是舌尖后音(翘舌音)。如住、注、驻、柱、蛀。

(2)"曹"舌尖前音(平舌音),以它做声旁的字一般也是舌尖前音(平舌音)。如嘈、槽、糟、遭。

(四)正音练习

**1. 对比练习**\*\*\*

z—zh

滋—之　字—志　咋—眨　总—种　最—坠

增—蒸　尊—谆　杂—铡　栽—摘　早—找

c—ch

蚕—蝉　材—柴　草—炒　层—呈　辞—迟

从—重　促—触　村—春　催—吹　存—纯

s—sh

洒—傻　色—社　四—事　扫—少　搜—收

三—山　桑—商　僧—声　森—深　缩—说

申诉—申述　五岁—午睡　肃立—树立　三顶—山顶　姿势—知事

八层—八成　鱼刺—鱼翅　粗布—初步　乱草—乱吵　参加—掺假

早到—找到　栽花—摘花　自愿—志愿　资助—支柱　自动—制动

**2. 综合练习**\*\*\*

总是 zǒngshì　　载重 zàizhòng　　暂时 zànshí　　杂志 zázhì　　制裁 zhìcái

| | | | |
|---|---|---|---|
| 沼泽 zhǎozé | 中餐 zhōngcān | 种族 zhǒngzú | 增设 zēngshè | 自制 zìzhì |
| 著作 zhùzuò | 做主 zuòzhǔ | 尊重 zūnzhòng | 注册 zhùcè | 慈善 císhàn |
| 草率 cǎoshuài | 才识 cáishí | 差错 chācuò | 出租 chūzū | 磋商 cuōshāng |
| 从事 cóngshì | 丧失 sàngshī | 神色 shénsè | 失踪 shīzōng | 生存 shēngcún |

**3. 绕口令练习**

### 子词丝

四十四个字和词，
组成一首子词线的绕口词。
桃子李子梨子栗子橘子柿子槟子和榛子，
栽满院子村子和寨子。
刀子斧子锯子凿子锤子刨子尺子，
做出桌子椅子和箱子。
名词动词数词量词代词副词助词连词，
连成语词诗词和唱词。
蚕丝生丝熟丝缫丝染丝晒丝纺丝织丝，
自制粗丝细丝人造丝。

### 四老师

石、斯、施、史四老师，天天和我在一起。
石老师教我大公无私，斯老师给我精神食粮；
施老师叫我遇事三思，史老师送我知识钥匙。
感谢石、斯、施、史四老师。

### 狮子寺

狮子寺有四十四只石狮子，
石狮子想吃柿子树上的四十四个涩柿子，
涩柿子包着四十四张湿字纸。
湿字纸不让石狮子吃掉四十四个涩柿子，
涩柿子偏要石狮子撕开四十四张湿字纸吃掉四十四个涩柿子。

## 二、分清 r 与 l

**(一) 发音要领**

r 的发音方法为：先发一个 sh，气流不要断，发音部位不变，加入声带振动的发音动作，就可以得到一个 r 的发音。

**(二) 发音误区**

许多人发 ri 可以，但一旦加上其他韵母，就会不由自主地发成 l 音，如把"然"发成"蓝"，把"容"发成"龙"。

主要原因是,r是一个擦音,发音时,舌尖靠近硬腭前部,而不能接触硬腭前部,如果舌尖抵住硬腭前部,就会发出l的音。

(三)记音辨正方法

"r"和"l"的区别是发音部位不同,舌尖抵搭的位置有前后之别。"r"的发音部位在硬腭,"l"的发音部位在齿龈;发音方法也不同,"r"发音除阻时,气流的通道很窄,限于舌尖和硬腭之间的一点点缝隙,摩擦很重;而"l"音除阻时,气流的通道在舌侧两边,很宽松,摩擦不十分明显。

(四)正音练习

**1. 对比练习**

| 日—历 | 然—蓝 | 让—浪 | 如—卢 | 热—乐 |
| 熟—如 | 神—人 | 是—日 | 睡—瑞 | 少—扰 |
| 碧蓝—必然 | 娱乐—余热 | 阻拦—阻燃 | 因牢—求饶 | 收录—收入 |
| 露馅—肉馅 | 近路—进入 | 流露—流入 | 衰落—衰弱 | 脸色—染色 |

**2. 综合练习**

| 锐利 ruìlì | 日历 rìlì | 扰乱 rǎoluàn | 热烈 rèliè | 让路 rànglù |
| 认领 rènlǐng | 容量 róngliàng | 人力 rénlì | 日落 rìluò | 热浪 rèlàng |
| 老人 lǎorén | 烈日 lièrì | 礼让 lǐràng | 列入 lièrù | 炼乳 liànrǔ |
| 例如 lìrú | 利刃 lìrèn | 来人 láirén | 利润 lìrùn | 留任 liúrèn |

**3. 绕口令练习**

寻铃

人寻铃声去找铃,铃声紧跟人不停,
到底是人寻铃,还是铃寻人。

夏日无日

夏日无日日亦热,冬日有日日亦寒,
春日日出天渐暖,晒衣晒被晒褥单,
秋日天高复云淡,遥看红日迫西山。

# 三、分清 n 与 l

(一)发音要领

n是鼻音,发音时气流从鼻腔流出,舌尖的前端要放在上齿龈。

用拇指和食指捏住鼻孔并试图发n音。如果有很强的憋气的感觉,那就说明发音的部位和方法是正确的。松开拇指和食指,带上元音e或a呼读,n则自然成声,反之则错误。

l是边音,发音时舌尖要放在上齿龈稍后的位置,气流从舌头的两边流出。

用手捂住嘴巴并试图发l音,如果两腮鼓起并伴有憋气的感觉,说明符合发音要求,移开手掌,带上元音e或a呼读,l则自然成音。

(二)发音误区

很多方言中的边鼻音与普通话不对应,或者在方言中边鼻音是自由变体,随意转换,区分起来就有些困难,特别是开口度小的韵母,不容易区分。克服办法是,首先要学会听辨,要能够听出来鼻音和边音,其次正音练习的时候,发边音先把下巴放下,口腔打开,舌头放松,然后抬起舌尖,轻轻抵住上齿龈,拼合韵母发音,发鼻音先关闭口腔,舌面紧贴上腭,然后舌尖放在下齿背,舌身随下巴下降,打开口腔,拼合韵母。

(三)记音辨正方法

**1. 记少不记多**

普通话中,n声母的字少些,l声母的字多些。记住n声母的字,就可以类推出其余字的声母。

**2. 利用声韵配合规律记忆**

普通话中ou、ia、uen只拼l,不拼n。因此楼、搂、喽、篓、陋、漏、俩、抡等字可放心读l。另外,普通话nen音节只有嫩字,nang音节只有囊字,neng音节只有能字,iang音节只有娘、酿两字。

**3. 偏旁类推法**

汉字中有大量的形声字,利用形声字的偏旁(声旁)可以类推出许多以此作声旁的字的读音。

内:纳、呐、衲、钠、讷。

仑:抡、沦、论、轮、囵、纶。

(四)正音练习

**1. 对比练习**<sup>***</sup>

| 那—辣 | 腻—立 | 怒—路 | 年—连 | 娘—粮 |
| 流—牛 | 林—您 | 零—凝 | 蓝—难 | 落—糯 |
| 恼怒—老路 | 奶牛—来历 | 男女—褴褛 | 能耐—棱角 | 泥泞—黎明 |
| 农奴—笼子 | 忸怩—榴莲 | 拿捏—蜡烛 | 宁肯—玲珑 | 黏腻—联络 |

**2. 综合练习**<sup>***</sup>

| 纳凉 nàliáng | 来年 láinián | 烂泥 lànní | 老娘 lǎoniáng | 耐劳 nàiláo |
| 能量 néngliàng | 冷暖 lěngnuǎn | 留念 liúniàn | 两难 liǎngnán | 逆流 nìliú |
| 年龄 niánlíng | 累年 lěinián | 落难 luònàn | 能力 nénglì | 遛鸟 liùniǎo |
| 凝练 nínglliàn | 尼龙 nílóng | 老年 lǎonián | 流脑 liúnǎo | 内乱 nèiluàn |
| 历年 lìnián | 女郎 nǚláng | 林农 línnóng | 努力 nǔlì | 男篮 nánlán |

**3. 绕口令练习**

**老农与老龙**

老龙恼怒闹老农,老农恼怒闹老龙,
龙怒龙恼农更怒,龙闹农怒龙怕农。

**俩教练**

蓝教练,女教练,吕教练,男教练。
蓝教练不是男教练,吕教练不是女教练。
兰南是男篮主力,吕楠是女篮主力,
蓝教练在男篮训练兰南,吕教练在女篮训练吕楠。

**牛郎恋刘娘**

牛郎恋刘娘,刘娘念牛郎。
牛郎连连恋刘娘,刘娘连连恋牛郎。
牛郎年年念刘娘,刘娘年年念牛郎。
郎恋娘来娘恋郎,念娘恋娘念郎恋郎。
牛恋刘来刘恋牛,牛念刘来刘念牛。
郎恋娘来娘恋郎,郎念娘来娘念郎。

## 四、分清 f 与 h

### (一)发音要领

f 与 h 的不同,主要是发音部位的不同。发 f 时,上齿与下唇相擦;发 h 时,舌根与软腭相擦。f 的发音部位靠前,h 的发音部位靠后。

### (二)发音误区

有些方言区的 f 和 h 正好和普通话相反,导致正音困难。克服办法是,不仅要先找对发音部位,还要记住这两个声母和韵母的拼合规律,f 除了和单韵母 u 相拼外,不和其他的合口呼韵母相拼,因此,如果是这一组音发错,实际上发错的不光是声母,韵母也发错了,在正音的时候,找好声母的发音部位,同时将韵母的唇型准备好,f 发不圆唇音,h 发圆唇音。

### (三)记音辨正方法

**1. 利用声韵配合规律记忆**

普通话中 f 除了单韵母 u 以外,不与其他的合口呼韵母相拼,如分—昏,饭—换,飞—灰。发 f 的时候,先把双唇展开;发 h 的时候,先把双唇拢圆,勿把圆唇韵头丢失。

**2. 偏旁类推法**

同声旁字的声母与声旁本身的声母一般是一致的,记住了声旁字的声母,就可以类推出同声旁一系列字的声母。例如:"方"的声母是 f,以方为声旁的"放"、"房"、"防"、"纺"、"芳"、

"访"、"仿"、"妨"、"肪"、"邡"、"枋"、"舫"等字的声母都是f;"化"的声母是h,如"花"、"哗"、"华"、"铧",利用这一规律,可以记住几乎所有的形声字。

(四)正音练习

1. 对比练习***

夫—呼　　　扶—壶　　　抚—虎　　　防—黄　　　分—昏
父—户　　　伐—滑　　　匪—悔　　　风—轰　　　发—花
发放—发晃　伐木—滑木　发挥—花飞　鼠患—薯贩　返沪—反复
湖岸—伏案　会同—废铜　酒坊—酒荒　飞机—灰鸡　乏力—华丽

2. 综合练习***

化肥 huàféi　　划分 huàfēn　　恢复 huīfù　　荒废 huāngfèi　　焕发 huànfā
风化 fēnghuà　　繁华 fánhuá　　符合 fúhé　　发挥 fāhuī　　粉红 fěnhóng

3. 绕口令练习

### 风吹灰

风吹灰飞,灰飞花上花堆灰,
风吹花灰灰飞去,灰在风里飞又飞。

### 丰丰和芳芳

丰丰和芳芳,上街买混纺。
红混纺,粉混纺,黄混纺,灰混纺,
红花混纺做裙子,粉花混纺做衣裳。
红、粉、灰、黄花样多,五颜六色好混纺。

### 黄蜂

黄蜂黄昏飞蜂房,黄昏蜂房放花环。
粉红花环泛芬芳,花环芬芳伏凤凰。

# 第三章 韵母

## 第一节 概述

普通话韵母,指的是一个音节中声母后面的部分。普通话有 39 个韵母:a、o、e、ê、i、u、ü、-i(前)、-i(后)、er、ai、ei、ao、ou、ia、ie、ua、uo、üe、iao、iou、uai、uei、an、ian、uan、üan、en、in、uen、ün、ang、iang、uang、eng、ing、ueng、ong、iong。

### 一、韵母的结构

韵母在结构上可以分成韵头、韵腹、韵尾三个部分。

韵头,在主要元音前,又称介音,是韵腹前面、起前导作用的部分,发音轻短,比较模糊,往往迅速带过,只有 i、u、ü 可以充当。

韵腹,又称主要元音,它是一个韵母发音的关键,发音时,口腔肌肉最紧张,发音清晰响亮,由 a、o、e、ê、和 i、u、ü、-i、er 充当。

韵尾,韵尾可以是元音也可以是辅音。

一个韵母不一定三个部分都具备,可以没有韵头、韵尾,但不可以没有韵腹。如"窗"的音节结构分析:

| ch | u | ā | ng |
|---|---|---|---|
| 声母 | 韵头 | 韵腹 | 韵尾 |

### 二、韵母的分类

韵母的分类有两种,一种是按韵母开头的元音发音口形,一种是按结构。

第一种划分是汉语传统音韵学上的"四呼",分为开口呼、齐齿呼、合口呼、撮口呼 4 个小类。开口呼,不是i、u、ü或不以i、u、ü开头的韵母。齐齿呼,i或以i开头的韵母。合口呼,u或以u开头的韵母。撮口呼,ü或以ü开头的韵母。

第二种划分根据韵母的结构特点,可分为单元音韵母、复元音韵母、带鼻辅音韵母3个小类。

单元音韵母由单元音构成,简称单韵母,普通话有单韵母10个。

复元音韵母由复元音构成,简称复韵母,复元音可以由2个或者3个单元音组成,普通话有复韵母13个。

带鼻辅音韵母由元音和鼻音韵尾构成,简称"鼻韵母",普通话有鼻韵母16个。

## 三、普通话韵母总表

| 结构类 \ 四呼类 | | 开口呼 | 齐齿呼 | 合口呼 | 撮口呼 |
|---|---|---|---|---|---|
| 单韵母 | 单元音韵母 | -i(前、后) | i | u | ü |
| | | a | ia | ua | |
| | | o | | uo | |
| | | e | | | |
| | | ê | ie | | üe |
| | | er | | | |
| 复合韵母 | 复元音韵母 | ai | | uai | |
| | | ei | | uei | |
| | | ao | iao | | |
| | | ou | iou | | |
| | 带鼻辅音韵母 | an | ian | uan | üan |
| | | en | in | uen | ün |
| | | ang | iang | uang | |
| | | eng | ing | ueng | |
| | | | | ong | iong |

## 第二节 韵母发音训练

### 一、单韵母

由单元音构成的韵母叫单元音韵母,简称单韵母。根据发音时舌头的不同情况,分为舌面元音、舌尖元音、卷舌元音。舌面元音发音时,舌头较高部位是舌面,舌尖下垂,舌面隆起;舌尖元音和卷舌元音发音时,舌头较高部位是舌尖,舌尖上翘或上卷。普通话的单韵母有10个,其中舌面元音有7个:a、o、e、i、u、ü、ê。舌尖元音有2个:-i(前)、-i(后)。卷舌元音1个,即er。

(一)舌面元音

舌面元音的音色主要由口腔的形状决定,改变口腔的形状可以通过三个方面来实现:改变口腔的开口度的大小,舌头前伸或者后缩,双唇拢圆或展开。这三个方面构成舌面元音发音的最重要的三个要素:舌位的高低、舌位的前后、唇形的圆展。

舌面元音的舌位是指舌面隆起最高的部位。

舌位的高低由口腔的开口度决定,口腔开口度越小,舌位越高,如 i[i];口腔开口度越大,舌位越低,如 a[a]。舌位的高低可分为 4 个区域:高、半高、半低、低。

舌位的前后由舌头前伸或后缩来调节,分为 3 个区域:前、央、后。前元音发音时,舌头前伸,舌尖抵住下齿背,舌面前部隆起,如 ai、an 中的 a[a]。央元音发音时,舌头不前伸也不后缩,出于自然状态,舌面中部隆起,如单元音 a,ia 中的 a[A]。后元音发音时,舌头后缩,舌面后部或舌根隆起,如 ao、ang 中的 a[ɑ]。

唇形的圆展是指双唇拢圆或展开,双唇拢圆,为圆唇音,如 ü[y],双唇展开,为不圆唇音,如 i[i]。

普通话舌面元音的三个发音要点可以用以下舌面元音舌位唇形图表示:

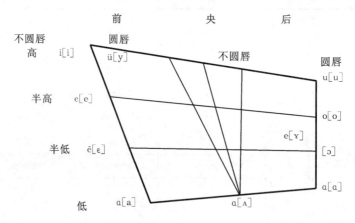

**1. a [A]:舌面、央、低、不圆唇元音**

发音时口腔大开,整个舌身平铺在口腔的下部,舌面中部微微隆起和硬腭后部相对,舌尖微离下齿背,双唇自然放松。

发音训练

打靶 dǎbǎ　　发达 fādá　　马达 mǎdá　　喇叭 lǎba　　哪怕 nǎpà
大厦 dàshà　　刹那 chànà　　打发 dǎfa　　压法 yāfǎ　　茶吧 chábā

**2. o[o]：舌面、后、半高、圆唇元音**
发音时口腔半开，舌身后缩，舌面后部隆起和软腭相对，舌位半高，上下唇自然拢圆。
发音训练***
| 伯伯 bóbo | 婆婆 pó po | 默默 mòmò | 泼墨 pōmò | 勃勃 bóbó |
| 磨破 mópò | 嬷嬷 mōmō | 萝卜 luóbo | 拨弄 bōnòng | 落魄 luòpò |

**3. e[ɤ]：舌面、后、半高、不圆唇元音**
发音时口半闭，舌身后缩，舌面后部稍隆起和软腭相对，双唇自然放松。
发音训练***
| 隔阂 géhé | 合格 hégé | 客车 kèchē | 特色 tèsè | 折射 zhéshè |
| 歌德 gēdé | 隔热 gérè | 可乐 kělè | 苛刻 kēkè | 各科 gèkē |

**4. ê[ɛ]：舌面、前、半低、不圆唇元音**
多在 ie、üe 中出现，单用的时候不多，只有一个字"欸"。

**5. i[i]：舌面、前、高、不圆唇元音**
发音时口微开，两唇呈扁平形，舌尖接触下齿背，使舌面前部隆起和硬腭前部相对。
发音训练***
| 笔记 bǐjì | 激励 jīlì | 基地 jīdì | 记忆 jìyì | 霹雳 pīlì |
| 习题 xítí | 利益 lìyì | 义气 yìqì | 袭击 xíjī | 积极 jījí |

**6. u[u]：舌面、后、高、圆唇元音**
发音时两唇收缩成圆形，略向前突出；舌后缩，舌面后部隆起和软腭相对。
发音训练***
| 补助 bǔzhù | 读物 dúwù | 辜负 gūfù | 瀑布 pùbù | 入伍 rùwǔ |
| 疏忽 shūhū | 孤独 gūdú | 瞩目 zhǔmù | 不顾 búgù | 姑姑 gūgu |

**7. ü[y]：舌面、前、高、圆唇元音**
发音时两唇拢圆，略向前突，舌尖抵住下齿背，使舌面前部隆起和硬腭前部相对。
发音训练***
| 聚居 jùjū | 区域 qūyù | 语序 yǔxù | 絮语 xùyǔ | 序曲 xùqǔ |
| 雨具 yǔjù | 须臾 xūyú | 豫剧 yùjù | 屈居 qūjū | 渔具 yújù |

**(二)舌尖元音**

**1. -i[ɿ]：(前)舌尖、前、高、不圆唇元音**
发音时口略开，展唇，舌尖和上齿背相对，保持适当距离。发声带振动，软腭上升，关闭鼻腔通道。这个韵母在普通话里只出现在 z、c、s 声母的后面。
发音训练***
| 私自 sīzì | 此次 cǐcì | 次子 cìzǐ | 字词 zìcí | 恣肆 zìsì |
| 孜孜 zīzī | 刺死 cìsǐ | 自此 zìcǐ | 自私 zìsī | 司仪 sīyí |

**2. -i[ʅ]：(后)舌尖、后、高、不圆唇元音**
发音时口略开，展唇，舌尖前端抬起和前硬腭相对。声带振动，软腭上升，关闭鼻腔通

道。这个韵母在普通话里只出现在 zh、ch、sh、r 声母的后面。

发音训练***

| 实施 shíshī | 支持 zhīchí | 制止 zhìzhǐ | 值日 zhírì | 试制 shìzhì |
| 知识 zhīshi | 实质 shízhì | 日志 rìzhì | 试纸 shìzhǐ | 智齿 zhìchǐ |

### （三）卷舌元音

**er[ɚ]：卷舌、央、中、不圆唇元音**

发音时口自然打开，舌位不前不后不高不低，声带振动，软腭上升，关闭鼻腔通道，先发央元音 e [ə]，在发这个音的同时舌尖向后卷，和硬腭前端相对。r 是卷舌的标志，不是辅音 r。这个韵母在普通话中不与任何声母相拼合，只能自成音节。

发音训练***

| 儿童 értóng | 而且 érqiě | 耳朵 ěrduo | 而后 érhòu | 婴儿 yīng'ér |
| 男儿 nán'ér | 木耳 mù'ěr | 偶尔 ǒu'ěr | 儿子 érzi | 儿女 érnǚ |

### （四）单韵母综合练习

**1. 单字练习***

| 他 tā | 啥 shá | 把 bǎ | 那 nà |
| 波 bō | 佛 fó | 我 wǒ | 莫 mò |
| 科 kē | 俄 é | 扯 chě | 乐 lè |
| 踢 tī | 迷 mí | 挤 jǐ | 第 dì |
| 凸 tū | 服 fú | 母 mǔ | 树 shù |
| 区 qū | 徐 xú | 女 nǚ | 绿 lǜ |
| 姿 zī | 磁 cí | 死 sǐ | 自 zì |
| 师 shī | 池 chí | 只 zhǐ | 事 shì |
| 儿 ér | 尔 ěr | 二 èr | 耳 ěr |

**2. 词语练习***

| 发达 fādá | 大妈 dàmā | 哪怕 nǎpà |
| 打靶 dǎbǎ | 刹那 chànà | 喇嘛 lǎma |
| 磨墨 mómò | 泼墨 pōmò | 薄膜 bómó |
| 勃勃 bóbó | 默默 mòmò | 婆婆 pópo |
| 合格 hégé | 特色 tèsè | 隔热 gèrè |
| 割舍 gēshě | 合辙 hézhé | 客车 kèchē |
| 笔记 bǐjì | 离奇 líqí | 激励 jīlì |
| 击毙 jībì | 厘米 límǐ | 立即 lìjí |
| 互助 hùzhù | 初步 chūbù | 颅骨 lúgǔ |
| 鼓舞 gǔwǔ | 督促 dūcù | 出土 chūtǔ |
| 区域 qūyù | 曲剧 qǔjù | 旅居 lǚjū |

女婿 nǚxù  　　须臾 xūyú  　　絮语 xùyǔ
自此 zìcǐ  　　子嗣 zǐsì  　　恣肆 zìsì
支持 zhīchí  　　指示 zhǐshì  　　实质 shízhì
尔尔 ěr'ěr  　　然而 rán'ér  　　而已 éryǐ

**3. 绕口令练习**

植树

老顾大顾和小顾,扛锄植树走出屋,
漫天大雾罩峡谷,雾像灰布满路铺,
老顾关注喊大顾,大顾关注喊小顾。
三顾扛锄又提树,雾里植树尽义务。

渠和鱼

一条小渠,住着一条小鱼,
小鱼想游出小渠,小渠笑小鱼,
小鱼小鱼你太心急,长大才能游出去。

柿子、李子、栗子、梨

一二三四五六七,七六五四三二一,
七个阿姨来摘果,七只篮子手中提,
七种果子摆七样,苹果、桃儿、石榴、柿子、李子、栗子、梨。

喇嘛和哑巴

打南边来了一个喇嘛,手里提着五斤鳎(tǎ)蟆,打北边来了一个哑巴,腰里别着一个喇叭。提鳎蟆的喇嘛要拿鳎蟆去换别着喇叭的哑巴的喇叭,别着喇叭的哑巴不愿意拿喇叭去换提搂鳎蟆的喇嘛的鳎蟆。提搂鳎蟆的喇嘛抢起鳎蟆就给了别着喇叭的哑巴一鳎蟆,别着喇叭的哑巴抽出喇叭就给了提搂鳎蟆的喇嘛一喇叭,也不知是提搂鳎蟆的喇嘛打了别着喇叭的哑巴,还是别着喇叭的哑巴打了提搂鳎蟆的喇嘛。喇嘛回家炖鳎蟆,哑巴回家滴滴答答吹喇叭。

笸箩和菠萝

打南坡走来个老婆婆,两手托着两笸箩。左手托着的笸箩装的是菠萝,右手托着的笸箩装的是萝卜。你说说,是老婆婆左手托着的笸箩装的菠萝多,还是老婆婆右手托的笸箩装的萝卜多? 说的对送你一笸箩菠萝,说不对不给菠萝也不给萝卜,罚你替老婆婆把装菠萝的笸箩和装萝卜的笸箩送到大北坡。

## 二、复韵母

　　由复元音构成的韵母叫复元音韵母,简称复韵母。复韵母与单韵母发音最大的不同是,单韵母发音时,自始至终,口腔形状保持不变,而复韵母发音时,口腔形状有变化,由甲元音的发音状况向乙元音的发音状况过渡,这种发音变化过程叫复韵母发音的"动程"。复韵母发音的动程要饱满、到位,音与音之间的过渡是渐变的,不是突变的,气流不能中断,发出的音围绕主要元音(韵腹)形成一个整体。

普通话的复韵母可以由两个元音构成,也可以由三个元音构成,前者叫二合元音,后者叫三合元音。复韵母还可以根据韵腹的位置,分为前响复韵母、后响复韵母、中响复韵母。

(一)前响复韵母

普通话的前响复韵母有四个:ai、ei、ao、ou。它们发音的共同特点是:口腔由开到闭,舌位由低到高。

1. ai[ai]

这个韵母是前元音音素的复合。起点元音是舌面前低不圆唇元音 a[a],发音时,口腔自然张到最大,舌尖抵住下齿背,舌面隆起与硬腭相对。从"前 a"开始,舌位向 i 方向滑动升高,大体停在次高元音[I]。

发音训练***

| | | | | |
|---|---|---|---|---|
| 爱戴 àidài | 采摘 cǎizhāi | 海带 hǎidài | 买卖 mǎimài | 窄带 zhǎidài |
| 开采 kāicǎi | 拍卖 pāimài | 债台 zhàitái | 改派 gǎipài | 白菜 báicài |

2. ei[ei]

起点元音是舌面前半高不圆唇元音[e],实际发音舌位要要靠后靠下,接近央元音[ə]。发音时,舌尖抵住下齿背,使舌面前部隆起对着硬腭中部。舌位从 e 开始升高,向 i 方向滑动,大体停在次高元音[I]。

发音训练***

| | | | | |
|---|---|---|---|---|
| 肥美 féiměi | 配备 pèibèi | 蓓蕾 bèilěi | 黑莓 hēiméi | 飞贼 fēizéi |
| 北非 běifēi | 贝类 bèilèi | 肥妹 féimèi | 非得 fēiděi | 累累 lěilěi |

3. ao[au]

这个韵母是后元音音素的复合。起点元音是舌面后低不圆唇元音,即"后 a"。发音时舌头后缩,使舌面后部隆起。从"后 a"开始,舌位向 u 的方向滑动升高。

发音训练***

| | | | | |
|---|---|---|---|---|
| 懊恼 àonǎo | 操劳 cāoláo | 高潮 gāocháo | 逃跑 táopǎo | 老少 lǎoshào |
| 骚扰 sāorǎo | 报考 bàokǎo | 泡澡 pàozǎo | 老猫 lǎomāo | 淘宝 táobǎo |

4. ou[əu]

起点元音比[o]的舌位略低、略前,接近央元音[ə],唇形略圆。发音时,从略带圆唇的央元音[ə]开始,舌位向 u 的方向滑动。也是普通话复韵母中动程较短的复合元音。

发音训练***

| | | | | |
|---|---|---|---|---|
| 投手 tóushǒu | 收受 shōushòu | 扣肉 kòuròu | 欧洲 ōuzhōu | 喉头 hóutóu |
| 抖擞 dǒusǒu | 兜售 dōushòu | 丑陋 chǒulòu | 佝偻 gōulóu | 守候 shǒuhòu |

(二)后响复韵母

普通话的后响复韵母有五个:ia、ie、ua、uo、üe。它们发音上的共同特点是元音舌位都由高向低滑动。收尾的元音音素响亮清晰,在韵母中处在韵腹的地位,因此舌位移动的终点是确定的。开头的元音 i、u、ü 都是高元音,它们处在韵头的位置,发音不太响亮,且比较短促。这些韵头在音节里特别是零声母音节里常伴有轻微的摩擦。

1. ia[iA]

起点元音是舌面前高不圆唇元音[i],由它开始,舌位滑向央低元音[A]止。[i]的发音较短,[A]的发音响而长。

发音训练***

加价 jiājià　　假牙 jiǎyá　　下架 xiàjià　　恰恰 qiàqià　　瞎加 xiājiā

下家 xiàjiā　　加压 jiāyā　　压下 yāxià　　家家 jiā jiā　　掐架 qiājià

2. ie[iε]

起点元音是舌面前高不圆唇元音[i],由它开始,舌位滑向前半低元音 ê[ε]止。[i]的发音较短,[ε]的发音响而长。

发音训练***

姐姐 jiějie　　结业 jiéyè　　贴切 tiēqiè　　接界 jiējiè　　铁屑 tiěxiè

谢谢 xièxie　　趔趄 lièqie　　鞋业 xiéyè　　揭帖 jiētiē　　喋喋 diédié

3. ua[uA]

起点元音是舌面后高圆唇元音[u],由它开始,舌位滑向央低元音 a[A]止。唇形由最圆逐渐展开到不圆。[u]的发音较短,[A]的发音响而长。

发音训练***

刮花 guāhuā　　画画 huàhuà　　耍滑 shuǎhuá　　呱呱 guāguā　　夸夸 kuākuā

挂画 guàhuà　　花褂 huāguà　　挂花 guàhuā　　哗哗 huāhuā　　划花 huàhuā

4. uo[uo]

由圆唇后元音复合而成。起点元音是舌面后高圆唇元音[u],由它开始,舌位向下滑到后元音[o]止。[u]的发音较短,[o]的发音响而长。唇形保持圆形,开头最圆,结尾圆唇度略减。

发音训练***

蹉跎 cuōtuó　　过火 guòhuǒ　　国货 guóhuò　　阔绰 kuòchuò　　堕落 duòluò

骆驼 luòtuo　　硕果 shuòguǒ　　过错 guòcuò　　落座 luòzuò　　懦弱 nuòruò

5. üe[yε]

由前元音复合而成。起点元音是舌面前高圆唇元音 ü[y],由它开始,舌位向下滑到前半低元音 ê[ε]止,唇形从圆到不圆。[y]的发音较短,[ε]的发音响而长。

发音训练***

决绝 juéjué　　绝学 juéxué　　雀跃 quèyuè　　略略 lüèlüè　　缺略 quēlüè

约略 yuēlüè　　月缺 yuèquē　　虐待 nüèdài　　穴位 xuéwèi　　戏谑 xìxuè

(三)中响复韵母

普通话里的中响复韵母都是三合元音,共有四个:iao、iou、uai、uei。它们发音上的共同特点是舌位都由高向低滑动,再从低向高滑动。开头的元音音素不响亮较短促,在音节里特别是零声母音节里常伴有轻微的摩擦;中间的元音音素响亮清晰;收尾的元音音素轻短模糊。

**1. iao [iau]**

由前高不圆唇元音 i 开始,舌位降至低元音[a](后 a),然后再向后高圆唇元音[u]的方向滑升。发音过程中舌位先降后升,由前到后,曲折幅度大。唇形从中间的元音[a]开始由不圆唇变为圆唇。

发音训练***

| 吊销 diàoxiāo | 小苗 xiǎomiáo | 叫嚣 jiàoxiāo | 苗条 miáotiao | 娇小 jiāoxiǎo |
| 飘摇 piāoyáo | 巧妙 qiǎomiào | 调料 tiáoliào | 小鸟 xiǎoniǎo | 吊孝 diàoxiào |

**2. iou [iou]**

由前高不圆唇元音[i]开始,舌位降至半高元音[o],实际发音中,比[o]略低,唇形略展,然后再向后高圆唇元音[u]的方向滑升。发音过程中,舌位先降后升,由前到后,曲折幅度大。

发音训练***

| 酒友 jiǔyǒu | 久留 jiǔliú | 琉球 liúqiú | 牛油 niúyóu | 流油 liúyóu |
| 求救 qiújiù | 绣球 xiùqiú | 悠久 yōujiǔ | 舅舅 jiùjiu | 秋游 qiūyóu |

**3. uai [uai]**

由圆唇的后高圆唇元音[u]开始,舌位向前滑降至前低不圆唇元音[a](前 a),然后再向前高不圆唇元音[i]的方向滑升。舌位先降后升,由后到前,曲折幅度大。唇形从最圆开始,逐渐减小圆唇度,发前元音[a]以后逐渐变为不圆唇。

发音训练***

| 怀揣 huáichuāi | 拽坏 zhuàihuài | 摔坏 shuāihuài | 外快 wàikuài | 乖乖 guāiguāi |
| 快甩 kuàishuǎi | 踹坏 chuàihuài | 外踝 wàihuái | 外拐 wàiguǎi | 揣摩 chuǎimó |

**4. uei [uei]**

由后高圆唇元音[u]开始,舌位向前向下滑到前半高不圆唇元音[e]偏后靠下的位置(相当于央元音[ə]偏前的位置),然后再向前高不圆唇元音[i]的方向滑升。发音过程中舌位先降后升,由后到前,曲折幅度大。唇形从最圆开始,随着舌位的前移圆唇度减小,发[e]以后逐渐变为不圆唇。

发音训练***

| 回归 huíguī | 吹灰 chuīhuī | 会徽 huìhuī | 魁伟 kuíwěi | 摧毁 cuīhuǐ |
| 兑水 duìshuǐ | 悔罪 huǐzuì | 推诿 tuīwěi | 愧对 kuìduì | 追悔 zhuīhuǐ |

**(四)复韵母综合练习**

**1. 单字练习***

| 拍 pāi | 买 mǎi | 柴 chái | 晒 shài | 杯 bēi | 梅 méi | 累 lěi | 配 pèi |
| 抛 pāo | 老 lǎo | 绕 rào | 嚎 háo | 凑 còu | 搜 sōu | 柔 róu | 搂 lǒu |
| 家 jiā | 恰 qià | 嗲 diǎ | 下 xià | 爹 diē | 列 liè | 茄 qié | 瘪 biě |
| 掠 lüè | 雪 xuě | 约 yuē | 珏 jué | 挂 guà | 抓 zhuā | 华 huá | 袜 wà |

| | | | | | | |
|---|---|---|---|---|---|---|
| 托 tuō | 罗 luó | 过 guò | 所 suǒ | | | |
| 飘 piāo | 摇 yáo | 秒 miǎo | 跳 tiào | 丢 diū | 牛 niú | 舅 jiù | 柳 liǔ |
| 快 kuài | 拽 zhuài | 歪 wāi | 甩 shuǎi | 愧 kuì | 推 tuī | 水 shuǐ | 锤 chuí |

**2. 词语练习** ***

| | |
|---|---|
| 塞翁失马 sàiwēngshīmǎ | 排山倒海 páishāndǎohǎi |
| 费尽心机 fèijìnxīnjī | 废寝忘食 fèiqǐnwàngshí |
| 劳而无功 láoérwúgōng | 老生常谈 lǎoshēngchángtán |
| 踌躇不前 chóuchúbùqián | 手疾眼快 shǒujíyǎnkuài |
| 驾轻就熟 jiàqīngjiùshú | 嫁祸于人 jiàhuòyúrén |
| 绝无仅有 juéwújǐnyǒu | 略胜一筹 lüèshèngyīchóu |
| 画龙点睛 huàlóngdiǎnjīng | 哗众取宠 huázhòngqǔchǒng |
| 脱颖而出 tuōyǐng'érchū | 如火如荼 rúhuǒrútú |
| 表里如一 biǎolǐrúyī | 雕虫小技 diāochóngxiǎojì |
| 丢卒保车 diūzúbǎojū | 咎由自取 jiùyóuzìqǔ |
| 歪风邪气 wāifēngxiéqì | 外强中干 wàiqiángzhōnggān |
| 推陈出新 tuīchénchūxīn | 瑞雪丰年 ruìxuěfēngnián |

**3. 绕口令练习**

### 老老道小老道

高高山上有座庙，庙里住着俩老道，
一个年纪老，一个年纪少。
庙前长着许多草，有时候老老道煎药，小老道采药，
有时候小老道煎药，老老道采药。

### 忽听门外人咬狗

忽听门外人咬狗，拿起门来开开手；
拾起狗来打砖头，又被砖头咬了手；
从来不说颠倒话，口袋驮着骡子走。

### 一葫芦酒

一葫芦酒，九两六。一葫芦油，六两九。
六两九的油，要换九两六的酒，
九两六的酒，不换六两九的油。

### 威威、伟伟和卫卫

威威、伟伟和卫卫，拿着水杯去接水。
威威让伟伟，伟伟让卫卫，
卫卫让威威，没人先接水。
一二三，排好队，一个一个来接水。

### 小华和胖娃

小华和胖娃,种花又种瓜,
小华会种花不会种瓜,胖娃会种瓜不会种花。
小华教胖娃种花,胖娃教小花种瓜,
小华学会了种瓜,胖娃学会了种花。

### 贾家有女初出嫁

贾家有女初出嫁,嫁到夏家学养虾,
喂养的对虾个头儿大,卖到市场直加价。
贾家爹爹会养鸭,鸭子虽肥伤庄稼。
邻里吵架不融洽,贾家也学养对虾。
小虾卡住了鸭子牙,大鸭咬住了虾的夹。
夏家公公劝,贾家爹爹压,
大鸭不怕吓,小虾装得嗲,夏家贾家没办法。

### 孩子与鞋子

孩子是孩子,鞋子是鞋子,
孩子不是鞋子,鞋子不是孩子。
是孩子穿鞋子,不是鞋子穿孩子。
谁分不清鞋子和孩子,谁就念不准鞋子和孩子。

### 坡上长菠萝

坡上长菠萝,坡下玩陀螺。
坡上掉菠萝,菠萝砸陀螺。
砸破陀螺补陀螺,顶破菠萝剥菠萝。

## 三、鼻韵母

带鼻辅音韵母由元音和鼻音韵尾构成,简称鼻韵母。鼻韵母发音由发元音向发鼻辅音逐渐变动,由元音的发音状态变为不除阻的鼻音收尾。作为韵尾的鼻音和作为声母的鼻音在发音上有很大不同,作为声母的鼻音有除阻阶段,作为韵尾的鼻音,没有除阻阶段,发音完毕时,要保持阻碍,称为"惟闭音",掌握这一点对鼻韵母的学习非常重要。

鼻韵母根据韵尾鼻音分为前鼻音韵母和后鼻音韵母。

### (一)前鼻音韵母

前鼻音韵母由元音与舌尖鼻辅音 n[n]构成,发音时,由元音开始,然后软腭下降,打开鼻腔通道,舌尖前伸,抵住上齿龈,口腔关闭,发出鼻音-n[n]。

**1. an [an]**

起点元音是舌面前低不圆唇元音 a[a],舌尖抵住下齿背,舌位降到最低,软腭上升,关闭鼻腔通道,从"前 a"开始,舌面升高,舌面前部抵住硬腭前部。当两者将要接触时,软腭下降,打开鼻腔通道,紧接着舌面前部与硬腭前部闭合,使在口腔受到阻碍的气流从鼻腔里透出。

发音训练***

安然 ānrán　　案板 ànbǎn　　干饭 gānfàn　　盘缠 pánchan　　蛮干 mángàn
散漫 sǎnmàn　　贪婪 tānlán　　难堪 nánkān　　胆寒 dǎnhán　　三餐 sāncān

2. en[ən]

起点元音是央元音[ə]，实际发音较元音[ə]略高略前，口腔半闭，舌尖接触下齿背，舌面隆起部位受韵尾影响靠前。从央元音[ə]开始，舌面升高，舌面前部抵住硬腭前部，关闭口腔，软腭下降，打开鼻腔通道，使在口腔受到阻碍的气流从鼻腔里透出。

发音训练***

根本 gēnběn　　认真 rènzhēn　　文人 wénrén　　门神 ménshén　　纹身 wénshēn
深沉 shēnchén　　粉尘 fěnchén　　深圳 shēnzhèn　　珍本 zhēnběn　　审慎 shěnshèn

3. ün[yn]

起点元音是舌面前高圆唇元音 ü[y]。从圆唇的前元音 ü[y] 开始，然后舌面前部抵住硬腭前部，关闭口腔，软腭下降，打开鼻腔通道，使在口腔受到阻碍的气流从鼻腔里透出。

发音训练***

菌群 jūnqún　　军训 jūnxùn　　均匀 jūnyún　　龟裂 jūnliè　　群众 qúnzhòng
云云 yúnyún　　循循 xúnxún　　裙衩 qúnchāi　　逡巡 qūnxún　　运动 yùndòng

4. ian[iɛn]

发音时，从舌面前高不圆唇元音 [i] 开始，舌位向前低元音 [a] 的方向滑降。舌位只降到次低前元音 [ɛ] 的位置就开始升高，直到舌面前部抵住硬腭前部形成鼻音-n。

发音训练***

变迁 biànqiān　　电线 diànxiàn　　惦念 diànniàn　　连线 liánxiàn　　绵延 miányán
减免 jiǎnmiǎn　　见面 jiànmiàn　　偏见 piānjiàn　　渐变 jiànbiàn　　先遣 xiānqiǎn

5. uan[uan]

发音时，由圆唇的后高元音 u[u] 开始，口形迅速由合口变为开口状，舌位向前迅速滑降到不圆唇的前低元音[a]（前 a），唇形由圆唇渐变为展唇，然后舌位升高，接续鼻音-n。

发音训练***

传唤 chuánhuàn　　串换 chuànhuàn　　贯穿 guànchuān　　婉转 wǎnzhuǎn　　软缎 ruǎnduàn
专断 zhuānduàn　　还款 huánkuǎn　　转换 zhuǎnhuàn　　弯管 wānguǎn　　转寰 zhuǎnhuán

6. üan [yɛn]

发音时，从圆唇的前高元音 ü[y] 开始，向前低不圆唇元音 [a] 的方向滑降，唇形由圆唇渐变为展唇，舌位只降到次低前元音 [ɛ] 略后就开始升高，接续鼻音-n。

发音训练***

全权 quánquán　　圆圆 yuányuán　　圈圈 quānquān　　轩辕 xuānyuán　　圆圈 yuánquān
全员 quányuán　　全院 quányuàn　　涓涓 juānjuān　　源源 yuányuán　　渊源 yuānyuán

7. uen[uən]

发音时，由圆唇的后高元音 u[u] 开始，向央元音[ə]滑降，唇形由圆唇渐变为展唇，然后舌位升高,接续鼻音-n。

发音训练***

| 昆仑 kūnlún | 混沌 hùndùn | 馄饨 húntun | 困顿 kùndùn | 伦敦 lúndūn |
| 温润 wēnrùn | 温顺 wēnshùn | 春笋 chūnsǔn | 论文 lùnwén | 春汛 chūnxùn |

## (二)后鼻音韵母

后鼻音韵母由元音与舌根鼻辅音-ng[ŋ]构成。发音时,由元音开始,然后软腭下降,打开鼻腔通道,舌头后缩,舌根隆起,抵住软腭,口腔关闭,发出鼻音-ng[ŋ]。

ang[aŋ]起点元音是后低不圆唇元音a[a],口大开,舌尖离开下齿背,舌头后缩。从"后a"开始,舌面后部抬起,当贴近软腭时,软腭下降,打开鼻腔通道,紧接着舌根与软腭接触,封闭口腔通道,气流从鼻腔里透出。

发音训练***

| 帮忙 bāngmáng | 仓房 cāngfáng | 上访 shàngfǎng | 放荡 fàngdàng |
| 肮脏 āngzāng | 彷徨 pánghuáng | 方丈 fāngzhàng | 纲常 gāngcháng |
| 烫伤 tàngshāng | 铃铛 lángdāng | | |

### 1. eng[əŋ]

起点元音是央元音[ə],口半闭,展唇,舌身后缩,舌尖离开下齿背,舌面后部隆起,比发单元音[ə]的舌位略低、略后。从[ə]开始,舌面后部抬起,贴向软腭。当两者将要接触时,软腭下降,打开鼻腔通道,紧接着舌面后部抵住软腭,使在口腔受到阻碍的气流从鼻腔里透出。

发音训练***

| 乘胜 chéngshèng | 鹏程 péngchéng | 丰盛 fēngshèng | 省城 shěngchéng |
| 乘风 chéngfēng | 逞能 chěngnéng | 冷风 lěngfēng | 丰登 fēngdēng |
| 更正 gēngzhèng | 坑蒙 kēngmēng | | |

### 2. ing[iŋ]

起点元音是舌面前高不圆唇元音[i],舌尖接触下齿背,舌面前部隆起。从[i]开始,舌面隆起部不降低,一直后移,舌尖离开下齿背,逐步使舌面后部隆起,贴向软腭。当两者将要接触时,软腭下降,打开鼻腔通道,紧接着舌面后部抵住软腭,关闭口腔通道,气流从鼻腔透出。口形没有明显变化。

发音训练***

| 冰凌 bīnglíng | 并行 bìngxíng | 叮咛 dīngníng | 倾听 qīngtīng |
| 刑警 xíngjǐng | 宁静 níngjìng | 英明 yīngmíng | 评定 píngdìng |
| 清醒 qīngxǐng | 听凭 tīngpíng | | |

### 3. ong[uŋ]

起点元音是比后半高圆唇元音[u],实际发音是舌位略高的次高后元音[ʊ],舌尖离开下齿背,舌头后缩,舌面后部隆起,软腭上升,关闭鼻腔通道。从次高后元音[ʊ]开始,舌面后部贴向软腭。当两者将要接触时,软腭下降,打开鼻腔通道,紧接着舌面后部抵住软腭,关闭口腔通道,气流从鼻腔里透出,唇形始终拢圆。

发音训练***

| 公众 gōngzhòng | 中东 zhōngdōng | 总统 zǒngtǒng | 动工 dònggōng |
| 纵容 zòngróng | 充公 chōnggōng | 共同 gòngtóng | 红肿 hóngzhǒng |
| 空洞 kōngdòng | 冲动 chōngdòng | | |

**4. iang[iaŋ]**

发音时,由前高元音[i]开始,舌位向后滑降到后低元音[ɑ](后 ɑ),然后舌位升高,接续鼻音-ng。

发音训练***

| 酱香 jiàngxiāng | 强将 qiángjiàng | 亮相 liàngxiàng | 想象 xiǎngxiàng |
| 将相 jiàngxiàng | 洋相 yángxiàng | 两枪 liǎngqiāng | 像样 xiàngyàng |
| 两辆 liǎngliàng | 相像 xiāngxiàng | | |

**5. uang[uaŋ]**

发音时由圆唇的后高元音 u 开始,舌位滑降至后低元音[ɑ](后 ɑ),然后舌位升高,接续鼻音-ng。唇形从圆唇渐变为展唇。

发音训练***

| 窗框 chuāngkuàng | 狂妄 kuángwàng | 矿床 kuàngchuáng | 双簧 shuānghuáng |
| 网状 wǎngzhuàng | 装潢 zhuānghuáng | 状况 zhuàngkuàng | 往往 wǎngwǎng |
| 壮壮 zhuàngzhuàng | 旺旺 wàngwàng | | |

**6. ueng[uəŋ]**

发音时由圆唇的后高元音[u]开始,舌位滑降到后半高元音 e[ɤ](较央元音[ə]靠前略低)的位置,然后舌位升高,接续鼻音-ng。唇形从圆唇渐变为展唇。在普通话里,韵母 ueng 只有一种零声母的音节形式 weng。

发音训练***

| 嗡嗡 wēngwēng | 老翁 lǎowēng | 蕹菜 wèngcài |
| 蓊蓊 wěngwěng | 瓮中 wèngzhōng | 滃江 wēngjiāng |

**7. iong[yŋ]**

发音时由舌面前高不圆唇元音[i]开始,舌位向后略向下滑动到次高后元音[ʊ]的位置,然后舌位升高,接续鼻音-ng。由于受后面圆唇元音的影响,开始的前高元音[i]也带上了圆唇动作,可以描写为[yʊŋ]甚或为[yŋ]。传统汉语语音学把 iong 归属撮口呼。

发音训练***

| 汹涌 xiōngyǒng | 炯炯 jiǒngjiǒng | 臃肿 yōngzhǒng | 动用 dòngyòng |
| 用功 yònggōng | 中庸 zhōngyōng | 重用 zhòngyòng | 公用 gōngyòng |
| 冬泳 dōngyǒng | 功用 gōngyòng | | |

**(三)鼻韵母综合练习**

**1. 单字练习***

山 shān　　兰 lán　　反 fǎn　　占 zhàn　　恩 ēn　　盆 pén　　门 mén　　阵 zhèn

| 辛 xīn | 民 mín | 尹 yǐn | 聘 pìn | 吞 tūn | 轮 lún | 稳 wěn | 棍 gùn |
|---|---|---|---|---|---|---|---|
| 军 jūn | 群 qún | 勋 xūn | 云 yún | 先 xiān | 棉 mián | 脸 liǎn | 便 biàn |
| 湍 tuān | 软 ruǎn | 船 chuán | 算 suàn | 圈 quān | 宣 xuān | 远 yuǎn | 眩 xuàn |
| 昂 áng | 帮 bāng | 蟒 mǎng | 档 dàng | 崩 bēng | 猛 měng | 凤 fèng | 朋 péng |
| 名 míng | 拧 nǐng | 庆 qìng | 领 lǐng | 东 dōng | 浓 nóng | 冗 rǒng | 纵 zòng |
| 江 jiāng | 娘 niáng | 两 liǎng | 向 xiàng | 双 shuāng | 王 wáng | 广 guǎng | 慌 huāng |
| 翁 wēng | 嗡 wēng | 瓮 wèng | 蕹 wèng | 拥 yōng | 穷 qióng | 窘 jiǒng | 熊 xióng |

**2. 词语练习** ***

安居乐业 ānjūlèyè　　　　半路出家 bànlùchūjiā
分门别类 fēnménbiélèi　　门户之见 ménhùzhījiàn
饮水思源 yǐnshuǐsīyuán　　隐姓埋名 yǐnxìngmáimíng
茅塞顿开 máosèdùnkāi　　文过饰非 wénguòshìfēi
年富力强 niánfùlìqiáng　　坚持不懈 jiānchíbùxiè
缓兵之计 huǎnbīngzhījì　　原封不动 yuánfēngbùdòng
关门大吉 guānméndàjí　　短兵相接 duǎnbīngxiāngjiē
畅所欲言 chàngsuǒyùyán　　胆大妄为 dǎndàwàngwéi
纲举目张 gāngjǔmùzhāng　　孤掌难鸣 gūzhǎngnánmíng
成败利钝 chéngbàilìdùn　　生生不息 shēngshēngbùxī
明争暗斗 míngzhēngàndòu　　井底之蛙 jǐngdǐzhīwā
耸人听闻 sǒngréntīngwén　　弄假成真 nòngjiǎchéngzhēn
另眼相看 lìngyǎnxiāngkàn　　将功折罪 jiānggōngzhézuì
良药苦口 liángyàokǔkǒu　　强词夺理 qiǎngcíduólǐ
光天化日 guāngtiānhuàrì　　狂风恶浪 kuángfēngèlàng
广开言路 guǎngkāiyánlù　　瓮中捉鳖 wèngzhōngzhuōbiē
汹涌澎湃 xiōngyǒngpéngpài　　穷则思变 qióngzésībiàn
永垂不朽 yǒngchuíbùxiǔ　　用兵如神 yòngbīngrúshén

**3. 绕口令练习**

**河里有船**

河里有船,船上有帆,风吹帆起船向前,风停帆落停下船。

**磙和棍**

磙下压个棍,棍上压个磙,磙压棍滚,棍滚磙磙。

**扁娃拔扁豆**

扁扁娃背个扁口背篓,上扁扁山拔扁豆,拔了一扁背篓扁豆,扁扁娃背不起一扁背篓扁豆,背了半扁背篓扁豆。

**谁眼圆**

山前有个阎圆眼,山后有个阎眼圆,二人山前来比眼,不知是阎圆眼的眼圆,还是阎眼圆的眼圆。

#### 小蜂嗡嗡

小蜂嗡嗡上山峰,峰山小蜂闹嗡嗡,上峰捉蜂关入瓮,看蜂怎么闹嗡嗡。

#### 桐木桶

桐木桶,有个洞,补洞用桐不用铜,用铜补洞没有用,用桐补桶桶无洞。

#### 蜻蜓青

蜻蜓青,浮萍轻,轻浮萍上停蜻蜓,蜻蜓停在轻浮萍。

#### 十字路口红绿灯

十字路口红绿灯,红黄绿灯分得清,
红灯停,绿灯行,黄绿灯亮向左行,
行停停行看灯明。

#### 京剧叫京剧

京剧叫京剧,警句叫警句。
京剧不能叫警句;警句不能叫京剧,更不能叫金剧。

#### 是灯还是星

天上满天星,地上满山灯,
满天星亮满天庭,满山灯接满天星。
星映灯,灯映星,分不清是灯还是星。

## 第三节 韵母难点音训练

### 一、分清前鼻韵母和后鼻韵母

(一)发音要领

(1)发音完毕时,前后鼻韵母口腔内的成阻部位不一样。鼻音韵尾是惟闭音,因此发音完毕时,口腔内要保持阻碍。前鼻音发音完毕时,舌尖抵住上齿龈,整个舌身紧紧贴住上腭,堵住口腔通道;后鼻音发音完毕时,舌头后缩,舌根隆起,抵住软腭,舌根和软腭闭合,堵住口腔通道。

(2)与鼻韵尾拼合的元音舌位不一样。鼻韵尾的位置有前后区别,与此相配合,与鼻韵尾相拼的元音的舌位也做相应调整,基本规律是,前鼻音与前元音拼合,后鼻音与后元音拼合,如 an-ang:[an]-[aŋ];en-eng:[ən]-[ɤŋ]。因此,发鼻韵母在发元音的时候,就应把舌位放到相应的位置。

(二)发音误区

(1)在方言中,鼻化音很常见,受此影响,在发普通话的鼻韵母时,就会发成鼻化音。克服方法是,发音完毕时,不能口腔和鼻腔通道同时打开,一定要用相应的部位关闭口腔。

(2)很多方言中没有后鼻音,或者与普通话的前后鼻音不对称,导致发音困难。克服方法是注意调整舌位的前后。还可以运用一个辅助办法帮助调整舌位,就是在鼻韵母后面加一个相同部位声母的音节。在前鼻音音节后加一个 d、t、n、l 作声母的音节,如"的",两字连读,后鼻音音节后加一个 g、k、h 作声母的音节,如"哥",两字连读,同部位的声母可以帮助鼻音韵尾归音到位。

(三)记音辨正方法

**1. 利用声韵配合规律记忆**

(1)d、t 不与 in 相拼,与 ing 拼,据此可知"顶、鼎、听、庭"等字的韵母都是 ing。

(2)n 与 in 相拼的只有一个"您"(nin)字,据此可知"拧、凝、宁"等字的韵母都是 ing。

(3)d、t、n、l 与 en 相拼的只有一个"嫩"(nen)字,据此可知"等、疼、能、冷"等字的韵母都是 eng。

(4)bin 音节没有上声,bing 音节有上声,据此可知"丙、秉、柄、禀"等字的韵母都是 ing。

(5)r 与 eng 相拼只有"仍、扔"两个常用字,而与 en 相拼的有"人、任、忍、认、仞、仁、妊"等。

**2. 偏旁类推法**

举例如下。

林:淋、琳、霖、啉(in)

名:铭、茗、酩、洺(ing)

分:份、芬、纷、忿(en)

风:枫、疯、讽、砜(eng)

反:返、饭、贩、畈(an)

方:放、芳、舫、房(ang)

(四)正音练习

**1. 对比练习**[***]

in-ing

音—英　引—影　拼—乒　心—星　紧—警
今—经　您—凝　林—零　秦—晴　民—明

en-eng

分—风　盆—蓬　门—盟　笨—蹦　针—睁
痕—横　跟—庚　肯—坑　秤—称　深—生
人—仍　温—翁　问—瓮　稳—蓊　嫩—能

an-ang

饭—放　班—帮　含—航　甘—刚　看—抗
潘—乓　满—莽　但—荡　探—烫　难—囊
蓝—狼　万—望　宽—筐　眼—养　连—良

扳手—帮手 　　半碗—傍晚 　　翻案—方案 　　探头—烫头 　　天蓝—天狼
门牙—萌芽 　　深思—生丝 　　陈旧—成就 　　审视—省市 　　市镇—市政
人民—人名 　　亲近—清净 　　金鱼—鲸鱼 　　红心—红星 　　亲身—轻声

2. 综合练习***

繁忙 fánmáng 　　担当 dāndāng 　　商贩 shāngfàn 　　坦诚 tǎnchéng 　　订单 dìngdān
新兴 xīnxīng 　　聘请 pìnqǐng 　　灵敏 língmǐn 　　岭南 lǐngnán 　　宁肯 nìngkěn
本能 běnnéng 　　奔腾 bēnténg 　　诚恳 chéngkěn 　　沉静 chénjìng 　　攀登 pāndēng

3. 绕口令练习

**扁担长板凳宽**

扁担长,板凳宽,扁担没有板凳宽,板凳没有扁担长。

扁担要绑在板凳上,板凳不让扁担绑在板凳上,扁担偏要绑在板凳上。

**学小芹还是小青**

小芹手脚灵,轻手擒蜻蜓。小青人精明,天天学钢琴。

擒蜻蜓,趁天晴,小芹晴天擒住大蜻蜓。

学钢琴,趁年轻,小青精益求精练本领。

你想学小青,还是学小芹。

**藤缠铃**

高高山上一条藤,藤条头上挂铜铃,

风吹藤动铜铃响,风止藤静铜铃停。

**小温和老翁**

小温和老翁,清晨去进城。

老翁慢吞吞,小温一阵风。

老翁紧紧跟,小温停又等。

老翁汗淋淋,小温眼睁睁。

磨磨蹭蹭日西沉,进了城门尽点灯。

**南门和尚**

南门外有个面铺面冲南,门路上挂着蓝布棉门帘。

摘了蓝布棉门帘,瞧了瞧南门外头面铺面冲南;

挂上蓝布棉门帘,瞧了瞧,还是南门外头面铺面冲南。

大和尚常常上哪厢? 大和尚常常过长江。

过长江到底为哪桩? 过长江是去看望小和尚,

大和尚原先在襄阳,小和尚原先在商乡,

大和尚和小和尚常常相商量,

大和尚讲小和尚强,小和尚说大和尚长,

小和尚煎姜汤让大和尚尝,大和尚奖赏小和尚檀香一箱。

## 二、分清齐齿呼和撮口呼

### （一）发音要领

i 和 ü 的舌位是一致的，它们的区别是唇形，发音时，保持舌位不动，只需要调整唇形，i 是不圆唇音，ü 是圆唇音。

### （二）发音误区

有些方言区容易出现将圆唇的撮口呼读成不圆唇的齐齿呼，有这种发音难点现象的，发音时只需在发音前做好圆唇的准备动作，保持唇形，即可克服。

### （三）正音练习

**1. 对比练习**

及—桔　　梨—驴　　记—具　　你—女　　气—趣
栗—绿　　细—续　　义—玉　　燕—院　　月—夜
盐分—缘分　绝迹—绝句　沿用—援用　阅读—夜读　名义—名誉
容易—荣誉　原料—颜料　院子—燕子　愈合—议和　结集—结局

**2. 综合练习**

聚集 jùjí　　　履历 lǚlì　　　怨言 yuànyán　　雨衣 yǔyī　　娶妻 qǔqī
月夜 yuèyè　　演员 yǎnyuán　抑郁 yìyù　　　极具 jíjù　　崎岖 qíqū

**3. 绕口令练习**

**老李和老吕**

老李去卖鱼，老吕去牵驴。老李要用老吕的驴去驮鱼，老吕说老李要用我的驴去驮鱼，就得给鱼。要不给我鱼，就别想用我老吕的驴去驮鱼。二人争争去，都误了去赶集。

**王七买席**

清早起来雨稀稀，王七上街去买席，
骑着毛驴跑得急，捎带卖蛋又贩梨。
一跑跑到小桥西，毛驴一下失了蹄，
打了蛋，撒了梨，跑了驴，
急的王七眼泪滴，又哭鸡蛋又骂驴。

## 三、ê 与 e、o、ai、ei 的辨正

### （一）发音要领

ê[ɛ]是单元音，舌面前半低不圆唇元音，在普通话中做单韵母的音节只有"欸"。e、o 作

单韵母的时候,舌位是靠后的半高的,而ai、ei是复韵母。

(二)发音误区

普通话里的e[ɤ],o,ai,ei几个韵母在方言中常被读成ê[ɛ],正音时,单韵母注音舌位往后靠,复韵母注意调整发音动程。

(三)正音练习

**1. 综合练习**

革 gé　　刻 kè　　者 zhě　　色 sè　　舌 shé
魄 pò　　墨 mò　　默 mò　　北 běi　　黑 hēi
贼 zéi　　白 bái　　百 bǎi　　麦 mài　　拍 pāi
伯父 bófù　　黑白 hēibái　　汽车 qìchē　　毒蛇 dúshé　　记者 jìzhě
特色 tèsè　　压迫 yāpò　　脉搏 màibó　　大麦 dàmài　　百货 bǎihuò

**2. 绕口令练习**

**哥哥和弟弟**

哥哥弟弟坡前坐,坡上卧着一只鹅,坡下流着一条河。

哥哥说:宽宽的河。弟弟说:肥肥的鹅。

鹅要过河,河要渡鹅。

不知是鹅过河,还是河渡鹅。

**伯伯和饽饽**

张伯伯、李伯伯,饽饽铺里买饽饽;

张伯伯买了个饽饽大,李伯伯买了个大饽饽。

拿回家里给婆婆,婆婆又去比饽饽;

也不知张伯伯买的饽饽大,还是李伯伯买了大饽饽。

**大妹和小妹**

大妹和小妹,一起去收麦。

大妹割大麦,小妹割小麦。

大妹帮小妹挑小麦,小妹帮大妹挑大麦。

大妹小妹收完麦,噼噼啪啪齐打麦。

# 四、防止丢失或添加韵头

(一)发音误区

在有些方言中,uen、uai、uei读开口呼,没有u韵头,相反,ei则读成合口呼,前加韵头u。在正音练习时,注意将合口呼的韵头找回,开口呼前勿添加韵头。

## (二)正音练习

**1. 综合练习******

| 吨 dūn | 轮 lún | 尊 zūn | 存 cún | 孙 sūn |
|---|---|---|---|---|
| 甩 shuǎi | 坏 huài | 醉 zuì | 脆 cuì | 随 suí |
| 内 nèi | 雷 léi | 磊 lěi | 泪 lèi | 垒 lěi |

泪水 lèishuǐ 累赘 léizhui 类推 lèituī 对垒 duìlěi 追怀 zhuīhuái
碎嘴 suìzuǐ 内退 nèituì 论文 lùnwén 损人 sǔnrén 存折 cúnzhé
春笋 chūnsǔn 外汇 wàihuì 怪罪 guàizuì 率领 shuàilǐng 衰退 shuāituì

**2. 绕口令练习**

### 文春和孙纯

文春住在孙家村,孙纯住在昆仑屯,
文春进城卖春笋,孙纯进城卖馄饨,
文春闻到孙纯的馄饨香喷喷,孙纯看到文春的春笋肉墩墩,
文春买了孙纯香喷喷的馄饨,孙纯买了文春肉墩墩的春笋。

### 槐树槐

槐树槐,槐树槐,槐树底下搭戏台,
人家的姑娘都来了,我家的姑娘还不来。
说着说着就来了,骑着驴,打着伞,歪着脑袋上戏台。

# 第四章
# 声调

## 第一节 概述

声调是汉语音节不可缺少的一部分,主要由音高构成,是指整个音节的音高变化。如下面例子:

zhu 珠(zhū)子 竹(zhú)子 主(zhǔ)子 柱(zhù)子

### 一、调类和调值

汉语的声调一般从调值和调类两个方面来描述。

调值是指声调的实际读法,也就是音高的实际变化。决定调值的音高并不是音节的绝对音高,而是相对音高。绝对音高由声音的频率决定,每个人的发音绝对音高都是不同的,同一个人在不同情绪下音高也会不同。如果声调的调值由绝对音高决定,说话就会像唱歌一样严格,必须先定好调,这样是无法完成交际的。决定调值的是相对音高,相对音高是指音节的音高变化,包括变化形式和变化幅度,只要变化形式和变化幅度一致,我们就认为是同一类声调。音高的变化形式表现为声调调形的升降曲直,音高的变化幅度表现为声调的升降幅度。

调值的音高变化我们用"五度标记法"来描写。划一条竖线,分四格五度,从下往上依次标注1～5,1表示最低音,5表示最高音,在竖线左侧用线段表示具体声调的音高变化。

调类是指声调的种类,是把相同调值归纳起来建立的类,有几种调值就有几个调类。

### 二、普通话声调

普通话的声调有四种实际读法,也就有四个调类,分别称作阴平、阳平、上声、去声,或者称作第一声、第二声、第三声、第四声。具体可用五度标记法标记,五度标记法是用五度竖标来记调值相对音高的一种方法,如下图。

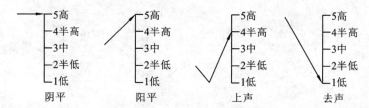

图中1、2、3、4、5分别表示声调的低、半低、中、半高、高,这五个相对音高的音值;四条箭头线分别表示普通话的阴平(ˉ)、阳平(ˊ)、上声(ˇ)、去声(ˋ)四种声调;箭头方向表示不同调值的音高变化即起止升降的轨迹和度数。据此我们可知阴平、阳平、上声、去声四种声调的调值分别是55、35、214、51。

**1. 阴平**

高平调,起音最高,保持音高,用五度标记法表示,就是从5度到5度,写作55。

发音训练***

春天花开　　高空飞机　　江山多娇

公司通知　　声东击西　　居安思危

**2. 阳平**

高升调,起音半高,升至最高,用五度标记法表示,就是从3度升到5度,写作35。

发音训练***

人民银行　　连年和平　　圆形循环

名存实亡　　群情昂扬　　涸泽而渔

**3. 上声**

降升调,起音半低,先降后升,用五度标记法表示,就是从2度到1度再升到4度,写作214。由于是曲调,所以其音长在四个声调中是最长的。

发音训练***

彼此理解　　永远友好　　理想美满

果敢勇猛　　勉强饮酒　　岂有此理

**4. 去声**

高降调(或全降调),起音最高,降至最低,用五度标记法表示就是,从5度降到1度,写作51。去声的音长在四个声调中是最短的。

发音训练***

计划会议　　创造利润　　报告胜利

世界教育　　浴血奋战　　变幻莫测

# 三、普通话调号

普通话调号的形状基本上是五度标记法的缩影,《汉语拼音方案》为普通话调类设计的四种声调符号为：ˉ(阴平)、ˊ(阳平)、ˇ(上声)、ˋ(去声)。

调号要标在音节的主要元音上。一般的顺序是 a、o、e、i、u、ü。出现- iu 或-ui 时，调号标在后面的元音上，i 上标调时，去掉 i 头上的点。标调口诀是："见 a 别放过，没 a 找 e、o；i、u 并列标在后，i 上标调把点抹。"如：

guī    mó    hěn    dà      规模很大
huā    hóng    liǔ    lǜ      花红柳绿

## 第二节　声调发音训练

### 一、同调练习***

阴平：安插　安居　安康　八方　班机
　　　邦交　包抄　卑微　背包　安丘
阳平：昂然　昂扬　拔除　白旗　鼻梁
　　　驳回　勃勃　才华　嘈杂　潜移
上声：把酒　百感　版本　绑匪　榜眼
　　　饱览　宝典　保暖　北纬　涌起
去声：奥秘　懊恨　罢赛　败仗　办案
　　　棒喝　报告　暴富　背后　重荷

### 二、四声调发音混合练习***

阴平＋阳平：
宣传　优良　欢迎　中华　科学　批评
通俗　青年　支持　观摩　私营　新闻
阳平＋阴平：
来宾　崇高　回家　蓝天　平安　除非
爬山　同乡　回声　红花　航空　时光
上声＋阴平：
指标　解说　普通　雨衣　上声　统一
北京　每天　转播　抢修　产生　许多
上声＋阳平：
果园　改革　坦白　远洋　口才　普及
反常　表决　小学　统筹　指南　谴责
上声＋去声：
稿件　请假　统治　理论　苦难　左右

想象　广阔　感受　场面　领会　诡计
去声＋阴平：
特征　列车　录音　唱歌　律师　认真
矿工　象征　救灾　自发　外观　电灯
去声＋阳平：
问题　地图　配合　调查　面前　自然
特别　报名　电台　到达　会谈　上游
去声＋上声：
汉语　阅览　幻想　默写　下雪　创举
剧本　驾驶　进取　问好　购买　恰巧

## 三、四音节词语练习***

**1. 四声同调练习**
春天花开　江山多娇　珍惜光阴　人民团结
豪情昂扬　回国华侨　儿童文学　厂长领导
理想美好　妥善处理　日夜奋战　胜利闭幕

**2. 四声顺序练习**
钻研马列　心明眼亮　胸怀广阔　坚持努力
山河锦绣　英雄好汉　山明水秀　风调雨顺
高朋满座　深谋远虑　兵强马壮　精神百倍

**3. 四声逆序练习**
破釜沉舟　万马腾空　智勇无双　探讨原因
刻苦读书　暮鼓晨钟　寿比南山　字里行间
大有文章　万古流芳　痛改前非　四海为家
大显神通　逆水行舟　驷马难追　兔死狐悲

**4. 四声交错练习**
忠言逆耳　水落石出　身体力行　得心应手
无可非议　集思广益　绝对真理　百炼成钢
卓有成效　轻描淡写　班门弄斧　五光十色
明目张胆　信口开河　营私舞弊　万紫千红

## 四、绕口令练习

### 堂堂端糖汤

堂堂端糖汤，要去塘上堂，汤烫糖又淌，汤淌糖又烫，堂堂躺堂上。

### 珍珍绣锦枕
珍珍绣锦枕,绣枕用金针,双蝶枕上争,珍珍的锦枕赠亲人。

### 铜钉和铜板
铜钉和铜板,铜钉钉铜板,铜板钉铜钉,钉钉铜,铜钉钉。

### 妈妈骑马
妈妈骑马,马慢,妈妈骂马。妞妞轰牛,牛拧,妞妞拧牛。

### 黄毛猫偷吃红糖包
王家有只黄毛猫,偷吃汪家灌汤包,
汪家打死王家的黄毛猫,王家要汪家赔黄毛猫,
汪家要王家赔灌汤包。

## 五、语篇朗读练习

### 鹿柴
（王维）
空山不见人,但闻人语响。
返景入深林,复照青苔上。

### 秋兴八首（其八）
（杜甫）
昆吾御宿自逶迤,紫阁峰阴入渼陂。
香稻啄余鹦鹉粒,碧梧栖老凤凰枝。
佳人拾翠春相问,仙侣同舟晚更移。
彩笔昔曾干气象,白头吟望苦低垂。

### 逼仄行赠毕曜（节选）
（杜甫）
东家蹇驴许借我,泥滑不敢骑朝天。
已令请急会通籍,男儿性命绝可怜。
焉能终日心拳拳,忆君诵诗神凛然。
辛夷始花亦已落,况我与子非壮年。
街头酒价常苦贵,方外酒徒稀醉眠。
速宜相就饮一斗,恰有三百青铜钱。

### 匆匆（节选）
在逃去如飞的日子里,在千门万户的世界里的我能做些什么呢？只有徘徊罢了,只有匆匆罢了。在八千多日的匆匆里,除徘徊外,又剩些什么呢？过去的日子如轻烟,被微风吹散了,如薄雾,被初阳蒸融了。我留着些什么痕迹呢？我何曾留着像游丝样的痕迹呢？我赤裸裸来到这世界,转眼间也将赤裸裸地回去罢？但不能平的,为什么偏要白白走这一遭啊？

# 第五章 语流音变

说话或朗读时,要把许多音节连续发出,在连续的语流中,音节之间、声调之间会互相影响,产生一些语音上的变化,这就是音变。

普通话的音变主要包括轻声、儿化、变调和语气词"啊"的变化等。

## 第一节 轻声

### 一、概述

在普通话连续的语流中,有的音节失去了它原来的调,变成一种既轻又短又模糊的调子,我们把它叫做轻声。这个念轻声调子的音节叫做轻声音节。轻声不是一个独立的调类,而是四声的一种特殊音变,"轻短模糊"是轻声音节听感上的特征。

轻声是普通话语音的一个重要特点,有很多方言也有轻声,但是,与普通话的轻声不对应。因此,轻声是普通话学习的一个难点。

(一)轻声的作用

**1. 轻声对有些词或短语有区别词义的作用**

如:

是非 shìfēi(对与错)——是非 shìfei(纠纷)

兄弟 xiōngdì(哥哥和弟弟)——兄弟 xiōngdi(指弟弟)

东西 dōngxī(指东、西方向)——东西 dōngxi(物件)

老子 lǎozǐ(人名)——老子 lǎozi(父亲)

**2. 轻声对有些词有区别词性的作用**

如:

干事 gànshì(动词)——干事 gànshi(名词)
地道 dìdào(名词)——地道 dìdao(形容词)
利害 lìhài(名词)——利害 lìhai(形容词)
精神 jīngshén(名词)——精神 jīngshen(形容词)

另外,有些轻声词语并没有区别词义和词性的作用,但习惯上读轻声,这些轻声词语是学习的难点,需要一个一个识记。如:

商量　头发　核桃　庄稼　蘑菇　月亮　石榴　钥匙　云彩　窗户

(二)轻声的发音特点

轻声在音高、音长、音强、音色方面都有变化,听感上最明显的变化是音高和音长,音强反而不是变化最明显的,音色变化主要表现为声母的浊化和元音的央化,因此,"轻声"的"轻"是一种总体描述,它是一种弱化音节,不是机械生硬地把轻声音节减弱音强就可以了。

下面主要来看轻声音节的音高和音长特点。轻声音节的音变是一种顺向音变,即前字影响后字,因此,总的来说,轻声音节的音高和音长不由本字决定,而是由前字决定,理解这一点对发好轻声音节是关键。

**1. 轻声的音高**

轻声音节的音高是变化的,由前字决定,但有一个总的规律,轻声音节的音高实际上是前字音高的惯性发展。去声是降调,而且是全降调,变化幅度大,声带振动能量也大,往下降的惯性就大,因此,去声后的轻声继续下降,并且降得最低,是音高最低的轻声。阴平是平调,其后的轻声也呈下降趋势,但是下降没有去声明显,因此,音高比去声后的轻声稍高。上声后部是上升趋势,并且上升幅度大,声带振动能量也大,往上升的惯性也就大,因此,上声后的轻声继续上升,并且升得最高,是音高最高的轻声。阳平也是升调,但是,由于上升幅度没有上声大,因此,其后轻声的上升惯性没有上声足,音高比上声后的轻声稍低。四声后的轻声音高从低到高依次为去声、阴平、阳平、上声;调值可以大致表述为1、2、3、4。

练习以下轻声音节,注意体会音高变化。

(1)同轻声词尾练习***。

去声+轻声:

凳子　案子　后头　念头　这么　跳了　笑了　这个　运气　外边

阴平+轻声:

桌子　包子　拳头　舌头　多么　乡下　开了　七个　呆气　东边

阳平+轻声:

孩子　鼻子　前头　苗头　什么　留下　除了　十个　洋气　南边

上声+轻声:

椅子　饼子　里头　指头　怎么　打下　好了　两个　土气　里边

(2)综合练习***。

去声+轻声:

特务　跳蚤　笑话　在乎　木匠　地方　对付　干事　厚道　告诉

阴平+轻声:

功夫　高粱　家伙　姑娘　疙瘩　耽搁　收拾　挑剔　张罗　招牌
阳平+轻声：
白净　裁缝　活泼　皇上　媒人　凉快　名堂　牌楼　实在　学问
上声+轻声：
脊梁　铁匠　打扮　点心　晚上　口袋　稳当　祖宗　使唤　爽快

### 2. 轻声的音长

相比音强,轻声音节更明显的变化是音长。轻声音节的音长明显缩短,但是,它不是孤立地缩短,仍然是前一个音节的惯性,也就是说,在实际发音的时候,前字音节会相应地加重拉长,然后,顺势带出轻声音节。如果是一个双音节词语,轻声词语与非轻声词语在总时长上变化是不大的,但是,内部对时长分配会发生变化,非轻声音节会平均分配时长,或者后字稍长,但差异不大,可以忽略,可视为前后字时长基本相同,但是,轻声音节词语,前字明显加长,后字明显缩短。因此,从音高和音长变化来看,练习轻声音节时,要保持与前字的连贯,不要单独割裂轻声音节,这一点是练习的关键。如果从字面机械地理解"轻声"的"轻",就会读得生硬不自然,严重影响语音面貌。

试比较以下非轻声音节词语与轻声音节词语的时长差异。

非轻声音节词语与轻声音节词语比较练习***

蛇头—舌头　地道—地道(dao)　精神—精神(shen)　包含—包涵　龙头—笼头
利害—厉害　干事—干事(shi)　莲子—帘子　东西—东西(xi)　笔画—比画

## 二、发音训练

### (一)轻声音节分类练习***

#### 1. 同词尾轻声音节

子：儿子　调子　样子　日子　桌子　帐子
　　嫂子　瞎子　靴子　袖子　宅子　爪子
头：骨头　拳头　舌头　木头　石头　枕头
　　锄头　浪头　馒头　罐头　念头　跟头
　　苗头　前头　后头　里头　上头
气：客气　力气　脾气　阔气　小气
乎：热乎　在乎　忙乎　玄乎　近乎　悬乎
处：错处　好处　坏处　用处　害处　难处
见：看见　瞧见　听见
和：掺和　搅和　暖和　软和
当：稳当　妥当　顺当
快：爽快　凉快　痛快
匠：木匠　泥匠　铁匠　铜匠　皮匠　鞋匠
计：伙计　活计

## 2. 意义分类轻声音节

(1)与人体有关的必读轻声词。

脑袋　脑子　头发　眉毛　眼睛　鼻子　嘴巴　下巴　舌头　嗓子　唾沫　耳朵
脖子　膀子　胳膊　巴掌　拳头　指头　指甲　骨头　脊梁　肠子　屁股　身子

(2)与动物有关的必读轻声词。

虱子　苍蝇　燕子　鸽子　跳蚤　蛤蟆　兔子　刺猬　狐狸　骡子　豹子　狮子
骆驼　猩猩　尾巴　牲口

(3)与饮食有关的必读轻声词。

馒头　萝卜　蘑菇　豆腐　芝麻　烧饼　核桃　罐头　胡萝卜　点心　粮食　高粱
石榴　包子　卷子　饺子　茄子　麦子　饼子　粽子　橘子　柿子　椰子　柚子

(4)表器具、用品的必读轻声词。

棒槌　扁担　锄头　栅栏　烟筒　扫帚　簸箕　窗户　灯笼　风筝　喇叭　戒指　帐篷
铺盖　枕头　口袋　梳子　钥匙　胡琴　板子　锤子　镜子　杯子　被子　帐子

(5)表称谓的必读轻声词。

爱人　太太　老婆　寡妇　姑娘　闺女　丫头　大爷　老爷　老太太
少爷　孩子　娃娃　学生　大夫　护士　先生　裁缝　木匠　小伙子
石匠　铁匠　和尚　道士　喇嘛　亲戚　朋友　皇上　财主　老头子
奴才　状元　秀才　上司　伙计　媒人　妖精　痞子　骗子　傻子
师傅　特务　哑巴　祖宗

(6)表亲属的必读轻声词。

爷爷　奶奶　姥姥　爸爸　妈妈　哥哥　嫂子　姐姐　姐夫　弟弟　妹妹　弟兄
兄弟　公公　婆婆　舅舅　姑姑　媳妇　女婿　叔叔　妯娌　孙子　丈人　侄子

## (二)绕口令练习

### 郭伯伯

郭伯伯,买火锅,带买墨水和馍馍。
墨水馍馍装火锅,火锅磨得墨瓶破。
伯伯回家交婆婆,婆婆掀锅拿馍馍。
墨色馍馍满火锅,婆婆坐着默琢磨:
莫非是摩登产品外国货。

### 胡子和驼子

有个胡子,骑着骡子,
有个驼子,挑担螺蛳,
胡子的骡子,撞翻了驼子的螺蛳,
挑螺蛳的驼子,拦住了骑骡子的胡子,要胡子赔螺蛳;
胡子下了骡子,向驼子赔了个"不是",又替驼子拣起了螺蛳,
驼子挑起了螺蛳,又扶着胡子上了骡子。

### 瞎子和聋子

瞎子吹喇叭,聋子摸蛤蟆,
聋子听不见瞎子吹的喇叭,
瞎子也看不见聋子摸的蛤蟆。

### (三)语篇朗读练习

(1)一次,胡适正讲得得意的时候,一位姓魏的学生突然站了起来,生气地问:"胡先生,难道说白话文就毫无缺点吗?"胡适微笑着回答说:"没有。"那位学生更加激动了:"肯定有!白话文废话太多,打电报用字多,花钱多。"

(2)有这样一个故事。有人问:世界上什么东西的气力最大?回答纷纭得很,有的说"象",有的说"狮",有人开玩笑似的说:是"金刚",金刚有多少气力,当然大家全不知道。

(3)他偶然有一个和非常成功的商人谈话的机会。当他对商人讲述了自己的"破产史"后,商人给了他两个重要的建议:一是尝试为别人解决一个难题;二是把精力集中在你知道的、你会的和你拥有的东西上。

(4)那哀痛的日子,断断续续地持续了很久,爸爸妈妈也不知道如何安慰我。他们知道与其骗我说外祖母睡着了,还不如对我说实话:外祖母永远不会回来了。

## 第二节 儿化

### 一、概述

"er"是一个单韵母,在普通话中自成音节,不与辅音相拼,但是它可以和前面音节的韵母相结合,使前一个音节韵母发生音变,带上卷舌色彩,成为卷舌韵母,这种音变称为"儿化",儿化了的韵母就是"儿化韵"。

儿化的拼写,在原来韵母的后面加上一个卷舌符号"r",如"花儿"写成"huār"。

(一)儿化的作用

(1)少量的儿化能区别词义和词性。如:

头(脑袋)—— 头儿(领导人)
准(形容词)—— 准儿(名词)
尖(形容词)—— 尖儿(名词)
白面(面粉)—— 白面儿(白色粉末或指毒品海洛因)

(2)大多数的儿化只体现一种口语色彩,或表示细小、喜爱、亲切的感情色彩。如:

小鱼儿　　树枝儿　　小孩儿　　脸蛋儿　　走神儿

### (二)儿化的发音特点

单韵母 er 的发音动作是,先发央元音[ə],然后舌尖后卷至硬腭前部稍后的位置,是在央元音上加卷舌动作。这也是儿化韵的基本发音动作,即在韵母的结束音素后加一个卷舌动作。因为舌尖需后卷,就要求口腔有一定的活动空间,因此,开口度越大、舌位越往后的元音越方便卷舌,以这些元音结尾的韵母可以直接加卷舌动作,而开口度小的、舌位偏前的元音则不方便卷舌,以这些元音结尾的韵母就需要发生一些变化后再加卷舌动作。具体来说,分以下这些情况。

(1)便于卷舌的韵母,儿化时原韵母不变,直接卷舌。这样的韵母主要有 a、ia、ua、o、uo、ao、iao、e、ie、üe、u、ou、iou。如:

- -ar    刀把儿    豆芽儿    小花儿
- -or    粉末儿    大伙儿    酒窝儿
- -aor   草稿儿    开窍儿    灯泡儿
- -er    高个儿    半截儿    旦角儿
- -ur    白兔儿    裤兜儿    皮球儿

(2)韵尾是 i 的和前鼻音韵母,丢掉韵尾-i 或-n,然后在主要元音后卷舌。如:

名牌儿　　一块儿　　摸黑儿　　汽水儿　　收摊儿
差点儿　　拐弯儿　　烟卷儿　　老本儿　　打盹儿

(3)后鼻音韵母丢掉韵尾-ng,主要元音鼻化,然后卷舌。如:

药方儿　　花样儿　　蛋黄儿　　提成儿
小瓮儿　　胡同儿　　小熊儿　　花瓶儿

(4)单韵母 i、ü,后面加上 er;鼻韵母 in、ün,丢掉韵尾,然后在主要元音 i、ü 后加 er。如:

针鼻儿　　玩意儿　　毛驴儿　　脚印儿　　有劲儿　　合群儿

(5)韵母是舌尖元音-i(前、后),换成 er。如:

瓜子儿　　没词儿　　挑刺儿　　墨汁儿　　锯齿儿　　记事儿

## 二、发音训练

### (一)儿化韵分类练习***

**1. ar**

| | | | |
|---|---|---|---|
| 刀把儿 dāobàr | 号码儿 hàomǎr | 戏法儿 xìfǎr | 在哪儿 zàinǎr |
| 找茬儿 zhǎochár | 打杂儿 dǎzár | 板擦儿 bǎncār | 掉价儿 diàojiàr |
| 一下儿 yīxiàr | 豆芽儿 dòuyár | 脑瓜儿 nǎoguār | 大褂儿 dàguàr |
| 麻花儿 máhuār | 笑话儿 xiàohuar | 牙刷儿 yáshuār | 名牌儿 míngpáir |
| 鞋带儿 xiédàir | 壶盖儿 húgàir | 小孩儿 xiǎoháir | 加塞儿 jiāsāir |
| 快板儿 kuàibǎnr | 老伴儿 lǎobànr | 蒜瓣儿 suànbànr | 脸盘儿 liǎnpánr |
| 脸蛋儿 liǎndànr | 收摊儿 shōutānr | 栅栏儿 zhàlanr | 包干儿 bāogānr |

| | | | |
|---|---|---|---|
| 笔杆儿 bǐgǎnr | 门槛儿 ménkǎnr | 小辫儿 xiǎobiànr | 照片儿 zhàopiānr |
| 扇面儿 shànmiànr | 差点儿 chàdiǎnr | 一点儿 yīdiǎnr | 雨点儿 yǔdiǎnr |
| 聊天儿 liáotiānr | 拉链儿 lāliànr | 冒尖儿 màojiānr | 坎肩儿 kǎnjiānr |
| 牙签儿 yáqiānr | 露馅儿 lòuxiànr | 心眼儿 xīnyǎnr | 一块儿 yīkuàir |
| 茶馆儿 cháguǎnr | 饭馆儿 fànguǎnr | 火罐儿 huǒguànr | 落款儿 luòkuǎnr |
| 打转儿 dǎzhuànr | 拐弯儿 guǎiwānr | 好玩儿 hǎowánr | 大腕儿 dàwànr |
| 烟卷儿 yānjuǎnr | 手绢儿 shǒujuànr | 出圈儿 chūquānr | 包圆儿 bāoyuánr |
| 人缘儿 rényuánr | 绕远儿 ràoyuǎnr | 杂院儿 záyuànr | |

2. er

| | | | |
|---|---|---|---|
| 半截儿 bànjiér | 小鞋儿 xiǎoxiér | 旦角儿 dànjuér | 主角儿 zhǔjuér |
| 模特儿 mótèr | 逗乐儿 dòulèr | 唱歌儿 chànggēr | 挨个儿 āigèr |
| 打嗝儿 dǎgér | 饭盒儿 fànhér | 在这儿 zàizhèr | 针鼻儿 zhēnbír |
| 垫底儿 diàndǐr | 肚脐儿 dùqír | 玩意儿 wányìr | 毛驴儿 máolǘr |
| 小曲儿 xiǎoqǔr | 痰盂儿 tányúr | 刀背儿 dāobèir | 摸黑儿 mōhēir |
| 老本儿 lǎoběnr | 花盆儿 huāpénr | 嗓门儿 sǎngménr | 把门儿 bǎménr |
| 哥们儿 gēmenr | 纳闷儿 nàmènr | 后跟儿 hòugēnr | 别针儿 biézhēnr |
| 一阵儿 yīzhènr | 走神儿 zǒushénr | 高跟儿鞋 gāogēnrxié | |
| 大婶儿 dàshěnr | 杏仁儿 xìngrénr | 小人儿书 xiǎorénrshū | |
| 刀刃儿 dāorènr | 份儿 fènr | 跑腿儿 pǎotuǐr | 一会儿 yīhuìr |
| 耳垂儿 ěrchuír | 墨水儿 mòshuǐr | 围嘴儿 wéizuǐr | 走味儿 zǒuwèir |
| 打盹儿 dǎdǔnr | 胖墩儿 pàngdūnr | 砂轮儿 shālúnr | |
| 冰棍儿 bīnggùnr | 没准儿 méizhǔnr | 开春儿 kāichūnr | 有劲儿 yǒujìnr |
| 送信儿 sòngxìnr | 脚印儿 jiǎoyìnr | 合群儿 héqúnr | 瓜子儿 guāzǐr |
| 石子儿 shízǐr | 没词儿 méicír | 挑刺儿 tiāocìr | 墨汁儿 mòzhīr |
| 锯齿儿 jùchǐr | 记事儿 jìshìr | | |

3. or

| | | | |
|---|---|---|---|
| 火锅儿 huǒguōr | 做活儿 zuòhuór | 大伙儿 dàhuǒr | 邮戳儿 yóuchuōr |
| 小说儿 xiǎoshuōr | 被窝儿 bèiwōr | 耳膜儿 ěrmór | 粉末儿 fěnmòr |

4. ur

| | | | |
|---|---|---|---|
| 碎步儿 suìbùr | 没谱儿 méipǔr | 梨核儿 líhúr | 泪珠儿 lèizhūr |
| 儿媳妇儿 érxífur | 有数儿 yǒushùr | 红包儿 hóngbāor | 灯泡儿 dēngpàor |
| 半道儿 bàndàor | 手套儿 shǒutàor | 跳高儿 tiàogāor | 叫好儿 jiàohǎor |
| 口罩儿 kǒuzhàor | 绝着儿 juézhāor | 口哨儿 kǒushàor | 蜜枣儿 mìzǎor |
| 鱼漂儿 yúpiāor | 火苗儿 huǒmiáor | 跑调儿 pǎodiàor | 面条儿 miàntiáor |
| 豆角儿 dòujiǎor | 开窍儿 kāiqiàor | 衣兜儿 yīdōur | 老头儿 lǎotóur |
| 年头儿 niántóur | 小偷儿 xiǎotōur | 门口儿 ménkǒur | 纽扣儿 niǔkòur |
| 线轴儿 xiànzhóur | 小丑儿 xiǎochǒur | 顶牛儿 dǐngniúr | 抓阄 zhuājiūr |

棉球儿 miánqiúr　　加油儿 jiāyóur

**5. 鼻化音卷舌**

| | | |
|---|---|---|
| 药方儿 yàofāngr | 赶趟儿 gǎntàngr | 香肠儿 xiāngchángr |
| 瓜瓤儿 guāránr | 鼻梁儿 bíliángr | 透亮儿 tòuliàngr |
| 花样儿 huāyàngr | 蛋黄儿 dànhuángr | 打晃儿 dǎhuàngr |
| 天窗儿 tiānchuāngr | 钢镚儿 gāngbèngr | 夹缝儿 jiāfèngr |
| 脖颈儿 bógěngr | 提成儿 tíchéngr | 小瓮儿 xiǎowèngr |
| 果冻儿 guǒdòngr | 门洞儿 méndòngr | 胡同儿 hútòngr |
| 抽空儿 chōukòngr | 酒盅儿 jiǔzhōngr | 小葱儿 xiǎocōngr |
| 小熊儿 xiǎoxióngr | 花瓶儿 huāpíngr | 打鸣儿 dǎmíngr |
| 图钉儿 túdīngr | 门铃儿 ménlíngr | 眼镜儿 yǎnjìngr |
| 蛋清儿 dànqīngr | 火星儿 huǒxīngr | 人影儿 rényǐngr |
| 杏儿 xìngr | | |

## （二）绕口令练习

### 练字音儿

进了门儿，倒杯水儿，喝了两口运运气儿，
顺手拿起小唱本儿，唱了一曲儿又一曲儿。
练完嗓子我练嘴皮儿，绕口令儿，练字音儿，
还有单弦儿牌子曲儿。小快板儿，大鼓词儿，
越说越唱我越带劲儿。

### 小哥俩儿

小哥俩儿，红脸蛋儿，手拉手儿，一块儿玩儿。
小哥俩儿，一个班儿，一路上学唱着歌儿。
学造句，一串串儿，唱新歌儿，一段段儿，
学画画儿，不贪玩儿。
画小猫，钻圆圈儿，画小狗儿，蹲庙台儿，
画只小鸡儿吃小米儿，画条小鱼儿吐水泡儿。
小哥俩，对脾气儿，上学念书不费劲儿，
真是父母的好宝贝儿。

### 小杂货摊儿

我们那儿有个王小三儿，在门口儿摆着一个小杂货摊儿，卖的是酱油、火柴和烟卷儿、草纸、还有关东烟儿，红糖、白糖、花椒、大料瓣儿，鸡子儿、挂面、酱、醋和油盐，冰糖葫芦一串儿又一串儿，花生、瓜子儿还有酸杏干儿。王小三儿，不识字儿，算账、记账，他净闹稀罕事儿，街坊买了他六个大鸡子儿，他就在账本上画了六个大圆圈儿。过了两天，人家还了他的账，他又在圆圈上画了一大道儿，可到了年底他又跟人家去讨账钱儿，鸡子儿的事早就忘在脑后边儿。人家说:"我们还了账。"他说人家欠了他一串儿糖葫芦儿，没有给他钱儿。

### (三)语篇朗读练习

(1)小山整把济南围了个圈儿,只有北边缺着点口儿。这一圈小山在冬天特别可爱,好像是把济南放在一个小摇篮里,它们安静不动地低声说:"你们放心吧,这儿准保暖和。"

(2)就在他快要挖好坑的时候,从别墅里走出一个人来,问小孩儿在干什么,孩子抬起满是汗珠的脸蛋儿,说:"教练,圣诞节到了,我没有礼物送给您,我愿给您的圣诞树挖一个树坑。"

(3)雪纷纷扬扬,下得很大。开始还伴着一阵儿小雨,不久就只见大片大片的雪花,从彤云密布的天空中飘落下来。地面上一会儿就白了。落光了叶子的柳树上挂满了毛茸茸亮晶晶的银条儿;而那些冬夏常青的松树和柏树上,则挂满了蓬松松沉甸甸的雪球儿。一阵风吹来,树枝轻轻地摇晃,美丽的银条儿和雪球儿簌簌地落下来,玉屑似的雪末儿随风飘扬,映着清晨的阳光,显出一道道五光十色的彩虹。

## 第三节 变调

变调是指受相邻字音的影响发生的声调变读现象。本节涉及的变调现象有上声的变调、"一"和"不"的变调、重叠形容词的变调。

### 一、上声的变调

#### (一)概述

上声是曲调,是四个声调中时长最长的,在语流发音中,除了单念和句子末尾的时候读本调,其他情况下都会发生变调,以满足省力的发音需求。

**1. 在非上声前**

在非上声(阴平、阳平、去声)的前面,上声的调值由 214 变为 21。在由非上声改读轻声的字音前,变调情况也相同。如:

上声+阴平——首都 北京 海关 反思
上声+阳平——取材 祖国 海洋 语言
上声+去声——土地 解放 有效 鼓励
上声+轻声——起来 宝贝 暖和 补丁

**2. 两个上声连读**

两个上声音节相连,前一个上声变得像阳平,调值由 214 变为 35。如:
美好 水果 领导 演讲 粉笔 海水 永久 语法 浅显 老板
在由上声改读轻声的音节前,有的变阳平 35,有的变 21。如:
35+轻声——打点 等等 讲讲 想起
21+轻声——嫂子 姐姐 奶奶 耳朵

**3. 多个上声连读**

多个上声连续出现的时候,先进行词语切分,然后遵守非上声前和两个上声连读变调的规则变调。

(1)单双格上声连读。单双格上声连读,调值变为 21＋35＋214。如:

小/老虎　　好/领导　　很/勇敢
马/厂长　　武/馆长　　写/检讨

(2)双单格上声连读。双单格上声连读,调值变为 35＋35＋214。如:

洗脸/水　　选举/法　　草稿/纸
两把/锁　　展览/馆　　手写/体

(3)多个上声连读。多个上声相连时,先按结构分组,再按以上规律变调。

如:我　买//　五　百　/匹　//好/母　马。
　　35　21　35　35　21　21　35　214

**(二)发音训练**

**1. 上声变调分类练习**\*\*\*

(1)上声＋阴平。

北京　火车　打工　烤鸭　火锅　好听　许多　体操　晚安　北方

(2)上声＋阳平。

主持　鸟笼　体型　果然　企图　可能　解决　好人　祖国　否则

(3)上声＋去声。

本质　旅客　处分　满意　反映　请假　努力　呕吐　阐述　比较

(4)上声(21)＋轻声。

影子　姥姥　姐姐　马虎　比方　点心　脑袋　耳朵　买卖

(5)上声＋上声。

手指　母语　请柬　比拟　假使　匕首　选举　缓缓　岬角　勉强

(6)上声(35)＋轻声。

晌午　哪里　打手　可以　等等　想起　小姐　举起　走走　手里

(7)多个上声连读。

展览馆　百米跑　水彩笔　场景美　处理品　老保守　纸雨伞　耍笔杆　炒米粉
买水果　彼此很了解　请给我买桶水

**2. 语篇朗读练习**

五组的小组长姓鲁,九组的小组长姓李,
鲁组长比李组长小,李组长比鲁组长老。
比李组长小的鲁组长有个表姐比李组长小,
比鲁组长老的李组长有个表姐比鲁组长老。
小的小组长比老的小组长长得美,
老的小组长比小的小组长长得丑。

丑小组长的表姐比美小组长的表姐美,
美小组长的表姐比丑小组长的表姐丑。
请你想一想:
是鲁组长老,还是鲁组长的表姐老?
是李组长小,还是李组长的表姐小?
是五组小组长丑,还是九组小组长丑?
是鲁组长表姐美,还是李组长表姐美?

## 二、"一"、"不"的变调规则

### (一)概述

(1)"一"、"不"单念和用在词句末尾,以及"一"在序数中,声调不变,读原调:"一"念阴平,"不"念去声。如:

yī:一、二、三厂　第一　统一　划一

bù:不。偏不!

(2)在去声前一律变阳平(35)。如:

yī→yí:一样　一向　一定　一块儿

bù→bú:不怕　不够　不信鬼神　不必客气

(3)在非去声(阴平、阳平、上声)前,"一"变去声51,"不"仍读去声。如:

yī→yì:一般　一年　一帆风顺　一头白发

bù:不吃　不同　不管

(4)"一、不"嵌在相同的动词中间或肯定否定连用时,读轻声。如:

yī→yi:听一听　拖一拖　想一想

bù→bu:多不多　来不来　甜不甜

### (二)发音训练

**1."一"、"不"变调分类练习***

(1)"一"的变调。

一天　一边　一千　一些　一早　一篇　一堆　一般　一心　一棵
一年　一行　一直　一条　一头　一回　一盒　一时　一群　一袭
一起　一组　一缕　一绺　一早　一笔　一口　一伙　一捆　一点儿
一定　一切　一溜　一趟　一概　一贯　一旦　一下儿　一会儿　一块儿
一笔一画　一心一意　一举一动　一字一句　一朝一夕
夸一夸　谈一谈　画一画　比一比　看一看

(2)"不"的变调。

不安　不吃　不开　不同　不停　不如　不久　不想　不好　不仅
不要　不用　不但　不坏　不赖　不会　不愧　不顾　不妙　不配

不见不散　不干不净　不言不语　不知不觉　不折不扣
酸不酸　回不去　说不好　对不起

## 2. 绕口令练习

### 不怕不会
不怕不会,就怕不学,一回学不会再来一回,
一直到学会,我就不信学不会。

### 一个老僧一本经
一个老僧一本经,一句一行念得清。
不是老僧爱念经,不会念经当不了僧。

### 一心一意
　　干什么工作都要一心一意,表里如一,言行一致,一丝不苟。情绪不能一高一低,一好一坏,一落千丈,一蹶不振。做事必须一是一,二是二,一清二楚,说一不二,以一当十,即便一无所有,也要一分为二,要一不做,二不休;一不怕苦,二不怕累,不屈不挠,一切从零开始;决不能一而再,再而三地叫人摇头说不字。

## 3. 语篇朗读练习

(1)没有一片绿叶,没有一缕炊烟,没有一粒泥土,没有一丝花香,只有水的世界、云的海洋。
　　一阵台风袭过,一只孤单的小鸟无家可归,落到被卷到洋里的木板上,乘流而下,姗姗而来,近了,近了!……

(2)年岁逐增,渐渐挣脱外在的限制与束缚,开始懂得为自己活,照自己的方式做一些自己喜欢的事,不在乎别人的批评意见,不在乎别人的诋毁流言,只在乎那一分随心所欲的舒坦自然。偶尔,也能够纵容自己放浪一下,并且有一种恶作剧的窃喜。

(3)后来我们家搬到镇上去了,过几年我也上了中学。有一天放学回家,在火车上,看见斜对面一位短头发、圆圆脸的女孩,一身素净的白衣黑裙。我想她一定不认识我了。火车很快到站了,我随着人群挤向门口,她也走近了,叫我的名字。这是她第一次和我说话。
　　她笑眯眯的,和我一起走过月台。以后就没有再见过她了。

# 三、重叠形容词的变调

## (一)概述

### 1. AA 式常用口语词
其在表示期望、祈使、亲切的语气时,第二字变读第一声并儿化。如:
小子,好好儿干!一圈人全指望着你呢。
离我远远儿的。
别着急,慢慢儿来。
表示严肃语气、陈述语气以及书面证词,不变调。如:

毛主席给小朋友题词:"好好学习,天天向上。"
他整整躺了一个月。
堂堂中华男儿,岂容日寇欺凌!

**2. ABB 式口语词**

其第二、三字变读第一声。如:

湿漉漉　白蒙蒙　黑糊糊　绿莹莹　笑吟吟
闹嚷嚷　软绵绵　暖洋洋　明晃晃　黑洞洞

书面语词一般不变调。如:

赤裸裸　恶狠狠　金灿灿　白皑皑　红艳艳

**3. 轻声词重叠成的 AABB 式口语词**

其中第二字变读轻声,第三四字变读第一声。如:

亮亮堂堂　舒舒服服　模模糊糊　清清楚楚　明明白白
干干净净　老老实实　扭扭捏捏　别别扭扭　规规矩矩

其中少数用在书面上也可以不变调。如:

清清楚楚　明明白白　老老实实　干干净净

非轻声词重叠成的 AABB 式词不变调。如:

闪闪烁烁　花花绿绿　轰轰烈烈　原原本本
兢兢业业　平平常常　高高兴兴　快快乐乐

**(二)发音训练**\*\*\*

满满的　mǎnmǎnde → mǎnmānde

短短的　duǎnduǎnde → duǎnduānde

慢慢地　mànmànde → mànmānde

好好儿的　hǎohǎorde → hǎohāorde

胖胖儿的　pàngpàngrde → pàngpāngrde

早早儿的　zǎozǎorde → zǎozāorde

亮堂堂　liàngtángtáng → liàngtāngtāng

软绵绵　ruǎnmiánmián → ruǎnmiānmiān

毛茸茸　máoróngróng → máorōngrōng

沉甸甸　chéndiàndiàn → chéndiāndiān

亮亮堂堂　liàngliàng-tángtáng → liàngliang-tāngtāng

老老实实　lǎolǎo-shíshí → lǎolao-shīshī

舒舒服服　shūshū-fúfú → shūshu-fūfū

别别扭扭　bièbiè-niǔniǔ → bièbie-niūniū

## 第四节 语气词"啊"的音变

### 一、概述

"啊"是一个开口度最大的单韵母[A],与别的音拼合能力很强,并且作为语气词用在句尾,因此,"啊"很容易受到前一个音节的影响,发生音变现象。"啊"的音变规律可以总结为两点,在开口度大的音后面,主要是 a、o、e,中间加一个过渡音,"啊"读成[iA];在其他的音素后面,则与[A]直接拼合。具体来说有以下几种情况。

(1)"啊"前音节的末尾音素是 a、uo、o、e、i、ü 时,一般发 ya 音,可写作"呀"。如:
真是他呀!
你快说呀!

(2)"啊"前音节的末尾音素是"n"时,一般发"na"音,可写作"哪"。如:
我们是一家人哪!
你要小心啊!

(3)"啊"前面音节的末尾音素是"ng"时,一般发"nga"音。如:
他真是个英雄啊!
大家一起唱啊。

(4)"啊"前面音节的末尾音素是 u、ao 时,一般发"wa"音,可写作"哇"。如:
他的字写得真好哇!
托你的福哇!

(5)"啊"前面音节的韵母是-i(后)时,一般发"ra"[zA]音,"啊"前一音节是儿化音,也同此。如:
你倒是吃啊。
你有什么事儿啊?

(6)"啊"前面音节的韵母是-i(前)时,一般发 [zA]音。如:
你去过北京几次啊?
这是谁写的字啊?

### 二、发音训练

(一)对话练习

甲:你去哪儿啊?
乙:去图书馆啊。
甲:现在才七点半,还没开门啊!

乙：是啊，我怎么忘了啊！
甲：去报栏看看吧，最近足球赛事很多啊！
乙：好啊，一起去啊

(二)单句练习

桂林的山真奇啊！
桂林的山真秀啊！
桂林的山真险啊！
漓江的水真清啊！
漓江的水真静啊！
漓江真像一首诗啊！
大家一定要去一次啊！

(三)绕口令练习

### 一块儿

鸡啊，鸭啊，猫啊，狗啊，
一块儿水里游啊！
牛啊，羊啊，马啊，骡啊，
一块儿进鸡窝啊！
狼啊，虫啊，虎啊，豹啊，
一块儿街上跑啊！
兔啊，鹿啊，鼠啊，孩儿啊，
一块儿上窗台啊！

(四)语篇朗读练习

(1)看啊，多美的一幅画啊！那上面有山啊，水啊，树啊，花儿啊，还有许多小动物呢，有公鸡啊，白鸭啊，猪啊，羊啊，大水牛啊，枣红马啊，还有一只小白兔啊，多热闹啊！
是啊，画得就像真的一样啊！

(2)我想，不光是叔叔，我们每个人都是风筝，在妈妈手中牵着，从小放到大，再从家乡放到祖国最需要的地方去啊！

(3)我心中涌动的河水，激荡起甜美的浪花。我仰望一碧蓝天，心底轻声呼喊：家乡的桥啊，我梦中的桥！

(4)是啊，我们有自己的祖国，小鸟也有它的归宿，人和动物都是一样啊，哪儿也不如故乡好！

(5)王友感动极了，他流着泪后悔地喊道："陶……陶校长你打我两下吧！我砸的不是坏人，而是自己的同学啊……"

(6)推开门一看，嗬！好大的雪啊！山川、河流、树木、房屋，全都罩上了一层厚厚的雪，万里江山，变成了粉妆玉砌的世界。

# 第六章
# 朗读训练

## 第一节　概述

### 一、朗读定义

朗读是借助有声语言来准确鲜明地再现书面语言的思想内容或艺术形象的一种言语活动。语言学家徐世荣先生给朗读下的定义是：朗读就是把书面语言上写的语言变为口头上说的语言，把无声语言（文字、文章、文学作品）变为有声语言——更能表情达意的口头活语言。朗读者依据作品的内容、主旨与情感，运用语言的技巧，以优美的节奏，高、低、轻、重、强、弱、快、慢的音调，把原作品词句的意态、语气，生动地表现出来，进而产生赏心共识的感受。朗读是一种美读，可以刺激听者的兴趣，并在情绪上引起共鸣。朗读，简单地说，就是以清晰响亮的声音，正确标准的语音，把作品有感情地读出来。[1]

### 二、朗读与朗诵的区别

"朗读"与"朗诵"是有所不同的。按字典解释："朗"是指声音清晰响亮，因此，"朗读"与"朗诵"是有着相同的含义的，它们都属于把书面文字转换成有声语言的一种语言表述活动，都是由念读发展而来的。但两者是有着本质的区别的，其不同之处主要在于：

其一，含义不同。"朗读"是清晰响亮地把文章念出来，它本质上是一种"念读"，其主旨是将书面文字清晰准确地转换为相应的有声语言传递给听众，它不追求以情动人的艺术表达，而重在以义喻人，即追求听众对朗读文字全面、准确的理解与理智的思考。"朗诵"则是

---

[1] 徐世荣：《普通话朗读辅导》，文字改革出版社，1978年版。

更高层次的朗读,是一种语言表述的艺术表现形式,要求对文章进行艺术处理,通过朗诵者借助语速、轻重、停顿等等表达技巧,将朗诵材料转换为一种艺术表演,因此,具有表演的成分。它呼唤的是听众的情感共鸣,追求的是使听众听之入耳、听之入心、听之动情的艺术感染力。

其二,使用范围不同。朗读的使用范围较广,凡是文字读物都可以朗读。无论是诗、词、曲、赋,还是散文、小说、戏剧、相声;无论是记叙文、议论文、说明文,还是社论、新闻、打油诗、绕口令、家信、招聘广告、寻人启事、数学物理习题等等,无一不可读。而朗诵的使用范围则相对较窄,一般以诗歌与散文为主,少数的童话、小说和戏剧也可以朗诵。它对文稿的艺术特点有相对严格的要求,如寻人启事、数学物理习题可以朗读,但是如果是用来朗诵,听者就难以接受,甚至会让人啼笑皆非。

其三,朗读者所处的位置身份不同。朗读者所处的位置是本色化的,而朗诵者所处的位置是艺术化的。朗诵一般在舞台上,在大庭广众之中进行。朗读者的身份应该是朗读者自己,朗读者不完全是文章作者的代表或化身,既不扮演,也不能替代,更不是演员;而朗诵作为一门表演艺术,朗诵者的身份是"演员",是扮演成另一个"我"来抒情表意。

其四,声音要求不同。朗读对声音再现的要求是接近自然化、本色化、生活化的,但它又不等同于日常生活中的日常口语。它比自然口语更准确、更生动、更典型、更具美感。它要求做到"不炆不火、恰到好处"。过于夸张,容易给人装腔作势、假情假意的感觉;过于平淡,像"拉家常"一样,又显得乏味。正如齐越所说"朗读要用接近于生活中自然谈话的语言,不要要求用一种不同于谈话的不自然的声音朗读,就是说,不要拿腔拿调"。徐世荣说"表情达意的语势有一定的限度,自然适当地读出轻重、疾徐、抑扬、顿挫等语调语气,却不过多地做艺术夸张,是质朴平正、字字落实的朗读,而非意气纵横,声情起伏跌宕的表演"。[①] 朗诵对声音再现的要求则应是风格化、个性化,甚至可以是戏剧化的。

其五,态势不同。朗读一般是"念读"式的表达,可以手拿文稿进行,它对朗读者的形体、手势、眼神、表情等均无明确的要求,在态势上,可以站着读,可以走着读,可以坐着读,朗读的任务是传达而不是表演;而朗诵属于艺术性的表演,它要求在朗诵过程中,形体、手势、表情、眼神都应该和谐统一,协调配合,以强化艺术语言的艺术感染力,因此,朗诵必须脱稿站立表达,因为手持文稿不利于形体、态势与朗诵内容的协调配合,过多的看稿还会限制朗诵者的表情、眼神与听众之间的交流。

其六,教育性不同。朗读的教育性主要体现在朗读的职能和使用的效果上。朗读作为一种教育形式,其主要作用是向听众传达作品的主要内容,通过作品中所蕴涵的思想性、知识性达到教育启迪的目的。而朗诵是一种"征服"的艺术,它借助于朗诵者独具魅力的音质音色,鲜明流畅的语流节奏,丰富熟练的语言技巧,为那些文学作品插上腾飞的翅膀,使它飞向听众的心中,震撼人们的心灵深处。

---

① 徐世荣:《普通话朗读辅导》,文字改革出版社,1978年版。

## 三、朗读的作用

朗读是用形象化的口语表达文章的思想感情的艺术手段,朗读的作用有以下几方面:

其一,有助于思想感情的丰富表达。通过语言技巧的运用和语音的多种变化,可以把文章中的人、事、意境、作者的思想感情和趣味,绘声绘色地表达出来,也能使字里行间潜在的含义溢于言表,还可以把书面文字难以表达或者根本无法表达的隐情妙趣抒发出来。

其二,有助于文章的深刻理解。通过反复朗读,可以加深对文章思想内容、文章的要义的理解。这正所谓"书读百遍,其义自现"。

其三,有助于获取各种语文知识、技能。朗读有助于提高口头表达能力。读书时把辨形释义、正音、识字有机结合起来,便能积累词汇,熟悉句型,洗练语言,规范口语,能培养正确、流利、清晰、富于表情的说话习惯。不仅如此,还利于提高书面表达能力。因为"读"是前提,"读"是接受信息,而写作是对信息进行处理加工,如果没有信息,处理信息就无从谈起。通过朗读背诵,能积累大量写作素材,写文章时便能文思泉涌,呼之欲出。前人所说"劳于读书,逸于作文"、"熟读唐诗三百首,不会作诗也会吟"正缘于此。朗读能加深记忆,巩固记忆,能呼唤人们的感知和想象,起到联想记忆的作用。通过音韵调的变化可以产生一系列的声音形象,并使之牢牢印入人们的脑海之中。

总之,朗读可以通过视觉、声觉、听觉等器官的协调活动,把知识信息输送到人脑的储存区域,从而起到增强记忆和增进健康的作用。朗读作品是一种感化、熏陶,读好一篇文章会心荡神驰、情思横溢,如饮甘露,浑身清新豪爽,给人以无穷无尽的力量。特别是青少年时期,从朗读活动中得到的宝贵教益,对一个人树立远大理想,坚定生活信念,振奋进取精神,激发斗争意志,都会产生巨大的作用。

## 四、朗读的基本要求

### (一)用普通话语音朗读

普通话朗读是一门学问,它除了要求朗读者忠于作品原貌,不添字、漏字、改字外,还要求朗读时在声母、韵母、声调、轻声、儿化、音变以及语句的表达方式等方面都符合普通话语音的规范。朗读一篇作品,如果连普通话都读不准确,甚至读错了,那就会影响听众对原文的理解,甚至会闹笑话。

### (二)把握作品的基调

基调是指作品的基本情调,即作品总的态度感情,总的色彩和分量。任何一篇作品,都会有一个统一完整的基调。朗读作品必须把握住作品的基调,因为作品的基调是一个整体概念,是层次、段落、语句中具体思想感情的综合表露。要把握好基调,必须深入分析、理解作品的思想内容,力求从作品的体裁、作品的主题、作品的结构、作品的语言,以及综合各种要素而形成的风格等方面入手,进行认真、充分和有效的解析,在此基础上,朗读者才能产生出真实的感情、鲜明的态度,产生出内在的、急于要表达的律动。只有经历这样一个复杂的过程,作品的思想才能成为朗读者的思想,作品的感情才能成为朗读者的感情,作品的语言表达才能成为朗读者要说的话。也只有经历这样一个复杂的过程,朗读者才能从作品思想内容出发,把握住基调。无论读什么作品,这"案上的工作"都不能少。

我们在深刻理解作品的"意",深入体验作品的"情"之后,再要做的事就是定准吟诵的基调。什么是"吟诵的基调"? 在音乐作品中,基调是指主要的高低长短配合成组的音,通常用以贯穿作品的全过程。

朗诵的基调,张颂的《朗读学》一书从气息、音色与感情的配合关系上进行了简明的勾勒,其实这也是对朗读基调的一种归纳:一般来说,爱的感情是"气徐声柔";憎的感情是"气足声硬";悲的感情"气沉声缓";喜的感情"气满声高";惧的感情"气提声凝";欲的感情"气多声放";急的感情"气短声促";冷的感情"气少声平";怒的感情"气粗声重";疑的感情"气细声黏"。①

### (三)克服固定腔调

固定腔调是贬义词。在朗读里,它指的是使用某种固定不变的声音形式,把词语纳入一种单一的格式,以不变的声音形式应万变的朗读材料,不管什么内容、什么体裁,也不管是书面语言还是口头语言,是文言还是白话,是鲁迅还是老舍的作品,都同样对待,从朗读中听不出什么区别。固定腔调的形成原因很多,但最根本的是对朗读缺乏认识,对朗读理论和朗读过程的研究不够造成的。人们在朗读活动中相习相沿也是形成固定腔调的原因之一。固定腔调有不同的类型,我们试做简单说明。

一是念书腔:就是照字念音,或有字无词,或有词无句。词或词组没有轻重格式的正确区分,更没有具体感受的充实。听不出完整的句、段,毫无思想感情的流露。

二是唱书调:念书腔还能表达出一些字、词的基本意义,唱书调却只剩下了声音的外壳,在"唱"的过程中,表情达意的作用便被大大削弱了。这种唱书调,节拍一律,连休止符、符点都极少见;音程变化不大,只是那几个音简单重复。唱书调的最大弊端是声与义隔,只闻声而不解意、不传情。它不管长句、短句,也不论一人、多人,都可以连续不断地唱下去,整齐划一地唱下去。它对文字作品可以根本不理解,可以没有任何感受,也能把文字变为声音,对听者,只有简单曲调的刺激,不会产生任何感染。

三是念经式:这是指那种用小而快的声音读书的方式。它可能是从"默读"、"虚声读"沿袭来的,而且属于单纯为了背书的读法。这与朗读的要求是完全不同的。即使是自我领略和品味作品,如果要朗读,也应该适当放开声音,不仅从思想感情上,而且从音律韵味上给自己以美感享受。面对听者,就更不应该采取这种念经式的读法了。

四是朗诵式:舞台上的朗诵,那夸张、渲染的有声语言显得那么生动,不仅激情洋溢,而且音调铿锵。初学期读者若不分场合、不明目的、不看内容、不管体裁,一味从声音形式上模仿这种朗诵方法,必定给朗读带来不利影响,甚至养成一种固定腔调,难以矫正。

---

① 张颂:《朗读学》,中国传媒大学出版社,2010年版。

## 五、朗读标注符号

朗读标注符号是用各种符号表示对文本的各种语音处理,使用符号标注比文字说明更方便明了。朗读标注符号并没有统一的规定,本书采用以下标注符号:

| | | | |
|---|---|---|---|
| < | 渐强。 | > | 渐弱。 |
| (— | 拉长。 | V | 换气。 |
| ------ | 慢。 | ———— | 快。 |
| ⊙ | 饱满有力。 | ~~~ | 波音(颤音)。 |
| ↗ | 语调上扬。 | ↙ | 语调下降。 |
| ∘ | 轻读(弱)。 | · | 重读(强)。 |
| ∽ | 反复。 | —— | 尾音拉长。 |
| —⊙— | 两头低,中间高。 | ●——● | 两头重,中间轻。 |
| ▽ | 顿音(短促有力,富有弹跳性)。 | | |
| /、//、/// | 停顿,通常用在句子中没有标点的地方。 | | |
| ⌒ | 连音,表示缩短停顿或不换气连起来读,不停顿。 | | |

## 第二节　朗读的技巧

朗读的技巧是指朗读活动中一切表达方法,是实现朗读目的的必要手段,是朗读时为了使声音清晰洪亮,为了增强语音的感染力,更恰当地传情达意而使用的一些技巧和方法。它主要包括两个部分:内部技巧和外部技巧。

### 一、朗读的内部技巧

朗读者接受了外界的刺激,从而受之于心,产生某种内心反应。通过作品的文字,感受到具体客观事物的存在,体会到文字里蕴涵的各种情感。具体感受分为形象感受和逻辑感受。没有形象感受,就不会赋予作品具体、丰富的色彩,就不会塑造出真实、生动的具体形象;没有逻辑感受,就不能抓住作品的脉络,不能掌握作品的"起、承、转、合"。对作品形成具体感受,才能使朗读者产生表达的愿望,才能使我们的有声语言有感染力,从而感染我们的受众。

(一)形象感受

形象感受是指朗读者在作品形象性词语的刺激下,感受和再现客观世界的种种事物以及事物的发展、运动状态,使情、景、物、人、事、理的文字符号,在朗读者内心跳动起来,成为生动可感的形象。朗读者的形象感受来源于作品中词语概念对朗读者内心刺激而产生的对客观事物的感知、体会和思考。是"感之于外,受之于心"而形成的。

干瘪枯燥的文字语言,对于具有很强感受能力的朗读者也构不成丰富的形象,引不起具体的感受。这正如"巧妇难为无米之炊"。文字语言,特别是实词所具有的形象性,是表达思想感情、给人以感染的明显因素。我们所说的形象性,必须以作品为依据,从已有的文字语言中去挖掘。文字语言总是千方百计地去描绘、刻画变化多端、气象万千的客观世界和主观世界,为概念补充形象化的内涵和外延。文字语言对朗读者的可贵之处,在于它造就了客观事物的整体知觉刺激,反映事物个别属性的感觉已融化在这整体之中了,这就使朗读者在从文字语言中获得感受的时候,完全脱离了认识客观事物的表面的、原始的、蒙昧的、混沌的状态。朗读者由作品的文字语言中包含着的形象性中,可以看到、听到、嗅到、尝到、触到文字符号代表的客观世界中的种种事物,也可以知道时间发展、空间移动、事物运动,这是记忆联想和再造想象的过程。如:

卖火柴的小女孩
安徒生

　　天冷极了,下着雪,又快黑了。这是一年的最后一天——大年夜。在这又冷又黑的晚上,一个光着头赤着脚的小女孩在街上走着。她从家里出来的时候还穿着一双拖鞋,但是有什么用呢?那是一双很大的拖鞋——那么大,一向是她妈妈穿的。她穿过马路的时候,两辆马车飞快地冲过来,吓得她把鞋都跑掉了。一只怎么也找不着,另一只叫一个男孩捡起来拿着跑了。他说,将来他有了孩子可以拿它当摇篮。

　　小女孩只好赤着脚走,一双小脚冻得红一块青一块的。她的旧围裙里兜着许多火柴,手里还拿着一把。这一整天,谁也没买过她一根火柴,谁也没给过她一个钱。

　　可怜的小女孩!她又冷又饿,哆哆嗦嗦地向前走。雪花落在她的金黄的长头发上,那头发打成卷儿披在肩上,看上去很美丽,不过她没注意这些。每个窗子里都透出灯光来,街上飘着一股烤鹅的香味,因为这是大年夜——她可忘不了这个。

　　她在一座房子的墙角里坐下来,蜷着腿缩成一团。她觉得更冷了。她不敢回家,因为她没卖掉一根火柴,没挣到一个钱,爸爸一定会打她的。再说,家里跟街上一样冷。他们头上只有个房顶,虽然最大的裂缝已经用草和破布堵住了,风还是可以灌进来。

　　她的一双小手几乎冻僵了。啊,哪怕一根小小的火柴,对她也是有好处的!她敢从成把的火柴里抽出一根,在墙上擦燃了,来暖和暖和自己的小手吗?她终于抽出了一根。哧!火柴燃起来了,冒出火焰来了!她把小手拢在火焰上。多么温暖多么明亮的火焰啊,简直像一支小小的蜡烛。这是一道奇异的火光!小女孩觉得自己好像坐在一个大火炉前面,火炉装着闪亮的铜脚和铜把手,火烧得旺旺的,暖烘烘的,多么舒服啊!哎,这是怎么回事呢?她刚把脚伸出去,想让脚也暖和一下,火柴灭了,火炉不见了。她坐在那儿,手里只有一根烧过了的火柴梗。

　　她又擦了一根。火柴燃起来了,发出亮光来了。亮光落在墙上,那儿忽然变得像薄纱那么透明,她可以一直看到屋里。桌上铺着雪白的台布,摆着精致的盘子和碗,肚子里填满了苹果和梅子的烤鹅正冒着香气。更妙的是这只鹅从盘子里跳下来,背上插着刀和叉,摇摇摆摆地在地板上走着,一直向这个穷苦的小女孩走来。这时候,火柴又灭了,她面前只有一堵又厚又冷的墙。

她又擦着了一根火柴。这一回,她坐在美丽的圣诞树下。这棵圣诞树,比她去年圣诞节透过富商家的玻璃门看到的还要大,还要美。翠绿的树枝上点着几千支明晃晃的蜡烛,许多幅美丽的彩色画片,跟挂在商店橱窗里的一个样,在向她眨眼睛。小女孩向画片伸出手去。这时候,火柴又灭了。只见圣诞树上的烛光越升越高,最后成了在天空中闪烁的星星。有一颗星星落下来了,在天空中划出了一道细长的红光。

"有一个什么人快要死了。"小女孩说。唯一疼她的奶奶活着的时候告诉过她:一颗星星落下来,就有一个灵魂要到上帝那儿去了。

她在墙上又擦着了一根火柴。这一回,火柴把周围全照亮了。奶奶出现在亮光里,是那么温和,那么慈爱。

"奶奶!"小女孩叫起来,"啊!请把我带走吧!我知道,火柴一灭,您就会不见的,像那暖和的火炉、喷香的烤鹅、美丽的圣诞树一个样,就会不见的!"

她赶紧擦着了一大把火柴,要把奶奶留住。一大把火柴发出强烈的光,照得跟白天一样明亮。奶奶从来没有像现在这样高大,这样美丽。奶奶把小女孩抱起来,搂在怀里。她们俩在光明和快乐中飞走了,越飞越高,飞到那没有寒冷,没有饥饿,也没有痛苦的地方去了。

第二天清晨,这个小女孩坐在墙角里,两腮通红,嘴上带着微笑——她死了,在旧年的大年夜冻死了。新年的太阳升起来了,照在她小小的尸体上。小女孩坐在那儿,手里还捏着一把烧过了的火柴梗。

"她想给自己暖和一下……"人们说。谁也不知道她曾经看到过多么美丽的东西,她曾经多么幸福,跟着她奶奶一起走向新年的幸福中去。

第一部分(1—4自然段)描写小女孩所处的寒冷、凄凉的环境。朗读时,对"冷"、"雪"、"黑",等作用于视觉、触觉的词语用低沉、缓慢语调,着重表现出小女孩的"冷"、"饿",从而表达对小女孩深深的同情。

第二部分(5—11自然段):写小女孩的幻想和幻想的破灭。第5—7自然段分别写了小女孩的三个幻想和三次幻想的破灭。朗读幻想的文字,声音上扬、有力,语气、语调多变,语速加快,运用视觉、味觉、嗅觉等感受,使想象的事物历历浮现在眼前,以表现小女孩对美好幸福生活的向往之情。但要注意声音不要过亮、过高、过响,要符合全篇总体的感情基调,因为这一切毕竟是小女孩的"幻想",并不是真实的现实。幻想破灭后的现实描写,朗读时要注意与幻想的对比,要迅速调整感情态度,可多用虚声、气声,速度缓慢,语气深沉压抑,充满失望和怅惘。

(二)逻辑感受

作品中的逻辑关系,主要指全篇各层次、各段落、各语句之间的内在联系。这种内在联系,不仅指组合的先后顺序,还指为什么这样结构。不论是时间顺序、空间顺序、观点顺序,还是情节、矛盾、问题的连绵起伏,都应在朗读者的头脑中形成强烈的感受,而不应仅仅是"清楚"、"明白"。这种感受,不同于形象感受,缺少形象性是一方面,但在文字语言上,更多地从虚词中获得。虚词,似乎不可捉摸,但是,由于上下文气的贯通,由于与实词的多样结合,经络的感觉又并非虚无缥缈。我们可以从几方面说明。

**1. 主次感**

我们对作品主次关系的感受,可以叫主次感。目的的落实要抓住重点。重点与非重点的关系就是主次关系。重点不宜过多,多则蔓;重点也不宜太少,少则粗。所谓重点,无非是最能体现主题和目的的段落、语句,思想最深刻丰富、感情最炽烈饱满的段落、语句。所谓非重点,犹如扶红花的绿叶,烘明月的白云,不应欠缺,不可移易。非重点部分,也有主次之分,不可能同等次要。但是非重点中的主,不应超过重点中的主,比起重点来,它永远居于次要地位。绝大部分作品的重点,表现在文字语言上,往往是浓墨重彩、细致入微。或集中在由几个段落组合成的一个层次、一个部分,或集中在一个层次、一个部分中的某几个段落。或重点分散,在全篇的各部分、层次中,几乎都有几个段落和几个小层次属于重点,甚至有各段都有一两个小层次以至两三句话属于重点的。当然,也有交叉的情形。重点散见于全篇,重点集中于某层,这是因文而异的。

**2. 并列感**

所谓并列,就是只有先后的顺序而没有主次的区分。在作品结构中,在全篇的语言链条中,有并列部分、并列层次、并列段落或并列语句、并列词组和并列词。从内容上看,有时间并列、空间并列、人物并列、论点并列等。在分析作品的过程中,要注意并列感,就是说,作品的并列成分这一客观存在必须转化为朗读者的主观感受,才能在有声语言中流露出来。如时间并列感、空间并列感,人物并列感等等。

**3. 递进感**

递进关系在语言链条中往往使内容愈显明朗,推动感情进入高潮,它的总趋势是向纵深发展。但那"黄河之水天上来,奔流到海不复回"的气势,或一泻千里,或逆流而上,会给人一种"山外有山、天外有天"之感,一层接一层,一句接一句,步步逼近,绵延不断。递进感的核心是"进",因此,递进感给我们的力量是意不可止、情不可遏、"长江后浪推前浪,世上新人换旧人"、欣欣向荣、蒸蒸日上。作品内容本来就是递进的,开头、发展、高潮、结尾,是逐层展开的,但递进又不是到此为止,递进是具体的,不是笼统的。只有具体化了的递进才有可能产生递进感,才有希望在有声语言中具体把握。"我们的事业是正义的,正义的事业是不可战胜的。""山重水复疑无路,柳暗花明又一村",这就是递进的表现。

**4. 总括感**

作品中那些有领起作用和综合作用的段落、语句,是逻辑关系的重要体现。我们为了在语言链条中给以显露,就得努力获取领起、综合的感受,这两方面可以统称为总括感。对一件事的领起,如"但有一件小事,却于我有意义,将我从坏脾气里拖开,使我至今忘记不得"。在后面的叙述中体现出的事件的性质给人以勇气这一点也就不言自明了。总括感在语言链条中的启下承上的作用非常明显。只有加强总括感,才可以造成有分有合、以一当十的严密布局,才利于形成探幽发微、珠联璧合的有声语言。

**5. 转折感**

转折感是对作品文气跌宕的感受。上文正说某人、某事,或某一论点,本应顺势而行,却出其不意向另一方向转去。这是一种需要,完全为作者意图左右,为作品主题服务。如:

"……越飞越近,眼看就要赶上了,王母娘娘拔下头上的玉簪往背后一划,牛郎面前立刻出现了一条河。……"由于任何作品的脉络、文气都一定是曲折回环的,绝不是径情直遂的,转折感对于朗读者简直是不可缺的。转折感本身也是复杂多样的,绝非一个"可是"、一个"但是"所能囊括的,我们必须紧密结合作品的语言链条,因势利导,随风转舵,不能笼统地处理。

### 6. 对比感

对比感是由不同的客观事物各自的区别与联系决定的。表现在作品中,从内容上说是正反对比,从结构上说是前后对比。如果说,某一客观事物必须有区别于其他事物的质的规定性,那么,这一事物与那一事物的共同存在与变化本身就是一种对比。"相克相生"、"相反相成",正是一种辩证的表述。这是一个普遍的规律,作品如实地反映了它,就不会没有对比。"月有阴晴圆缺,人有悲欢离合",这里的"月"与"人"是并列,而阴与晴、圆与缺、悲与欢、离与合就都是对比。

下面以屠格涅夫《麻雀》为例,具体体会转折感、递进感、对比感、总括感。

#### 屠格涅夫《麻雀》

体会转折感、递进感、对比感、总括感等。

我打猎归来,沿着花园的林荫路走着。狗跑在我前边。

突然,狗放慢脚步,蹑足潜行,好像嗅到了前边有什么野物。

("突然"内容上有转折感,朗读时速度应稍加快,但不宜太重。)

我顺着林荫路望去,看见了一只嘴边还带黄色、头上生着柔毛的小麻雀。风猛烈地吹打着林荫路上的白桦树,麻雀从巢里跌落下来,呆呆地伏在地上,孤立无援地张开两只羽毛还未丰满的小翅膀。

(这几段有时间上、空间上的递进感。朗读时应读好"我"、"狗"、"打猎"、"花园"、"走"、"跑"用稍慢速度,表现时间的推移,空间的转换。)

我的狗慢慢向它靠近。忽然,从附近一棵树上飞下一只黑胸脯的老麻雀,像一颗石子似的落到狗的跟前。老麻雀全身倒竖着羽毛,惊恐万状,发出绝望、凄惨的叫声,接着向露出牙齿、大张着的狗嘴扑去。

老麻雀是猛扑下来救护幼雀的。它用身体掩护着自己的幼儿……但它整个小小的身体因恐怖而战栗着,它小小的声音也变得粗暴嘶哑,它在牺牲自己!

在它看来,狗该是多么庞大的怪物啊!然而,它还是不能站在自己高高的、安全的树枝上……一种比它的理智更强烈的力量,使它从那儿扑下身来。

(麻雀和狗有对比感,语音上突出"庞大",表现老麻雀在面前的奋不顾身的伟大的母爱)

我的狗站住了,向后退了退……看来,它也感到了这种力量。

我赶紧唤住惊慌失措的狗,然后我怀着崇敬的心情,走开了。

是啊,请不要见笑。我崇敬那只小小的、英勇的鸟儿,我崇敬它那种爱的冲动和力量。爱,我想,比死和死的恐惧更强大。只有依靠它,依靠这种爱,生命才能维持下去,发展下去。

(这几段有总括感,语音应深沉平稳,表现作者由麻雀所获得的思考。)

综上所述,逻辑感受帮助朗读者沿着作品本身的结构"亦步亦趋"、"登堂入室",形成有机的语言链条。只有理性上的认识,不把这种认识深化为逻辑感受,对语言中并列、转折、递进、对比、总括及其主次等种种逻辑关系,不从语音中表现出来,肯定心口不一,达不到准确表达的要求。为此,作品的文路,要化为朗读者的思路,朗读者必须加强自己的逻辑感受。

为了让我们的朗读从"死气沉沉"的"字音",变成"生机勃勃"的"话语",我们既要注重形象感受的"面",又要注重逻辑感受的"线",我们从分析作品开始,在理解、感受过程中形成内心的"语流",一旦诉诸有声语言,便如飞瀑流泉,汹涌奔泻!

## 二、朗读的外部技巧

朗读的外部技巧是指对语音的轻重、停顿、速度、升降等外在形式的处理技巧。

(一)重音

重音应该是突出语句目的的中心词。它们或是准确、鲜明地传达语句目的的核心;或是体现逻辑关系,具有转折、呼应、对比、并列、递进等作用的词语;也指那些对点燃感情色彩、显露丰富的情景神态和烘托气氛等起重要作用的比喻词、象声词以及其他形容性的词或短语,我们将其突出出来,可以使特定环境中的语句生动形象。

一篇文章由许多表达独立意思、蕴涵一定情感的语句组成,对那些突出语句目的的中心词、那些在语句中占主导地位和最能揭示语句本质意义的词或短语,我们处理成重音。选择确定重音的总原则是:以能否突出语言目的为首要标准,综合考虑逻辑关系和感情表达的需要。重要的、主要的词或短语,朗读时,要着重强调,以便明晰地表达出具体的语言目的和具体的思想感情。我们着重强调的词或短语就是重音。重音用"·",标在词语底下。

**1. 表达重音的方法**

重音主要有语法重音、强调重音和感情重音。表达重音的方式有以下几种。

1)强弱法

这是一种用声音的轻重、高低变化来强调重音的方法。需要注意的是,重音不光可以用强和高的声音来强调,强中见弱、高中显低也不失为有效的方法。有时用减轻音量的方法,将重音低沉地轻轻吐出,效果反而会更好。一般在表达极为复杂而细腻的感情时,多用这种方法。

2)快慢法

这是一种用语音的急缓、长短、顿连等变化来强调重音的方法。

3)虚实法

这是一种通过声音的虚实变化来强调重音的方法。如:

让暴风雨来得更猛烈些吧! (加强音量)
伟大的共产主义事业胜——利——万——岁! (拖长音节)
雪纷纷扬扬,下得很大。 (重音轻吐)
轻轻的我走了,正如我轻轻的来 (重音轻吐)

周总理啊,周总理,全国人民都在哀悼您,都在呼唤您,都在想念您。 （重音轻吐）

**2. 重音的分类**

根据重音的作用,我们可以把重音分成以下一些类别。

1）语法重音

在不表示什么特殊的思想和感情的情况下,根据语法结构的特点,而把句子的某些部分重读的,叫语法重音。语法重音的位置比较固定,常见的规律是：

（1）主语＋谓语,一般是谓语重,如"天冷了。"主语是疑问代词主语重,如"什么坏了？"谓语前有能愿动词,能愿动词不重主要动词重,如"小孩会走了。"谓语是"有、是、在、像"等结构,"有、是、在、像"不重,后面的词语重,如"早上有雾。"谓语是"把、被"等结构,"把、被"和其宾语不重,主要动词重,如"我把书丢了。"

（2）主语＋谓语＋宾语,一般是宾语重。如"他学唱歌。"宾语是人称代词,宾语不重动词重,如"敌人封锁我们。"双宾语后一宾语重,如"张老师教我们数学。"前一宾语是疑问、指示代词,前一宾语重,如"叔叔送给谁钢笔？"主语是疑问代词主语重,如"谁看小说？"

（3）主语＋谓语＋补语,表趋向的补语不重,动词重,如"她跑出去了。"表情态、结果、程度的补语重,如"我听清楚了。"补语是数量词,表确指数量词重,如"我吃了一个。"表概数、约数的数量补语不重,如"他玩了两天。"

（4）主语＋谓语＋补语＋宾语,一般是宾语重,如"小明做完了作业。"主语是疑问代词主语重,如"谁做完了作业？"

（5）定语一般比中心词重,如"无穷的力量"；定语和中心词是领属关系,定语不重中心词重,如"他的衣服脏了"；定语是数量词,表确指数量词重读,如"教室里有五个学生"；表示概数、约数,定语不重中心词重,如"教室里有两三个学生"；由"一"组成的数量词做定语,定语不重中心词重,如"有一个学生这样问"；疑问代词做定语表示疑问时重读,如"什么样的电影好看"；表泛指的疑问代词做定语,定语不重中心词重,如"他想起了什么事情"；定语较长时,距中心词近的一个重,如"一个十分靓丽的导游小姐"。

（6）状语一般比中心词重,如"风轻轻地吹着"；若后面带有宾语,则状语和宾语都重,如"风轻轻地拍打着窗帘"；状语较长时,距中心词近的一个重,如"这位老人在人行道上十分艰难地走着"。

试读出下面句子里的语法重音：

东风来了,春天的脚步近了。
今天星期天。
他学唱歌,我学跳舞。
他去北京了。
风一吹,芦花般的苇絮就飘飘悠悠地飞了起来。
什么也没说。
油亮的羽毛失去了光泽。
春天是多么美丽啊！

他什么都知道了。
你到哪里去了？
谁在喊？
这不关你事。
那是我的书。

注意,如果一句话里成分较多,重读也就不止一处,往往优先重读定语、状语、补语等连带成分。值得注意的是,语法重音的强度并不十分强,只是同语句的其他部分相比较,读得比较重一些罢了。例如:

有这么一个传说:古时候,天上有十个太阳,晒得地面上寸草不生。

这一语句从重音的主次说,其中"十"为主要重音,"寸草不生"为次要重音,"寸"与"生"要重些,"寸"字更突出些,四个字也都要稍稍延长一些,但整体上,突出的程度绝对不能超过主要重音"十"。从重音的分寸上说,"十"是"过多"的感受,不能同"两个太阳"中的"两"一样分量,应该比"两"的分量重。"寸草不生",尤其是"寸"字,是"晒得厉害,干得厉害"的感受,但不要过分夸张。过分会使人感到虚假、做作,但不及,又会使人觉得平淡、干瘪。再从非重音的主次说,"有这么一个传说","这"和"传说"比较主要,"传说"更主要些。"古时候","古"较主要。"天上有","天上"重要些,"有"次要些。"十个太阳",除"十"是全句主要重音,"太阳"较"个"重要。"晒得地面上","地面"为主要词,"上"次要,"晒得"稍显重要,"晒"又比"得"重。

**2. 逻辑重音**

又叫强调重音。逻辑重音的作用是突出重点,加强语意,揭示语言内涵;它无固定位置,随说话的环境、说话人的意愿而定。表示并列、对比、排比、比喻、反复等,往往要读重音。例如下面句子,重音位置的变化影响着语意:

我知道你会唱歌。(不用问别人)
我知道你会唱歌。(你不要瞒我了)
我知道你会唱歌。(不是别人)
我知道你会唱歌。(你怎么说不会?)
我知道你会唱歌。(别的会不会我不知道)
我又没有干坏事。(是别人,不是我)
我又没有干坏事。(我干的是正当的事,不是坏事)

逻辑重音可分为以下几类:

(1)并列性重音:山朗润起来了,水涨起来了,太阳的脸红起来了。
(2)对比性重音:今天是星期二,不是星期一。
(3)呼应性重音:她是谁呢? 她就是我的二妹——王玲。
(4)比喻性重音:胜利的歌声像海洋。
(5)夸张性重音:他的脸白得真吓死人了。
(6)表示坚决、肯定的态度:这事太难办了。

试读出下面句子里的逻辑重音:

水是从您那儿流到我这儿来的,不是从我这儿流到您那儿去的。

由此可见,影响一个人快乐的,有时并不是困境及磨难,而是一个人的心态。

朋友说这里是"鸟的天堂",有许多鸟在这棵树上做窝,农民不许人去捉它们。我仿佛听见几只鸟扑翅的声音,但是等到我的眼睛注意地看那里时,我却看不见一只鸟的影子。只有无数的树根立在地上,像许多根木桩。地是湿的,大概涨潮时河水常常冲上岸去。"鸟的天堂"里没有一只鸟,我这样想到。

**3. 感情重音**

感情重音可以使朗读的色彩丰富,充满生气,有较强的感染力。感情重音大部分出现在表现内心节奏强烈、情绪激动的地方,比如表示并列、对比、比喻、排比、反复的,往往要读重音。

综合练习:读出下面句子里的感情重音。

多么富于哲理的话语,多么乐观的生活方式。

妈妈肯定会格外喜欢你的,老师肯定会格外喜欢你的,大家肯定会格外喜欢你的。

他只不过用笔写写文章,用嘴说说话,而他所写的,所说的,都无非是一个没有失掉良心的中国人的话!大家都有一支笔,有一张嘴,有什么理由拿出来讲啊!有事实拿出来说啊!(闻先生声音激动了)(闻一多《最后一次的讲演》)

"所有时间里的事物,都永远不会回来了。你的昨天过去,它就永远变成昨天,你不能再回到昨天。爸爸以前也和你一样小,现在也不能回到你这么小的童年了;有一天你会长大,你会像外祖母一样老;有一天你度过了你的时间,就永远不会回来了。"爸爸说。

我曾见过北京什刹海拂地的绿杨,脱不了鹅黄的底子,似乎太淡了。我又曾见过杭州虎跑寺近旁高峻而深密的"绿壁"。丛叠着无穷的碧草与绿叶的,那又似乎太浓了。其余呢,西湖的波太明了,秦淮河的也太暗了。可爱的,我将什么来比拟你呢?我怎么比拟得出呢?大约潭是很深的,故能蕴蓄着这样奇异的绿,仿佛蔚蓝的天融了一块在里面似的,这才这般的鲜润啊。

**(二)停连**

停连,即停顿和连接。首先说说停顿。无论从朗读者或听者哪一方面说,都有生理上的原因,不可能一口气说完一件事,也不可能一口气朗读完一篇作品,中间要换气,要调节气息。但停顿更主要的是心理上的需要,为了清楚、完整、准确地表达文章的内容或鲜明地突出某种思想感情。从听者方面来说,生理上耳鼓接受刺激的过程,需要声音的间断和变化。从心理上来说,听者在听清楚、听明白的基础上更希望能够把握文章的思想感情,并从中受到启发。因此,停连是朗读者表情达意的语言技巧之一。停顿用"/"、"//"、"///"表示。

**1. 停顿的作用**

(1)停顿是朗读者调节气息的需要和结果。

(2)停顿是准确、鲜明、生动地表达语言内容的需要,并可以显示语句的脉络。

(3)适当的停连还可以控制语速,调整语句的节奏,造成抑扬顿挫的旋律美感。
(4)适当的停连可让听者进行及时的思考、消化、回味,从而更清楚地理解文意。
下面一段话你能一口气读完吗?

节日期间,供应品种有红、黄香蕉苹果,鸭梨,酥梨,瓢梨,京白梨,子母梨,雪花梨,胎黄梨;还有哈密瓜,伽师瓜,白兰瓜,黄金瓜,西瓜,鲜桃,葡萄,海棠,红果,石榴,沙果,香果,猕猴桃,菠萝,柠檬,杨桃,柚子,椰子,龙眼等50多个品种。

可见调节气息需要停顿。
朗读下面语段你会怎么停顿?

行路人等不得在此大小便。
杀他不得留。
最贵的一张值八百元。
下雨天留客天天留我不留。
无鸡鸭亦可无鱼肉亦可唯青菜豆腐不可少不得分文。

朗读者要准确清楚地表达语意、听者要准确清楚地理解语意需要停顿。

**2. 停顿的种类**

停顿的种类主要有语法停顿、逻辑停顿、感情停顿。

1)语法停顿

为了表现语法单位之间的语法关系所作的不同的语法单位层级,停顿层级也是不同的,语法单位层级和停顿层级在书面上会体现为标点符号和段落章节的划分上。">"表示"停顿时间长于"。一般来说,它们之间的关系可以如下示意。

标点符号与停顿的关系:
句号、问号、感叹号>分号、冒号> 逗号>顿号
段落、章节与停顿的关系:
段落、章节>句号、问号、感叹号
朗读下面一段作品,体会标点符号的停顿:

夕阳落山不久,西方的天空,还燃烧着一片橘红色的晚霞。大海,也被这霞光染成了红色,而且比天空的景色更要壮观。因为它是活动的,每当一排排波浪涌起的时候,那映照在浪峰上的霞光,又红又亮,简直就像一片片霍霍燃烧着的火焰,闪烁着,消失了。而后面的一排,又闪烁着,滚动着,涌了过来。(普通话水平测试12号朗读作品。)

2)强调停顿

为了强调某一事物或突出某种语意所做的停顿。
强调停顿的特点是没有固定的位置,因文而异,因人而异,由说话人的意图而定。但要自然、合理、恰当,不能破坏意群的完整。请把它读出来。

我同意他也同意你怎么样?

内塔尼亚/胡说

我们的祖国/是一个伟大的国家。(快读)

我们的/祖国///是一个//伟大的/国家。(慢读)

内塔尼亚胡/说

玩//警察抓小偷的/游戏。

他说不下去了。

二乘以三加五等于多少?

3)感情停顿

表达复杂而激动的感情时所做的停顿。不受语法逻辑的制约,而受感情的支配。如:

第二天早晨,这个穷苦的女孩在墙角里,两腮通红,嘴上带着微笑——她/死/了,在旧年的大年夜冻/死/了……(《卖火柴的小女孩》)

被你从你的公馆门口/一脚踢开的/那个讨钱的老太婆//现在怎么样了?(马克·吐温《竞选州长》)

有时标点符号与停顿不一致,没有标点符号的地方停顿,有标点符号的地方不停顿,后者便是连接。如:

桃树、杏树、梨树,你不让我⌒,我不让你,都开满了花赶趟儿。

欧阳海箭步飞身,⌒跑向路心,水淋淋的雨衣,⌒高高地扬向风云变色的天空,他面不改色,⌒心不跳,拼出性命把战马推离了轨道……

报菜名(贯口)原名满汉全席,早已脍炙人口,请看其中一段:

红丸子白丸子熘丸子炸丸子/南煎丸子四喜丸子鲜虾丸子鱼脯丸子、烙炸丸子豆腐丸子氽丸子//一品肉/樱桃肉马牙肉腐乳肉、红焖肉黄焖肉元宝肉坛子肉/胡肉扣肉松肉罐肉烤肉酱肉大肉白肉//红肘子白肘子/水晶肘子蜜蜡肘子烧锅肘子扒肘条//蒸羊肉烧羊肉五香羊肉酱羊肉/氽三样儿爆三样儿/烧紫盖儿炖鸭杂儿熘白杂碎/三鲜鱼翅栗子鸡/煎氽活鱼板鸭筒子鸡////好吃不好吃/好吃//爱吃不爱吃/爱吃//想吃不想吃/想吃//想吃啊我没钱。

表演"贯口",要求吐字清晰,语言流畅,情绪饱满而连贯,语气轻重而适当,快而不乱,慢而不断,犹如断线珍珠,一气呵成。其中最主要的技巧,就是气口。气口也就是缓气的要领。只有运用好气口,朗读起贯口来,才能有节奏感。贯口的节奏感必须明确,特别到速度快的时候,要做到快而不乱,不管多快,吐字也得清楚。

(三)语速

语速指说话时吐字的快慢,也就是指语言外在的速度。语速与停连有着密切的关系。决定语速的有:

(1)急剧变化发展的场面宜用快读;平静、严肃的场面宜用慢读。

(2)紧张、焦急、慌乱、热烈、欢畅的心情宜用快读;沉重、悲痛、缅怀、悼念、失望的心情宜用慢读。

(3)辩论、争吵、急呼,宜用快读;闲谈、絮语,宜用慢读。

(4)作者的抨击、斥责、控诉、雄辩,宜用快读;一般的记叙、说明、追忆,宜用慢读。

朗读下面片断,注意语速:

  她猛然喊了一声脖子上的钻石项链没有了。她丈夫已经脱了一半衣服,就问:"什么事情?"她吓昏了,转身向着他说:"我……我……我丢了伏来士洁夫人的项链了。"他惊慌失措地直起身子,说:"什么!……怎么啦?……哪儿会有这样的事!"

(莫泊桑《项链》)

  在一个深夜里,我站在客栈的院子中,周围是堆着破烂的什物;人们都睡觉了,连我的女人和孩子。我沉重地感到我失去了很好的朋友,中国失掉了很好的青年,我在悲愤中沉静下去了,然而积习却从沉静中抬起头来,凑成了这样的几句:

  惯于长夜过春时,挈妇将雏鬓有丝。

  梦里依稀慈母泪,城头变幻大王旗。

  忍看朋辈成新鬼,怒向刀丛觅小诗。

  吟罢低眉无写处,月光如水照缁衣。

(鲁迅《为了忘却的记念》)

  一阵狂风卷过,寒气阵阵袭来,矗立在签子门边的余新江浑身发冷,禁不住颤抖了一下,屋瓦上响起了"哗哗哗"的声音,击打在人的心上。"是暴雨?"这声音比暴雨更响,更加嘈杂,更加猛烈。"冰雹!"余新江听见有人悄声喊着,他也侧耳听那屋瓦上的响声。在沉静的寒气里,在劈打屋顶的冰雹急响中,忽然听出一种隆隆的轰鸣。这声音夹杂在冰雹之中,时大时小。余新江渐渐想起,刚才在冰雹之前的狂风呼啸中,似乎也曾听到这种响声,只是不如现在这样清晰,这样接近;因为他专注地观察敌人,所以未曾引起注意。这隆隆的轰鸣,是风雪中的雷声么?余新江暗自猜想着:在这隆冬季节,不该出现雷鸣啊! 难道是敌人爆破工厂,毁灭山城么? 忽然,余新江冰冷的脸上,露出狂喜,他的手里激动得冒出了汗水。他忽然一转身,面对着全室的人,眼里不可抑制地涌出滚烫的泪水。"听! 炮声,解放军的炮声!"

(罗广斌、杨益言《红岩》)

## (四)语气

  "语"是通过声音表现出来的"话语","气"是支撑声音表现出来的话语的"气息状态"。语气的三要素是情、气、声,它们之间的关系是:喜则气满声高,悲则气沉声缓;爱则气缓声柔,憎则气足声硬;急则气短声促,冷则气少声淡;惧则气提声抖,怒则气粗声重;疑则气细声黏,静则气舒声平。

### 1. 喜悦——气满声高

如《观潮》:

  我们踮着脚往东望去,江面还是风平浪静,看不出有什么变化。过了一会儿,响声越来越大,只见东边水天相接的地方出现了一条白线,人群又沸腾起来。那条白线很快地向我们移来,逐渐拉长、变粗,横贯江面。再近些,只见白浪翻滚,形成一道两丈多高的白色城墙。浪潮越来越近,犹如千万匹白色战马齐头并进,浩浩荡荡地飞奔而来;那声音如同山崩地裂,好像大地都被震得颤动起来。

这段文字表现在人们久等之后,出现潮由远及近的壮观,要吸足气,高声朗读,读出人们见到大潮时喜悦、兴奋之情。

### 2. 悲伤——气沉声缓

如《十里长街送总理》:

夜幕开始降下来。几辆前导车过去以后,总理的灵车缓缓地开来了。灵车四周挂着黑色和黄色的挽幛,上面装饰着大白花,庄严、肃穆。人们心情沉痛,目光随着灵车移动。

这段写灵车开来的文字,朗读时吐气要缓慢,声音低而深沉,这样才会让人感受到失去总理的悲痛之情。

### 3. 赞美——气缓声柔

如《南京长江大桥》:

清晨,我来到南京长江大桥。今天的天气格外好,万里碧空飘着朵朵白云。大桥在明媚的阳光下,显得十分壮丽。波浪滚滚的江水中,9个巨大的桥墩稳稳地托住桥身。正桥连接着22孔引桥,仿佛一条钢铁巨龙卧在大江上面。大桥分两层,底下一层是火车道,铺着双轨,上面一层是公路,公路两边是人行道。宽阔的公路上,行人车辆穿梭似的来来往往。

这段文字由远及近看大桥,朗读时送气要平缓而匀,声音要柔和,以表达出作者对南京长江大桥的赞美之情。

### 4. 焦急——气短声促

如《手术台就是阵地》:

一连几发炮弹落在小庙的周围。庙的一角落下了许多瓦片。挂在门口的布帘烧着了,火苗向手术台扑过来。助手们赶忙把火扑灭。担架队抬起做过手术的伤员,迅速向后方转移。白求恩仍然争分夺秒地给伤员做手术,做了一个又一个。

这部分描写敌机轰炸,环境越来越危急,朗读时用气断而不连,声速急促,这样才能反映出人们为白求恩生命安全担忧的焦急心情。

### 5. 发怒——气粗声重

如《"你们想错了"》:

赶快将钱拿出来,不然就是一炸弹,把你炸死去!

这是敌人在方志敏身上什么都没搜到,气疯了,威吓方志敏的几句话,朗读时送气要粗,声音要重,这样才能把敌人恼羞成怒的丑态活现在人们的眼前。

### 6. 愤恨——气足声硬

如《圆明园的毁灭》:

1860年10月6日,英法联军侵入北京,闯进圆明园。他们把园内凡是能拿走的东西,统统掠走;拿不动的,就用大车和牲口搬运;实在运不走的,就任意破坏、毁掉。为了销毁罪证,10月18日和19日,三千多名侵略者奉命在园内放火。大火连烧三天,烟云笼罩了整个北京城。我国这一园林艺术的瑰宝、建筑艺术的精华,就这样化成了一片灰烬。

这段文字写英法联军入侵北京、毁灭圆明园,朗读时要吸足气,发音铿锵有力,表达出对侵略者的愤恨之情。

**7. 陶醉——气舒声平**

如《瀑布》:

　　透过树的缝隙,便看到一道瀑布悬挂在岩壁上,上面折为三叠,好像一匹宽幅白练正从织布机上泻下来。那"哗哗"的水声便成了千万架织布机的大合奏。

这段文字描写瀑布声、色、形的语句,如诗如画,朗读时轻轻送气,声音平稳稍慢,听来使人浮想联翩、陶醉其中。

不同的语气可以表达出不同的情感,只要平时好好体会,一定还会总结出许多种使用"语气"的方法,把文章读得更加有感情。

综合练习:朗读下面句子,体会语气和情感。

哎呀,这下子可好了。(喜悦)

鬼子真是坏透了。(愤恨)

他这位才华横溢的作家死得太早了。(叹息)

这一仗打得真漂亮啊!(赞叹)

哦!我终于弄明白了。(醒悟)

呸!你这个无耻的叛徒!(鄙视)

啊,汽车,扎起白花,人们,黑纱缠臂。

广场——如此肃穆,

长街——如此沉寂。

残阳如血呵,

映着天安门前——

低垂的冬云,半落的红旗……

车队像一条河,

缓缓地流在深冬的风里……

长街静穆,万民伫立,

一颗心——一片翻腾的大海,

一双眼——一道冲决的大堤。

多少人喊着你,扑向灵车;

多少人跑向你,献上花束和敬礼。(悲伤)

## （五）句调

句调是指整个句子的语音高低升降变化。作用是表达不同的语气和语意。句调的种类有平调(→)、升调(↗)、降调(↘)、曲折调(～)。如：

你好→。（平调，表示客观的认可）

你好↗?（升调，表示怀疑）

你好↘!（降调，表示肯定、赞赏）

你好～!（曲折调，表示讽刺、挖苦）

### 1. 平调

河北省赵县的洨河上，有一座世界闻名的石拱桥，叫安济桥，也叫赵州桥。→（叙述、说明）

你爱怎么干就怎么干吧→。（冷淡）

这个问题，我再想想→。（思索、迟疑）

烈士们的英明和业绩将永垂不朽→!（严肃）

### 2. 升调

他来了↗?（疑问）

你不怕丢脸↗?（反诘）

草屋竟然变成了楼房↗!（惊异）

都别动↗!（命令）

大家赶快行动起来吧↗!（号召）

### 3. 降调

你说得确实没错↘。（肯定）

东风来了，春天的脚步近了↘。（坚信）

多可爱的孩子啊↘!（感叹）

你就别说了↘!（请求）

可以，你就明天来吧↘。（允许）

白杨树实在是不平凡的，我赞美白杨树↘!（赞美）

### 4. 曲调

你好～，你比谁都好。（讽刺、怀疑）

啊～? 这次我又输了!（意外）

什么～? 他来啦?

啊～? 会有这种事?（意外、惊奇）

杨子荣：崔旅长，联络图一到手，这牡丹江一带可都是我们的啦～!（双关）

综合练习：

你问我? 难道你看不出我是这里的下士吗↗?

小姐，您是哪国人? 喜欢渥太华吗? ↗

爸听了便叫嚷道："你以为这是什么车? 旅游车～?"

"请耐心等上几分钟，"卡廷说，"瞧，我正在削一支柳笛，差不多就要做好了，完工后就送给你吧！↘"

如果将来我有什么要教给我的孩子，我会告诉他：假若你一直和时间赛跑，你就可以成功↘。

读小学的时候，我的外祖母去世了→。

## 三、朗读时的特殊技巧

朗读时的特殊技巧是一种使言语更富有感情色彩的用气方法。正如说话时的技巧可有效地促进人际关系的发展一样，用气技巧的高低，直接影响到思想情感准确生动的表达。气息用得好，对增加言语色彩的浓度、情感表达的深度都能起到很好的作用。用气技巧主要包括气音、抽气、喷口、托气、笑语、颤音、模拟等几种，以下分别说明。

### （一）气音

气音指渲染言语中感叹、赞叹、悲叹、惊叹、咏叹等有关"叹"的色彩的一种修饰用气。它可以增强紧张等特殊情境中的气氛。运用气音的方法是：吸气时放慢速度，加强深度，吐字时，除实音外，可伴随一定的气音、虚音，将气很舒展地呼出。如下面三例：

革命正在胜利前进，红色根据地正在蓬勃发展。机会主义者却把革命的航船引入了歧路，人民的事业又面临着巨大的危险。

抗战8年，蒋介石躲在峨眉山，日本侵略者刚刚投降，这个卖国贼就疯狂地发动了全面内战。

我死了，化作老山上白云悠悠，死，也搂着祖国的山峰不肯放手！

加点的词，如果用气音来读，效果就非常生动。

### （二）抽气

抽气指渲染言语骤然紧张的气氛，表现人物异常激动心情的一种修饰用气。抽气的方法：吸气时有意识地吸出声来，要使听众有一种气息很重、很强的感觉。如：

不幸的人啊！你爱凡兰蒂（抽气）——爱那个该死家族的女儿！

这里运用抽气技巧，就是要充分体现基度山对那"该死家族"的痛恨，显现他那如汹涌波涛似的激动心情。

孔乙己便涨红了脸，额上的青筋条条绽出争辩说：（抽气）"窃书不能算偷……（抽气）窃书！……（抽气）读书人的事，（抽气）能算偷吗？"

这里几次使用抽气方法，是为了将孔乙己的精神状态体现出来；另外也可表现孔乙己由于深受封建科举制度毒害，被摧残糟蹋成了一个弱不禁风、气息虚浅的病鬼模样。

## （三）喷口

喷口指言语者无法控制自己激动的心情，而需要突然爆发的一种修饰用气。运用喷口的方法是：先将口腔里的气息蓄足，而后忽然很有力量地喷射而出。运用喷口技巧可大大加强言语的力度，强化感情色彩。如：

  死去原知万事空，但悲∧不见九州同。王师北定中原日，家祭无忘告乃翁。诗中写出陆游收复中原的壮志未酬。

这里的停顿之后吸足气（∧吸气符号），然后有力地喷出"不见"二字，喷泄出悲愤的感情。

## （四）托气

托气指在言语过程中，极力控制某种情感的一种修饰用气。运用托气的方法是：在吸气时，有意识将气息控制住，然后慢慢用气息将言语托出。如：

  部队集合了。妇女们打开竹篮，分赠着礼物。孩子们爬上大炮，把红叶插上炮口。小吉普也被无数的彩纸条和成串的花纸缠成了花束。阿妈妮们、孩子们、姑娘们，他们在做这些事情的时候，统统没有哭。昨天晚上，战士们告诉他们说不要哭。村里干部们也告诉说，为了不使志愿军难过，让他们不要哭（托气）。他们很听话（托气），他们真的制止住了，（托气）在做这些事情的时候（托气）统统没有哭。

朗诵到后面几处就需用托气技巧：少吸气，控制住，以较均匀的不多的气息慢慢将后面言语托出，音量不要大，略感有些憋气。这样利用托气的方法，就可有效地渲染出气氛，更好地体现出朝鲜人民以极大力量控制着自己对志愿军的随时将要爆发的惜别之情。

## （五）笑语

笑语指带有弹动的一种特殊用气方法。运用笑语的方法是：口腔、喉、胸要放松，小腹膈肌来弹动，气息直射打软腭，随之发出"哈"、"哼"、"嘿"等笑语，以表示快乐或讥讽、嘲笑、鄙视、蔑视等。如：

  啊，1976年，万众欢呼的10月！爆竹声声相连，锣鼓阵阵相接……（带笑）不是国庆的国庆响，不是过节的过节。

后两句用带笑的语调念出，有助于渲染欢乐的情绪。

  （笑）哈哈哈，这是何等可悲可笑！何等的不自量力！何等的枉费心机！

这是表达蔑视鄙视的感情，发"哈"时，应让人们听到对敌人犀利的嘲笑声。

## （六）颤音

颤音指带有颤抖的一种特殊用气方法。运用颤音的方法是：吸气犹如在抖气，呼气同样要战栗，小腹软腭部位都痉挛。这种用气的方法可表现异常激动，十分悲痛、委屈、难过等心情。这种颤抖声是在有真挚感受的基础上内在感情的真实流露。如《高山下的花环》：

> 过了一大会儿，我们才轻轻走近梁三喜的坟前，只见玉秀把头伏在坟上，周身战栗着，在无声悲泣……
> 
> "小韩，你……（颤音）哭吧，哭出声来……"我呜咽着说，"那样，你会好受些……"
> 
> 玉秀闻声缓缓从坟上爬起来："指导员，没……（颤音）没啥，俺觉得在屋里闷……（颤音）得慌……"她抬起袖子擦了擦泪莹莹的脸，"没啥，俺和婆婆快回家了，俺……（颤音）俺想起来坟上看看……"

第一次颤音，要表现指导员呜咽时的言语，要强化强忍着的激动情感，在叫出"小韩"后，在向里抽气时，腹肌与横膈膜紧张地颤动起来，发出有节奏短促的颤音；然后呼气时与上相同，使呼气声也发出颤抖声。当气没有呼尽时，突然刹住，屏住不呼也不吸，稍停，然后用剩余气息发"你"，随即感到气息不够，再颤抖着吸气，再说出："哭吧，哭出声来……"这种颤音是双方极力控制着自己万分悲痛的心情，每句话都是在饮泣中进行的。

> 看看我们脚下这片土地吧！这才是我们自己（颤音）的土地！她给予我们的是太多太多，而我们给予她的却是太少太少（颤音）。她的贫乏是我的不是，你的不是，他的不是……当我们明白了这一点，我们就会扑倒在她的怀里，深情地喊一声"妈妈"（颤音），又怎（颤音）舍得离开她呢？

在朗读中，若能注意其中几处颤音，就可更好地表达对祖国的热爱和内疚的强烈感情，加强文章的感染力。需要注意的是，在运用这种技巧时，既要注意情感的表达，也要注意言语的清晰度。不能只听到颤抖，而听不到声音。

（七）模拟

模拟，即仿效、模仿。就是以情带声地模仿各种音响和腔调。这样可以启发听众的联想，提高效果，增强生动性，给听众以形象逼真的感觉。但要注意保持自己的音色，即声音的个性；还要注意如要转述高声呼喊的话或一种动物可怕的叫喊声时，可用略带夸张的声音，传达出那种情境就行了。

比如，文艺广播中，模拟某人转述一位姑娘在敌人就要到来之际，紧急向全村报信的呼喊声：

> 哪里来这么大的力量，雷声也没这样响亮："来——了——，来——了——！"这声音响遍了全庄。

再比如，对反面人物的讲话腔调，也是用模拟法来刻画的，在读带有引号部分的时候，可以有意识地"模拟"特殊人物的语言：

> 听话会反听，精怪现原形。她说是："一个普通的党员。"他说是："一个小小老百姓。"

以艾青的《我爱这土地》为例，综合运用朗读技巧。（句中加"·"表示重音）

假如/我是一只鸟，（平静舒缓地，欲扬先抑）

我也应该/用嘶哑的喉咙/歌/唱:
这被暴风雨/所打击着的土地,(语速较快,沉郁、悲壮)
这永远汹涌着我们的悲愤的河流,("悲愤"似喷出,语速快)
这无休止地吹刮着的激怒的风,(快速,连续重音)
和那/来自林间的(轻柔,充满希冀地)
无比温柔的/黎/明……(重音轻读)
——然后我死了,(平静地,稍快速)
连羽毛/也腐烂在土地里面。(下坡型,音高渐弱)
为什么我的眼里常含着/泪/水?(音调低,"泪水"颤音)
因为/我对这土地/爱得/深沉……("爱"泣诉状,"深沉"一字一顿)

## 第三节　不同体裁文章的诵读

### 一、诗歌朗读

诗歌是最适合朗诵的作品。因为诗歌节奏规整,本身就具备音乐性;诗歌又押韵,朗朗上口,特别是古代诗歌还讲究平仄,使字音在长短方面交错出现,体现了统一之中有变化。所以在古时候诗都是可以唱的。然而,诗歌虽然有优越的朗读先天条件,却也并不是随随便便就可以朗读好的。我们常常会听到有些人朗读诗歌时矫揉造作、平淡乏味、不得要领、千篇一律。所以,我们有必要研究一下诗歌朗读的技巧问题。

(一)诗歌朗读技巧

**1. 了解作品产生的背景和作品的主要思想**

无论是哪一类文学样式,古今中外任何一个文学作品,都蕴含着作者的某一种思想,"凡为文以意为主"(杜牧《答庄充书》),"意"是作品的"灵魂"。无疑,要想准确地表达出作品中的"意",就必须有一个对作品深刻理解的过程。比如吟诵杜甫的"三吏"和"三别",就必须先了解"安史之乱",战争给社会、给人民的生活造成了极大的痛苦和动荡,当然也让杜甫亲身尝到了颠沛流离的悲愁。唐朝统治者在大难当头时,把战争带来的苦难一股脑推给人民。然而,唐朝统治者的昏庸与叛贼谋乱、造成动荡毕竟有主次之别。社会现实的这一对对矛盾,构成了作者在作品中所表现出来的复杂的两种心态:既怨恨唐王朝,揭露了统治集团不顾人民死活的罪恶,却又终究咬紧牙关,含着眼泪,旗帜鲜明地肯定平叛,劝慰鼓励人民"努力事戎行"。试想,如果不了解这些背景材料,如何准确地吟诵出作者或作品的"意"来呢?

再如,杜牧的《早雁》:

金河秋半房弦开,云外惊飞四散哀。
仙掌月明孤影过,长门灯暗数声来。

须知胡骑纷纷在,岂逐春风一一回。

莫厌潇湘少人处,水多菰米岸莓苔。

这首诗句面上是在同情、关心大雁由于"胡虏"挽弓射猎而流离失所,无家可归,而句面深处既寄托了对人民群众的深情,又饱含了对战争挑起者的仇恨,还隐含着对当时皇室的讽刺。

这首诗写于唐武宗会昌年间。会昌二年(842)八月,北方少数民族向南骚扰,北方边地各民族人民背井离乡,四处逃难。当时诗人任黄州刺史,听到了这个消息,对边地人民群众的苦难命运表示了深深的关注。八月正是大雁始飞南方的季节,目送群雁南飞的情景,定有不少感怀,于是采用了比兴象征的手法,托物寓意,表达了上述主题。

试想,如果不明白这首诗的主题,又怎能正确地吟诵出作品的"意"来呢?

**2. 了解作者的性格、作品的风格、作品的谋篇布局**

读李白的《梦游天姥吟留别》,就必须了解李白的豪放和浪漫。李白是一位天马行空的豪侠诗人,从小就喜欢剑术,又好神仙。他倜傥不羁、追求自由的性格,使他发出了强烈的蔑视权贵的呼喊:"安能摧眉折腰事权贵,使我不得开心颜!"他那大胆丰富的想象为我们虚构了一个迷离飘忽、神秘莫测的梦境;诗人在梦中会飞、能驾雾腾云;既听到猿啼,又闻鸡鸣、熊咆、龙吟;更看到电闪雷鸣,山崩洞裂,仙人以云霓为衣裳,随风飘然而下……这里有历史故事,有神话传说,想象是何等的奇特。而全诗一开头,即开门见山、直言直语、极度的夸张,与他的性格完全一致。试想,如果不熟悉李白的个性和风格,又怎能准确地吟诵出作品的"意"来呢?

**3. 了解作品意义,定准作品的基调**

我们在深刻理解作品的"意",深入体验作品的"情"之后,再要做的事就是定准吟诵的基调。如,岳飞《满江红》:

怒发冲冠,凭栏处、潇潇雨歇。

抬望眼,仰天长啸,壮怀激烈。

三十功名尘与土,八千里路云和月。

莫等闲、白了少年头,空悲切。

靖康耻,犹未雪。

臣子恨,何时灭!

驾长车,踏破贺兰山缺。

壮志饥餐胡虏肉,笑谈渴饮匈奴血。

待从头收拾旧山河,朝天阙。

这是一首向来以忠愤著称,洋溢着爱国主义激情的词篇。通篇言词壮烈,感情豪迈,热血满腔,气贯长虹,表现了要求报仇雪恨、收复河山的雄心壮志。因此吟诵这首词无疑要声调高昂激越,声音厚实饱满,气息充实酣畅,语速中等偏快,才能表达出词人的愤怒和壮志壮怀。

岳飞的另一首爱国主义词篇《小重山》,基调就不一样了。

昨夜寒蛩不住鸣。惊回千里梦,已三更。
起来独自绕阶行。人悄悄,帘外月胧明。
白首为功名。旧山松竹老,阻归程。
欲将心事付瑶琴。知音少,弦断有谁听?

岳飞抗金的壮怀常受到奸佞的阻挠,有志难酬,知音难觅,心中感到沉郁、苦闷,整首词诗人上片写景,下片抒怀,表现了一种凄怆、孤寂的情怀。吟诵这首词,声不能高,音比较虚,调比较平,气也无需太足,语速较缓,相比《满江红》整个基调应低沉得多,却不应表现为词人消沉的情绪。总体上这首词应显得含蓄蕴藉,意旨绵邈才对。

基调是从作品整体的感情色彩确定的,并不排斥作品某一个句子、某一个词的声音、气息、情绪的变化。特别是篇幅较大的作品,某一个局部有可能含有相对独立的小基调,这是允许存在的,只要处理协调,不仅不会影响总的基调,反而会使总基调显得更丰满,因为人的感情是复杂多变、富有一定层次的,是立体的、多元的,只要我们仔细阅读这些作品,就很容易发现这一点,如果不依据作品的思想感情变化而变化,简单硬套,反而会破坏作品吟诵的艺术效果。

**4. 展示诗歌的韵律**

展示诗词语言本身的韵律,会给人以音乐的美感。

如何来展示诗歌的韵律呢?我们认为其音乐性首先体现在音顿的疏密、音尾的长短、音高的抑扬、音量的强弱等几个方面,朗读时应该有所变化。

疏密对比,无论古诗还是新诗,在字与字、词与词之间的停连,在朗读时应该有一定的对比。五律或五绝一般是二三分,即前两个字为一顿,后三个字为一顿,前疏后密,形成对比,产生变化。七律或七绝一般是四三分,即前面四个字为一顿,后面三个字为一顿。唐代的古体诗与汉魏六朝诗一样,五言一般也为二三分,七言一般也为四三分。

至于归入七言的一些每句字数不等的杂言诗,一般仍按五七言处理,若有其他字数的情况,可根据意义单位,参照上下句音顿的多少确定。

五律或五绝、五古二三分,其中三字一顿也可再细分为二一或一二。如:

杜甫《春望》
(五律)
国破/山河/在,
城春/草木/深,
感时/花//溅泪,
恨别/鸟//惊心。

杜甫《望岳》(节选)
(五古)
会当//凌/绝顶,
一览//众山/小。

七律或七绝、七古四三分,其中四字一顿也可再细分为二二,再三字一顿也可再细分为二一或一二。如：

《酬乐天扬州初逢席上见赠》
(刘禹锡)
沉舟/侧畔//千帆/过，
病树/前头//万木/春。
今日/听君//歌/一曲，
暂凭/杯酒//长/精神。

《琵琶行》
(白居易)
转轴/拨弦//三两/声，
未成/曲调//先/有情。

以上说的都是一般的疏密对比，实际在朗读中如果情感需要，打破这些疏密规律，即兴重新组合诗句的疏密对比也是完全可以的，只要情感到位、意念不断、技巧到家，反而会取得意想不到的艺术效果。

诗歌停顿应区别于他文体的作品。一般来说，最好能做到"意不断，音也相连"，即可通过延长韵尾的手段处理音顿，整个语流不要出现阻塞、凝滞，否则将缺少韵味。

朗读诗歌时，韵脚万万不可一带而过，而应该在归音时特别到位，要读得清晰、圆润、响亮一些，让人充分感受到韵律的和谐优美。另外，既是反复出现，朗读时在意念上前后韵脚的字和音就应该有所照应，在语音形式上来个"一咏三叹"，不要让这些押韵的字一个个成了散兵游勇似的，而应该让它们连成线、形成片、抱成团，使它们成为一个"家族"。

总之，有参差之处，力求变化；有齐整之处，力求统一；有反复之处，力求照应。然而这一切韵律上的追求，都要以作品的思想内容为依据，做到"声显于外而应于意"。

现代诗歌不像古典诗歌那样严格。它的句数、字数、平仄、句子的长短等，均可依表情达意的需要"自由"确定。但现代诗歌同样要讲究意境、韵律、语节等。诵读时应该深入意境，因境抒情，把握节奏，读出现代诗的"精神与形体的调和美"。

(二)诗歌朗诵技巧综合实例分析

学习诗歌，朗诵是必不可少的环节，要朗诵好一首诗，就必须掌握朗诵技巧，如音调的高低、音量的大小、声音的强弱、速度的快慢，有对比、有起伏、有变化，使整个朗诵犹如一曲优美的乐章。

下面举三个例子综合来看诗歌朗诵的技巧。

1.《春晓》(孟浩然)

这是一首格律诗，朗诵这首诗时，应该注意每个字都要吐音清晰，淌出诗的节奏。每行诗句都可处理为三处停顿：

春眠//不觉/晓，
处处//闻/啼鸟。

夜来//风雨/声,
花落//知/多少。

念到"晓、鸟、少"时,字音要适当延长,略带吟诵的味道,使听众能感觉出诗的音韵美和节奏感。

前两句是写诗人早上醒来后看到的景物,朗诵时要用柔和、舒缓的语调,音量不要过大。"鸟"字的尾音可稍向上扬,表现出诗人见到的是春光明媚、鸟语花香的明朗景象。后两句写诗人想起昨天夜里又刮风又下雨,不知园子里的花被打落了多少。在读"花落知多少"时,要想象出落花满园的景象。可重读"落"字,再逐渐减轻"知多少"三个字的音量,表现出诗人对落花的惋惜心情。

**2.《我的"自白"书》陈然**

任/脚下//响着/沉重的铁镣,
任你//把皮鞭/举得高高,
我//不需要/什么自白,
哪怕/胸口//对着/带血的刺刀!
人,不能低下/高贵的头,
只有/怕死鬼/才乞求"自由";
毒刑拷打//算得了什么?
死亡//也无法/叫我开口!
对着死亡//我/放声大笑,
魔鬼的宫殿//在笑声中/动摇;
这就是我——一个/共产党员/的自白,
高唱凯歌//埋葬/蒋—家—王—朝——!(加点字重读)

这是陈然同志被捕以后在特务们逼迫他写自白书时写的。这首诗既是一个共产党员崇高内心世界的真实写照,又是对蒋家王朝必然灭亡的庄严宣判。全诗感情真挚,充满了激情,充分表现了先烈坚定的革命信念和大义凛然的革命气节。我们在朗诵这首诗的时候,要表现出作者视死如归的英雄气概和对敌人极端蔑视的口气,语调要高昂有力。

第一节,两个"任"字表现了革命先烈不怕敌人毒刑拷打的坚强意志,要读得重些:"不需要"三个字的语气是坚定的——"哪怕胸口对着带血的刺刀!"这个反问句,表示强调肯定的语气,"血"字的尾音要稍微拖长,并且往下降,表现出对敌人残酷屠杀的轻蔑。

第二节,"人"和"怕死鬼"形成对比,要读得稍重:"自白"的尾音要拖长,表示出是所谓的自白的意思:"毒刑拷打算得了什么?"一句要读出反问的语气。

第三节,是全诗的高潮,朗诵时要感情奔放、语调昂扬,要表现出共产党人誓与敌人斗争到底的英雄气概和坚信革命必胜的乐观主义精神。

如果我们能领会诗的意境,就能深刻感受作者坚贞不屈的英雄气概,激起我们与诗的内容相应的感情,再恰当地掌握重音和停顿,朗诵时就会感情充沛、节奏鲜明,使听众受到强烈的感染。

**3.《向日葵》**

不知太阳上,有啥秘密,

引逗得你哟,那么好奇?

白天仰着脸——瞧呀,瞅呀,

夜晚低着头——思来,想去……

这是一首儿童歌谣诗,这首诗的想象很新颖、奇特,能充分展现少年儿童聪慧敏捷的思维特点,因而充满纯真稚嫩的儿童情趣。这首诗开始就把向日葵拟人化了。由"我"向它提出一个十分有趣的问题,既是"我"的疑问,也会引起小听众认真的思索。朗诵这两句时,速度不能太快,要注意自然停顿,以引起小听众的思考。

"不知/太阳上/有啥/秘密",这一句重音应落在"不知"、"秘密"上,"知"和"啥"两个字的尾音可以适当拖长。第二句要强调"好奇",需加重语气,"奇"字的尾音要渐弱。第三句可以结合儿童的天真、顽皮表现出来,语调轻快,头部、眼神可适当转动。最后一句要和第三句形成鲜明对比,速度放慢,语调轻缓,注意停顿,给小听众留下联想和回味的余地。

总之,朗诵诗歌时,要注意节奏鲜明,并根据作品的基本节奏采取相应的速度。该轻快的要朗诵得轻快些,该沉重的要朗诵得沉稳、稍慢些。就一首诗来说,朗诵速度也不是固定不变的,而是要根据表现作品内容的需要来决定,并具有一定的变化。

## 二、散文朗读

散文,可以泛指韵文以外所有的文章,包括小说和议论文;但是也可以特指以抒发作者个人感受为主的文章。一般把这后一类散文称为"抒情散文"。用作诵读材料的散文多半属于这一类。

散文总是从作者主观视点来观察世界万物,从中有所感悟,于是有感而发,抒发自己的感想。读散文,听散文,似乎是跟着作者去看去想,最终和作者想到一块儿去。因为是一个看、想、感悟的过程,所以散文朗诵的基调是平缓的。没有太大的起伏;即使是在作品的高潮,也不会像演讲那样慷慨激昂。在朗诵时要用中等的速度、柔和的音色,一般用拉长而不用加重的方法来处理强调重音。

散文虽然不像诗歌那样有规整的节奏和严格的韵律,但是也讲究节奏和韵律美。散文的局部和某些句子也有对称结构。例如"风,轻悄悄的;草,软绵绵的"。在朗读时,我们可以用相同的语调来读这对语句,使文中的韵律美表现出来。

散文也有不同的类型。有的散文以抒情为主,不写人和事。例如朱自清先生著名的散文《荷塘月色》、《匆匆》,都是在抒发作者的感受。有的文章中虽然也会出现一些事物,但是这些事物都是虚写而不是实写的,是概括而不是具体的。例如朱自清先生在著名的散文《春》中描写春天,赞美春天,发出"一年之计在于春"的感想,从而激发了对生活的热爱。基调是热情、愉快的。我们应该用明朗、甜美的声音去读。在文章中虽然有山有水、有花有鸟,还有人,但是这些都不是具体的某一个人。我们在朗读这一类型的散文时,完全可以用作者的感受为线索。朗诵《春》时,一开始是一种殷切期盼的情感,在朗读"山,朗润起来了;水,涨起来了;太阳的脸,红起来了"时,要把三个层次读出来,把春天越来越近,人们越来越欣喜的心情读出来。中间的部分,从各个方面描写春天,也表现了作者对春天的热爱。我们可以用减低速度、降低音量的方法把描写和抒情区别开来。最后的三小节,用娃娃、姑娘、青年来比喻春天,体现了人们对新的一年的憧憬和希望,情绪也随之转向高昂。音量、语速也应随之步步提高。

另外一种类型的散文稍有不同。这些散文中穿插着一些人和事。有时,正是这些人和事给了作者启示,由此而产生了感慨。那么我们怎样来朗读这种类型的散文呢?总体说来,我们应该把其人其事作为散文的一个组成部分而不是把它们作为一个故事来读。如:

### 一分钟(纪广洋,选自普通话测试50号朗读作品)

著名教育家班杰明曾经接到一个青年人的求救电话,并与那个向往成功、渴望指点的青年人约好了见面的时间和地点。

待那个青年如约而至时,班杰明的房门敞开着,眼前的景象却令青年人颇感意外——班杰明的房间里乱七八糟、狼藉一片。

没等青年人开口,班杰明就招呼道:"你看我这房间,太不整洁了,请你在门外等候一分钟,我收拾一下,你再进来吧。"一边说着,班杰明就轻轻地关上了房门。

不到一分钟的时间,班杰明就又打开了房门并热情地把青年人让进客厅。这时,青年人的眼前展现出另一番景象——房间内的一切已变得井然有序,而且有两杯刚刚倒好的红酒,在淡淡的香水气息里还漾着微波。

可是,没等青年人把满腹的有关人生和事业的疑难问题向班杰明讲出来,班杰明就非常客气地说道:"干杯。你可以走了。"

青年人手持酒杯一下子愣住了,既尴尬又非常遗憾地说:"可是,我……我还没向您请教呢……"

"这些……难道还不够吗?"班杰明一边微笑着,一边扫视着自己的房间,轻言细语地说,"你进来又有一分钟了"。

"一分钟……一分钟……"青年人若有所思地说:"我懂了,您让我明白了一分钟的时间可以做许多事情,可以改变许多事情的深刻道理。"

班杰明舒心地笑了。青年人把杯里的红酒一饮而尽,向班杰明连连道谢后,开心地走了。

其实,只要把握好生命的每一分钟,也就把握了理想的人生。

这篇散文从作者主观视角出发,描写著名教育家班杰明与一个年轻人见面的故事,班杰明有意创设了一个场景,让青年人从中受到启发。在文章最后,青年人顿悟,与前面的故事是一个有机组成部分。反之,前面的故事不是自由的,因为这一段故事在整个思想脉络中是作为参照物而存在的,如果游离出来,那就不存在参照对比的问题,因此也就不需要特别强调什么地方。

所以我们在朗诵时要强调的是一分钟的时间很短,却可以做很多的事情,两者之间,对比强烈,并且,青年人越是诧异,越感意外,教育意义越大,这样才能使故事成为全文的组成部分并在全文起到很好的铺垫作用,最后的感悟才会水到渠成。

## 三、记叙文朗读

"记叙"就是讲故事。讲故事最重要的就是"引人入胜",要让别人听得津津有味。怎样才能做到这一点呢?那就是:渲染气氛,交代脉络,塑造人物。

首先,说说如何渲染气氛。任何一个故事都有气氛。是轻松愉快的,还是沉重压抑的?是富有哲理的,还是幽默风趣的?不同的气氛要用不同的嗓音来表现。例如《齐白石买菜》说的是老画家想买点儿白菜,卖菜的小伙子认出了他,提出要用画来换,是轻松愉快的作品。我们要用明亮的嗓音,跳跃的节奏来朗诵。《最后一课》写的是一位教师在国家将亡之际坚持上完最后一堂母语课时的悲痛心情,气氛是庄严、沉重的。我们要用低沉的嗓音,缓慢的节奏来朗诵。这是自始至终贯穿整个作品的。

其次,说说怎样交代作品的脉络。故事总有开头、结尾,事件也总有发生、发展、高潮和结局,这就是脉络。开头用慢速,多停顿,使听众听得清楚明白。中途娓娓道来,要从容不迫;关键之处要运用重音、停顿引起听众的注意;高潮到来,要用节奏语速的变化来表现,否则就会显得平淡无奇了。

故事中如果有人物出现,就要用声音来塑造人物的形象。人们的嗓音频率跟年龄有关。所以,是读小伙子的话,就要提高频率;读老先生的话,就要降低频率。人物的喜、怒、哀、乐都可以用嗓音来表现。

下面我们用《齐白石买菜》这篇故事为例来讨论记叙文的朗读方法。

### 齐白石买菜

一天早晨,齐白石上街买菜,看见一个乡下小伙子的白菜又大又新鲜,就问:"多少钱一斤?"小伙子正要答话,仔细一看,心想,哦!这不是大画家齐白石吗?就笑了笑说:"您要白菜,不卖!"齐白石一听,不高兴地说:"那你干吗来了?"小伙子忙说:"我的白菜用画换。"齐白石明白了,看来这小伙子认出我了,就说:"用画换?可以啊,不知怎样换法?"小伙子说:"您画一棵白菜,我给你一车白菜。"齐白石不由笑出了声:"小伙子,你可吃大亏了!""不亏,您画我就换。""行。"齐白石也来了兴致:"快拿纸墨来!"小伙子买来纸墨,齐白石提笔抖腕,一幅淡雅清素的水墨《白菜图》很快就画出来了。小伙子接过画,从车上卸下白菜,拉起空车就走。齐白石忙拦住他笑笑:"这么多菜我怎么吃得完?"说着,就只拿了几棵白菜走了。

这篇故事轻松活泼,富有生活气息。因此我们可以选用自然、松弛的嗓音来朗读,完全不需要夸张。这样,故事的背景和气氛(生活中常见的菜市场)就出来了。

从故事的脉络来看。一开始是普通的问价,接着小伙子认出了老画家情况有了变化:不卖——要换。这一过程又分为以下几个小阶段:

(1) 小伙子认出:"正要答话……齐白石吗?"用低声表示内心活动。
(2) 欲擒故纵:"就笑了笑……不卖"扬声,故作冷淡。
(3) 齐不高兴:"齐白石一听……干吗来了?"声音低沉,稍重,表示老人气愤。
(4) 小伙子解释:"我的白菜用画换。"语调下抑,表示诚恳。

(5)老人明白:"齐白石……不知怎么换法"先抑后扬。
(6)商量办法:"小伙子……行"松弛自然,生活化。体现幽默风趣。
(7)画画过程:"齐白石……画出来了"高潮,声音明亮,语速快,体现一挥而就。
(8)取菜结束:"小伙子……走了"尾声,恢复平和自然的语气。

有时候我们会选择一些带有讽刺意味的小故事或古代故事,故事中穿插着古诗词,这时候,我们也不妨运用一些夸张的朗读方法。例如郑板桥吟诗退贼的故事:

清代杰出的画家、文学家郑板桥辞官回家后,两袖清风,只领着黄狗一条,捧着兰花一盆回乡隐居。

一天夜里,天寒夜黑,风大雨密。他躺在床上,辗转反侧,难以入眠。这时,一个小偷进了屋,他以为郑板桥当了这么多年的官,肯定有好多值钱的东西。郑板桥被翻动东西的声音惊醒,知道有梁上君子光顾。他便吟诵到:"细雨蒙蒙夜沉沉,梁上君子进我门。腹内诗书存千卷,床头金银无半分。"小偷一听,知道,来了也白来,便退了出去。郑板桥又吟诵道:"出门休惊黄尾犬,越墙莫损兰花盆。"小偷一听,真是这么回事,便小心翼翼地上了墙。这时,屋里又传出最后一句:"天寒不及披衣送,趁着月黑赶豪门。"

故事说的是郑板桥辞官回乡,两袖清风,风雨之夜有小偷上门。在这个故事中,小偷的心理活动跟诗人的吟诗声交替出现。我们可以用低声来读小偷的内心独白,用较夸张的语调来吟诗,形成对比。这样不但增加了朗读的生动,而且可以用小偷的猥琐来反衬诗人坦荡的胸怀,加强朗诵的感染力。

## 四、说明文朗读

### (一)说明文的朗读基调

说明文具有条理清楚,结构严谨的特点。我们在朗读时不像朗读记叙文、散文那样投入一定的情感。说明文的朗读基调应较平实,在语速、停顿等方面可以用叙述的语气把文章读得正确,强调说明文中所介绍事物的特点,使听众理解说明文的内容,在朗读中发展思维。如《太阳》:

有这么一个传说,古时候,天上有十个太阳,晒得地面寸草不生。人们热得受不了,就找一个箭法很好的人射掉九个,只留下一个,地面上才不那么热了。其实,太阳离我们有一亿五千万公里远。到太阳上去,如果步行,日夜不停,差不多要走三千五百年;就是坐飞机,也要飞二十几年。这么远,箭哪能射得到呢?

《太阳》一文,为了说明太阳离我们很远,开头引用了一个神话故事,这个神话故事的引用是为了帮助我们理解说明事物的状况,我们朗读时,可以区别于一般的神话故事的朗读带着神秘的感情色彩,而应用较平实的叙述的语气来朗读,为了强调太阳离我们远,传说中的"箭能射到太阳"和"箭射不到太阳",中间用了连词"其实"连接,为了让听众形象地感受太阳的远,朗读时可以将"其实"适当加强语气,又让人体会到"其实"这个连词含有转折的意思,引导听众关注句与句之间的条理和顺序。

文中介绍太阳的特点,那些枯燥的数据说明,我们也要通过朗读,读出那些特点来。文章第一段3、4、5句写的就是太阳离地球很远的特点,第3句和第4句用了列数字、举例子、类比等说明方法,充分体现了太阳离地球很远的特点。第5句是作者的疑问。把"其实"、"一亿五千万公里"、"太阳"、"步行"、"日夜不停"、"三千五百年"、"坐飞机"、"二十几年"等词语都重读,并且从"就是坐飞机"开始,语速稍微加快,这样太阳远的特点就很清晰地深刻地印在我们的脑海中了。最后,第5句是疑问句,我们可以用若有所思的语气来读,效果很好。

### (二)说明文的逻辑感受

说明文对科学知识的说明,是按序列层层展开的,为了让听众把握好说明文内在的逻辑结构,在朗读时主要靠正确的停顿,节奏的变化来感受文章的内在逻辑结构。

听众有一定的逻辑思维,我们可以通过朗读进一步培养逻辑思维。如:

#### 中国的宝岛——台湾

中国的第一大岛、台湾省的主岛台湾,位于中国大陆架的东南方,地处东海和南海之间,隔着台湾海峡和大陆相望。天气晴朗的时候,站在福建沿海较高的地方,就可以隐隐约约地望见岛上的高山和云朵。

台湾岛形状狭长,从东到西,最宽处只有一百四十多公里;由南至北,最长的地方约有三百九十多公里。地形像一个纺织用的梭子。

台湾岛上的山脉纵贯南北,中间的中央山脉犹如全岛的脊梁。西部为海拔近四千米的玉山山脉,是中国东部的最高峰。全岛约有三分之一的地方是平地,其余为山地。岛内有缎带般的瀑布,蓝宝石似的湖泊,四季常青的森林和果园,自然景色十分优美。西南部的阿里山和日月潭,台北市郊的大屯山风景区,都是闻名世界的游览胜地。

台湾岛地处热带和温带之间,四面环海,雨水充足,气温受到海洋的调剂,冬暖夏凉,四季如春,这给水稻和果木生长提供了优越的条件。水稻、甘蔗、樟脑是台湾的"三宝"。岛上还盛产鲜果和鱼虾。

台湾岛还是一个闻名世界的"蝴蝶王国"。岛上的蝴蝶共有四百多个品种,其中有不少是世界稀有的珍贵品种。岛上还有不少鸟语花香的蝴蝶谷,岛上居民利用蝴蝶制作的标本和艺术品,远销许多国家。

(选自普通话测试朗读56号作品)

文章从台湾岛的地理位置、形状、物产几个方面加以介绍,注意重音的处理和基调的把握。文中的比喻用平实的语气表现就可以了,抒情意味不宜太浓。

## 五、议论文朗读

议论文,是指有感而发,对某一件事表示自己的意见、观点、看法而形成的一篇文章,其中包括演讲稿、辩护词以及随笔等。从广义上说,也有人把随笔归入散文,但随笔跟抒情散文是完全不同的文体,随笔是一种议论文。

议论文有明确的观点,符合逻辑的论证过程,它应该是脉络清楚,条理分明,重点突出。所以,议论文的朗读应该具有以下几个特点:

**1. 声音明亮清晰**

这是因为在文章中要明确地亮出作者的观点,而且是毫不犹豫。为了表现坚决,应该使用明亮的音色,在发音时,要使自己的发音器官肌肉紧绷,这样声音就不至于显得拖泥带水。

**2. 语句重音作用明显**

因为在议论文中有大量的议论,为了论证,一定会有所强调,所以语句重音就显出特别重要的作用。

**3. 层次分明**

在议论文中的思考和议论必然有一定的脉络和思路,由此一步步带着听众走向结论,所以必须是层次分明的,朗读时必须运用音量的大小、速度的快慢等因素逐步推进到结论的出现,这也就是全文的高潮所在。

朗读下面的文章,体会文章的脉络、层次,并仔细体会议论文中作为论据的故事与一般的故事的朗读差异。

  古希腊著名政治家伯里克利担任雅典首席将军时,由于进行了一系列的改革,反对者甚众,常常被人当面辱骂,但他从不动怒。一天傍晚,一个市民闯进伯里克利的屋子,对着他骂个不停。伯里克利静静地坐在那儿,任由对方发泄。那人怒气消了,准备回家。伯里克利看到天已经黑了,便对仆人说:"外面看不清路了,你去点一盏灯,送这位先生一程。"

  有一次,英国王室在伦敦为印度客人举办了一场宴会,宴会由温莎公爵主持。大家觥筹交错,气氛很融洽。最后一道餐点结束时,侍者给每个人端来了一盆洗手水,看到银盆里清澈的凉水,印度客人端起盆子一饮而尽。作陪的英国贵族顿时目瞪口呆,不知如何应对,只能将目光投向温莎公爵。只见温莎公爵神色自若,一边与客人谈笑风生,一边端起自己面前的洗手水,也像客人那样喝光了。于是大家马上跟着喝光,难题被轻松化解,宴会也顺利结束了。

  曼德拉说得好:"生命中伟大的光辉不在于永不坠落,而在于坠落后能再度升起。"

  大器之人,语气不惊不惧,性格不骄不躁,气势不张不扬,举止不猥不琐,静得优雅,动得从容,行得洒脱。就像一朵花,花香淡雅而悠长;就像一棵树,枝叶繁盛而长青。他们能安安心心做好分内的工作,认认真真干好手头的事情,不为名利而争斗,不为钱财而纠结。

  大器之人要有大气,大器之人心中的梦想高远、博大。

## 六、寓言故事、童话故事朗读

### （一）寓言故事朗读

寓言，常常被选作诵读材料。它短小精悍、通俗易懂，是由故事和教训两部分构成，而故事中又常常出现拟人化的动物，所以总是特别受到孩子们的欢迎。

但是寓言并不是很容易朗读的一种文体。朗读者既要有讲故事的投入，又要有说道理的冷静。这一点很不容易做到。我们常见一些朗读者从感情到外形都"化"成了寓言中的某个动物，一旦要以作者的身份讲道理时，回都回不来了。

一般来说，都是将一个深刻的、具有普遍意义的道理蕴含在一个生动的故事里。其实，寓言故事朗读起来不好把握，我们要避免一些误区。

**1. 感受浅显表面化**

由于寓言故事比较通俗易懂又生动活泼，因此。在准备稿件时，有些人往往感受得不够细致，不够深入。对角色语言的心理背景，对故事背后所隐含的道理甚至是哲理以及创作者的良苦用心并没有真正感受到，光顾着想善良的小白兔、狡猾的大灰狼大概是什么样的声音脸谱，这样，表现起来，就很容易陷入肤浅之中，使朗诵变成了简单的表演加说教。

**2. 角色语言戏剧化**

对于寓言故事中出现的不同角色，他们的语言处理，要区别于戏剧表演中的角色表演。戏剧表演中，我们较多追求的表演方式是"我就是剧中人某某某"，因此语言创作上也完全"变成了角色本人"。而朗读中，大多处于转述者的位置，是"我在转述某某某的话"。因此，在角色语言的表现上，我们要讲求靠近角色性格、性别、年龄和符合所处环境，这更多的是追求一种内在的神似。具体表现在角色语言的声音使用和语气把握上要分寸得当。要注意不要仅仅模仿、一味加重角色的语气，要抓住依据，适当表现，注意内在感和整体感。

**3. 动作表情夸张僵化**

朗读时，能够全面调动自己的创造激情，用水到渠成的表情和动作辅助表现，这当然好。但我们见到有的人，表情和动作并不是发自内心，与空洞的声音一样，都有些外在、过于夸张。其实，表情动作也要有依据。依据的是故事中人物的感情、故事的寓意，还要依据朗诵环境。最主要的还是内心要有依据，要情之所至。

朗读以下寓言，注意处理寓言中的故事和人物对话。

### 黄鼠狼与爱神
（伊索寓言）

黄鼠狼爱上一个漂亮的青年，请求爱神将自己变为女人。爱神同情她的热情，将她变成了一个美丽多姿的少女。于是，那青年人一见就爱上了她，带着她回自己家里去了。当他们喜气洋洋地走进洞房时，爱神想要知道，黄鼠狼改变了外形后，习性会不会改变，因此她把一只老鼠放进了房子里。那女人忘记了自己的身份，立刻跳下床，去追老鼠，想要吃掉它。爱神见此，十分气愤，又将黄鼠狼变回原来的模样。这故事是说，本性恶劣的人，即使外形变了，本性仍难改。

### 三人成虎

魏国大夫庞恭和魏国太子一起作为赵国的人质，定于某日启程赴赵都邯郸。临行时，庞恭向魏王提出一个问题，他说："如果有一个人对您说，我看见闹市熙熙攘攘的人群中有一只老虎，君王相信吗？"魏王说："我当然不信。"庞恭又问："如果是两个人对您这样说呢？"魏王说："那我也不信。"庞恭紧接着追问了一句道："如果有三个人都说亲眼看见了闹市中的老虎，君王是否还不相信？"魏王说道："既然这么多人都说看见了老虎，肯定确有其事，所以我不能不信。"庞恭听了这话以后，深有感触地说："果然不出我的所料，问题就出在这里！事实上，人虎相怕，各占几分。具体地说，某一次究竟是人怕虎还是虎怕人，要根据力量对比来论。众所周知，一只老虎是决不敢闯入闹市之中的。如今君王不顾及情理、不深入调查，只凭三人说虎即肯定有虎，那么等我到了比闹市还远的邯郸，您要是听见三个或更多不喜欢我的人说我的坏话，岂不是要断言我是坏人吗？临别之前，我向您说出这点疑虑，希望君王一定不要轻信人言。"

庞恭走后，一些平时对他心怀不满的人开始在魏王面前说他的坏话。时间一长，魏王果然听信了这些谗言。当庞恭从邯郸回魏国时，魏王再也不愿意召见他了。

看起来，谣言惑众，流言蜚语多了，的确足以毁掉一个人。随声附和的人一多，白的也会被说成黑的，真是叫做"众口铄金，积毁销骨"。所以我们对待任何事情都要有自己的分析，不要人云亦云，被假象所蒙蔽。

### （二）童话故事朗读

童话是儿童文学的一种，通过丰富的想象、幻想和夸张来塑造形象、反映生活，对儿童进行思想教育。一般故事情节神奇曲折，生动浅显，对自然物往往作拟人化的描写，能适应儿童的接受能力。

童话是一种具有浓厚幻想色彩的虚构故事，多采用夸张、拟人、象征等表现手法去编织奇异的情节。幻想是童话的基本特征，也是童话反映生活的特殊艺术手段。童话主要描绘虚拟的事物和境界，出现于其中的"人物"，是并非真有的假想形象，所讲述的故事，也是不可能发生的。但是童话中的种种幻想，都植根于现实，是生活的一种折光。童话创作一般运用夸张和拟人化手法，并遵循一定的事理逻辑去开展离奇的情节，造成浓烈的幻想氛围以及超越时空制约，亦虚亦实，似幻犹真的境界。此外，它也常常采用象征手法塑造幻想形象以影射、概括现实中的人事关系。[①]

儿童从天性来讲，是富有探求精神的探索者。讲童话故事的一个重要目的，就是培养他们的想象力、记忆力、思维力、表演能力和创作能力，使他们的智力得到培养和发展。

如何给儿童讲故事呢？

---

① 儿童文学辞典编委会：《儿童文学辞典》，四川少年儿童出版社，1991年版。

**1. 挖掘教导性**

美国故事家吉姆认为,听故事能够打开那些直接教导无法触及的区域,无论是成人还是儿童,都可以从故事中找到解决自己题目的稳妥办法。这表明,故事的内涵不仅反映人生,揭示世界,而且故事对人的塑造施加着积极影响,有教导性。据此,讲故事,要充分挖掘故事的教导性。童话故事以儿童空想为特点,从不同角度向孩子展示奇怪美妙的现实生涯,告诉他们真善美与假恶丑。这类故事,应放在讲清"发生什么",以拓宽视野,深挖故事主题。

**2. 创设情境**

讲故事进程实际是一个还原生涯的进程,首先应创设一种故事气氛,达到借景生情、置身于境之结果。具体做法可以通过"解题"作铺垫,告诉别人这是一个什么样的故事,要留意哪些情节和人物,等等。有这样一个开场,使听者集中到听故事上来,并意识到这个故事的新奇,做好"听"的心理准备。另外,要力求不断渲染故事环境,比如角度形象创设,讲故事者角色要到位,努力暂时解脱或遮蔽自己的成分,按故事角色形象的个性及特点来寓情于境。言语情境创设不容疏忽,言语是沟通讲者与听者情绪的重要媒介,讲故事的语言活泼,表象清晰鲜明、儿童化,可使孩子移情于境,增强故事的感染力。

**3. 运用悬念**

瑞士教导家亚美路说过,教导最宏大的技巧是:为了让孩子听而有发,讲故事中机动运用悬念就十分重要。悬念就是挂念,它是听众听故事时持有的一种对故事发展和人物命运关心的心态反应。有人说故事是人类灵感的桥梁,悬念就是灵感集成的火花。悬念的引进,就是打破故事完全的格式,在要害处理疑,让听众按故事的脉络去思考,去探索余韵。故事悬念,通常有开篇悬念、情节悬念和结果悬念等,应视具体的故事内容和听故事对象择用或兼用。悬念的设置和运用,需要讲故事者事前认真研讨故事,精心设计讲法,悬念散布既可从故事内容的教导性入手,分解为情绪悬念、题目悬念、事件悬念等;也可从故事的结构上设置,如层次悬念、连锁悬念等。当然,讲故事设置的悬念,是为了使故事跌宕起伏、曲直交错,增强故事艺术的感染力。一般情形下,讲故事进程中设置的悬念,随着故事的推进,都要揭破,不能悬而无限。

总之,形象、生动、有感情地讲故事,能够打开那些直接教育无法企及的区域。古诗有云,"随风潜入夜,润物细无声",正是此理。

练习讲故事"猴子吃西瓜",注意不同角色的不同声音形象:猴王,高高在上但又愚蠢可笑,声音明亮威严又有些滑稽;小毛猴心直口快,稚气可爱;短尾巴猴无知可笑,胡乱推理;老猴倚老卖老,老态龙钟,颤颤巍巍,声音低沉、颤抖、老朽不堪;最后那只猴子胆小、装腔作势。

### 猴子吃西瓜

猴王找到个大西瓜。可是怎么吃呢?这个猴啊是从来也没吃过西瓜。忽然他想出一条妙计,于是就把所有的猴都召集来了,对大家说:"今天我找到一个大西瓜,这个西瓜的吃法嘛,我是完全知道的,不过我要考验一下你们的智慧,看你们谁能说出西瓜的吃法。要是说对了,我可以多赏他一份,要是说错了,我可要惩罚他!"

小毛猴一听,搔了搔腮说:"我知道,我知道,吃西瓜是吃瓢!"猴王刚想同意。"不对,我不同意小毛猴的意见!"一个短尾巴猴说。"我清清楚楚地记得,我和爸爸到我姑妈家去的时候,吃过甜瓜,当然该吃皮啦。"大家一听有道理,可到底谁对呢,于是都不由地把眼光集中到一只老猴身上。老猴一看,觉得出头露面的机会来了,就打扫一下嗓子说道:"吃西瓜嘛,当然……是吃西瓜皮啦,我从小就吃西瓜,而且是一直吃皮,我想我之所以老而不死,也正是由于吃了西瓜皮的原因!"

有些猴早等急了,一听老猴也这么说,就跟着嚷起来。"对,吃西瓜吃皮,吃西瓜吃皮!"猴王一看,认为已经找到了正确的答案,就向前跨进一步开言道:"对!大家说的都对,吃西瓜是吃皮!哼,就小毛猴说吃西瓜吃瓤,那就叫他一个人吃瓤,咱们大家都吃西瓜皮!"于是西瓜一刀两断,小毛猴吃瓤,大家伙分吃西瓜皮。

有个猴吃了两口,就捅了捅旁边的说:"哎,我说这可不是滋味啊!""咳,老弟,我常吃西瓜,西瓜嘛,就是这味……"

## 第四节 各种体裁作品朗读训练及指导

观 沧 海
(曹操)

东临碣石,以观沧海。
水何澹澹,山岛竦峙。
树木丛生,百草丰茂。
秋风萧瑟,洪波涌起。
日月之行,若出其中;
星汉灿烂,若出其里。
幸甚至哉,歌以咏志。

[朗读指导] 该诗写于东汉建安十二年(207)秋。当年的五月,诗人率军北征乌桓,七月出卢龙塞,九月大获全胜。班师途中经过碣石山,诗人登高望海,留下了这千古传颂的名篇。作者笔下的沧海气势雄伟、胸襟开阔。作者写这首诗的时候,是他刚刚平定乌桓,回师中原,这正是他踌躇满志的时候。面对着波澜壮阔的大海,作者情不自禁地抒发了建功立业,统一天下的豪迈情怀。特别是"日月之行,若出其中;星汉灿烂,若出其里"这几句诗,更是形象地反映了作者博大的胸襟,千百年来成了脍炙人口的名句。因此我们应该用高昂的语调表达作者雄壮豪迈的激情。

敕 勒 川
(北朝民歌)

敕勒川,阴山下,
天似穹庐,笼盖四野。
天苍苍,野茫茫,风吹草低见牛羊。

[朗读指导] 这是我国南北朝时期传唱于北朝的一首民歌,它为我们描绘了北国塞外

的草原风光,朗读此文宜用铿锵稳健、深沉辽远的语气,表现雄浑壮美的自然景观与游牧民族的精神风貌。最后一句,节奏由沉稳转明朗舒展,特别是"见"字可拖长时值,以增强动作感和形象感。

## 将 进 酒
### (李白)

君不见黄河之水天上来,奔流到海不复回。
君不见高堂明镜悲白发,朝如青丝暮成雪。
人生得意须尽欢,莫使金樽空对月。
天生我材必有用,千金散尽还复来。
烹羊宰牛且为乐,会须一饮三百杯。
岑夫子,丹丘生,将进酒,君莫停。
与君歌一曲,请君为我侧耳听。
钟鼓馔玉不足贵,但愿长醉不愿醒。
古来圣贤皆寂寞,惟有饮者留其名。
陈王昔时宴平乐,斗酒十千恣欢谑。
主人何为言少钱,径须沽取对君酌。
五花马,千金裘,呼儿将出换美酒,与尔同销万古愁。

[朗读指导]《将进酒》约写于天宝十一年(752),当时他与朋友岑勋在元丹丘的颖阳山居喝酒,因感叹时光流逝,自己功业无成,"抱用世之才而不遇合",悲愤填膺,在酒酣胸胆开张之时,借《将进酒》之调,吟出此千古绝唱。朗读时要把握感情奔放、气势雄浑、曲折低回、跌宕起伏的基调。开头有慷慨生悲的韵味,紧接着痛饮狂欢,满腔豪情,最后表达鄙视豪门、壮志难酬的愤懑。李白的诗歌,正于余光中所说"酒入豪肠,七分酿成了月光,余下的啸成了剑气,绣口一吐就半个盛唐!"朗读时要避免字字用力和声嘶力竭。

## 水 调 歌 头
### (苏轼)

丙辰中秋,欢饮达旦,大醉,作此篇,兼怀子由。
明月几时有?把酒问青天。
不知天上宫阙,今夕是何年。
我欲乘风归去,又恐琼楼玉宇,高处不胜寒。
起舞弄清影,何似在人间!
转朱阁,低绮户,照无眠。
不应有恨,何事长向别时圆?
人有悲欢离合,月有阴晴圆缺,此事古难全。
但愿人长久,千里共婵娟。

[朗读指导] 这首词是中秋赋词中的名篇,意境阔大深远,情感低回婉转,洒脱自在,词情通达。上阕具有浪漫主义色彩,用语飘逸,朗读时要注意对韵律的把握,同时调整好声调、

时值,使之富于变化,以增加韵味。下阕由中秋的圆月联想到人间的别离,不过词调明朗、格调健全,词中没有表现一般的相思之苦,而是在结尾向人们表达了美好的祝愿。朗读时应把握好基调,深情而乐观。

## 念奴娇　赤壁怀古
（苏轼）

大江东去,浪淘尽,千古风流人物。
故垒西边,人道是,三国周郎赤壁。
乱石穿空,惊涛拍岸,卷起千堆雪。
江山如画,一时多少豪杰。
遥想公瑾当年,小乔初嫁了,雄姿英发。
羽扇纶巾,谈笑间,樯橹灰飞烟灭。
故国神游,多情应笑我,早生华发。
人生如梦,一樽还酹江月。

[朗读指导]　这首词纵论古今,抚今追昔,既追述了赤壁之战的历史,发思古之豪情,又包含着对自己岁月蹉跎、华发早生的深沉感慨。文章大开大阖,大起大伏,豪放雄浑。朗读时应注意骋怀历史与抒发情感的分量调配。文章的主旨在于抒发自己的情感,要处理好"景语"与"情语"的关系,朗读时要稳健沉着,响亮坚实,舒缓悠长。

## 你是人间的四月天
（林徽因）

我说你是人间的四月天;
笑响点亮了四面风;轻灵
在春的光艳中交舞着变。

你是四月早天里的云烟,
黄昏吹着风的软,星子在
在无意中闪,细雨点洒在花前。

那轻,那娉婷你是,鲜妍
百花的冠冕你戴着,你是
天真,庄严,你是夜夜的月圆。

雪化后那篇鹅黄,你像;新鲜
初放芽的绿,你是;柔嫩喜悦
水光浮动着你梦期待中的白莲。

你是一树一树的花开,是燕
在梁间呢喃,——你是爱,是暖,
是希望,你是人间的四月天!

[朗读指导]　作品被认为是林徽因写给他儿子的一篇精美的诗歌,要诵读得优美、深

情、充满爱和希望。朗读时候要有画面感,仿佛你已经看到了那美景、感受着那份深情。做到以情动人。

## 雨　巷
### （戴望舒）

撑着油纸伞,独自
彷徨在悠长、悠长
又寂寥的雨巷,
我希望逢着
一个丁香一样地
结着愁怨的姑娘。

她是有
丁香一样的颜色,
丁香一样的芬芳,
丁香一样的忧愁,
在雨中哀怨,
哀怨又彷徨;
她彷徨在这寂寥的雨巷。

撑着油纸伞
像我一样,
像我一样地
默默彳亍着
冷漠、凄清,又惆怅。

她默默地走近,
走近,又投出
太息一般的眼光
她飘过
像梦一般地,
像梦一般地凄婉迷茫。

像梦中飘过
一枝丁香地,
我身旁飘过这个女郎;
她默默地远了,远了,
到了颓圮的篱墙,
走尽这雨巷。

在雨的哀曲里，
消了她的颜色
散了她的芬芳，
消散了，甚至她的
太息般的眼光
丁香般的惆怅。

撑着油纸伞，独自
彷徨在悠长、悠长
又寂寥的雨巷，
我希望飘过
一个丁香一样地
结着愁怨的姑娘。

[朗读指导] 1927年，反动派对革命者的血腥屠杀，造成了笼罩全国的白色恐怖，革命进入了低潮。许多革命青年，找不到革命的前途。他们在失望中渴求着新的希望。《雨巷》一诗就是他的这种心情的表现，其中交织着失望和希望、幻灭和追求的双重情调。需要注意的是"雨巷"象征当时的黑暗社会，"丁香"象征美好的理想。朗读时，音色偏暗偏沉，语势多为落潮类，句尾落点多显沉重，章节多长，语速较缓。

此诗的朗读要注意连接，在不改变原诗的意思和基本节奏的前提下把上下行连起来读，会显得语意更加清晰晓畅。

## 乡　愁
### （余光中）

小时候
乡愁是一枚小小的邮票
我在这头
母亲在那头

长大后
乡愁是一张窄窄的船票
我在这头
新娘在那头

后来啊
乡愁是一方矮矮的坟墓
我在外头
母亲在里头

而现在
乡愁是一湾浅浅的海峡
我在这头
大陆在那头

[朗读指导]　《乡愁》是余光中先生的一首短诗,既朴素又深刻。作者曾说:"在归乡无期的绝望中写就《乡愁》,邮票、船票、坟墓、海峡,这四个意象表达的不只是小我的哀愁和遭遇,而是一个民族的伤痛。"以读这首诗,不仅要读出亲情、恋情和乡情,更要体现出"大我"对民族情感的追怀。这是"断肠人在天涯"的游子之痛啊!最后,诗人由个人的悲欢离合升华到家国之思,犹如乐曲达到高潮,所以要读得荡气回肠,一波三折。特别是最后一句要一字一顿,"在——那——头"要气流不断,将一种不可排遣的乡愁引向更绵长的思绪中。

## 青春万岁
### (王蒙)

所有的日子,所有的日子都来吧,
我编织你们,用青春的金线,
和幸福的璎珞,编织你们。

有那小船上的歌笑,月下校园的欢舞,
细雨蒙蒙里踏青,初雪的早晨行军,
还有热烈的争论,跃动的、温暖的心……

是转眼过去的日子,也是充满遐想的日子,
纷纷的心愿迷离,像春天的雨,
我们有时间,有力量,有燃烧的信念,
我们渴望生活,渴望在天上飞。

是单纯的日子,也是多变的日子,
浩大的世界,样样叫我们好惊奇,
从来都兴高采烈,从来不淡漠,
眼泪,欢笑,深思,全是第一次。

所有的日子都去吧,都去吧,
在生活中我快乐地向前,
多沉重的担子,我不会发软,
多严峻的战斗,我不会丢脸;
有一天,擦完了枪,擦完了机器,擦完了汗,
我想念你们,招呼你们,
并且怀着骄傲,注视你们!

[朗读指导]　声音明亮,充满激情,语速较快,表现当代大学生激昂、风发向上,充满青春活力的精神风貌。

## 祖国啊,我亲爱的祖国
### (舒婷)

我是你河边上破旧的老水车
数百年来纺着疲惫的歌;
我是你额上熏黑的矿灯,

照你在历史的隧洞里蜗行摸索;
我是干瘪的稻穗;是失修的路基;
是淤滩上的驳船
把纤绳深深
勒进你的肩膊;
——祖国啊!

我是贫困,
我是悲哀。
我是你祖祖辈辈
痛苦的希望啊,
是"飞天"袖间
千百年来未落在地面的花朵;
——祖国啊!

我是你簇新的理想,
刚从神话的蛛网里挣脱;
我是你雪被下古莲的胚芽;
我是你挂着眼泪的笑涡;
我是新刷出的雪白的起跑线;
是绯红的黎明
正在喷薄;
——祖国啊!

我是你的十亿分之一
是你九百六十万平方的总和;
你以伤痕累累的乳房
喂养了
迷惘的我、深思的我、沸腾的我;
那就从我的血肉之躯上
去取得

你的富饶、你的荣光、你的自由;
——祖国啊,我亲爱的祖国!

[朗读指导]　本诗通过追溯祖国千百年的历史,表现了她的沉重疲惫、贫困与悲哀。但痛苦中的"我"并未沉沦绝望,而是依然向往光明,满怀希望,并且甘愿为理想去奉献,那是对"以伤痕累累的乳房"养育了自己的祖国母亲的报答。为表达这种赤子深情,诗人采用了由低沉、缓慢走向高亢、迅疾的节奏。诵读时,要注意每一句"祖国啊"都应在原来感情的基础上有所提高,将感情逐层推进,给全诗造成回肠荡气的咏叹气氛,最后激越豪迈。

## 致 橡 树
### （舒婷）

我如果爱你——
绝不像攀援的凌霄花，
借你的高枝炫耀自己；
我如果爱你——
绝不学痴情的鸟儿，
为绿荫重复单调的歌曲；
也不止像泉源，
常年送来清凉的慰藉；
也不止像险峰，增加你的高度，衬托你的威仪。
甚至日光，甚至春雨。

不，这些都还不够！
我必须是你近旁的一株木棉，
作为树的形象和你站在一起。
根，紧握在地下，
叶，相触在云里。
每一阵风过，我们都互相致意，
但没有人听懂我们的言语。
你有你的铜枝铁干，
像刀，像剑，也像戟，
我有我的红硕花朵，
像沉重的叹息，又像英勇的火炬，
我们分担寒潮、风雷、霹雳；
我们共享雾霭、流岚、虹霓，
仿佛永远分离，却又终身相依，
这才是伟大的爱情，坚贞就在这里：
爱，不仅爱你伟岸的身躯，
也爱你坚持的位置，脚下的土地。

[朗读指导]　舒婷的诗，构思新颖，富有浓郁的抒情色彩；语言精美，具有鲜明的个人风格。《致橡树》创作于一九七七年三月，是"文革"后最早的爱情诗。诗人别具一格地选择了"木棉"与"橡树"两个中心意象，热情而坦诚地歌唱了伟大爱情，应有共同的伟岸和高尚，《致橡树》是她的一首优美、深沉的抒情诗。它所表达的爱，不仅是纯真的、炙热的、而且是高尚的，伟大的。它像一支古老而又清新的歌曲，拨动着人们的心弦。共鸣的思想和灵魂，扎根于同一块根基上，同甘共苦、冷暖相依的诗歌。"橡树"的形象象征着刚正不阿的男性之美，而有着"红硕的花朵"的木棉显然体现着具有新的审美气质的女性人格，她脱弃了旧式女性纤柔、妩媚的秉性，而充溢着丰盈、刚健、独立的生命气息，这正与诗人所歌咏的女性独立自

重的人格理想互为表里。朗读时主要采用欣赏与赞美的语气。

## 相 信 未 来
### （食指）

当蜘蛛网无情地查封了我的炉台
当灰烬的余烟叹息着贫困的悲哀
我依然固执地铺平失望的灰烬
用美丽的雪花写下：相信未来

当我的紫葡萄化作深秋的露水
当我的鲜花依偎在别人的情怀
我依然固执地用凝霜的枯藤
在凄凉的大地上写下：相信未来

我要用手指那涌向天边的排浪
我要用手掌那托住太阳的大海
摇曳着曙光那枝温暖漂亮的笔杆
用孩子的笔体写下：相信未来

我之所以坚定地相信未来
是我相信未来人们的眼睛
她有拨开历史风尘的睫毛
她有看透岁月篇章的瞳孔

不管人们对于我们腐烂的皮肉
那些迷途的惆怅、失败的苦痛
是寄予感动的热泪、深切的同情
还是给以轻蔑的微笑、辛辣的嘲讽

我坚信人们对于我们的脊骨
那无数次的探索、迷途、失败和成功
一定会给予热情、客观、公正的评定
是的，我焦急地等待着他们的评定

朋友，坚定地相信未来吧
相信不屈不挠的努力
相信战胜死亡的年轻
相信未来、热爱生命

[朗读指导] 这首诗构思巧妙。前三节写我是怎样"相信未来"的，后三节写为什么要"相信未来"，最后一节呼唤人们带着对未来的信念去努力、去热爱、去生活。用语质朴，而思想深刻；性格鲜明，又令人折服。该诗虽然给人感受更多的不是轻松而是压抑；不是快乐而是痛苦。但从诗人那压抑和痛苦的吟哦中，我们也真切地感受到了诗人那撼人心魄的信

念——无时不在渴望和憧憬着光明的未来以及为理想和光明而奋斗挣扎。第一、二两个诗段宜用低沉的声音表现悲凉的内容和意象,但要坚定读出"相信未来"第三诗段则是想象而成的亮丽、壮阔的内容和意象,蕴涵着动人的豪迈之美、壮阔之美。第四诗段开始,直接抒情,强力推进。表现诗歌坚毅之美、铿锵之美,以及诗人的赤子深情。

## 一片槐树叶
### (纪弦)

这是全世界最美的一片,
最珍奇,最可宝贵的一片,
而又是最使人伤心,最使人流泪的一片,
薄薄的,干的,浅灰黄色的槐树叶。

忘了是在江南,江北,
是在哪一个城市,哪一个园子里捡来的了,
被夹在一册古老的诗集里,
多年来,竟没有些微的损坏。

蝉翼般轻轻滑落的槐树叶,
细看时,还沾着些故国的泥土啊。
故国呦,啊,要到何年何月何日
才能让我回到你的怀抱里
去享受一个世界上最愉快的
飘着淡淡的槐花香的季节?

[朗读指导] 纪弦是台湾诗坛的三位元老之一。1928年春开始发表诗作。他的诗极有韵味,且注重创新,令后学者竞相仿效,成为台湾诗坛的一面旗帜。被誉为"诗坛上的常青树"。《一片槐树叶》写于1954年,当时诗人已经远离大陆故土六年了,思乡之情与日俱增。一次翻检旧书,夹在书中的一片槐树叶赫然映入眼帘,由此触动了诗人感情的一根弦。于是诗人感情战栗了,他的感情掀起了波澜,于是他借这一片槐树叶尽情抒发思乡之情。作者的情感基调是伤感—回忆—企盼。

## 少年中国说(节选)
### (梁启超)

制出将来之少年中国者,则中国少年之责任也。使举国之少年而果为少年也,则吾中国为未来之国,其进步未可量也;故今日之责任,不在他人,而全在我少年。少年智则国智,少年富则国富,少年强则国强,少年独立则国独立,少年自由则国自由,少年进步则国进步,少年胜于欧洲则国胜于欧洲,少年雄于地球则国雄于地球。

红日初升,其道大光;河出伏流,一泻汪洋。潜龙腾渊,鳞爪飞扬;乳虎啸谷,百兽震惶。鹰隼试翼,风尘吸张;奇花初胎,矞矞皇皇。干将发硎,有作其芒。天戴其苍,地履其黄。纵有千古,横有八荒。前途似海,来日方长。

美哉我少年中国,与天不老;壮哉我中国少年,与国无疆!

[朗读指导] 《少年中国说》是梁启超的一篇散文,文中极力歌颂少年蓬勃的朝气,指出在封建统治下的中国式老大帝国,热切期望出现少年中国。文章不拘格式,多用比喻,具有强烈的鼓动性,酣畅淋漓表达。文章具有强烈的进取精神,寄托了作者对少年中国的热爱和期望,所以读的时候应饱含感情,注意停顿,升降调的运用。

### 动物世界·狂野非洲·草原

稀树草原,这正是我们想象中的非洲,辽阔的大地,地球上最大兽群的家园。

稀树草原看上去仿佛是永恒的,不过,事实并非如此,这是一些由于巨变创造出的新景象。现在我们可以看看全景,从宇宙中观察,非洲主要被大片的沙漠和雨林占据,这两种极端不同的地貌中间,夹着一条由草丛与干旱林地覆盖的地段——稀树草原。

稀树草原的变化无常,非同一般,短短数年间,零星的几棵树就可能长成茂密的林地,也可能全部消失,只留下草丛。稀树草原上生灵的命运是由天气掌控的,而那里的天气变化多端。每年稀树草原上都有旱季和雨季,不过,没有任何两年的情况是完全相同的。在旱季中,草丛生长茂盛,大雨过后,则轮到树木茁壮成长。

在非洲所有的自然环境中,稀树草原是变化最快,而且最难以预测的。尽管如此,稀树草原上却养育了种类繁多的生物。这里是大型猫科动物时常出没的地方。不过,这些优雅的猎手的数量远远不及猎物。兽群是如此的庞大,多得令人难以置信,生活在这里的动物要远远多是世界上其他任何地方,原因何在呢?想要探究其中的原因,我们必须回到稀树草原形成之前的时代。数百万年以来,雨林占据了热带非洲的大片土地。后来情况有了变化,气候开始变得干燥,大片的雨林死亡,被密灌丛和草丛取代,创造了新的食物机会,先驱者很快迁入到了形成初期的稀树草原上。最早的迁入者中,有一些是长颈鹿的祖先,它们离开了日益缩小的热带丛林;还有一些来自沙漠,羚羊在这里大量地繁衍生息。对它们来说,稀树草原是个天堂,唾手可得的食物取之不尽。

[朗读指导] 这是电视纪录片的解说词,下文也是。这种解说词在文体上可以归在说明文里,但又跟一般的说明文不同,不可读得直白刻板,毫无感情处理。朗读时,语调舒缓轻松,娓娓道来,应表达出对大自然、对生活的热爱之情。

### 舌尖上的中国·我们的田野

中国人说:靠山吃山、靠海吃海。这不仅是一种因地制宜的变通,更是顺应自然的中国式生存之道。从古到今,这个农耕民族精心使用着脚下的每一寸土地,获取食物的活动和非凡智慧,无处不在。

贵州省从江县,侗族、苗族和壮族聚居的山区,这里的人自古以糯米为主食,在高山梯田里种植着近百种原始的糯稻。远离现代文明的喧嚣,散落的村寨像一个个孤岛,深藏在大山深处。

十月,是糯稻成熟的季节,壮族聚居的下尧村,正在迎接一个专为稻谷丰收设置的节日——新米节。但糯稻并不是村民们唯一的收获,水田里还藏着其他的秘密。水稻田里可以同时养鲤鱼和鸭子,这种稻鱼鸭共作的古老体系,已被列入全球重要农业文化遗产。

獐子岛，黄海北部一个不足15平方公里的岛屿，却因为海域里的物产富甲一方。碧波之下，生存着一个兴旺的群体。被中国人视为海中珍品的海参、鲍鱼、海胆等无脊椎动物恰好占据了其中的多数。纯净的水体和活跃的洋流造就了它们非凡的品质。

三年前，数以亿计人工培育的海参幼苗被播撒在这片水域，它们和野生同类的成长轨迹完全相同。这是人类和大自然的携手合作，以生态的方式，实现了耕海牧渔的理想。45岁的潜水员王厚喜正在准备职业生涯中的最后一次入水。

河蟹，学名中华绒螯蟹。繁衍期，它们成群结队从栖息的支流和湖泊迁移到长江口。因为生态环境的改变，今天，野生中华绒螯蟹已经十分罕见。小太是人工繁育的一代。河塘里的水全部引自太湖，小太的食物是湖里的水草和小鱼虾，与吃饲料的同类相比，它拥有更长的生长期和更健壮的体魄。今天的中国，大闸蟹已经成为利益最高的养殖项目之一。

地处长三角北端的江苏兴化水乡，仿佛一片被时光遗忘的土地。盛夏的正午，夏俊台和王元凤把船划进了湖荡，给一种嗜水的高大蔬菜进行浇灌。他们脚下这块样貌独一无二的土地，叫垛田。

各种葱茏的蔬菜中，身形魁梧的芋头是绝对的多数。四面环水的垛田，恰好能够满足这个物种最大的嗜好：喝水。每天，老夏要给芋头浇四次水，每次浇够一个小时才能保证芋头的需水量。

在中国经济最活跃的地区，祖居兴化农村的夏俊台，可能是家族中最后一位从事农作的人。但这并不影响他安然享受这里的一切，天然的垛田、芋头，以及他和妻子的家。

青藏高原，世界的屋脊。喜马拉雅山横亘于南部，它的北面，雅鲁藏布江从雪山冰峰间流出，奔向藏南的谷底，开辟了西藏最富庶的农业区——日喀则。

村外，人们种植的青稞就要成熟了。在寒冷的极地，人们需要借助饮食来补充生命的能量。4000米以上的海拔，自然的馈赠并不丰富，有限的食物当中，青稞，成了人们最依赖的主食。望果节在青稞成熟前举行，是一年中最盛大的节日。祭台上，铺满青稞粉的手印，被赋予了强大的精神力量。青稞粉被抛向空中。人们相信，祈祷的声音，可以直达天宇。

北京，繁华的国际化都市。林立的高楼，围绕着古老的紫禁城，也围绕着不同气质的老街小巷——胡同。住在胡同的贵春有一个不平凡的理想：拥有一片自己的菜园。于是，贵春把他的理想搬上了屋顶。

种子在地下静静地沉睡着，春天的北京，看不到一点绿意，屋顶上的鱼池还留有去年冬天的残冰。夏天一到，贵春的屋顶完全换了容装。当都市中的人们涌向菜场，将远道而来的蔬菜带回家，贵春却可以像个自在的农夫，就地取材，自给自足。

都市里，成片的屋顶仿佛被遗弃的空间，了无生气。而贵春的屋顶菜园却是一片清凉世界。不足100平方米的绿色屋顶,用它的每一个叶片,净化着都市的空气。它们是贵春送给这个城市的礼物。

不同地域的中国人,运用各自智慧,适度、巧妙地利用自然,获得质朴美味的食物。能把对土地的眷恋和对上天的景仰,如此密切系于一心的唯有农耕民族。一位作家这样描述中国人淳朴的生命观:他们在埋头种地和低头吃饭时,总不会忘记抬头看一看天。

# 中篇

# 教师职业语言技能训练

# 第七章
# 课堂教学语言技能训练

从是否预先设计和准备,课堂教学有预设性和非预设性两个方面,课堂预设事件表现为按教师预先备好的教案和设计好的教学思路进行的教学进程,而课堂非预设事件则是课堂教学中出现的超出预案范畴的意外事件。本讲的课堂教学语言技能训练从课堂预设事件和课堂非预设事件两方面展开。

## 第一节 课堂预设事件语言技能训练

### 一、课堂预设事件概说

(一)课堂预设事件的界定

"预设",简而言之就是"预先设定、计划"。课堂预设是指教师根据教学目标、学生的兴趣、学习需要及已有的经验,以各种形式有目的、有计划地设计的教学活动。它是教师对教学内容进行的一种提前式的精细化耕作,是对教学活动的一个清晰、理性的思考和安排。

课堂教学的预设不仅包括对教材的解读、对教学目标的确定、对教学过程的设计,还包括对课堂教学可能产生的走向、学生原有的知识结构、学生在交流中可能出现的偏差、课堂上可能产生的影响教学进度与目标达成的其他变数等因素的预先思考和相关的应变策略。这其实就是一个教师课前备课所要做的多方面的工作。

(二)课堂预设的重要教学意义

**1. 是实现教学目标的基本纲领**

课堂教学是一项有计划、有目标的活动,教学目标是贯穿课堂教学活动的灵魂。虽然达到教学目标的过程是动态生成的,但达到怎样的教学目标一定是预先设计好的。要教给学生什么,采用什么样的方式,学生能学到多少,都是教师课前要思考的问题。教师采用的课堂教学方式无论如何多样,最终目的都是为了要实现教学目标。

无论是有关知识和能力的目标,情感、态度、价值观的目标,还是使学生掌握学习方法的目标,教师课前均要做明确、具体的设计。否则,课堂教学就会杂乱无序,重点不能突出,难点不能突破,达不到预期的教学目标,课堂教学效率就会降低,甚至严重影响教学质量。因此,预设是实现教学目标的基本纲领,是完成教学任务的根本保证。

**2. 是实现学生主体地位的根本保证**

新课程教学目标中说道:"学生是教育工作的最主要的对象。"教学过程中,要突出学生的主体性地位。所谓突出学生的主体地位,不是要淡化教师的作用,而是要教师充当好组织者、促进者、引导者的角色,这就要求教师在课前一定要做好更多的设计和准备。教学中,"教师必须营造出激励性的教学环境,为实现学生的主体性地位提供动力支持;选择合适的教学内容,为实现学生的主体性提供恰当平台;还要提供正确的学习导向,为实现学生的主体性提供方向保障"[①]。

也就是说,教师的课堂预设一定要充分。如果教师在课堂上预设得不够充分,学生在课堂上的"主体性"就会体现得不够,学生学习的热情也就激发不出来,教学活动也就很难深入。课前的预设、课中的引导,是提高学习效率的重要保证。能预见课堂的动态性并且为之做好精心的准备,能更充分地体现学生的主体性地位,更全面地满足学生的学习需求。

**3. 是实现有效生成的前提基础**

课堂教学的内容存在着相当的不可预测性和不确定性,这种不确定性就决定了课堂教学有预设,也有生成。在教学过程中,学生的认知水平、思维方式、个性差异等决定了学生对文本会有不同的理解,在教学过程中也就会涌现出许多新的想法,暴露出许多新的问题。这些新想法、新问题可能是教师预先估计到的,也可能是教师课前根本无法预料的。那么教师在教学过程中,要抓住学生思想灵魂的主线,在预设的基础上,及时引导,促成生成新的精彩。

好的预设并不一定能产生精彩的生成,但精彩的生成必然有一个好的预设做基础。预设不充分,设想不周,就很难激发学生参与学习的积极性和创造性,也就不可能生成更多的新资源。预设不是简单地写教案,它要求对课堂环节、教学过程都做一系列展望性、开放性的设计,是一种新课程理念下的散发、弹性的课前准备。预设做得充分深入了,课堂教学上的捕捉和处理就能轻松自如,精彩生成也就能自然演绎。

**(三)教师应采取的基本态度**

**1. 重视学情分析,做到以生为本**

学情分析指对学生学习情况的综合分析,包括对学生的知识基础、能力水平、学习态度的分析。真实客观的学情分析能帮助我们有效地进行课堂预设。学情分析中,要预设到学生想学什么,能学什么,会学成什么样,还要了解到学生的个性差异和学习能力的高低。只

---

① 沈红:《预设在课堂教学中的重要性》,载《考试周刊》,2009年第7期。

有在全面学情分析上做出的课堂预设,才能真正做到"以生为本",实现因人施教、因材施教、尊重个性、尊重课堂,实现高效课堂的目标。

**2. 紧扣文本价值目标,打造有效课堂**

文本价值目标就是隐含在教材中的重要学习价值。课堂预设时要紧扣文本的价值目标,预设的问题要指向明确,文本的重点要突出显要。这样才能避免在课堂教学中出现花哨空洞、虚无缥缈的弊端,真正体现出对文本的尊重、对学生的尊重。相反,如果预设离开了文本价值目标,想怎么预设就怎么预设,这样的课堂就会形同虚设,收不到良好的教学效果。

**3. 预测课堂意外,创设活力课堂**

新课程下的课堂是灵活的、开放的,有预设,也有生成。在课堂教学中,常常会不可避免地出现一些"节外生枝"的突发事件,这就是课堂的"意外"。面对意外,教师应机智地应对。也就是说要在课前根据预设预先考虑课堂中可能出现的意外情况,预先制定好相应的应变措施。如教师在预设问题时,要考虑到学生在当前的知识能力和思维方式下可能会做出怎样的回答,然后做出预设应对。只有这样,课堂教学中才能避免出现冷场和尴尬,才能更好地掌控课堂,更好地培养和激发课堂的生成,增强教师的课堂气场,使课堂教学在灵活应变中焕发出活力,使教学成为一种艺术。

## 二、课堂预设语言技能实例分析

教学预设是课堂教学的基本要求,没有精心的预设,就没有高质量的课堂教学。教师必须深刻理解教育的本质,在课前要认真挖掘教材、研究学生,充分地估计学生存在的问题,精心预设教学过程、方法和要提出的问题,才能提高课堂教学效率,保证教学质量。

在教学过程中,教师的教学语言也要根据不同教学阶段的教学内容及特点进行精心预设,使其发挥应有的作用,达到应达到的目的。同时,又由于一堂课的教学活动是一个分阶段的循序渐进的活动过程,所以,教师的教学语言应注意各个教学阶段的衔接,要使整堂课的教学如行云流水般精巧自然。

课堂预设的教学用语按其在教学过程中的不同作用和不同方式,可以分为导入语、讲授语、提问语、结束语等几种。

### (一)导入语技能实例分析

导入语又叫启发语、导课语,是一节课的开场白。它是将学生由非学习状态转入课堂学习状态的起始阶段,是教师揭示本节教学内容的导言,是引入课程新内容的第一个重要的课堂教学环节。它能激发学生的学习兴趣,唤起学生的求知欲,帮助学生把握学习目标。

一段好的导入语会像磁铁一样吸引住学生的注意力,稳定好学生的情绪,把学生的思路引导到有关知识的探求路线上,为一堂课的成功奠定基础。相反,一段平淡无味的导入语,会使一节课的开端突兀无味,师生之间无法迅速获得心理沟通,学生与教材也难以架设起认知的桥梁,这必然会影响整节课的教学效果。

**1. 导入语的要求**

1) 目的明确,简练扼要

导入语用于授课伊始,有提挈全课教学的作用,因此要围绕教学内容和目的做精心的设计。但是导入语又仅仅是一堂课的引子,不需要过多、过长的话语,要求扼要简练,一般3～5分钟为最好。过于冗长、啰唆、不得要领,势必会影响后面教学内容的正常进行。

2) 新颖活泼,灵活多样

成功的导入语应该是新颖独特、生动活泼的,这样能吸引学生的注意力,激发学生的求知欲,让学生产生耳目一新的感觉。在追求意趣的同时,还要考虑教学内容、教学对象、教学地点等因素的变化,做到灵活多样,恰当贴切。

**2. 导入语的类型**

由于教学内容、教学对象以及教师个人喜好、习惯的不同,每节课、不同教师的导入语也会各有不同。常见的导入方法有以下几种。

1) 故事导入法

中小学生都非常喜欢听故事,故事内容可以引起学生的好奇心,吸引他们的注意力。因此,很多老师喜欢通过讲故事的方式导入新课。这种方法的使用,一方面可以扩展学生的业余知识;另一方面又为新内容的学习做了感性知识的铺垫。对于激发学生的学习兴趣,活跃他们的思维,也能起到积极的作用。

[案例1]

一位数学老师在教学"比较分数的大小"时,是这样导入的:"话说唐僧等师徒四人去西天取经,走进火焰山,热得要命,这时猪八戒到一户人家要来一个西瓜,大家十分高兴。八戒心想:如果四个人平分,我只能吃到这个西瓜的四分之一,我跑了路,应多吃一份,于是提出给他五分之一的要求。悟空一听哈哈大笑,满口答应。谁知八戒分到五分之一的西瓜以后,嘟着长嘴气急了。猪八戒究竟为什么这样气?今天我们学了比较分数的大小便可以知道了。"①

数学课上讲故事对于学生来说是非常新奇的,一个有趣的故事能很快把学生的积极性调动起来。为了解决故事中可爱的猪八戒遇到的问题,学生会很主动地去探索,从新知识中寻求解决这个问题的办法。需要注意的是,讲这类故事时,语言一定要形象、生动,否则会降低故事的趣味性,无法吸引学生。

[案例2]

一位化学老师在讲甲苯时是这样讲的:

1912年至1913年间,德国在国际市场上大量收购石油,很多国家的石油商争着要与德国成交,有的还尽量压低售价。但是德国却只购买婆罗洲石油,并急急忙忙运到德国本土去,由此看来,德国人专购婆罗洲的石油,必然是别有用心的了。

德国人安的是什么心?令人奇怪的是,揭开这个谜的并不是政治家,而是化学家。化学家在对婆罗洲的石油化学成分进行分析之后,马上警告世人:"德国人在准备发动

---

① 孟宪恺:《教学与小学教学技能训练》,北京师范大学出版社,1998年版。

战争了!"化学家凭什么依据破了这个谜,得出这样的结论?(教师停了停)学好了今天的新课大家就知道这个谜底。

这个故事与历史结合起来,给人以很大的想象空间。故事讲完后,学生对谜底充满了好奇,到底是什么化学成分能在战争中起重大的作用呢?学生的学习欲望和兴趣,在这种疑问中被调动起来了,这也充分体现了这种导入法的作用。

2)情境导入法

情境导入法是指教师根据不同的教学内容,在上课时用幻灯、录音、课件、视频或图片等,带学生入情入境的方法。这种导入方式可以让学生有身临其境的感觉,从而引发他们的联想,激发他们的情智,启迪他们的灵感,能有效提高学生的学习质量。

[案例3]

初中数学课教学"二次函数",教师是这样设计导入的:教师展示课件,出示图片,引导学生观察、思考图中曲线,给学生以抛物线的初步印象。

(教师说明)河流上方架起的桥拱、跳绳运动中摇起的绳索、篮球比赛时投出的篮球运动的轨迹、花园喷水池喷出的水珠下落的轨迹等等,这些曲线都刻画出物体运行的高度与水平距离或运行时间的关系,它们通常称为抛物线。以上问题中变量之间的关系,可以用什么样的函数来表示?这种函数有哪些性质?它的图像是什么样的?它与以前学习的函数、方程等有哪些联系?这些都是本章所要学习的内容。①

这个案例中,教师联系实际生活引入课题,能让学生感受到生活中处处有数学,为引出抛物线的名称和学习后面的内容做了铺垫。而且,导入的情境直接取材于学生的生活实际,还能增加学生的亲切感。同时在设计时还兼顾到课本章前图与章引言的作用,可见,教师对教材的处理有自己独到的见解。

[案例4]

初中历史课讲授"东欧社会主义国家的改革与演变"时,是这样导入新课的:

开场教师说:在匈牙利首都布达佩斯,有一个叫朱尔斯·凡尔纳的孩子。他是一个

---

① 徐花香、张永超:《二次函数教学设计》,载《新课程初中数学教学案》,2012年第10期。

善于学习的孩子。1950年,他正好十岁。偶然间他看到了一个词语"社会主义国家",就向父亲提问:"世界上有多少社会主义国家?"你知道吗?

请同学们结合课本上的地图,告诉朱尔斯好吗?

然后教师课件出示"二战后的欧亚社会主义国家"地图,开始讲解。后面的教学过程以"朱尔斯看社会主义国家"、"朱尔斯看匈牙利"、"朱尔斯看世界"三个模块建立起教学流程结构。①

该案例中,教师以"朱尔斯·凡尔纳看历史"来创设导入情境,非常简洁,又很有趣味性。并且还将这条线贯穿于整个教学过程,成为牵动教学内容的一根纽带,体现了设计者独具匠心的妙意。

[案例5]

小学科学课,教学内容为"益虫和害虫",教学片段如下。

师:同学们认识不认识这两个小动物?

生:认识,它们都是昆虫,图左边的是蜜蜂,图右边的是苍蝇。

师:同学们!你们想过没有,在日常生活中蜜蜂和苍蝇谁好谁坏呢?

生:蜜蜂好,苍蝇坏。(回答踊跃)

师:谁能说说蜜蜂好在哪儿?苍蝇坏在哪儿?

生:蜜蜂能为人们提供香甜的食物,它酿出来的蜜比糖还要好吃哩。

生:苍蝇影响人们休息,整天在屋里嗡嗡乱叫,落在食物上弄脏了食物。

生:听幼儿园的阿姨说:"苍蝇还能传染疾病危害人的身体呢!"

师:同学们答得都非常正确,像蜜蜂这类昆虫对人们有好处,我们就尊称它为"益虫"(板书)。像苍蝇这类昆虫对人们没有好处,我们就称它为"害虫"(板书)。这节课我们就来学习关于益虫和害虫的知识,看看我们的周围还有哪些益虫需要我们去保护,还有哪些害虫等待着我们去消灭……②

这个导入语从直观教学引入,用形象、逼真的教学挂图吸引学生,引导学生从图中的所见联系到生活实际,凭学生的经验去体会蜜蜂对人们有好处、苍蝇对人们有坏处。在学生的看、想、悟、说之后,教师做出总结,然后顺理成章地导入新课。一折一扣,使学生言欲尽而思未止,在快活的课堂气氛中学生掌握了益虫和害虫的有关知识。通过创设这样的情境,做到知识化和思想化的和谐统一,增强了学生急于保护益虫消灭害虫的使命感,取得了良好的教学效果。

3)设疑导入法

孔子说:"学起于思,思源于疑。"朱熹也说过:"疑者,觉悟之机也。"疑是学习的起点,有疑才会有思考、有探究。根据教学内容设置相宜、精当的问题,拓宽学生的思维,也是教师常用的导入方法。像提问法、设置悬念法等都是常用的设疑导入法。采用这种导入语,能激发

---

① 王会萍、胡英军:《〈东欧社会主义国家的改革与演变〉教学设计及评析》,载《新课程·初中历史教学案》,2012年第11期。

② 佚名:《导语结束语设计》,载《内蒙古教育》,1998年第11期。

学生的求知欲,收到很好的课堂效果。

［案例 6］

一位语文老师在讲授《孔乙己》时,导入语是这样的:"只要读过鲁迅小说的人,基本上都知道孔乙己这个人;只要是读过《孔乙己》这篇文章的人,都会对孔乙己这个人印象深刻,认为他是一个'苦命人'。那么,人们为什么会有这种说法?孔乙己到底是一个怎样的艺术形象呢?我们在学了这篇文章后就会找到答案。"[①]

这样的导入语设计抓住了学生好奇心强的心理特点,由学生熟知的内容开始,环环相扣,设置疑问,制造悬念,很容易吸引学生的注意力,顺势引入后面的教学内容中去。

［案例 7］

一位老师在教学《皇帝的新装》前,讲了这样一个故事:童话大师安徒生有一次被邀参加宫廷舞会。一位小姐久闻他的大名,于是大献殷勤,不住地问:"你觉得我这件衣服怎么样,颜色好吗?样式好吗?质料好吗?你喜欢吗?"安徒生冷冷地说:"都一样,谈不上喜欢。"小姐说:"你觉得我穿什么颜色、什么样式、什么质料的好?"安徒生回答语惊四座,他说:"皇帝的新装。"引得周围的人大笑不止。

这位教师接着说:"皇帝的新装是什么样儿的呢?为什么安徒生的回答使人大笑不止呢?下面我们来学习他的童话《皇帝的新装》。"

这个导入根据课文内容,用幽默的语言精心设置了一个悬念,让学生在轻松的语境中带着悬念进入情境,他们强烈的探求欲很快被激发出来了。在这种情境下,学生容易积极思考,并主动带着问题到课文中去寻找答案,融入到新课文的学习中去。

4)旧知导入法

旧知导入法就是教师在讲授新课前,先复习学过的旧知识,利用学生已有的知识储备导入新课的一种方法。这种方法不仅能够激活旧知识,为"同化"新知识提供方便,而且能为学生的后继学习提供动力。但所复习的知识点必须是新课的教学切入点。对知识点的选择需要一定的技巧,要能起到温故而知新的效果。

［案例 8］

语文老师在教授苏轼的《记承天寺夜游》时,是这样设计导入的:"自古以来,许多文人墨客借月抒怀,写下了大量有关'月'的古诗文,谁能说出有关'月'的古诗文名句?"

话音刚落,学生们纷纷举手,争先恐后,说出了他们平时积累的许多有关"月"的古诗文名句:"但愿人长长久久,千里共婵娟","我寄愁心与明月,随君直到夜郎西"……

古诗文名句语言精练,意境深远,千古传诵。在导入新课时,结合课文内容,恰当引用已经学过的古诗文名句,能够使学生通过这些名句的意蕴和写作特点进行由此及彼的联想,从而感受到新课内容的精妙之处。

［案例 9］

数学老师教学"小数点位置移动引起小数大小的变化"时,运用了旧知导入法:

---

[①] 李翠岗:《浅析初中语文课堂导入语设计》,载《课外语文》,2013 年第 9 期。

师：把一个数扩大几倍用什么方法计算？

生：把一个数扩大几倍用乘法计算。

师：把一个整数扩大10倍、100倍、1000倍……就是在这个数的末尾添一个、二个、三个……"0"。

师：如果"0.4"扩大10倍、100倍、1000倍……是不是也可以在0.4的末尾添上一个、二个、三个……"0"呢？

生：和整数一样，可以在0.4的末尾添上一个、二个、三个……"0"。

生：根据小数的性质，小数末尾添上0，小数大小不变，所以0.40＝0.400＝0.4000，因此在小数的末尾添上"0"，这个数并没有扩大。

师：这位同学想得真好啊！看来一个小数扩大10倍、100倍、1000倍……不能随便在末尾添上"0"。只要我们学习了小数点位置移动引起小数大小的变化，就可以容易解决这个问题了。①

当学生原有的知识不能解决新问题时，针对学生的好奇心，利用新旧知识之间的矛盾，让学生产生疑惑，从而形成强烈的解决问题的动力，为探求新知识创设了良好的心理准备，学生很快就会自然地进入新的学习情境当中。案例9中很好地做到了这一点。

### （二）讲授语技能实例分析

讲授语是指教学中教师用来系统阐述教材、传授知识技能、培养感情和价值观的教学用语。它是课堂教学的最基本的语言表达形式，是教学语言的主体。它贯穿整节课，充分发挥教师的主导作用，使教师能运用系统连贯的口语集中解释疑难、指导学习，在较短时间内完成教学任务。讲授语运用得是否得当，是评价一个教师课堂教学好坏的重要指标之一。

**1. 讲授语的要求**

1）深浅适度，重点突出

讲授语负载的信息相当丰富，可能是某一定理的推导过程，也可能是某一关键词语的诠解，还可能是某一事例的评介。教师讲述时应考虑学生的知识水平，深浅适度。过于高深，难以理解接受；过于浅薄，没有启发意义。再者，对于本堂课的重点难点，教师必须心中有数。不能眉毛胡子一把抓，不加选择，不分详略，结果啰唆松散，杂乱无章，不仅无法突破重难点，更难按计划完成教学任务。

2）生动活泼，抑扬顿挫

教师要把教科书上的知识讲述出来并不难，难就难在要让学生听得懂、记得牢。这就要求教师的讲授语生动活泼，能把深奥的道理形象化，把抽象的事物具体化。讲授语一般较长，课堂上占用时间也较多。如果语调平直干巴，容易造成学生听力疲劳，影响教学效果。因此，好的讲授语应有悦耳的语音、起伏的语调、适宜的节奏，抑扬顿挫、娓娓动听。

**2. 讲授语的类型**

课堂讲授过程，一般由讲析、归纳、点拨三个部分组成，与之相应的讲授语，同样也主要

---

① 谷正亮：《小数点位置移动引起小数大小的变化》，载《内蒙古教育》，1998年第10期。

有三种基本形态：讲析语、归纳语、点拨语。①

1）讲析语

讲析语是指教师在讲课时用于口头分析的语言。所谓分析，就是要把教材中包含的各种因素剖析清楚。譬如，一个概念、一条定理、一则公式等的含义，一种现象是在什么条件下形成的，包含哪些知识与技巧，有什么价值和意义，都要求教师能分条缕析地进行讲解。要让学生既能知其然又能知其所以然。讲析的方法有很多，如比较讲析法、因果推断讲析法、类比讲析法、比喻讲析法等。

[案例10]

一位中学语文老师讲《死海不死》，当她讲到"各种盐类加在一起，占死海全部海水的23％～25％"时，她突然向学生发问："类似这种数字用法的还有吗？谁能从最近学的几篇课文中找出来？"

生："海水最深的地方大约有400米。"

"赵州桥建于公元605年左右。"

"石拱桥能几十、几百年甚至上千年雄跨在江河上。"

师："是的。这些数字的用法有不同吗？"

生："课文中的这一句用的是确数，后面三句用的是约数。"

师："对。什么情况下用确数？什么情况下用约数呢？对客观事物的认识和了解达到了全面、精确的程度，应用确数说明。对客观事物的认识和了解还没有达到全面、精确的程度，就用约数说明。约数是力求近似全面、精确的一种估计和推测，也是建立在科学计算和调查的基础上的。'大约400米'，是说目前还不能测的最深处的精确数，但靠近400米。'建于公元605年左右'，是说不能肯定到底建于哪一年，但接近605年，或在前在后不几年。'几十、几百年甚至上千年'，是对石拱桥雄跨江河时间的泛指，历时长短，很难说定。从实事求是出发，能够用确数的就用确数，一时不能用确数的就用约数，用约数正是尊重客观事实，同样是科学的。"

这个案例中教师使用的是比较讲析法。针对"约数"和"确数"两个概念进行比较讲析，既有诠释，又有分类，还有举例，几者交替使用，不仅使学生明确懂得确数和约数的用法，而且还使学生明确了用约数同样是尊重客观事实、同样是科学的道理，解决了学生学习中的疑点。

[案例11]

语文老师关于《最后一课》的背景介绍：

同学们，今天我们要学习的是法国的短篇小说——都德的《最后一课》，为什么叫做最后一课呢？这是怎么样的最后一课呢？

现在我简单地把这篇小说的背景介绍一下：这篇小说反映的是1871年间普法战争的情况。同学们知道，普鲁士是德国的前身。在普法战争中，法国的皇帝拿破仑三世要称霸欧洲，因此就出兵向普鲁士挑战。普鲁士军队早已有准备。所以，拿破仑三世打过

---

① 程培元：《教师口语教程》，高等教育出版社，2004年版。

去的时候,不但没有把普鲁士军队打散,相反,人家把他打败了。于是,法国的阿尔萨斯和洛林东部两个地方作为赔偿,割让给了普鲁士。这两个地方的学校,也就在普鲁士的统治之下了,学校里只准教德语,不准教法语。从此,小说里的主人公小弗朗士,就不能在学校里学习自己的法国语言了!小说里的老师韩麦尔先生,也就不能再在学校里教自己的法国语言了!所以,这篇小说的题目就叫《最后一课》。①

这是一段因果推断式的讲析语。教师以普法战争的发展过程和内在因果关系为序,对普法战争的概况及小说的关系做了简明扼要而又清晰生动的介绍。思路清晰,层次分明,语言通俗,语意准确、连贯。

[案例 12]

一位语文老师在讲解《刻舟求剑》时的片段:

师:同学们,听老师讲个故事。一个孩子经常烧饭,一家三口两碗米,天天这样。有一次,忽然来了一位客人,而孩子烧饭时仍然只量两碗米。吃着吃着,饭不够了,这时,孩子发现自己不对了。那么,不对在什么地方?为什么不对呢?

生:她少量了一碗米。

生:她按老办法做事。

生:她不懂得多一个人吃饭,烧饭的米也应该增多的道理。四个人也量两碗米,是她看不到情况的发展变化。

师:从烧饭这件事联系到"刻舟求剑"的那个人,是不是说明一个道理呢?②

这是一段类比式讲析,是一种将事物间某些相同的特性或寓含的相近道理进行连类相比,间接推导出结论的讲析。在讲析的过程中,要注意突出两个对象之间的义理相通,激发学生的触类旁通、举一反三的思维能力。这个案例中的老师以一个类比的故事帮助学生间接理解了教材中不易被学生直接悟出的道理。

[案例 13]

有位物理老师在讲授光量子的概念时,为了说明每种频率的色光都有自己的最小能量——光量子,不同色光的光量子并不等大,他用了这样一个比喻:这好像每个国家的货币都有最小值,不同国家最小币值并不等大。通过这样的比喻,一个深奥的物理概念使学生感到很亲切、很容易感知。又如,学生往往将导体中自由电荷定向移动的速率看做是"电"的传播速率。但当学生获得金属导体自由电子定向移动的速率很小时,感到很纳闷。自由电子在导体中定向移动的速率既然这么小,为什么接通电路瞬间就有了电流呢?电的传播速率到底是多大呢?其实"电"的传播速率即电路中电场传播速率。为了帮助学生理解电路中电场传播的速率与自由电荷定向移动速率之间关系,这位老师又进行这样的类比:在操场上,同学们列队站立,当发令员发出"齐步走"的指令后,队列中每个人同时开始行进,虽然每个人行进速率并不大,但发令声音传播却很快。在电路中,当开关合上时,电场在导体内传播速率类似于指令传播速率,而自由电荷定

---

① 陈国安、王海燕、朱全明、郑红勤:《新编教师口语》,华东师范大学出版社,2007 年版。
② 孟宪凯:《微格教学与小学教学技能训练》,北京师范大学出版社,1998 年版。

向移动速率类似于队员前进速率。①

这个案例中,教师采用的是通俗化的语言做比喻、类比式讲析。教师善于寻找概念在生活中的原形,善于寻找与知识点具有某种相似性的熟悉事物做比喻和类比。这样一来,再深奥的概念、再深刻的道理,因为老师的形象比喻、类比式讲解,学生也能轻松地理解和掌握了。

2) 归纳语

归纳是从一系列具体的事实概括出一般原理的过程。它是人的思维从局部到整体,从具体到抽象,从感性到理性的综合、总结的过程,是人认识事物的一个基本规律。教师在讲授教学内容时也要遵循这个规律。课堂上精要简洁的归纳语,能够在详尽分析的基础上,使学生的思维发生质的飞跃,从整体上掌握事物的本质和知识的要领。

[案例14]

一位中学语文教师讲授鲁迅先生的《从百草园到三味书屋》时的几段实录:

A. 在讲完第一部分,即关于百草园的描写之后,老师说:

这一段把鲁迅先生热爱自由生活的情景,都写出来了,写得有声、有色、有形、有味(边讲边板书:有声、有色、有形、有味)。这幅画面,给人一种绚丽明快、充满生气的感觉(板书:绚丽明快,充满生气),而且鲁迅先生幼年的形象也在这里体现出来了!

对百草园的依依不舍的思想感情,正反映了鲁迅先生对自由自在的、无拘无束的生活的热爱。

B. 讲完三味书屋的陈设之后,老师又说:

陈设古旧,气氛沉闷、冷清(板书:古旧、沉闷、冷清)。这样一个环境,正好和百草园形成了鲜明的对比。越是写三味书屋陈设古旧、气氛沉闷,越是突出了百草园生活的乐趣。

三味书屋的学习生活是十分单调无味的,但鲁迅先生还是千方百计地寻找快乐,表现了鲁迅先生对封建教育的不满和反抗。

C. 全文讲完之后,老师最后说:

现在我们再回到题目上来:《从百草园到三味书屋》,你们看了题目,想到这篇文章的作者可能从哪几方面来写。现在我们读完了这篇课文,知道全文分两大部分,而写百草园的部分和写三味书屋的部分正好形成——鲜明的对比。

鲁迅先生正是通过百草园和三味书屋两种生活的鲜明对比,表达了他对封建教育的憎恨和批判。②

这几段归纳语,将作品的脉络、写作手法、写作目的以及各部分所包含的思想内涵都准确、扼要地揭示出来了。这样的归纳能有助于学生从整体上把握作品的内容,同时也能引导学生更深刻地理解作品的思想内涵。

---

① 黄晓林:《浅谈新课程下如何使讲授更有效》,载《中学课程辅导》,2013年第22期。
② 唐树芝:《教师口语技能》,湖南师范大学出版社,2000年版。

[案例15]

　　一位语文特级教师在公开课上讲《故乡》。当时分析课文已经进行了一大半,这位老师循循善诱地问道:"同学们还有什么问题吗?"突然一个调皮的学生没有举手就站了起来:"老师,杨二嫂为什么叫豆腐西施?"学生哄堂大笑,这位老师是这样分析、归纳的。

　　师:"是啊,为什么要叫豆腐西施呢?"

　　众生:"因为她长得漂亮。"

　　师:"你怎么知道她长得漂亮?"

　　学生翻书,念:"我孩子时候,在斜对门的豆腐店里确乎终日坐着一个杨二嫂,人都叫伊'豆腐西施'。但是擦着白粉,颧骨没这么高,嘴唇也没这么薄,而且终日坐着……那时人说:因为伊,这豆腐店的买卖非常好。"

　　师:"素描式的勾勒,形象栩栩如生。"(板书)但漂亮的女人多的是,为什么单单叫她豆腐西施,以后又用"圆规"这种借代的修辞手法借代她?

　　生:"卖豆腐。"

　　师:"仅仅因为这一点吗? 现在我们来对这个人物形象进行分析,"嘴尖舌稠,尖酸刻薄"(板书)。

　　生:"不认识了么?我还抱过你呢!"

　　"忘了?这真是贵人眼高……"

　　"'啊呀啊呀,真是愈有钱,便愈是一毫不肯放松,愈是一毫不肯放松,便愈有钱……'圆规一面愤愤地回转身,一面絮絮地说,慢慢向外走,顺便将我母亲的一副手套塞在裤腰里,出去了。"

　　师:"自私泼悍,爱占小便宜,甚至小偷小摸"。(板书)

　　生:"迅哥儿,你阔了,搬动又笨重,你还要什么这些破烂木器,让我拿去吧,我们小户人家,用得着。"

　　"母亲说,那豆腐西施的杨二嫂,自从我家收拾行李以来,本是每日必到的,前天伊在灰堆里,掏出十多个碗碟来,一轮之后,便定说是闰土埋着的,他可以在运灰的时候,一齐搬回家里去。杨二嫂发现了这件事,自己很以为功,便拿了那狗气杀,飞也似的跑了……"

　　师:"杨二嫂是不幸者,她的灵魂已被扭曲变形。从'豆腐西施'到'圆规'的对比中,从侧面反映了中国农村经济的衰败,劳动人民生活的痛苦和精神上所受的毒害,作者通过这个形象前后的对比,表达了对旧社会无限的愤慨。"

　　这个案例中,教师敏锐地辨析着学生的反馈信息,对学生的提问"为什么叫豆腐西施"恰到好处地加以引导,并将学生的感性认识提升到了一个理性的高度,进行写作手法的归纳,人物形象的分析、概括归纳,这很好地起到了为教学服务的作用。

3)点拨语

　　点拨,就是点化、拨正的意思。这种讲授语虽然与评点有些相似,但是评点是评论,评述的过程有点拨的作用,重点是评;而点拨,只点不评,教师抓住重点和要义,用一两句话点明实质,能使学生幡然领悟,获得新的思路,从而进入新的境界。

[案例 16]

数学课,讲零的意义,学生通常把零看做表示没有。针对这种不正确的认知状况,教师说:"我们这里冬天气温常在零摄氏度,那么零度是不是意味着没有温度呢?摄氏零度相当于华氏 32 度,难道华氏 32 度也表示没有温度吗?"①

这个案例中,教师采用归谬的手法对学生进行点拨。归谬,即按照不正确的逻辑,把不正确的思维方法和不正确的观点加以引申,使之不能自圆其说,从而使学生获得醒悟。这位老师用两个反问构成了归谬,拨正了学生认知中的谬误,指导学生形成正确的认知。

[案例 17]

语文教师在讲授《我的伯父鲁迅先生》的词语"呻吟"时是这样点拨的:

师:什么叫呻吟?

生:就是声音很微弱地说话。

师:那你们小声说话叫呻吟吗?回答问题声音小叫呻吟吗?

生:在非常痛苦的情况下,小声地自己哼哼。

师:对,生病了,或是哪儿痛了哼哼,叫呻吟。②

案例 17 中,很简单的两句话,就拨正了学生片面的、不正确的思维和理解,这样灵活的点拨语,比起把知识硬塞给学生的效果要强很多。在这种点拨中,教师用话语创设了一种认知情景,引导学生自己去解决知识难点,以达到让学生茅塞顿开的教学效果。

(三)提问语技能实例分析

提问语,是教师根据教学要求,围绕教学内容,针对教学实际而对学生提出的问题,促使学生进行积极思考和加深理解的教学用语。它用于设疑问难,是联系教与学双边关系的纽带,也是启发式教学的神经中枢。几乎每个优秀教师都善于运用提问语,因为"引导之法,贵在善问",恰到好处的设疑,可以激发学生强烈的求知欲,调动学生参与的积极性,进而培养其思考问题、解决问题的能力。成功的教师都十分重视课堂提问,它也是了解学生掌握知识的最有效方式之一。

**1. 提问语的要求**

1)适时适度,由浅入深

一堂充满活力的课与提问是密不可分的,但提问必须适时适度,应该在学生有所思有所疑的时候发问。提早了,回答不出来;提迟了,没有思考的价值。缺少教学经验的老师经常不抓重点,不看时机,只一个劲发问,结果不痛不痒不仅于教学无补,反而扰乱学生思路,甚至使学生产生厌思厌答的情绪。设计提问语时,还应通盘考虑,一是难度面向多数人,二是前后问题相关联,前一问题是后一问题的铺垫、桥梁,后一问题是前一问题的引申、前进,这样由浅入深,逐步递进,才能带动学生积极思考。

---

① 唐树芝:《教师口语技能》,湖南师范大学出版社,2000 年版。
② 程培元:《教师口语教程》,高等教育出版社,2004 年版。

2)启发鼓励,注意策略

提问的目的在于促进学生积极思考。然而一些没有经验的老师总是为提问而提问,不管三七二十一先将答案抛给学生,再来一个简单的是非问"是不是"、"对不对"。其实,提问应注意策略。针对问题症结,选用对应的有启发性的疑问语帮助学生掌握知识。如对具体现象探寻原因可问"为什么",对存在问题寻求解决办法可问"怎么办",对某些事件发表看法可问"如何看待"。再者要给学生留下思考的时间,不可逼问,更不能嘲笑。如果学生一时回答不出,教师应适当鼓励诱导。

**2. 提问语的类型**

关于提问的方式,国内外学者有过各种不同的研究。有的从信息交流的角度,把提问语分为特指式、泛指式、重复式、反诘式、自答式;有的从提问方式的角度,把提问语分成直问、曲问、正问、逆问、单问、复问、快问、慢问;有的从认知水平的角度,把提问语分成知识水平的提问、理解水平的提问、应用水平的提问、分析水平的提问、综合水平的提问、评价水平的提问。这里主要从提问语的结构、内容、功能三方面来考虑,将提问语分为七类:独立式提问语、铺垫式提问语、解释式提问语、总分式提问语、连锁式提问语、并列式提问语、推进式提问语。①

1)独立式提问语

这类提问语发话形式很简单,只有一个问句,没有前言和后语。如"鲁迅的《故乡》写于哪一年?""作者为什么在'伟大'一词上加引号?""如果把这个'落'字换成'打'字好不好?""为什么说总理永远活在我们心里呢?"等等都是独立式提问语。这些提问语的问句形式有正反问句、特指问句和选择问句,常见的语言标志是"为什么"、"怎么样"、"什么时候"、"哪儿"、"吗"、"是不是",等等。这类提问语的内容简单,一般是常规性提问,在课堂上的使用频率较高。

2)铺垫式提问语

铺垫式提问是指在讲授新知识之前,教师提问与本课有联系的旧知识,为传授新知识铺路,以达到顺利完成教学任务的目的。当老师希望学生所能达到的水平和学生实际的水平存在一定的差距,而且学生很难独自达到预期目标的时候,教师就要合理运用一些铺垫式提问语,为学生搭建知识的"台阶",以实现预期的教学目标。

**[案例18]**

一位语文老师教《我的叔叔于勒》,分析人物形象后,教师提出问题:"这篇小说的主人公是谁?"学生都说是于勒,然后教师就让他们再思考一下,结果学生非常茫然,不知该怎样去解决这个问题。教师便明白了学生对如何判断谁是主人公还不是很清楚,于是就引导学生去回忆曾经读过的一篇文章,然后问:"当时你确定文章的主人公的理由是什么呢?"经过这一点拨,有许多学生恍然大悟,根据回忆总结出如何判定主人公的三条依据,然后教师再让学生根据这些知识去判断课文的主人公,问题就迎刃而解了。②

---

① 崔达送:《论教学提问语的类型和功能》,载《语言文字应用》,2010年第5期。
② 张海英:《铺垫式提问在语文课堂中的应用策略》,载《语文教学通讯》,2013年第9期。

这种铺垫式的提问抓住了新旧知识间的联系,促进新旧知识间的渗透和迁移,为解决有难度的问题搭建了台阶,是提高课堂提问效率的一种有效方式。

3)解释式提问语

这类提问语一般是先提出问句,再补充说明和问题有关的情况,或者注释说明这个问题的答案的范围。例如,语文课上分析完课文内容后,分析文章的写作特点时,教师这样提问:"本文在写作上有何特点?可以从结构、语言、论证方法三方面来归纳。"这就属于解释性提问。

这类提问语所问的内容一般有难度,所以常常需要教师进行解释或提示。也有老师不使用这种提问方式,而是将这样较难的问题进行分解,先从具体的、简单的问题问起,然后再进行总结。这两种方法各有千秋。直接问比较难的问题,能激起学生探究的欲望,学生在探究的过程中可以锻炼分析、综合的思维能力,而不足之处就在于往往提出问题后需要做解释说明和提示。如果采用先分解、化难为易的方式,教学过程会相对显得轻松,可是,学生的思维活动的程度就会降低。

4)总分式提问语

总分式提问又称牵引式提问,是指将一个大问题分解为若干小问题,这些小问题本身互不直接牵连,而分别与大问题相扣合。回答了诸多小问题,再综合探索大问题。其特点是"以大领小,从小到大"。

[案例19]

有位语文教师在讲鲁迅《祝福》一文,他首先总的提问:"鲁迅先生是怎样描写祥林嫂的?"在这一问题下又提出"怎样写祥林嫂的衣着?每个时期的衣着有什么变化?""怎样写祥林嫂的眼睛?每个时期眼睛有什么变化?""祥林嫂的脸色表情如何?发生过哪些变化?"等一组小问题,逐步引导学生理解课文内容,脑海里首先呈现关于祥林嫂的肖像,并由此进一步探索祥林嫂的内心世界,把握鲁迅笔下这一受封建礼教迫害的中国妇女典型的社会意义。

这种提问符合学生从具体到抽象、从个别到一般的认识规律,不仅能使学生了解到课文内容中各部分之间的有机联系、各部分在文中所起的作用,而且锻炼了学生分析综合的思维能力,能收到条理清晰、纲举目张的教学效果。

5)连锁式提问语

连锁式提问又称追问,是指教师根据知识内在的联系,设计以疑引疑、环环相扣的一系列问题进行提问。有时也可以是教师提出一个问题后,根据学生的回答,再提出另一个或多个问题,首尾相连、一追到底。

[案例20]

如有位地理老师设计了如下提问:

师:为什么人们破坏森林会受到大自然的惩罚?

生:森林被破坏后直接影响气候,降水不稳定。

师:恶劣的气候对地表有何影响?

生:地表侵蚀加剧,水土流失增大。
师:水土流失增大会产生什么后果?
生:河流含沙量加大,河道容易淤积,常引起涝灾。

这一连串的提问环环相扣,步步推进,三两句话就将教学引入到植被与农业生产的关系这个教学主题上来。这种连锁式提问,拓宽了思路,对学生全面深刻地认识问题有促进作用。

6) 并列式提问语

这种提问语的两个或多个问题之间是并列关系,一般出现在新课导入、课堂讨论或者结课之时。其中的问题可能集中提出,也可能在教学过程中一个一个地提出。并列式的提问语虽然没有因果、总分等明显的层次关系,但是话题统一,显示出很强的整体性。

[案例 21]

一位教师在教鲁迅的《药》时提出了这两个问题:夏四奶奶明知儿子受了冤枉,为什么上坟时仍要"踌躇"和"羞愧"? 华大妈在看到夏瑜坟上有花环时,为什么会"感到一种不足和空虚",又"不愿意根究"?

[案例 22]

一位老师在讲孙犁的《荷花淀》时,提出了以下问题:这篇小说的对话描写、景物描写很精彩,你能各举一个例子,说说它在小说中起了什么作用吗? 你认为这篇小说的语言主要有什么特点? 你认为这篇小说的主题思想怎样归纳比较好?

从问题内容来看,案例 21 是教师提出来要学生回答的,案例 22 是教师提出来让大家进行课堂讨论的。案例中的问题之间的联系虽不明显,但是大的话题是一致的,是围绕一个主题而提出的并列式问题。

7) 推进式提问语

这种提问语的每个问句之间呈现层层递进的关系。一般教师会先对提问语做整体设计,怎样由易到难、由浅入深、层层铺垫、连续发问,最后水到渠成,自然解决问题。这种提问有助于学生把握问题的方向,深化对学习内容的思考,培养他们的逻辑思维能力。

[案例 23]

小学数学课,教学内容为"分数的初步认识",教学片段如下。
师:4 块饼干,2 块饼干,1 块饼干(板书:4,2,1),这些都是整数。(举起掰开的半块饼干)请说说,这半块饼干的"半",是不是整数?
生:"半"不是整数!
师:"半"不是整数,那是什么数呢?
生:"半"是半个数。
师:半个数,说得多别扭呀! 那么这"半个数"是怎么得来的?
生:是…"1"平均分成两份得来的。
师:说得好,是平均分成两份得来的。既然是平均"分"出来的,"半"就要用"分数"来表示了。那么"半"用分数怎么说?

生：平分两份中的一份。

师：哎呀,这么说太啰唆了,不方便,简单的说法是"二分之一",就是平均分成两份中的一份,写作 1/2。如果平均分成三份,其中的一份用分数怎么表示呢?

生：1/3。

师：平均分成 5 份,其中的两份怎么表示呢?

生：2/5。[①]

这是"移答作问"的推进式提问。教师循着学生的思维流程设疑诱导,在提问中小步迁移,一步步把学生引入新的知识领域,渐渐地由"已知"推"未知",有助于培养学生的逻辑思维能力。

**[案例 24]**

有位语文教师教"装在套子里的人"一课时,鉴于小说主题的揭示难度较大,学生一下子不好回答,便精心设计了几个小问题,在教学中由易到难、由低到高地逐层提出：

(1)别里科夫的特点是干什么都有套子,他有哪些套子?

(2)别里科夫只不过是一个穿着雨鞋、带着雨伞的希腊文教员而已,为什么会有那么大的影响?

(3)他的婚事失败的根本原因是什么?

(4)从上述问题中可以看出别里科夫是一个什么样的人呢?

(5)专制制度的维护者别里科夫死了,为什么"局面并没有因此好一点儿"呢?

(6)作者塑造别里科夫这一形象在当时的社会意义是什么呢?

这位老师设计的问题组成了层次分明的台阶,每解决一个问题,就爬上一层台阶,问题解决完了,思维便爬至顶点,预定的教学任务也就圆满完成了。

**(四)结束语技能实例分析**

结束语,也称断课语、结尾语,是课堂教学主体部分的最后一个环节,指教师在教学活动中对所讲述的内容进行归纳,准备结束教学的用语。它可以帮助学生提纲挈领、巩固所学知识,也可以成为沟通新旧课的桥梁,还可以推动学生形成新的学习动力,指导课后运用。成功的结束语,应如深山古刹的钟声,余音绕梁,给学生留下不绝于耳的清音和长久思索的余地。

**1.结束语的要求**

1)简洁明确,字音清晰

既然是课末的总结归纳,就应做到纲举目张,语言简洁明确。可用短句,或用序数词列出要点,不可拖沓杂乱。此外还应注意声音的表达,要做到字字清晰。可加大音量,突出重音,放慢语速,不可以慌里慌张草率地收场。

2)灵活多样,回味无穷

教师应当根据教学目标与教学语境的需要,灵活选用适当的结束语,或提纲挈领、画龙

---

[①] 石占平、吴晓红：《小学数学课堂教学提问五法》,载《教育革新》,2011 年第 10 期。

点睛,或启迪思维、开拓思路,或承上启下、首尾呼应。不管选用何种方式,都应注意自然恰当,余音无穷,并且干净利落,既不狗尾续貂,也不画蛇添足。

**2. 结束语的类型**

根据结束语的主要作用,我们将结束语分为三大类,即总括式结束语、拓展式结束语、启下式结束语。

1)总括式结束语

指教师对所教内容进行概括,扼要归纳出教学纲要或精髓的话语。这种总结语的特点是精炼、明确,既有助于学生形成一堂课的整体认识,又便于强化教学重点。

[案例 25]

历史老师教授"唐代民族关系"一课的归纳语:

唐朝时,我们伟大祖国的北部、西北、东北和西南,分别居住着突厥、回纥、靺鞨、吐蕃和六诏等少数民族。回纥、黑水靺鞨、吐蕃又分别是维吾尔族、满族、藏族的祖先。这里,各族之间虽然曾经存在着战争的关系(如 629 年唐太宗打败东突厥的战争),但唐朝中央政府在四周边境地区设立了许多统治机构,加强了各民族之间的联系,使各民族和睦共处于一个民族大家庭之中,像文成公主与松赞干布联姻已成为千古佳话,"唐蕃会盟碑"则成为汉藏两族人民友好关系的历史见证。由此可见,各族人民友好相处是唐朝民族关系的主流,成为唐朝疆域辽阔和国力强盛的原因之一,促进了统一各民族国家的发展。①

这个案例中的结束语既全面概括了内容,又在内容上有了升华。教师先从唐朝的各个方位总结了民族的分布及关系概况,然后归结出民族关系的主流及其正面影响,真正做到了概括内容的广度和深度。

[案例 26]

特级语文教师于漪讲《茶花赋》的结束语:

祖国如此伟大,人民精神如此感人,一朵茶花能容得下吗?能给人启发、深思吗?能。为什么能?这是由于作者运用丰富的想象,进行巧妙的艺术构思,不断开阔读者的视野,由情入手,而景,而人,而理,水乳交融。从茶花的美姿和饱蕴春色,我们看到祖国的青春健美,欣欣向荣;从茶花栽培者的身上,我们感到创业之艰难,任重而道远;从茶花的含而不露乍开,形似新生一代鲜红的脸,使我们对未来充满着无限希望,这三幅构图各具一格,意境步步深入,十分传神……②

这一结束语对深刻的立意与严谨的结构特色进行了高度概括,运用三层对比句式,提纲挈领、画龙点睛式地总结上文,达到由博返约、便于记忆的目的。

2)拓展式结束语

指结束课程时,教师在教学内容的基础上进一步引申发挥的话语。或指导学生学习探索的方法;或开阔学生视野、激发学生情感;或联系实际,启发学生对人生的思考,等等。总

---

① 翟雅丽:《教师口语技巧》,暨南大学出版社,2001 年版。
② 黎祖谦:《教师口语艺术》,江西高校出版社,2010 年版。

之,灵活委婉,既可以拓展学生思路,又可以潜移默化地进行思想教育。但应注意,这种引申拓展要紧密联系教学内容,不可无中生有,简单造作。

[案例27]

一位物理教师在讲授完"法拉第电磁感应定律"后,就很注意结语的纵向拓展,将一个物理定律的学习推演到整个物理定律的学习中。他说:"好!我们今天学习了关于感生电动势的方向、发生电磁感应的导体电源作用以及它的电极性问题。对这些物理现象的探讨,我们知道学习某个物理定理时,最重要的是理解定律所描述的规律实质,切实掌握公式中各个字母所代表的物理意义和适用条件,包括单位制的使用。只有这样,才能在分析问题和解决问题中成为'百胜将军',成为解决问题的'行家里手'。"

这段结语,将一个物理定律的学习,推演到整个物理定律的学习,拓宽了学习的思路。并且以鼓励、引导的方式,进一步激发了学生的学习兴趣。

[案例28]

一位语文老师在"孔雀东南飞"一课结束时采用的拓展延伸式结束语这样说道:"据说刘兰芝'举身赴清池'遇救,焦仲卿也没有'自挂东南枝',后来他们还居然破镜重圆。那么,按照人物的命运,我们应如何结束全诗?"这样一来,学生就很自然地进入了浮想联翩的境界之中,各种各样异想天开的情节都设计出来了,才子佳人的悲欢离合的情节有之,旧戏曲中大团圆的情节有之,而一些情节曲折、结局新奇的设计也有之。虽然大部分格局不大能突破俗套,但他们的畅想积极性得到了充分的发挥,创造性的思维得到了很好的锻炼。①

这个案例中,教师一反《孔雀东南飞》原文的思路,对课文结局提出假设,既拓展延伸了课文的教学内容,又开发了学生大胆的想象力和创造能力。

3)启下式结束语

这种结束语往往是前后内容有紧密联系时所采用的。通过总结上节课或上面的内容,引出下节课和下面的内容;并引导学生将具有内在联系的知识进行比较,在新旧知识之间架起联系的桥梁。在这里,总结只是铺垫,启下才是关键。

[案例29]

一位语文教师讲完《春》之后,这样结尾:

春夏秋冬,四时更替,我们伟大的祖国四季如春,景色美不胜收。这一课我们领略了《春》的绿满天下,花开满地的美景,下一节课我们将观赏老舍笔下的《济南的冬天》的美景!

[案例30]

一位历史老师在讲完"秦始皇"一课时,根据后面要学的内容,设计了如下结束语:

同学们,这一节课我们领略了秦始皇统一天下而建立的历史功绩。但是,俗话说,"金无足赤,人无完人",秦始皇有没有历史的罪责呢?要知道这一点,等学完下一节课

---

① 易匠翘:《教学口才》,湖南人民出版社,2001年版。

的《大泽乡起义》后,便见分晓。①

以上两个案例中的结束语启发学生去主动预习下一节课所要学习的内容,激发学生求知的欲望。这样的设计,既能体现教学目标,又突出了重点,还强化了素质教育的目标。

## 第二节 课堂非预设事件语言技能训练

### 一、概述

(一)课堂非预设事件概说

课堂非预设事件有些与课堂教学内容无关,是与当时当地的环境有关的,比如:天气突变;有人来访;教室外异常响动;教学设备故障;学生迟到、讲小话、手机突响等非学习行为。我们可以把这种非预设事件称为课堂环境非预设事件。

另外一些课堂非预设事件与教学内容有关,通常是由教学预设事件引发的,一般表现为学生的提问和回答完全在教师的意料之外。我们可以把这种非预设事件称为课堂教学非预设事件。

课堂预设事件是在教师的预设下按计划在课堂上逐一展开的、在教师的掌控下逐步推进的教学进程,是有计划、有步骤的课堂事件。而课堂非预设事件是偶发的、随机的临时事件,教师没有事先准备好应对预案,不在教学计划之内。但是,临时事件会影响预设的教学进程,这种影响会是积极的还是消极的,从某种角度说,取决于教师对非预设事件的处置方式。因此,我们应充分重视课堂的非预设事件,并且积极应对、恰当处置。

(二)课堂非预设事件的教学意义

**1. 是课堂教学不可避免的一部分**

以往的教学研究十分重视教案的设计,也就是说注意力基本放在如何做好课堂的教学预设,课堂教学是在教师的计划下按部就班完成的。自20世纪70年代开始,美国学者提出"生成课程"的理念。生成是一个相对于预成、既定的概念,这一概念与教学相连,构成一种新的教学形态,它强调教学的过程性,突出教学个性化建构的成分,追求学生的生命成长,是一种开放的、互动的、动态的、多元的教学形式。②

在生成性教学的理念下,课堂教学不再是一个坚决执行教学预设的无增无减的静态过程,而是一个充满变数的动态过程,是开放的、互动的、动态的、多元的。非预设事件是课堂教学的有机组成部分,是不可避免、也不必回避的。"传统教学过程不允许有超出教学设计中规定的行为出现",但在教学现实中,"偶发事件是必然的,没有偶发事件的教学才是偶

---

① 翟雅丽:《教师口语技巧》,暨南大学出版社,2001年版。
② 郑金洲、蔡楠荣:《生成教学》,福建教育出版社,2005年版。

然"。"教育的任务不是避免这种偶然事件,而是充分发挥它的教育教学价值。"①

**2. 是宝贵的教学资源**

教学资源,通常指可以用于教学的一切事物和条件,包括在课堂里能够产生教学价值的各种事件。② 课堂环境非预设事件表面上是课堂教学的一种干扰,但是,如果教师能够巧妙应对,不仅能化解这种干扰,相反还能从环境偶发事件中开发出对教学有利的因素,获取额外的教学资源。课堂教学非预设事件则往往反映出教学预设的不足,或者反映出学生对教学内容的掌握程度,是一种非常明确的教学反馈。

课堂非预设事件处置得当会使课堂教学资源得以合理充分的利用,反之,则会造成教学资源的浪费。

**3. 是培养人文精神的重要契机**

《基础教育课程改革纲要(试行)》指出,基础教育课程改革目标是要使学生"具有初步的创新精神、实践能力、科学和人文素养"。不仅语文、历史、音乐等这样的人文学科课程是工具性和人文性的统一,所有课程都应是工具性和人文性的统一。课堂不仅是传授知识的阵地,也是塑造学生人格的重要平台,教书育人并举,才能促进学生健康成长,逐步形成良好的个性和健全的人格。

课堂非预设事件除了包含知识性信息,还包含人文性信息,是对学生进行人文精神培养的重要契机,这时候,教师适时进行人文性评价就尤为重要。

**[案例 31]**

有一位小学特级教师应邀到外地授课,随意点了一个胖胖的男孩朗读课文,这个孩子一开口就把句子念错了。老师柔声提醒他:"看清楚再念。"他居然结巴起来。邻座一个男生忍不住笑了,举手想替这个学生读,但老师没同意。老师耐心鼓励胖男孩再来,胖男孩的额头渗出汗来,总算把那个句子念顺当了。老师示意他坐下,然后走到那个发笑孩子的身边,问他:"你想评价一下他的阅读吗?"那个男孩站起来,伶牙俐齿地说:"他急得出了满头大汗,才把那个句子念好。"老师说:"应该说:他为了念好一个句子,急得出了满头大汗。请你带个头用掌声鼓励一下他好吗?"后来有学者对这位教师的做法给了这样的评价:给了弱者尊严,给了强者仁爱,并且给了所有孩子看世界的眼睛。③

这样的课堂环境非预设事件似乎与教学是没有关系的,教师的处置也似乎谈不上是教学资源的开发,但是,教师的人文性评价反映出教师优秀的人文素质及职业素养,给学生做出非常好的榜样。

另一方面,在对课堂教学非预设事件的处置中,背后反映出的人文价值是,学生的课堂努力得到积极评价和接纳,教师的客观、民主的形象得以树立,知识传授和品格塑造的双重教学目标得以贯彻。

因此,课堂非预设事件若处置得当,除了能帮助更好地完成教学目标,还会给课堂教学带来回馈,那就是宽松愉悦的课堂氛围、和谐融洽的师生关系、积极向上的教学互动良性循环。

---

① 罗祖兵:《生成性教学的基本理念及实践诉求》,载《高等教育研究》,2008 年第 2 期。
② 吴勇毅,石旭登:《CSL 课堂教学中的非预设事件及其教学资源价值探讨》,载《世界汉语教学》,2011 年第 2 期。
③ 张军:《试论非预设性生成在语文课堂中的作用》,载《学周刊》,2011 年第 13 期。

### (三)教师应采取的基本态度

**1. 充分重视,抓住稍纵即逝的教学机会**

课堂非预设事件是偶发的、随机的临时事件,具有即时性,这种机会是稍纵即逝的,教师若不重视不回应,会错失良机,或者过很久以后再来回应,效果也会大打折扣。

**2. 民主平等,实现学生的主体地位**

课堂非预设事件与课堂预设事件往往是相悖的,有时候甚至是相冲突的。对学生"唱反调"的行为,教师应持有坦诚宽阔的胸怀,以民主平等的态度,客观中肯地加以评价,而不是一定要求学生"按老师说的做"。这样,学生的创新精神、质疑勇气得到保护,学生的教学主体地位得到切实的体现。

**3. 总结反思,实现教学相长**

课堂非预设事件是偶发的,也是突发的,如何处置才是既能保护学生的积极性,又能保证教学任务的顺利完成,在短时间内,教师就要做出正确的判断和决定,这其实相当考验教师的智慧。特别是对于新手教师,他们往往在出现这种突发事件的时候不知所措,以致尴尬难堪、倍感挫折。教师应不断总结反思,善于在这种尴尬挫折中学习、成长,才能慢慢积累经验、从容应对,让非预设事件从根本上变得也是可以预料并且可控的。

**4. 灵活处置,实现高效课堂教学**

课堂教学要求在一定时间、一定地点,达到一定教学目标,完成教学任务。课堂教学设计是教师为达到教学目标而制定的预案,课堂预设事件则是教学预案在课堂上的严格执行,是一环扣一环的教学进程。而课堂非预设事件由于其突发性,会影响教学进程,处置不当,还可能会偏离教学目标,最后导致教学任务无法完成。因此,课堂非预设事件的处置一个总的原则仍然是在教学目标的统领下,各种调控和处置都应为完成教学目标服务。

如前所述,非预设事件对课堂教学有重要意义,对非预设事件漠然置之,缺乏"生成性"理念会造成教学资源浪费。但是,放任自流和无节制的过度处置同样是失当的,课堂会像脱缰的野马,失去控制。课堂非预设事件是复杂的,面对各种不同的突发事件,教师应进行正确的选择和判断,不同情况不同处置,确保最终不但能够顺利完成教学任务,而且还能获得意外收获,超额完成教学任务,实现高效课堂教学。

我们的处置方式一般可以采取这样三种,即搁置处置、及时处置、延时处置。

搁置处置是将非预设事件搁置起来,不进行处置。不处置也是一种处置,并不是在意识上的忽视、忽略、不当回事。有些非预设事件偏离教学目标,或者干扰教学秩序,教师可以采取各种方式将其终止、搁置,而不是放任自流。"各种方式"就包括直接制止、转移话题,或者直接放下、不加评价与讨论等等。

及时处置是对非预设事件进行即时即地的处置。有些非预设事件与教学内容直接相关,并能够当场加以解决,就可以通过课堂分析、讨论,获得对教学内容更为透彻的认识。

延时处置是将非预设事件延后处置。有些非预设事件同样与教学内容直接相关,但是可能比较复杂或者存在一定难度,当场解决有一定困难,这时,教师可以安排课后作业,调整整体教学计划,在后续的课程中另行解决。

**[案例 32]**

七年级历史下册第 5 课《开元盛世》,当教师讲到"唐代经济繁荣"这一内容时,引导学生观察唐代长安城布局平面图。然后提问。

师:同学们仔细观察唐代长安城布局平面图,看有什么特点?

师:"市"是做什么用的?

师:"坊"是什么意思?

师:大家看我们今天的城市是不是也有专门的市场啊?

生 1:有书市、鸟虫鱼市、服装大街。

生 2:有食品街、花市、宠物市场。

生 3:我们小区就没有专门市场,(小区)门口卖什么的都有,卫生也很差。

生 4:(小区)胡同里摆满了摊点,放学回家都不容易通过。

师:这位同学告诉大家他们小区附近没有专门的市场,卫生也不好,对此,你有什么建议呢?

生 5:重新规划街道,向长安城学习。

师:看来这位同学非常关心我们日常生活中的事情,了解了长安城的布局就联想到自己生活小区的规划,很有创见和胆识。你觉得应该怎么规划?

接下来,这位同学简单地说了些建议,教师又叫两位同学帮助他"规划"小区,这样三位同学与教师进行了关于小区规划的讨论。对于学生的"规划建议",教师也不停地帮助纠正和补充。这个环节大致用了 9 分钟,结果,下课的时间很快到了,教师收住这个讨论就草草下课。①

从本课的教学目标而言,在"知识与技能"方面,主要让学生了解"开元盛世"的政治与经济表现,"市"、"坊"是本课中最后的知识点(史实)。老师提出今天的城市是为了让今天与历史相联系,加强学生对历史的理解,学生由长安城的"市"、"坊"联系到自己的生活小区,这显然是非预设事件。教师的处置是沿着学生的问题,开始讨论"小区规划",表面上看,是关注了学生的个性回答,对非预设事件进行了及时处置,但是,这个处置误导了课堂的方向,后面的讨论完全与教学目标无关,以致最后未能完成教学任务,是一个失败的处置。这时候,更恰当的处置应该是搁置处置,对小区规划或者点到即止,或者转换方向,引导学生回到教学目标,而不是单纯讨论"小区规划",偏离教学目标。

## 二、课堂非预设事件实例分析

### (一)开发环境的教学资源价值,化干扰为有序

课堂环境非预设事件本身与教学内容无直接关联,这些事件往往会破坏课堂正常的环

---

① 张鹏琳:《浅议初中历史课堂的生成》,载《课程教育研究》,2012 年第 31 期。

境、干扰教学秩序,但是,教师如果能善于发现、挖掘这些事件中的有利因素,不仅能维护教学秩序,还能将非教学资源转化为教学资源。

[案例33]

这是一堂政治公开课,很多同行来听课。电脑刚一打开就发生故障,精心准备的多媒体课件无法使用,课堂气氛顿时十分紧张。做了一些努力后,故障仍无法排除,教室里开始骚动。这时,教师从容地关掉电脑,然后"故作神秘"地说:"同学们,请安静,这就是我给大家上的一堂课。"这句话使课堂顿时安静下来。"在生活中,有时候我们很努力地做一件事情却总不能成功,因为当我们发挥主观能动性的时候总是要受到一些客观条件的制约。但是不是当我们遇到困难时,就可以放弃妥协了呢?""不,我们要更加努力","我们要用坚强的意志去克服困难",学生们七嘴八舌。"对,现在电脑坏了,我们不能借助它来上课,但老师要使出浑身解数,决心把这堂课上得更好、更精彩,大家对老师有信心吗?"学生们用热烈的掌声回答老师。然后,教师转身在黑板上写下了本堂课的主题:主观能动性和客观条件的辩证关系。接下来整堂课流畅自如,学生们兴趣盎然。课后,有一位学生还悄悄地问老师:"老师,电脑是不是没坏呀?"①

[案例34]

一堂英语课,上课内容是信件写作。正上课时,教室外飘过一只热气球,教室里顿时乱了,教师等同学逐渐平静下来后提问:"Why is the hot balloon flying in the sky?" "If we put an advertisement on the hot balloon, how do you feel?" "What're the advantages and disadvantages? Let's have a discussion!"然后练习给广告商写封信,阐述自己对热气球做广告的想法。②

在这两个案例中,所发生的非预设事件对课堂教学的影响很大,学生的情绪也显然一时难以回到正常的轨道上来,两位教师通过巧妙的语言调控,化解了课堂危机。案例33的教师将非预设事件作为教学内容的导入语,成功地将课堂从意外事件发生的混乱阶段转入有序的教学阶段。案例34的教师则是将意外事件完全转化成教学内容,后面的教学围绕意外事件展开,既引导学生情绪,又强化了教学内容。

(二)发现学生长处,肯定鼓励

有些学生在课堂上表现得很突出,他们会比其他同学学得更多、更快,也会用连教师也想不到的方法来解决问题。这时候,教师应该对他们的表现加以肯定和鼓励,切不可因为他们与其他孩子的不同,或者由于他们的超前会打乱其他同学的学习进度而压制或否定,这样会严重挫伤学生的学习积极性。

[案例35]

小学数学课"圆的周长"。教师的预案是先让同学讨论如何测得圆的周长,然后引导同学得出圆的周长计算公式。在几位同学说出他们的方案后,有位同学站起来说:

---

① 叶雪波:《课堂教学"意外现象"的处理艺术》,载《中学政治教学参考》,2006年第11期。
② 顾亚萍:《精彩,在"动态生成"的英语课堂上尽情绽放》,载《中学英语之友》,2011年第6期。

"只要用圆的直径乘以3.14就可以了,3.14是圆周率,书上是这么说的。"这位同学把本节课要学习的内容全都讲完了,老师始料未及,但是,老师肯定了这位同学,说:"这位同学能主动学习,课前预习,是很好的习惯,值得表扬。"然后,继续提问:"还有多少同学知道圆周率?"竟然有很多同学都举起了手。于是,老师再鼓励:"真好,有这么多同学都提前预习了。"再提问:"那么,同学们知道圆周率是怎么得来的呢?结论可靠吗?你们验证过吗?"连续几个问题后,同学们一脸茫然,老师便引导进入公式论证环节:"我们就来验证一下书上的公式,并且看看我们还能用这个公式解决什么问题。"①

在案例35中,学生的表现属于"先知型",他们会提前预习,但在一个班里,只有部分学生会做到。老师的应对策略是,首先肯定这种良好的学习习惯,然后进行调查,了解全班同学的情况,最后抛出新的问题。显然,老师根据课堂的新情况对原有的教学方案进行了调整。这样,全班各种情况的学生都得到兼顾,"先知型"学生的知识也得到巩固,并得到进一步的拓展,同时倡导了良好的学习方式和习惯。如果老师因为学生打乱教学计划,进行否定的消极评价,说:"就你厉害,还有别的同学不知道呢。"然后,不顾学生实际情况,继续按自己的计划授课,课堂效果可想而知。

[案例36]

初中地理课,教学内容:"节约用水,保护水资源"。教师展示"国家节水标志",让学生讨论节水标志的含义。学生讨论很积极,有的说绿色的圆圈表示地球,有的说白色部分像一只手托起一滴水,有的说手像一条蜿蜒的河流,有的说水滴犹如掌上明珠,我们要珍惜……老师对同学们观察和思考很满意,加以肯定。还有一位学生说:"老师,我看到的是一滴眼泪滴进了河里!"对这位同学的回答,老师说:"不,这不是眼泪,是水。"然后就继续他的新课。②

国家节水标志

("国家节水标志"于2001年3月22日发布,是我国宣传节水和对节水型产品进行标识的专用标志。设计理念:由水滴、手掌和地球变形而成。绿色的圆形代表地球,象征节约用水是保护地球生态的重要措施。标志留白部分像一只手托起一滴水,手是拼音字母JS的变形,寓意为节水,表示节水需要公众参与,鼓励人们从我做起,人人动手节约每一滴水,手又像一条蜿蜒的河流,象征滴水汇成江河。水和手的结合像心字的中心部分(去掉两个点),且水滴正处在"心"字的中间一点处,说明了节约用水需要每一个人牢记在心,用心去呵护,节约每一滴珍贵的水资源。)

[案例37]

小学数学课,教学内容为"线段、射线与直线",教学片段如下。

师:我们把手电筒和太阳射出来的光线,都可以看成是射线,大家还能举出例子吗?

---

① 顾丽萍:《"预设"与"生成"共精彩》,载《考试周刊》,2011年第41期。
② 戴资星:《化尴尬为精彩——巧妙处理课堂上"非预设生成"案例分析》,载《中学地理教学参考》,2008年第Z1期。

生A:手电筒和太阳射出来的光线不是射线,是线段,因为被东西挡住了。头发是射线。(全班大笑)

师:那我们来假定一下,假如你的头发都是朝着自己的方向笔直地生长,再假如你长生不老,而且永远不理发,那么你的头发就是射线。

生B:老师,我认为知识是直线。(大家迷惑不解)

生B:因为直线是无限长的,而知识也是无止境的。(有道理)

生C:不,知识是射线。我们学习知识总有个起点,从这一个起点无限延伸,所以,知识是射线。

生D:我认为知识是线段。一个人的学习,总是有始有终的,因为人的生命是有限的。

生E:对,人的生命是有限的,是线段,如果人的生命是射线那就好了。(欢笑)

师:或许,对于某一个人而言,知识是有限的,好比是线段,但对于整个人类来说,知识是无限的,永无止境。所以,我们要珍惜每一分钟,在有限的生命里,从无限的知识中汲取更多的营养。①

案例36和案例37中,学生的表现属于"创新型",他们的思考不拘泥于一般的框架,这是特别宝贵的创新精神的表现,教师应好好爱护并培育,而不是用固定的思维去限制、禁锢他们。

在这两个案例中,老师的评价截然不同,也收到了截然不同的效果。案例36,老师否定了学生别具一格的观察和想象,可以想象,这个被否定的孩子是多么的沮丧。案例37,当老师"手电筒的光线是射线"的举例被学生否定后,老师并没有勉强学生接受自己的观点,反而从学生的角度去解释他们的举例,学生思维、课堂气氛都很活跃,教学内容也得到深化。

(三)发现预设缺陷,补救完善

每一节课都有需要解决的问题和要求学生掌握的知识点,教师会设计好教学步骤一一解决,但是,在这些具体的教学任务之外,往往会有一些问题是教师事先没有考虑到的,是预设盲点,而这些问题,有时候与教学任务紧密相关,甚至是课堂最后结论的前提。这些问题会让教师感到措手不及,但仍然应当积极寻求解决方案,完善预案不足,不留空白、不留遗憾。

[案例38]

初中化学课,教学内容:"可燃烧物燃烧条件的探究",学习知识点:"使可燃物燃烧的条件之一——必须与氧气接触"。教师做实验,在试管内放置白磷,先注入二氧化碳,白磷不燃烧,然后注入空气,白磷燃烧,学生基本上按照教师引导,得出结论:白磷是因为与空气中的氧气接触,所以才会燃烧。有一个学生突然举手说:"老师,你注入的不是空气吗?空气中又不只有氧气,还有那么多氮气,为什么不是氮气在助燃呢?"老师当时一下子愣住了,然后说:"这个问题以后再讨论。"老师之所以没有正面回答学生问题,是

---

① 周翔:《浅谈小学数学课堂教学中动态生成的思考与策略》,载《新课程学习(上)》,2011年第6期。

因为这位老师没想到学生会提这样的问题,在他的知识结构中,空气中氧气助燃,这是一个特别简单而当然的命题,学生提出的问题恰恰是教师实验设计的一个漏洞,老师也不知道该如何回答。课后,教师重新设计了一个实验,制得一管氮气,按原来的操作程序再做一遍实验,给学生一个明确的答复:氮气不支持白磷的燃烧。这强化了"空气中的氧气支持白磷燃烧"这个结论。①

[案例39]

学习《孔雀东南飞》时,老师讲到"揽裙脱丝履,举身赴清池",有学生问:"为什么要脱鞋跳河?"这一问题让老师吃了一惊,因为老师也没有仔细品味刘兰芝跳河之前为什么要脱鞋,诗歌为什么要写这样一个细节。老师稍作迟疑,然后说:"是呀,为什么要先脱鞋呢?刘兰芝跳河与一般跳河自尽的人有什么不一样呢?诗歌为什么要把这个细节交代得这么清楚呢?"学生纷纷发言。有的说,刘兰芝是让这双鞋给人们报信,万一自己尸首找不着,人们也知道自己是投河自尽的;有的说,刘兰芝不想让人认为她是失足落水;有的说刘兰芝这一跳是她成熟思考的结果,并非一时冲动;有的说从动作可看出刘兰芝对生命充满了留恋……课堂气氛十分活跃。最后教师总结:大家说得很精彩,正是这样一个细节,表现了刘兰芝的从容、决绝,来时清白,去时干净,她要告诉世人,她是忠贞的。②

这两个案例中,学生的提问触到了教师预案中的盲点。教师的处置策略是不一样的。案例38采取了延时处置策略,先把问题放下,课后再去思考解决。案例39,教师在学生提出问题后,进行了进一步的思考,在学生提问的基础上,又提出了更深层次的问题,然后把问题抛回给学生,让学生通过讨论自己解决。

(四)发现学生偏误,积极引导

学生在课堂学习中,会出现各种各样的错误,这是一定的,从这个角度说,学生的学习偏误是具有预设性的。但是,具体出现什么样的偏误,则不全是教师能预料到的,具有非预设性。学习偏误是教学效果的一种反馈,既反映了教学难点,也反映了学生掌握知识的程度,因此,教师不能要求学生不犯错误,而是应该积极引导,在纠偏中不断进步。

[案例40]

小学二年级数学课,教学内容:"可能性"。教师设计教学环节让学生用"一定"、"可能"、"不可能"来说说生活中的事情。忽然,一个调皮的男生站起来大声地说:"人可能每天都大便。"话音刚落,就引起哄笑,另一些调皮学生兴奋了起来,跃跃欲试。如果不制止,可能还会说出"男生一定在男厕所大便"等等之类的话。老师迟疑了一下,微笑着说:"你说得没错,不过在这么多人面前,并且是在数学课上说这种话题是不是不合适呢?我们说话不但要说得正确,还要合适、得体、文明,你说是吗?"学生点点头红着脸坐

---

① 王愫懿:《将"非预设生成性问题"转化为有效教学资源》,载《中学化学教学参考》,2011年第8期。
② 王东新:《教师应对非预设问题的策略简论》,载《读与写》,2009年第8期。

下了,几个想接茬的调皮学生,顿时安静了下来,教学顺利地继续进行。①

[案例41]

高二政治课,教学内容"事物是变化发展的"。讲到其中的一个知识重点:发展是一种运动变化,但并非所有的运动变化都是发展,教师举例问:"我班小A的身高从高一时的1.70米长到了现在的1.75米,这是不是发展?"突然一位男生大声喊道:"是发育。""哈……"全班同学顿时哄堂大笑。老师也笑了,说:"你说得没错,我都没想到。"②

这两个案例中,学生有些恶作剧的心理,教师采用了不同的策略。案例40,教师直接指出了学生的不当之处,及时制止了可能出现的失控。案例41,教师没有一本正经地板着脸,而是非常宽容地、轻描淡写地将这个意外事件一笔带过。

[案例42]

一位教师在教学《难忘的泼水节》,学生们都沉浸在泼水节所营造的欢乐气氛中。突然有一位学生问:"老师,现在地球上的水资源越来越少了,傣族人民要泼掉那么多水,这不是在浪费水资源吗?"这一问题显然出乎大家的意料。就在所有人为之瞠目的时候,老师却立即对这位学生大加称赞,说:"很好,很有环保意识。"并请学生再读全文思考:泼水节这一天人们为什么特别高兴?这里的"水"到底还有什么含义呢?学生经过一番的讨论,最后明白了这清洁的水不仅仅是一种自然资源,它还象征着尊敬、友爱和祝福。他们相信,爱水的民族肯定最懂得水的珍贵。③

课文记述了1961年周恩来总理与傣族人民共渡泼水节的难忘时刻,是一个充满温情的感人故事。学生的提问不能说是错的,而是与文章的思路和主题相悖,是离题,对文章的理解有偏差。教师首先正面肯定学生,然后引导学生围绕课文理解水在泼水节的含义,使学生受到了一次民族文化的熏陶,成功地让一个离题的问题回到课堂教学的目标上来。

[案例43]

数学应用题:"某旅馆有25间双人间,45间三人间,这个旅馆一共可住多少人?"这是一道简单的三步应用题。大多数学生很快列出了正确的算式:$2×25+3×45$,而有一个学生却这样列:$(25+45)×2×3$。老师把这两个算式写在黑板上,让全班学生判断。对于第一个算式,学生们一致赞同,而对于第二个算式,却一致反对,出错的那个同学很不好意思。老师鼓励这位同学说:"你是怎么想的呢?"请这个出错的同学讲讲自己当时的思路。原来,算式中$(25+45)×2$是把70间房间全看成了双人间。老师马上抓住这个思维的火花,说:"这是一个新的思路。"启发这个学生顺着自己的思路说下去,结果,他不但发现了自己的错误之处,而且还列出了正确的算式:$(25+45)×2+45$。在他的启发下,大家又找到了另外不同的解法:④

$$(25+45)×3-25$$

---

① 顾丽萍:《"预设"与"生成"共精彩》,载《考试周刊》,2011年第41期。
② 叶雪波:《课堂教学"意外现象"的处理艺术》,载《中学政治教学参考》,2006年第11期。
③ 宋国稳:《为"非预设性生成"正名》,载《课外语文》,2012年第10期。
④ 张明:《锁定错误,开拓更为广阔的教学天空》,见《江苏省教育学会2006年年会论文集(理科专辑)》,2006年版。

$$25×(2+3)+(45-25)×3$$

在课堂练习或课堂问答中,学生答错题是再正常不过的,一般的做法是找到出错的原因,以发现学习中的薄弱之处。案例43中,老师先询问学生的想法,找到错误的原因,可贵的是,还在错误中找到新的出路。

(五)发现教师不足,及时修正

课堂教学中,学生会出现偏误,这是正常的。因为任何人都会存在知识盲点,因此教师也会出现失误,或者有些问题不能回答,这也是难免的。当教师出现失误,并被学生指出时,教师应该坦诚接受,及时修正。

[案例44]
　　特级教师钱梦龙先生执教《故乡》的教学实录。学生甲:跳鱼怎么可能长着青蛙似的两条腿呢?老师:对啊!鱼怎么会长着两条腿呢?学生乙:有的啊!老师:什么鱼呢,说说看啊!学生乙:娃娃鱼,学名叫大鲵!老师:你的知识真丰富!照这样看的话,跳鱼有两只脚也是很可能的!不过我没有亲眼看过,你们有谁看到过的?学生:也没有!老师:不过,少年闰土就看过,这又说明了什么呢?学生丙:闰土见闻广博,他"心里有无穷无尽的稀奇的事,这是我的朋友所不知道的"。①

对于"鱼为什么会长着两条腿"的问题,老师坦诚地承认自己也不知道,没见过长着两条腿的鱼,然后把问题推回给学生,由衷地称赞懂得鱼也会长脚的学生,最后,利用学生的问题引导学生进一步理解课文。

[案例45]
　　一堂数学公开课,教学内容:七年级数学"图形的全等"。
　　师:一块三角形的玻璃打碎成如图的三片,如果要到玻璃店去重新配一块与原来一模一样的三角形玻璃,你知道应带哪一块碎玻璃去吗?请说明理由。

　　经过一阵讨论,大多数学生都认为应带③号玻璃,并且说可以通过ASA全等的判定方法去配到相同的玻璃,老师也满意地点点头,这时一名学生举手。
　　生1:老师我认为一块也不带,谁配玻璃带破玻璃去啊!
　　听了他的一番话,全班傻眼了,这时有些学生也说:是啊,这种情况不太符合实际。
　　师:这个问题难住了老师,有挑战性!那不带玻璃,有没有什么方法把这块玻璃配好呢?
　　学生马上进入思索状态……
　　生2:可利用③号碎玻璃,把三角形的三边量出来,到玻璃店只要报出三边长,不就可以配得跟原来一样的玻璃吗,根据是三角形的SSS判定方法……②

---
① 凌媛媛:《统筹语文课堂生成全面提升学习质量》,载《文理导航》,2012年第12期。
② 钱月健:《把握动态生成资源彰显高效数学课堂》,载《数学学习与研究》,2011年第16期。

这个案例中,学生的回答完全推翻了老师的前提,如果老师这时仍然坚持原来的方案,甚至摆出教师的权威,反而有损教师的权威,不能使学生信服。案例中老师的处置方法是适当"露拙",非常诚恳地承认事实,然后与学生一起共同探讨新的解决方案。

## 第三节 课堂教学语言技能专题训练

### 一、课堂预设事件语言技能专题训练

请按下列要求,设计你的语言方案。

(1)你刚刚讲完寓言《守株待兔》,现在又要讲寓言《拔苗助长》了。请你设计一段导入语,要求将两个寓言的内容联系起来。①

(2)以"小数点位置移动引起小数大小变化"为主题,设计新课的导入。

(3)给高中思想政治课"国际关系的局定性因素——国家利益"设计一则导入语,要求与时事热点相联系。

(4)当你走进教室时,教室里吵闹一片,同学们正在争论中午篮球比赛的结果。面对此情此景,你将运用哪种导入语,即你该说些什么才能把同学们的注意力集中到课堂中来呢?

(5)结合中学语文、数学、物理、化学、英语等学科,选取三位文学家或科学家,了解他们的生平,然后在小组进行叙述性讲授。

(6)从本专业的某一个学科中,找出一段有关概念、原理或事理,参照讲授语的要求,写成5分钟左右时间的讲稿进行试讲。

(7)下面是一位语文老师在教《雪地里的小画家》时与学生的一段课堂讨论,看完后,请按要求设计讲授语:

老师读课文,让学生思考:雪地里的小画家是谁?它们分别画了什么?(同时贴出课文插图)

学生交流并回答第一个问题——雪地里的小画家指小鸡、小狗、小鸭、小马。(老师贴出四种小动物的图片)

学生交流并回答第二个问题:(教师在课件中显示四个小动物的动画过程)

我看见小鸡在雪地里走过,留下的脚印像竹叶;

我看见小狗在雪地里跑时,留下的脚印像梅花;

我看见小鸭在雪地里走来走去,留下的脚印像枫叶;

我看见小马在雪地里跑过,留下的脚印像天上的月牙。

师:同学们的想象力真的很丰富。老师听了你们的回答非常高兴。但是,你们读了课文后,知道还有一个小动物吗?它的名字是什么?

生:青蛙。

---

① 黎祖谦:《教师口语艺术》,江西高校出版社,2010年版。

师:对了。可是,青蛙为什么没参加画画呀?
生:它在洞里睡着了。
师:它为什么睡觉呢?这是一种什么现象呢?(教师讲解"冬眠")

讨论至此,教师要做一个讲解。请你为教师设计一段讲授语,这段讲授语要将科学学科与语文学科结合起来。①

(8)设计一段讲授语,向五年级同学讲授"少壮不努力,老大徒伤悲"的含义。

(9)按照前面提示的七种提问类型,以下面材料为例设计几种提问语。各学科同学可根据自己熟悉的内容设计,然后在同学之间互相交流。

①空投重物的下落运动不是自由落体运动。
②作用力和反作用力的特点。
③正常健康的人血液是按一定方向流动的,不能倒流。
④在坩埚中放入一小块金属钠,迅速倒入 2~3 毫升乙醚,然后滴入 3~4 滴水,坩埚里边出现了火焰。
⑤政党的产生和阶级的关系。
⑥小说反映社会显示,要塑造具有典型性的任务。我们学习过的鲁迅小说中有阿Q、华老栓、孔乙己、祥林嫂、中年闰土等,这些人物在反映社会现实上都有共同的典型意义。②

(10)以"森林被破坏必然对农业造成不良影响"为课题,以初中生或高中生为教学对象,设计一组提问语。

(11)有一位老师在引导学生理解"冬眠"一词的时候,适时地运用提问的方式帮助学生抓住词义的关键:

师:"眠"是什么意思?
生:是睡觉的意思。
师:冬眠呢?
生:冬眠是冬天睡觉的意思。
师:人冬天也睡觉,这是冬眠吗?
生:(知道回答有误)不是,冬眠是指动物在冬天不吃不喝,只睡觉。
师:(风趣地)噢,骑兵部的战马到冬天不吃不喝,睡觉去了,敌人来了怎么办?
生:(笑了,知道又错了,于是补充)冬眠是指有的动物在冬天不吃不喝去睡觉。
师:这样解释就对了。冬眠是指有些动物,如青蛙、蛇在冬天不吃不喝一直睡一个冬天。看来把词理解准确是要动一番脑筋的。

请分析欣赏以上片断中教师提问在教学中的作用。

(12)到附近的小学听一节课,讨论这位教师是如何提问的,然后自己重新设计这节课的提问语。

(13)试从你所学过的任一学科找出一篇课文或一个章节来,分别为其设计一个总括式结束语、拓展式结束语、启下式结束语。分小组讲给同学们听,并请大家评点。

---

① 程培元:《教师口语教程》,高等教育出版社,2005年版。
② 陈国安、王海燕等:《新编教师口语》,华东师范大学出版社,2007年版。

(14)一节课临近结束时,因为学生讨论问题而占用了时间。你将如何设计这节课的结束语?

(15)针对语文学科的不同领域,选择识字、阅读和习作各一课,分别写出它们的结束语。先在小组里试讲,经修改后,再在全班讲。

## 二、课堂非预设事件语言技能专题训练

请针对下列课堂非预设事件,提出你的语言应对方案。

(1)一堂数学课,教学内容是"轴对称图形"。教师刚导入新课,在黑板上好课题,教室外慌慌张张地跑来一名迟到的同学,他大喊一声"报告",结果引来全班同学哄笑,原来他的衣服纽扣扣错位了。①

(2)中学语文课《鸿门宴》。教师在开始上课之前设计了教学导入:"同学们,你们有谁知道'鸿门宴'的故事吗?"结果有一位同学将鸿门宴的故事从人物到具体情节讲得清清楚楚。如果你是教师,该如何进行下面的教学。

(3)学习鲁迅的《从百草园到三味书屋》,课文中有一节写道:家里的保姆长妈妈给他讲美女蛇的故事。学生问:"老师,有美男蛇吗?"

(4)学习《草船借箭》时,学生说:"诸葛亮是在别人不知情的情况下,不经过别人同意拿的箭,所以,不是借箭,是偷箭。"

(5)数学课"长方形的周长"。教师设计了这样一道习题:"王爷爷家用篱笆围一个长10米、宽6米的长方形鸡圈,需要篱笆多少米?"

生1:(10+6)×2米=32米。

师:还有不同的方法吗?

生2:(10×2+6×2)米=32米。

生3:如果鸡圈有一面靠墙,就不需要这么多篱笆。②

(6)思想品德课上,老师给学生讲解2010年临沂市的一道中考题材料,内容为:2002年,李灵从师范学院毕业后,看到农村有大量留守儿童辍学在家,便萌生了在家乡办学的念头。在亲友的支持下,她用家里20多万元的积蓄办起了希望小学。由于所有学生学费全免,学校无力为学生购置教辅读物和课外书籍。为了孩子们能坐在宽敞的阅览室里看书阅读,李灵趁着放暑假,买了一辆破旧的三轮车,顶着烈日,穿街过巷回收旧书本,用汗水找来了孩子们的"精神食粮"。刚读完材料,讲台下就传来一低沉的声音:"老师,你怎么不去给我们收书?"③

(7)一道小学数学题:"一辆汽车从甲地开往乙地,每小时行驶165千米,已经行驶了12小时,离乙地还有380千米。问:甲地到乙地共有多少千米?"小学4年级学生阿仔给出的答案不是数字,而是一句话——此车超速并疲劳驾驶,违反交通法规。阿仔的妈妈将题和答案

---

① 张浩:《课堂因意外而生动》,载《小学教学》,2009年第11期。
② 汪伟:《让小学数学课堂因"生成"更精彩》,载《小学数学教育》,2013年第Z1期。
③ 刘荣:《巧妙地运用好非预设性生成资源》,载《中学教学参考》,2012年第18期。

贴上了微博,广州交警官方微博转发并评论:"小盆友完全正确。"

(8)在学习"年"、"月"、"日"的概念时,老师提问:小芳的爷爷今年64岁,但只过了16个生日,你们能说出是什么原因吗?结果学生的回答完全和课堂无关,有的说"太穷",有的说"太忙"。①

(9)观察水的沸腾,学生分组实验,用温度计测量水沸腾时的温度,有一个组的同学说:"老师,水沸腾的温度不是100℃,是103℃。"②

---

① 虞新彬:《让课堂因错误而"闪光"》,载《考试周刊》,2008年第52期。
② 周建秋:《捕捉非预设性生成资源,激发科学课堂生命活力》,载《基础教育研究》,2005年第5期。

# 第八章
## 教育语言技能训练...

## 第一节　概述

### 一、教育语言的含义

教师的"教育语言"是相对于教师的"教学语言"而言的,指的是教师在对学生进行思想品德教育的活动及过程中使用的具有说服力、感染力的工作语言,目的在于培养学生良好的思想道德品质、规范学习生活行为习惯,促进学生的身体心理健康发展。教育语言同教学语言一样,是每一位教师必须掌握的基本功,是实现教育功能、完成教育任务不可缺少的基本工具。

### 二、教育语言的重要性

苏联著名教育家苏霍姆林斯基说:在你拟定教育性谈话的内容的时候,你时刻也不能忘记,你施加影响的主要手段是语言,是通过语言去打动学生的理智与心灵的。然而语言可以是强有力的、锐利的、火热的,也可以是软弱无力的。[1] 教师的教育语言对学生品德形成、智力开发以及人际关系处理等都有着直接而且重要的意义和作用。

**1. 教育语言直接反映教师的素养和形象**

语言是社会交际的工具,是人们表达意愿、思想感情的媒介和符号,也是一个人道德情操、文化素养的反映,正所谓"开言知肺腑,出口见精神"。教育语言也是反映教师素质和形象的一个十分重要的方面。教师如能做到言之有理、言之有爱、言之有度,便会在同学生和

---

[1] 瓦·阿·苏霍姆林斯基:《给教师的建议》,教育科学出版社,1981年版。

家长的交往中留下良好的印象;相反,如果主观武断、粗话不断、脏话难听,甚至恶语伤人,就会令人不快或反感,在学生、家长心目中,不说是教师,就连一个普通人都不如。

**2. 教育语言直接影响学生的健康进步和师生之间的关系**

言语交流是师生互动的基本方式,俗话说:"好话一句寒冬暖,恶语伤人恨难消。"教育语言直接关系到师生之间关系的融洽和学生的健康进步。

语言是有对象性的,教育语言的对象主要是学生。教师良好的教育语言能够解开学生的千千心结,能消除学生的种种疑惑,使学生受到良好的影响,起到"春风化雨,点滴入土"的积极效应。

[案例1]

一位李姓的政治老师在接任一个"差班"后,第一次进教室上课的时候,见粉笔盒里有一只癞蛤蟆和一张纸条,纸条上写着:"老师,你刚到我们班上课,没什么好孝敬你,送你一只癞蛤蟆吧,请笑纳!"同学们都以为李老师会发火,没想到李老师却微微一笑,说:"好吧,我就'笑纳'了!"。而后,他提着癞蛤蟆一边给同学们看,一边说:"今天我的第一节课就从这癞蛤蟆说起。它的学名叫蟾蜍,身上的小疙瘩里面藏着一种白色的毒液,这种毒液叫蟾酥,可以入药,有强心镇痛止血的作用。有一条成语叫'蟾宫折桂',意思是到月宫中折取桂枝,因此,此成语常被人们用来比喻考试被录取。我的身体不够好,而且马上就要参加在职研究生招生考试,所以我想,这位同学送我癞蛤蟆的目的,肯定是想让我的身体早日强壮起来,并祝愿我在考试中取胜。因此我得感谢这位同学,为了回报,我决定送他一车财富——知识的财富。"李老师的话刚一说完,教室里立马响起了热烈的掌声。

这位老师靠自己的妙语以如上反常之举,借势取力,充分展示了自己的人格魅力,维护了自身的威信,同时也赢得了学生的尊敬和爱戴。

教师的语言,恰当的可以是春雨,不恰当的也可以是霜剑。下面再让我们通过几个反面例子来看看教师的教育语言对师生关系和学生健康进步究竟具有何等的重要性。

[案例2]

某校一位语文教师在一个高一班上课时,请一个男生回答问题,该生低着头没有回答,老师命令他把头抬起来,学生仍然低着头,老师再一次命令他把头抬起来。学生无奈之下只好把头抬起来。老师问他:"你的前方是什么?"学生回答:"我的前方是黑板。"教师说:"对了,你的前方是黑板,你的前途就像这黑板一样一片漆黑。"老师这话一出口,教室里一片唏嘘声,全体学生的自尊心都受到了严重伤害,从此学生极度排斥这位老师,根本不愿意这位老师给他们上课,一学期下来,语文学习成绩降了一大截。

[案例3]

一个15岁的女中学生因为上学迟到,被班主任用木条打了,班主任还当着其他同学的面对她说"学习不好,长得也不漂亮,连坐台都没有资格"。当天上午第三节课是班主任老师的语文课,这个学生趴在桌上哭泣,老师竟然熟视无睹,下课后也没有注意她的去向。谁知中午12时30分左右,这个学生就从学校的教学大楼八楼纵身跳下,结束了自己的花季年华。最终这位班主任以侮辱罪被判处有期徒刑一年,缓刑一年。

[案例4]

一位男教师在上数学课。例题讲完后,他指名让一个差生到讲台上来演算。这个差生面对算式愣了神,站在那儿一动不动。同学们顿时议论纷纷。此时老师走近这位学生,又气又恨地说:"下去吧,像你这榆木脑子,简直是对牛弹琴。还当学生,嘿,丢人贼!还不如回家跟您爹妈种那二亩老坟地咧。"这时同学们偷偷发笑、窃窃私语,这位同学趴在课桌上抹着眼泪,不时怒视着老师。后来,这位同学真的离开了学校,再也不踏进学校的门槛了。

这些教训是极其沉痛的。不当的教育语言(有的甚至发展成语言伤害、语言暴力),不仅挫伤了学生的自尊心,同时也表明教师缺少应有的基本素养,严重的还会使学生丧失正常人格和健全心理,引发厌学、违法犯罪、自杀等种种恶果。如果能变换一种口气和方式教育,教育效果会好得多。由此可见,教师的教育语言不仅是教师人品、内涵等综合素养的外在表现,更是教师实现教育育人功能与目的基本工具,而且会对学生一生的人格尊严、心理健康等产生不可磨灭的影响。

## 三、教师教育语言的主要特点和基本要求

教育语言有特定的对象、特定的内容和特定的语言环境。教师应当充分发挥自身的主导作用,讲究教育语言艺术,通过有效的教育内容和教育方式,给学生以积极正面的影响,提高学生思想认识,培养学生良好品德。总体来说,教育语言应体现和符合以下几个方面的基本特点与要求:

### (一)针对性

对学生实行的教育,是在特定的时间、场合,面对特定的对象,为达到某个特定的目的而进行的一项极其复杂的活动,因此要对学生进行有效的教育,就必须有针对性,必须针对不同的教育对象、教育内容和教育环境运用不同的教育语言,对症下药,才能取得理想的教育效果。这就要求教师因人、因事、因时、因地施言,善于掌握不同年龄阶段学生的不同性格类型、知识基础、认识水平、心理特征、思想品质、接受能力等,做到具体对象具体对待,具体问题具体分析,切忌盲目地一刀切、千人一面。

[案例5]

一位教师对三个不愿登台讲话的学生分别采取了不同的动员方式,使用了不同的激励话语,因而取得了良好的教育效果。

对一个胆小、害怕,总借口"没准备好"的女同学,老师如是说:在没有准备好的情况下登台,是一种自信;在没有准备好的情况下,敢于面对听众,是一种伟大;在没有准备好的情况下,说得很精彩,更是难能可贵。你愿意试一试吗?

对一个内向、腼腆,自认为"不善辞令"的男同学,老师如此说:内秀的人不靠辞令取胜,靠的是他的真诚与智慧。我相信你有比一般辞令更能打动大家的真知灼见。

对个性倔强,只会冷冰冰地抛出"我说不好"的第三个同学,老师则是这样说:具有

谦虚美德的人,往往对自己要求过高,但绝不会让大家失望。请你说几句并不尽善尽美却情真意切的心里话。最后不仅三个学生都一一登台发了言,有的同学还讲得非常不错。

这位教师的成功之处就在于他能够因人施言,话语具有充分的针对性。

(二)诱导性

循循善诱,这是教育学生最有效的方法。对学生进行思想教育,不能简单地认为教师怎样讲学生就应该怎样做,或者讲一些不切实际、空洞的道理。教师的教育语言应该给学生以启发、开导和耐心的指引,让学生直接参与其中,通过自己的思考,提高对事物的理解和认识达到自我教育、自我提高的目的。这就要求教师掌握一定的思想方法,由表及里,由浅入深,实事求是地分析问题、解决问题,以积极、健康、富有激励的口语去开启学生的智慧,挖掘学生的潜能,启发学生的自尊心和自觉意识,引导学生自觉地分析问题、思考问题、解决问题。

[案例6]

一位年轻教师因某班一名学生当众直呼其名而恼怒,抬手扇了这名学生一耳光。这件事在班上掀起了轩然大波。30多名学生联合给校长写信,要求校长处理这位教师。信写好后,学生们先找到班主任征求意见。他们一面激愤地叙说事情的经过,一面把告状信展现在班主任面前。

班主任看了信的内容,心想:还是引导学生用稳妥的方法,不要进一步激化师生矛盾为好。于是他用十分冷静的口吻说道:"打人不对,何况是老师打人。"班主任首先对事情的是非下了明确的判断。

"你们能敢于向老师提出批评,并且要求老师尊重学生,这很好。"班主任进一步对学生的做法做了原则上的肯定。学生在思想感情上一下子和班主任拉近了距离,他们用信任的目光看着班主任,认为班主任会全力支持他们的做法。然而,班主任话锋一转问道:"你们为什么非要用写告状信的办法呢?"

"让校长尅他!"有学生张口就答。

班主任笑道:"也让他尝尝挨训的滋味了。"学生们也都笑了。

一位学生似乎听出班主任话外有音,说:"有那么点意思,不过那可不是主要的。"

"主要的是什么?"

"当然是让他接受教训,以后不打人啦。"

"太好了。"班主任立即接过话头:"做事就是要有正确的目的、良好的动机,但仅有这些并不一定能把事情做好。"学生们开始聚精会神地听班主任说下去:"还有一个方法问题。听说过一只对主人很忠诚的熊,想用石头砸死落在主人脸上的苍蝇,结果却将主人砸死了的故事吗?"有学生点头。"熊之所以做了蠢事,就是在解决问题的方法上出了毛病。你们说,方法问题是不是也很重要?"学生们点头,若有所思。"想想看,在你们犯了错误之后,最不愿老师怎么做?"

"那还用说,告家长呗。"

"为什么?"

"我们有错,老师给我们指出,我们改了就行了,告家长、挨顿打骂,说不定我们还更不服呢!"

"对,其实这也是个方法问题。那么你们写告状信,动机没说的,可是不是最好的办法呢?"

一位学生手拍脑袋:"老师你是说我们的做法,与老师告家长相类似。"

班主任点点头:"不是吗?"

"那怎么办好呢?"

"让我说,亲自找这位老师谈谈,怎么样?"学生面露难色。

"那么可不可以仍用写信的方法?不过不是写给校长,而是写给这位老师呢?"有学生点头,其余仍不作声。"或者由我去面向这位老师转达你们的意见?"

学生们交换了目光:"这办法可以。不过我们还有点担心,用这个办法,他能诚心改过吗?"

"能不能诚心改过,还得让事实说话,我们要给人改错的机会,对吗?"

学生们异口同声:"对!"

"那这封信……"

"就放你这儿吧!"①

班主任老师由表及里、由浅入深、实事求是地分析问题、解决问题,通过对学生的耐心疏导,循循善诱,缓解了师生间的矛盾。

### (三)说理性

教育语言的运用对象是学生,他们有思想,爱思考,也都有强烈的自尊和自立意识。在对他们进行思想教育时,教师首先要尊重和爱护学生,不能高高在上、以势压人,同时要以正确的理论作为教育说理的依据,并掌握有效的说理方法,摆事实,讲道理,通过说明事非得失,明辨曲直,以理解事、以事明理、以理服人,从而使学生明理、懂理,心悦诚服地接受教育,从中获得正确的认识并自觉地把认识变为行动。如有位教师教育一位不读书爱打扮的女学生:"你的手机是哪来的?是不是哪位老板给你的?你要老实交代。"这位女生号啕大哭,家长也来学校要教师拿证据,教师很被动,只好赔礼道歉。从此,这位教师的威信大减。这位教师在对学生进行教育时所使用的语言不仅不能做到以理服人,也缺乏对学生起码的尊重和爱护,伤害的既是学生,也是教师本身。

### (四)情感性

列宁说:"没有人的情感,就从来也不可能有对于真理的追求。"教育是一种情感交流的过程,教师感情的变化随时随地处于被学生感受的过程中,所以教育语言应是一种带有强烈感情色彩的情浓意深的语言,总饱含着教师的炽热情感,总关系着对学生的一片深情厚谊。教师在教育学生的过程中,既要晓之以理,也应动之以情,做到"以情育人"。这就要求教师对学生要有爱心、诚心、责任心。要用真挚的情感,以诚恳的态度和学生交谈,让学生能体验

---

① 郭启明、赵林森:《教师语言艺术》,语文出版社,1998年版。

到教师的爱心诚意和美好愿望,以唤起师生情感上的共鸣,由情动于衷而提高认识,自觉地接受教育。当和"差生"谈话时,教师的语言应是充满信任和期待的;当学生成功时,教师的语言应表现出无比的激动和自豪;当学生的家庭遭遇不幸时,教师的语言应流露出强烈的不安和炽热的关怀等。

[案例7]

有个高二学生因不请假旷课了半天,班主任十分气愤,待学生到校后,班主任追查其原因,学生告诉老师是因为他原来一个玩得好的初中同学突然出车祸进医院进行开颅手术,当时急得不知所措,没有想到请假。于是班主任狠狠地瞪了学生一眼,说:"一个初中同学蛮了不起"。

这位班主任的语言便是一种不近人情的语言,缺乏应有的情感性,学生听了觉得班主任太不讲人情了,难免产生反感,很不利于师生交流。

## 第二节 教育语言技能实例分析

苏霍姆林斯基曾说:"教师的语言是一种什么也代替不了的影响学生心灵的工具,教育的艺术首先包括说话的艺术。"教师的教育语言是在教育实践过程中逐步形成的符合教育需要、遵循语言规律的职业语言。教育语言是进行思想品德教育方便、灵活而且有效的手段,教师的教育效果很大程度上取决于他的语言表达能力。正所谓"教欲善其事,必先敏其言"。教育语言运用得当,必将对学生的健康成长产生积极影响;运用不当,必然会降低教育工作质量。因此,教师必须研究和掌握教育语言的表达艺术,用深刻生动而富有哲理的语言去感染学生、打动学生,如春风细雨滋润学生的心田,使教育语言具有鼓舞和激励人心的巨大力量。可以说,学生的思想品德、行为习惯就是在教师"润物细无声"的教育语言的潜移默化的影响下得到升华和提高的。教育语言最常用的表达方式有解困型、纠错型、激励型等。教育语言技能即教师在教育中准确运用这些教育语言类型的熟练化的表现形式。

### 一、解困型

解困型教育语言具有开导、劝诫、疏通和抚慰的功能。学生在成长过程中,经常会碰到一些"想不通的问题,解不开的疙瘩",而使得思想波动,行为不当,会遭遇各种困难与挫折而使得心情沉重、情绪低落。这就需要教师运用解困型教育语言解开学生心里的"疙瘩",排除其思想上的障碍,化解学生心理上的愁云,逐步消除消极的情绪。

教师在为学生解困时要做到:要在深入实际、调查研究的基础上,摸清学生的思想动态,了解学生的认识根源,掌握学生的真实想法,通过面对面交谈疏通学生思想认识上的偏差,做到师生间相互理解与信任,最后达成共识,在师生之间架设一座沟通心灵的桥梁,学生就能心悦诚服地"接纳"老师的意见并且自觉端正思想认识。

[案例8]

一位学习成绩及各方面表现都较好的女同学找自己的班主任要求老师允许她到学校集体宿舍住宿。班主任觉得非常奇怪，因为这位学生家住市里，上学方便，家庭住宿条件也很好，而且自己还有一个单独的小房间，班主任不明白她为什么要从家里搬到学校来住。通过进一步谈话班主任了解到，原来她和父母发生了矛盾，父母对她生活方面照顾得很周到，并规定了她每晚的学习时间，不准她搞得太迟，晚上九点半准时关灯。为此，她曾偷偷地打着手电筒看书，甚至将台灯拿到被窝里看书。后来被父母发现了，干脆一到时间就关电闸。对此，她很反感，认为父母对自己管得太死，太不自由，跟他们说理又说不通，所以想搬到学校来和同学住在一起。听了学生的诉说，班主任意识到父母在子女的教育方法上肯定存在一定问题，他们不了解初中生已具有较强的自尊自主意识，不希望别人依然把他们当成孩子看待。这一年龄段的学生与父母常常发生矛盾，对父母的话很反感，这就形成了所谓的"代沟"。要解决这个问题，只有从两方面做工作。班主任先耐心地劝说这位学生："父母这种做法当然有些欠妥，但他们都出于对你的关心和疼爱，你应当理解他们、尊重他们，耐心地向他们说明延长学习时间的理由，不能因此与父母闹僵。这样他们会伤心啊！"接着，班主任又从生活里的点点细节问了父母对她的态度，引导她用心去体会父母的感情，最后她悔悟地流下眼泪，承认自己太任性，不能理解父母。几天之后，班主任又去了这位学生家，找她父母谈及此事并进行劝说和沟通。后来这个学生再也不提住校问题了。由于思想沟通了，矛盾也就化解了，这个学生的学习劲头也更足了，以后考上了重点高中。①

这位教师出于对学生的关心、爱护以及对工作的认真负责，在学生与家长两方面都做了较细致的思想工作，使双方都达到了情感与认识的沟通，从而化解了矛盾，排除了学生的思想障碍，促进了学生的进步和健康发展。作为教师应当熟悉和了解学生的心理特点，关心他们的成长，发现问题及时解决，这样就能化消极因素为积极因素。

[案例9]

近来，张粉同学很消极，整天郁郁寡欢，作文里也充满了"后悔来到这个世界上"、"人情淡薄，世态炎凉"一类的语句。晚自习时常坐在角落里独自叹息、流泪。经过一番了解，班主任老师知道她在家里年龄最小，父母兄妹处处让着她、宠着她，这一切使她非常任性、自尊和脆弱。随着年龄的增长，人际关系的拓宽和深层化，以及少女特有的生理心理特征的发展，她不能与同学们友好相处，因而感到孤独、寂寞和百无聊赖。了解了这些情况之后，班主任老师多次对她进行耐心的说服教育工作，终于使她重新振作了起来。下面是一次谈话中的一个片断：

师：你在家里年龄最小，得到的最多，对吗？

生：嗯。

师：现在还想得到得多些，是吗？

生：（不置可否）

---

① 杨吉星：《语言表达技能训练指导》，中国林业出版社，2001年版。

师:现在的环境完全不同了。相处都是同龄人,有些同学年龄比你还小,你还想当小孩子,要她们处处让着你吗?

生:谁想当小孩子啦?

师:对,要想怎样做大人,做大姐姐。你想想你的爸爸、妈妈、哥哥、姐姐对你是怎么做的?

生:(默然不语)

师:我提几个问题请你回答一下。第一,如果一个大人和一个小孩斤斤计较,争论是非,你认为大家会说谁的不是?

生:当然要说大人啰。

师:第二,两个年龄相当的人为一点鸡毛蒜皮的小事争得面红耳赤,你认为如何?

生:很无聊。

师:第三,有一件事值得与人一争,但其中一方退让了不愿以此激化矛盾,你认为他的作法如何?

生:太软弱,我的原则是人若犯我,我必犯人!

师:问题就出在这儿。前两个问题你的回答是对的,第三个问题,你的回答是错误的。也许开始有人说你软弱,但很可能由于这种"软弱",使矛盾得到缓解,甚至与对方成为好友。这时人们便会认识到,如果不是当初你的豁达大度和高姿态的退让,就不会有今天的友谊之花。这样无形中,你的形象就高大起来。显然,当初的谦让是一种美德,何乐而不为呢?

生:倒是这个理儿,可真做起来就不容易了。

师:这就要看你的修养和胸怀了。既然做人,就力求做一个高"档次"的人。"君子不记小人过","宰相肚里能撑船",这些话为什么常为人所称道呢?因为它标志着一种高水平,如果你能这样做,你就进入了高"档次"之列。

生:(似乎有所省悟)

……

从这次谈话之后,张粉同学有了较明显的变化,慢慢地她能够主动去团结曾经与她发生过矛盾的同学,性格也变得豁达开朗。[1]

这是一次成功的谈话。老师怀着满腔的热忱,运用准确鲜明的语言,合乎逻辑地层层分析,对张粉同学进行劝解、说服,使一个娇惯任性的女孩得到了转变。这便是教育语言艺术的威力。

[案例 10]

一位女生刚入师范时活泼开朗、爱说爱笑,两个月后突然沉默不语、郁郁寡欢。一日在作文中夹着一张字条,声言全班同学都在同自己"作对",内心痛苦极了,向老师"乞赐药方"。作为语文教师兼班主任的老师先做了一番调查后,发现她致"病"的原因主要是因为在家娇生惯养,上中师前没有脱离父母亲住校生活过,自负、任性,对别人爱挑

---

[1] 郭启明、赵林森:《教师语言艺术》,语文出版社,1998年版。

剔,对自己则要求不严。另外,还有一些课程落于人后不甘心,对某些不良风气看不惯等因素。把情况弄清后,老师找她做了一次长谈,开了"药方"。她把"药方"抄在日记扉页上,当做"箴言"。后来,她果然恢复了往日的欢愉,并成为一名班级工作的积极分子。当时谈话内容较长,这里只摘录一些要点,并把"药方"献出来。

针对这位女生的致"病"原因和症状,老师主要从以下几方面来谈:

(1)共生现象。植物界有一种"共生现象",即许多植物共同生长往往茂盛、整齐、抗灾力强;若只剩下一株两株,则往往瘦弱伤残,或半途夭折。人比植物更具有共生性,如一个人不会与大家共生,他就注定是孤独的、痛苦的和没有前途的。

(2)性格修养。俗语说"江山易改,禀性难移",这话也对也不对,说它对,是因为要彻底改变本性是极为困难的。说它不对是它太绝对,其实人的性格是可通过不断提高自身修养加以改善的。例子能举很多。仅被共产党改造的战犯就有许许多多,关键是自己要有认识,有恒心。

(3)境由心造。老师抄了一副楹联与学生共勉:事在人为,休言万般都是命;境由心造,退后一步天地宽。并解释说上联鼓励人们积极向上,充分发挥主观能动性,下联叫人提高境界,不要因有阻碍而气馁,不要盲干。外部环境好不好就看你心里怎样理解和认识;有的人碰到恶劣的环境能够坦然挺过来,有的人碰到的环境远不如别人恶劣则活不下去,差别就在于"境由心造"的水平不同。乐观地对待人生,就不会为无边的烦恼所困。

在谈了以上各方面的内容后老师给她开了一贴"药方"。

第一剂:多喝开水　平心静气

说话三思　和风细雨

第二剂:宽以待人　责在律己

多做好事　功名不计

第三剂:宽厚笃实　信人不疑

他山之石　可以攻玉

并注明:第一疗程三个月,第一个月服第一剂,第二个月服第二剂,第三个月服第三剂。第二疗程六个月。三剂同煎,日服一次。两个疗程后无效可再来诊治。

后来,两个疗程未完,学生"病"情即大为好转,两个疗程过后,完全"康复"。[①]

做学生的这一类思想工作是很困难的。一次谈话效果往往很有限,而老师却能针对学生的"病",隐譬联喻,有理有力,讲得入木三分,最后"对症下药",令学生很快痊愈,实在是难能可贵。每一位热心教育工作的老师应从中受到启发。

努力寻求与学生之间的"共同语言"。语言是师生间沟通情感、交流思想的工具。教师去做学生思想工作时,必须注意语言的表达技巧,恰如其分地把自己的思想看法转化为易于让学生理解和接受语言。

---

[①] 杨吉星,《语言表达技能训练指导》,中国林业出版社,2001年版。

[案例 11]

晓明一见班主任,又哭又闹,说是语文老师故意跟他过不去,唯一的解决办法就是调班。老师说:"你知道这样一句名言吗?不哭,不笑,而是去理解。你的写作水平、你的创作能力,谁都知道,但是,你注意到了你的心态没有?你心里只想着如何成名成家,却没注意脚踏实地。就说你写的这三篇作文吧,你花了心思吗?你是在应付。我完全同意语文老师的批评。再说,就算是成名、成了家,也还有一个不断学习、不断提高的问题嘛。什么叫'山外有山'?为什么会有'江郎才尽'的说法?"晓明渐渐抬起了头,望着老师不断地点头,最后说:"老师,我懂了,我这就去向语文老师道歉。"①

为什么班主任短短几句话就把晓明劝服了呢?第一,借助名人名言的效应,稳定了晓明的情绪。第二,老师话语婉转,先肯定成绩,后指出问题,抓住了问题的症结:好高骛远、骄傲自满,不能脚踏实地地从基础抓起。教师最后以"山外有山"、"江郎才尽"的道理启迪学生进行自我反思。第三,教师怀着一颗理解、信任之心去劝服学生,引导学生全面地去认识问题,消除了晓明与语文老师间的对立情绪。整个谈话的过程,坚持了规劝与疏导相结合的原则。

[案例 12]

有些学生一旦遇到学习或生活上的困难,就感觉处处是障碍时时有阴影,小小年纪便发出"活得太累了"之类的叹息。班主任知道后对他们进行了耐心的思想疏导:"同学们,海里有山岭,有礁石,还有各种水生植物,可是鱼还是游得自由自在,没有一条鱼撞到礁石上。似乎这众多的水底障碍物不仅没有构成鱼类生活的障碍,反而使他们的生活丰富多彩、充满情趣。这正如中国两个成语,叫做'游刃有余',叫做'措置裕如'。鱼的生活技巧和适应能力太强了。它们能变不利条件为有利条件,难道我们连鱼儿也不如吗?"学生听后,一个个如释重负,彻底消除了精神压力,一心一意地投入了学习,投入了生活。②

班主任用学生们熟悉的事物作比喻,并发现其中可比之处,就能使学生通情明理,解决一时还想不通的思想认识上的问题。

教师要加强感情投入,注重情感交流,以情为先导,情理交融。在思想教育的过程中,"情"是说理的基础,"理"是感情的升华,为学生着想,耐心诚恳,以心换心,设身处地,以诚相待,才能成为学生信得过的人。

[案例 13]

一位小学低年级女生患胃病,休息治疗一个月后本已明显好转。家长要带她去上学,她却又喊心口痛,这样反复几次,家长发现她有时是真痛,有时是思想病,但很难弄清什么时候真、什么时候是假,只好带着她向老师继续请假。一天,老师见到她时,轻轻地把她拉到自己跟前半揽在怀中,并且关切地问她:"丽丽,你总是哪里痛啊?"她指给老师看了看,接着老师抚摸着她的胃部说:"现在痛不痛啊?"孩子看着老师微笑的面庞,腼腆地说:"现在不痛!"老师说:"现在不痛了,说明你的病有好转,老师真为你高兴。我想

---

① 杨吉星:《语言表达技能训练指导》,中国林业出版社,2001年版。
② 郭启明、赵林森:《教师语言艺术》,语文出版社,1998年版。

你一个月来一个人待在家里,多没意思啊!来学校多好,能和许多小伙伴一块学习,一块玩耍。我看你不痛的时候还是上学吧。上课时痛起来了就马上告诉我,我让你到我的办公室休息。如果你疼得坚持不下去了,我就马上打电话让你妈接你回去看病,你看怎么样?"老师慈祥的微笑、关切的语言、周到的安排,使小女孩因此打消了顾虑。她高兴地答应说:"好!"从此,小女孩再也没有借口胃病而缺过课。①

教师能抓住儿童的年龄和心理特征,处处为学生着想,用关切的语言进行疏导教育使学生感到友善和温暖,这样自然会收到良好的教育效果。

## 二、纠错型

纠错型教育语言是思想政治教育中常用的教育语言,它主要对缺点、错误提出批评并指出正确的做法和方向,目的在于帮助学生提高认识,明辨是非,改正错误,总结经验教训,健康成长。运用纠错型教育语言应注意:

**1. 客观公正,主张鲜明**

坚持实事求是的原则,调查事实,摸清情况,要分析原因,没有偏见,不抱成见,避免偏听偏信,不搞无限上纲,也不搞"秋后算账"。只有做到实事求是,公平合理,批评才能切中要害,使学生心服口服,自觉改正缺点错误。

**2. 因人而异,把握分寸**

批评教育学生要注意依照学生年龄、心理、个性特点采取不同的批评方式,正确引导。有的学生个性自傲、脾气暴躁,教师批评应诚恳耐心、热情真挚。例如对于自尊心强、性格内向的学生,教师应用温和委婉而含蓄的语言,逐步深入,帮助他们分析错误,查找原因,耐心开导,转变认识,以褒代贬,说彼道此,话中有话,话外有音,让学生从中去理解和领悟。比如教师批评学生代数学得不好,希望他以后努力学习,他可以这样说:"××,你这个学期成绩进步了,而且,只要你下学期努力,你的代数成绩就会提高得很快。"教师在批评学生缺点错误时,发扬他的闪光点。在表扬的前提下批评,在批评的基础上表扬,因而能够保护学生的自尊心,使学生感受到教师对其的尊重和爱护。对于聪明机灵的学生,教师的批评可采用间接地提醒或暗示的手法,使之一点则通;对于脾气暴躁,个性刚强自傲的学生,教师要诚恳耐心地指出和分析学生的缺点和错误,热情真挚地提出希望和要求,使学生心悦诚服地接受批评,知错而改错,切忌火上浇油、激化矛盾;对于积习难改或犯了错误抱有侥幸心理的学生,可用是非明确、感情强烈的批评,严重地指出问题所在,触动他们的思想,使之受到震动。

[案例14]  她收起了"野"劲和"泼"劲

某中学有一位以"野"和"泼"出名的女生,人称"二男娃"。一次上课前,她把雨伞挂在教室的墙上,伞上的雨水滴在一位男生身上,那位男生便把雨伞拿了下来。她也不管上课铃已响了,一跃跳上课桌,又把雨伞挂了回去,并且双手叉腰,对那男生怒目而视。老师批评她,她不但不听,反而大吵大闹。老师要将她拉出教室,她大叫耍流氓……

---

① 杨吉星:《语言表达技能训练指导》,中国林业出版社,2001年版。

她所在班的班主任周老师对她进行教育:"看来你人不大,可脾气倒不小。你知道吗?今天我的魂差点被你吓飞了。"

"二男娃"扑哧一笑,但很快又收住笑,咧嘴说:"他们那样对我,我面子上下不来。"

"什么面子上下不来?假如雨伞的水滴在你身上,你会怎样?"周老师仍旧态度温和地问。

"反正我面子上下不来。""二男娃"还固执地说。

"好,看来你是很爱面子的一个人,我很高兴。而且我知道,凡是爱面子的人,是不会再犯第二次的,你说是吗?"

"二男娃"说:"是。"

周老师又问:"为什么你不对我发火?"

"二男娃"真诚地说:"周老师,你真心待我好,从不强人所难。我犯错误,您找我谈,我都能听得进去。"

周老师语重心长地说:"我也是有个性的,也会发火,如果我也按自己的个性办事,在你犯错误的时候,把你打一顿骂一顿,那将是什么局面呢?"

"二男娃"说:"不可能,不可能,你是老师。"

周老师严肃地说:"你说得对,正因为我是老师,个性受师德的制约,所以我必须培养自己良好的个性。你是学生就可以撒泼吗?难道中学生守则对你没有约束力吗?"

后来,"二男娃"果真收起了那股"野"劲和"泼"劲,变得文静、有礼貌,像个姑娘样儿了。

上例中,教师并没有针对"二男娃"的"野"、"泼"等不讲理行为对她进行严厉的训斥,而是把握这位学生的心态,根据其性格特点,用严肃但温和的话语因势利导、谆谆教诲,使学生真正认识到自己的错误缺点,并自觉改正,取得进步。

**3. 讲究方式方法,注意语言艺术**

教育学生应当既有批评又有肯定,既有冷静的分析又有热情的勉励和期望,在发现学生的不良行为后,能个别谈的就不采取公开批评,能暗示的就不挑明,做到硬话软说,严话宽说,不一味地居高临下,不粗声训斥,不冷嘲热讽,不挖苦打击、甚至处罚学生,注意维护学生的尊严,使学生深切地感受到教师对自己的关心和爱护,激发其自尊自强、奋发向上的精神动力。

[案例15]

有一位学生,回答老师问题时爱起哄,别的同学刚说完上半句,他就在下边接下半句,说一些不着边际的话,弄得课堂上乱哄哄的,任课老师很讨厌他,经常用一些比较难听的话训斥他。有一次,这位学生又在下面乱接话茬,任课老师对他说:"你的脸皮也太厚了点儿,你真是一只无头的苍蝇。"这位学生恼羞成怒,第二天上学时竟从自己家中带了一只蝇拍,递给老师说:"我就是苍蝇,给你蝇拍,让你随便拍,我等着你把我拍死。"任课老师气得没办法,只好把他赶出教室。①

---

① 刘伯奎、王燕、段汴霞:《教师口语训练教程》,中国人民大学出版社,2000年版。

这样的批评,学生往往是不乐意接受的。但如果任课老师能够变换一下批评方式,尊重并且理解对方,也许就不会发生这样不愉快的事情了。例如,老师可以找他单独谈一谈:"我很欣赏你的勇气,每个年轻人都有表现欲,都想让别人注意自己,这是可以理解的,但在课堂上随意接别人的话茬,不仅会影响别人的思维,使别人不能把问题回答清楚,而且你自己所做的'补充'也不完整,你应该先让别的同学把话说完,然后对他说的不完整进行补充,这样做会使同学们心服口服;咱们是不是以后不接话茬,自己回答问题,既可以显示你的勇气,也可以显示你的本领,你说行吗?"老师改用这种诱导式的善意的诚恳的批评话语,显得严肃而亲切,往往会使学生感到教而不训,痛而不怒,在微笑中领悟教师话语中所寓含的真诚批评和深刻哲理,不仅能使学生认识到自己的错误,而且能提高自己的思想意识。

[案例 16]

上课铃声已经响了,两个学生还在打闹。老师见状便火冒三丈:"你俩是聋了,还是瞎了?上了这么多年的学,连这点规矩都不懂?×××,昨天上自习课说话的事儿,我还没找你算账呢,今天你又捣乱?我可告诉你,今天下午你必须把家长叫来,让他看看你这次期中考试考的倒数第几名,看看你天天在学校干的什么'好事'!上课铃响过这么长时间了,还在闹?""下午,如果你叫不来家长,就别想上课!你俩,先给我站在后边听课去!"其中一个学生辩解道:"老师,是他先打我的。况且,我没听见铃声,不是故意破坏纪律。"老师大声嚷道:"别给我讲恁多理由,我不听!你俩都不是好东西!"

如此的语言、如此的教育,只能伤害学生的自尊心,使学生产生逆反心理和抵触情绪,使师生之间产生隔膜,对教育和教学产生不良影响。只有广阔的胸怀、诚挚的爱心、亲切的话语,才能使学生不仅在理智上接受教育,而且在感情上也产生共鸣,真正认识到自己的错误并接受批评,也才会使师生关系融洽,收到好的教育效果。

[案例 17]

一天,在办公室里,阿楠同学哭哭啼啼又来告状说,罗刚把他的书包扔在了地上。老师请来罗刚询问原因,原来是因为阿楠同学给他起了个外号,这是使老师头痛的"常见病"。老师请罗刚坐到椅子上,然后说:"一个人走路时被路边的石头绊了一脚,脚好痛啊。他气极了,又用脚狠狠地向石头踢去。你看这样聪明吗?"罗刚愣了一下说:"傻瓜一个!""他傻在哪里?""脚已痛了,再踢不是更痛吗?""那怎么办?""绕开走不就得了。""别人也会被绊跌跤呀,最好的办法是什么呀?"罗刚想了想,才说:"把石头搬到墙角或垃圾箱里。""对!这样做,脚既不痛,又做了好事。"罗刚在沉思。老师亲切的目光注视罗刚,办公室里静极了。过了一会,罗刚像懂得了什么似的说:"老师,阿楠给我起外号是错的,好比石头绊了我的脚。我呢,一次次扔他的书包就好像一次次踢'石头',这样我伤害了他,又伤害了自己。我应该讲文明礼貌,找阿楠谈谈心,共同把这块'石头'搬掉!""对极了!我们绝不能用错误的方法对待同学之间的过错,大家应该设法共同搬掉横在同学之间的'石头'!下次大家可不要再去踢'石头'喽。"

这位教师用搬石头的故事,巧妙地批评了学生。教师诚心诚意地帮助学生分析问题,说明道理,使学生自觉地认识到错误所在,显示了教师的教育语言艺术。

[案例18]

一位老师在布置课堂书面作业后,发现有个叫王涛的同学伏在桌子上迟迟不肯动笔,坐在旁边的女生忍不住说:"老师,王涛趴在桌子上,什么也没做。"这时,老师微笑地说:"做作业以前要进行认真思考的,可能他正在冥思苦想哩?相信他考虑成熟后,会提笔做作业的。"这时王涛慢慢地抬起头来,向老师投去感激的一瞥,拿起了笔。

试想一下,学生犯了小错误,教师若不留情面地批评一通,无疑会伤害学生的自尊心而导致出现僵局。这种情况下,如果教师准确地把握语言分寸,巧妙地来个反话正说,给学生铺设下台的台阶,教师的批评将会取得满意的效果。

[案例19]

一位班主任发现班上个别学生有"早恋"的苗头,但又证据不足,尤其考虑到在班上把话题挑明,极有可能使个别学生陷入难堪而产生对抗心理,同时还可能在其他同学中产生负面效应,他思前想后在班上讲了下面一段话:我们村子周围有大片的果树园,冬来暑往,春华秋实。有一年秋末冬初,我惊奇地发现,有些就要落叶的果树枝上竟然又开出了一簇簇小小的果花。不久,花谢了,居然也结出了山楂般大小的果子。可惜的是没过几天,霜冻便来了,叶子落尽了,小果实也都烂掉了。小时候,我每每看着这些可怜的小果子发呆。后来我才明白,原来不该开花的时候开花了,不该结果的时候结果了,是会受到自然规律的惩罚的。同学们的一些事情同样引起了我的思索,不知道你们是否也从中得到了一些启迪呢?"对于老师的这段讲话,同学们心领神会,早恋的现象从此也在这个班上绝迹了。①

"能博喻然后为师"。以不该开花的时候开花,不该结果的时候结果,其结果必然受到"惩罚",暗示学生中的早恋及其后果,这实在是一个绝妙的批评,既给早恋的学生留了面子,又防止了负面效应,同时还达到了批评的目的。

**4. 批评忌讲气话**

当学生犯了这样或那样的错误,教师难免生气。教师最好先给自己"降降火",让过激的情绪冷却一下,再对学生进行批评。否则,感情失控,往往会大发雷霆,甚至是夸大学生的错误,陈年老账一起翻,乱打棍子,乱扣帽子,引起学生的极度反感,造成师生间不必要的对立。少数教师批评学生时用语粗俗、不堪入耳,给学生的心理带来较大的刺激,有的学生被老师骂了一顿以后,觉得人格受到了污辱,便会做出一些不理智的事情,认为反正老师看不起我,于是就破罐破摔,人为地激化师生之间的矛盾。例如以下的批评语言都是不可取的:①挖苦式:"看你的样子,也不照照镜子。""四肢发达、头脑简单,笨得不如一头猪!""你白吃了十几年饭,连几岁小孩都能回答出来的问题都说不清楚,真是个榆木脑袋。"②挑战式:"我要怕你,就不当这个老师了"。"我要是管不了你,我就不当这个老师!""我要看到底是你说了算,还是我说了算。"③告状式:"我管不了你,叫你爸爸(或妈妈)来吧!"④预言式:"我看你啥也学不好!""我看你呀,准没出息。""你还想考上大学?"⑤驱逐式:"不愿听我的课,滚出去!""不想上课,就马上出去!""你给我站到教室外面去!""不好好学习,就卷铺盖卷儿走人,别在

---

① 唐树芝:《教师口语技能》,湖南师范大学出版社,1996年版。

我面前丢人现眼。""白痴！一点儿记性也没有，站到墙角去！"⑥结论式："无论如何，就是你的错。""我教了几十年的书，没见过你这样的学生。""你这种学生，迟早得进监狱！""小人精，就知道勾引男同学，你能抱个私生子来上学才算有本事呢！"⑦记账式："现在我不跟你生气，到最后看谁吃亏？"⑧罢课式："好，既然你不让我上课，我就不上了。""我走，这堂课大家听他讲吧。"①

这些气话极易刺伤学生的自尊心，阻碍学生正常的心理和才能的发展，也会使教育的成效丧失殆尽。

## 三、激励型

激励，就是激发和鼓励。激励型教育语言主要是指在学生思想品行教育过程中教师运用赞美、表扬、激将、鼓励等言语方式以激发学生奋发向上的充满激励性的语言。日本心理学家永多湖辉曾说："在每个孩子身上都蕴藏着巨大的、不可估量的潜力。每个孩子都是天才，宇宙的潜能蕴藏在每个孩子心中。"行为科学的研究结果也表明，一个没有受过激励的人，仅能发挥其能力的20%～30%，而当他受过激励后其能力是激励前的3倍至4倍。激励是成长的催化剂、维生素。教师的激励更是学生进取的动力、向上的能源，任何学生都需要教师不断地激励。因而在教育工作过程中激励语的使用至关重要。学生一旦有了值得表扬的地方，得到老师及时、中肯而饱满热情的评价，哪怕一句鼓励的话语、一个期待的眼神、一个亲切的手势都会让他们得到鼓舞，激发他们的上进心。

激励型教育语言能肯定学生的优势，发掘出学生内在的潜力，指出学生努力的方向，调动学生自身的积极向上的因素，催其奋发向上，全面发展。激励语的特点是具有很强的鼓动性、赞扬性和激发性。教师在运用激励型教育语言时应注意做到以下几个主要方面：

第一，要善于一分为二地看问题，善于发现学生身上的"闪光点"，把握时机，及时给予赞美和鼓励。运用激励性的语言，要认真分析学生的优点、缺点，积极因素、消极因素，有利条件和不利条件，并且常常需要从消极中看到积极，从现象中看到本质，从眼前的状况预示未来美好的前景，因而更多是从正面肯定入手，以赞扬的方式说出来，只有这样才能帮助学生树立更远更高的目标并为之奋斗。

[案例20]

有位班主任新带了一个学习、品德都比较差的"后进班"。班里有的学生因违法行为还被公安机关收审过。新学期伊始，学生情绪都很低落，公开说什么我们是"垃圾班"、"处理品"。这位班主任发现他们精力旺盛，特别喜欢体育，第一次跟学生见面，就说了如下一段话："有人说我们班是'垃圾班'、'处理品'，这是没有道理的。就拿体育锻炼来说，我们班不但不是'垃圾班'，而且可以成为先进班；不但不是'处理品'，而且可以争取成为'一等品'"。听到这些话，同学们哈哈大笑，十分高兴，信心十足。后来，这个班在全校运动会上一举夺魁，学习也赶上来了。

---

① 杨吉星：《语言表达技能训练指导》，中国林业出版社，2001年版。

该例中教师分析学生的优势,肯定他们的优点,通过热情的激励,以一点带一面,充分显示了激励语的作用。这是一种扬长避短的鼓动方法,即从肯定长处入手,由此激励学生行动的勇气和信心。后进班的学生往往易"破罐破摔",如何使后进班的学生从消沉中振作起来、需要教师巧妙地运用教育口语。

[案例21]

有位后进生,学习不努力,经常翻墙逃学,虽经班主任多次进行教育,但转变仍然很慢。一天他翻墙进校被值班的校领导发现送到班里,同学们议论纷纷。班主任了解了具体情况,原来这名学生到校迟了,当时校门口正在统计各班迟到人数,他担心影响班级荣誉,又怕耽误上课,就翻墙了。这时班主任就对全班同学说:"过去王××翻墙,今天又翻墙,但这不是简单的重复错误。过去他是向外翻,是逃避上课去玩;今天他是向里翻,是为了学习,为了维护班上的荣誉,这中间有进步,这是个很大的进步。试想,这样下去,我们大家谁能不相信他一定会成为一个好学生呢?"老师的话使他激动地流下了热泪,以后上进的步子越来越大。

学生上课迟到,班主任不但不批评还来了一番激励,通过具体分析、实事求是,化消极因素为积极因素。该例的后进生翻墙逃学和翻墙入学的行为的确是错误的,但这位教师绕开这一点,非常善于观察学生的微小的变化,善于用辩证的发展的眼光看待学生,竟然能从一个学生"向外翻"与"向里翻"的动作中,看到一个质的变化、美与丑的区别,分析这位同学同样是翻墙但这次是怕影响班级荣誉、耽误上课而翻墙的积极的一面,肯定了他的进步,一番激励的话语,充满了老师对他的期待,势必使后进生上进的步子越来越大。激励的语言能挖掘学生内在的潜力,激发学生的情绪,增加学生的信心、勇气,鼓动学生奋发向上,不断进取。教师这样不时地使用某些特殊的表扬方式,往往能获得点石成金的神奇效果。

[案例22]

一位男生,平时爱搞恶作剧,经常在女同学的课桌里放一些小麻雀、蟑螂、小昆虫等,同学们都很讨厌他。可是,当班上一位家境贫寒的女生得了重病,住进医院时,他也和班上同学一道捐献了50元钱,并给这位女生送了些营养品。班主任抓住这个契机,在班会上表扬了他这种助人为乐的精神,并因势利导,给同学们讲了如何做一个高尚的人。这位男生很感动,不但改正了爱捉弄人的毛病,还经常帮助同学修车、修桌椅。把自己节省的零花钱资助灾区特困生。后来,这位同学被学校评为"文明标兵"。老师的激励,使他光大了自己身上的"闪光点",克服自己的缺点。

第二,要富有激情和鼓动性。要把学生从低沉的、悲观的、懊丧的情绪中鼓动起来,除了给予学生理智上的解惑之外,更需要带给学生情绪上的感染。因此,教师激励学生,必须饱含激情,十分肯定,句式短促有力。激励的语言要避免用一些不切实的官腔、高调,而要用身边真实的先进典型、感人事迹,以榜样来鼓舞、教育、鞭策学生,用忠告的语言或赠言勉励学生,激发其深入的思考,从而调动学生内在的积极因素。

[案例23]

某班一位叫东强的同学崇拜明星到了无以复加的地步,他在书包上、文具盒上,甚至教科书封面上贴满了港台明星的照片,跟别人说话,三句不离明星轶事,哪一位明星的生辰、爱好,他知道得一清二楚,并扬言自己某一天会成为追星族的"明星"。一天,班主任找他谈话,对他这种选择偶像的方式给予耐心的指导,他说:"目前,青少年中的这种追星现象十分普遍,喜欢某个明星并没有错。但你现在是个学生,学生的主要任务不是追星,而是学习。在学习上,我们学校的'明星'也很了不起,就拿我们班上的小叶来说吧,她平时很喜欢音乐,喜欢唱歌,也很崇拜歌星,但她不是盲目崇拜。你看她每天都在认真学习,是我们学校'十优'学生之一,她对工作以身作则,团结同学,关心班集体,同学们都很喜欢她。在学习阶段,我希望你向这样的'明星'看齐。"接着,班主任老师又找到小叶,让她在学习上帮助东强,两人结成了互帮互学小组,东强以小叶为榜样,克服了以前的坏毛病,思想认识提高很快,两年后,进入了三好学生的行列。①

这位班主任利用本班的先进典型,选择与学生生活背景、成长经历相近的典型进行榜样教育,让学生认同身边的榜样,并在榜样的激励和带动下走出心理"误区",同时,努力效法榜样,最后使自己也成为他人的榜样。

第三,措辞准确,不失分寸,不言过其实。激励要结合实际、自然得体,不能不切实际地盲目激励,以免产生负面效应。建构激励语的基本方式总是由现实推断未来,再由未来激发行动意识。因此,教师既要合理顺情、恰如其分地肯定学生的现实表现,又不能言过其实、毫无分寸地推断学生的未来。过高或过低,都不利于激发学生的潜力。

第四,激励语要达到激励的效果,在用词造句上、结构安排上、语气语调上一定要精心设计,巧妙安排。用词要准确鲜明、节奏明快富有朝气,整体表达效果生动活泼,昂扬向上,充满活力。

第五,适当运用激将法,用反面的话刺激学生,使其自尊心从自我压抑中解脱出来而自觉奋发向上。

[案例24]
王×是个独生女,学习成绩优秀,就是有些娇气。有一次班里组织爬山活动,许多同学都跃跃欲试,她却犹豫不决,想与身体有病的同学一起坐缆车上山。班主任李老师见状,走到她跟前,对开朗的王×说:"王×,老师本来想给你一个任务,看你望山畏惧就给别人吧!""老师,什么任务呀?""这个任务只能让爬山爬得最快、最能吃苦的同学完成,山都把你吓倒了,算了吧。""老师,我能行,我一定能克服困难最快爬到山顶完成任务。""好,那么你参加尖兵班,给同学们开路,是不是英雄好汉,爬上山顶比比看!"②

李老师运用导激的方法,反话刺激王×,激发了王×不服输的战斗热情,引导到了李老师所希望的方向,使王×由惧怕爬山到勇敢爬山,李老师的激将法收到了良好的效果。

## 四、教师应忌讳与避免的教育语言

只有符合教育需要、遵循语言规律的教育语言才能产生最好的教育效果。在和学生的交往过程中难免会遇到一些令人气愤甚至使人不能忍受的事情,对学生自觉或不自觉的语

---

① 刘伯奎、王燕、段汴霞:《教师口语训练教程》,中国人民大学出版社,2000年版。
② 杨吉星:《语言表达技能训练指导》,中国林业出版社,2001年版。

言伤害所产生的后果必须引起教师的充分警醒。在教育活动及其实践过程中,教师在使用教育语言时应忌讳并避免以下几种语言。

**1. 恐吓性语言**

有的学生不遵守纪律,有的学生任性顶撞老师。教师企图通过使用恐吓性语言给学生造成一定的心理压力而使学生服帖。如:"你再这样调皮,我就要请家长。""下次再这样,通知你家长来校收拾你"。"你再不听话,就把你赶出校门"。这些恐吓性语言给学生造成心理压力,使学生受到伤害。

**2. 侮辱性语言**

侮辱性语言是指运用类似于谩骂的语言侮辱或贬低学生人格、素质。某个同学完成得不好老师交给的任务,教师说:"你是个18岁的高中生,这点小事也办不好,简直是你父母白养了你18年。"如在遇到违纪事件的发生时,有教师往往缺乏冷静,甚至表现出极度的愤怒:"你是畜生,简直不是人,人会做出这等事吗?""我要是你早不活了","你这孩子无药可救,狗改不了吃屎","你为什么这么没用","你怎么这么笨","闭嘴","低能","缺心眼儿","不懂人话","你真笨,你真傻! 你简直就是个白痴!"等等。这种侮辱谩骂性的话,会使学生在人格和感情上受到伤害,不但不能解决问题,相反只会激化矛盾。正如马卡连柯说:"我的基本原则永远是尽量多地要求一个人,也尽可能地尊重一个人。"

**3. 讽刺性语言**

讽刺性语言极易伤害学生的自尊心。一个男生给女生写了封信被老师知道了。老师说:"你真是一流的高材生,一流的美男子。""你真有本事,先把写欠条学好(该生在学校商店赊欠钱、物),再学写情书好吗?"上课的时候又抓住作文中的错别字说:"高材生,你高中本科快毕业了(高中毕业后又复习了一年,读了四年)。你的功底确实不错,你的'期骗'是'期期都在骗'(把"欺骗"写成了"期骗")。难怪你高考名落孙山。"从此以后,学生对这位教师的态度可想而知了,若是正面疏导,平心静气地讲道理,效果定会大不一样。

**4. 指责性语言**

学生犯错是难免的,作为教师不是帮助学生分析主、客观原因,因势利导,而是一味指责,也很容易伤害师生感情。如:"你怎么搞的,这么简单的题都不会做?""你为什么不动脑筋,简单的一件事,你搞得这样糟?""你连这么简单的问题还拿来问,好意思吗?"等等。指责性语言使学生"如临深渊,如履薄冰",不仅师生关系很难融洽,也很容易造成学生的逆反心理。

**5. 武断性语言**

武断性语言是指教师摆出权威的架势,陈述自己的判断或观点是唯一正确的。有位教师不小心在黑板上写了个别字,学生发现后给他提出来,他认为扫了他的面子。之后不仅不承认,反而武断地说:"你是老师,还是我是老师,错了也要依我的。"这种居高临下的架势和蛮不讲理的霸道作风,倒是让这位老师丢了更大的面子。

**6. 欺骗性语言**

所谓欺骗性语言是指教师利用花言巧语诱骗学生上当。有位外语教师为了帮助朋友推销一种英语课外读物,将该书说得如何如何之好,并宣扬"一书在手,考试无忧"。后来文化部门在查处非法出版物时进行了收缴,老师的欺骗性语言使学校和这位老师大失面子,弄得学生不满意,家长反映大。

### 7. 揭短性语言

揭短性语言是指抓住学生以往的过错或存在的生理缺陷去讥讽、攻击学生的语言。如:"你就忘了,高一时,你拿过别人的东西,高二时又有人说你占小便宜,高三马上毕业了,又收错了衣服,怎么老是旧病复发? 是不是又想到政教处写检讨?"

此外,"你再不努力学习,就考不上好中学(大学),将来就没有什么出息"。"你这样总是全班最后一名(或者倒数几名),对得起你的父母吗?""全班同学不要向他(她)那样。""某某品德不好,是全班最差的。""你不认真学习可以,但不要影响其他同学。"诸如此类的"禁语",在教育中都是不能也不应该使用的。

教师应忌讳与避免的教育语言,当然无法用以上的简单归纳全部囊括。这些语言有些虽是教师恨铁不成钢的一种冲动。但是因为这些语言会给学生造成不同程度的精神、心理伤害,达不到预期的教育效果。作为老师就应该让上述语言在学校教育语言中销声匿迹,就必须要规范自己的教育用语,使自己的用语文明、人性和艺术化。建立新型平等的师生关系,要从"理解"、"尊重"、"和谐"、"善待"的语言交流做起。自觉地、持之以恒地修养教育语言及艺术是教师育人的首要基本功,也是使自己在育人王国由必然走向自由的首要前提。

## 第三节  教育语言技能专题训练

教育语言技能是教师在教育实践中经过刻意训练而形成的。准确、流畅、熟练地运用各种类型的教育语言,是实现有效教育学生的重要途径。教育语言基本技能的训练目标是学会能够针对不同的教育目的、对象和场合,选择恰当的教育语言,熟练自如地运用各项教育语言技能,对学生进行有效的思想品德教育。进行教育语言技能训练要做到:①明确训练的目的和要求,自觉地认识训练的意义;②研究优秀教师运用教育语言的案例,认真分析,悟出真谛;③讲究训练方法,循序渐进,有步骤地进行。

请针对以下情境,提出你的语言应对方案。

(1)毕业班同学学习积极性很高,但有一部分同学不注意劳逸结合、科学用脑。课间10分钟也不出教室,甚至熄灯后还点蜡烛或打电筒学习,影响了身体。请找这部分同学谈一次话。

(2)初三年级一对同学出现"早恋"现象,学习成绩明显下降。请分别找他们谈一次话。

(3)一个女同学涂口红、烫头发,老师找她谈话。师:"今天停你的课、要你站办公室是为什么?嗯?"生:"……"师:"你看看你,烫一脑壳的卷毛,还涂口红、画眉毛……"生:"我没有画眉毛!"师:"那么口红呢?卷发呢?嗯?!"生:"口红怎么样?教英语的向老师也擦口红、画眉毛,还烫头发!"师:"老师是老师,学生是学生!"生:"学生就不是人?"师:"学生是人,但是你化妆化得人不人鬼不鬼的,你看你的态度,像话吗?"生:"我就是这个态度!"师:"好哇,我告诉你,不好好学习,一天到晚画眉毛、擦口红有什么用? 人漂亮不漂亮也不是靠化妆化出来的。"生:"你……漂亮不漂亮不要你管! 呜呜……"师:"哎! 你回来!"该案例中老师的教育有何不妥？若你遇到这类事情,将会怎样应对？

(4)一位学习优秀的学生受社会上拜金主义的影响,在周记中感叹"文章虽满腹不如一囊钱",并流露出辍学经商的念头。请你针对这位同学的想法,找他谈一次话。

(5)某中学生经常抽烟并宣称:"饭后一支烟,赛过活神仙","抽烟又喝酒,活到九十九"。请试用合适的方式对其进行教育。

(6)娟娟与莉莉是班上最要好的同学,两人每天形影不离。可是最近两人却因一件小事闹翻了脸,见面时都要向对方吐一口唾沫,互相对骂。由于情绪不好,两人的学习成绩急剧下降,双方父母也很着急,劝说无用,只好去找班主任老师解决问题。请用合适的方式教育他们。

(7)晚自习时,班里有两位同学打架。老师闻讯赶到后见他们仍然扭打在一起,气愤极了,在桌上狠狠拍了一下,吼道:"松开!"又严厉地甩出一句:"到办公室来!"办公室里,老师怒气未消:"朱冰,你简直成了臭老鼠!你自己说说有几个男生你没斗过?真是个不可救药的捣蛋虫!"发现他的一条腿还在晃悠,老师又警告道:"站好!"他叫一声:"偏不!"哭着跑了。该教育案例中老师的教育语言有何不妥?若是你遇到这类情况将怎样给予学生批评?

(8)一位学生近来学业成绩急剧下降,提醒他,他还不以为然。作为班主任的你又在课堂上当场发现他在看武侠言情小说。你将怎样批评他?

(9)身强力壮而又好斗的小王,因小张碰倒了他的自行车,而大打出手,把小张打得鼻青脸肿,作为班主任,你将如何批评他?

(10)亮亮很早就到学校了,他急着赶做昨晚因看电视而没来得及做完的作业。可是负责开教室门的值日生还没来,他等了一会儿,不耐烦了,就找了一块石头砸开门锁,进了教室。同学们知道了,有的批评亮亮不应砸锁,有的认为亮亮砸锁"是有原因的"。作为班主任的你准备在班上针对此事说一段话,你会怎么说?

(11)一次期中考试,一位女生考了班上倒数第一。成绩公布后,她一天未到校上课,第二天她眼睛红肿地走进教室。作为班主任你准备怎样对她进行批评?

(12)一天课间,五(2)班几个学生站在楼上抛出一把把纸屑,纷纷扬扬的纸屑天女散花般地落得满地都是,正好被你这位老师看见。来到教室后,你将说些什么?

(13)初三(1)班有三位同学,经常上操时不辞而别,而且难找难寻,下操后很快又溜回教室上课。请用合适的方式教育这三位同学。

(14)一位教师在期末考试监考时,发现一位女同学不断地掀动裙子的下摆,原来她把答案抄写在大腿上。请用合适的方式教育之。

(15)一个小学三年级学生,有两次没有交数学作业,三次没有打扫卫生,请找他谈话。

(16)两位同学在课堂上抢帽子,老师点了一个同学的名,说:"你为什么扰乱课堂秩序?"学生说:"他抢我帽子。"教师问:"他为什么只抢你的帽子?不抢别人的帽子?"学生反诘道:"你为什么只批评我?"结果,教师的批评教育出现了僵局。请你针对这两位同学的错误重新设计一段批评语。

(17)有这样一位学生,聪明、反应快,遇事比较敏感,学习成绩不错,就是常迟到。老师为了使他成为一名好学生,经常在他迟到时批评他,结果他与老师产生了对立,不但毛病没改,反而故意违纪,最后受到学校的纪律处分,学习成绩也一落千丈。请改用合适的方式教育之。

(18) 请两位学生分别扮演家长与教师进行一次电话交流。

(19) 假设你是班主任，模拟期中考试后的一段家长会讲话。

(20) 有一位非常敏感、胆小的女生，因为父母要求她到老师那里背诵英语的任务未完成，担心受到父母的责怪，就自己在书上照老师的笔迹写上"A"，回家后瞒过了父母。可心里总是忐忑不安，最后还是鼓起勇气向父母承认了错误，而父母为此很生气。于是她把这件事写在了日记本上。日记的最后一句是："不知老师知道后会不会批评我？"请分小组讨论，设计老师与这位女生谈话的教育语言。

(21) 小明数学成绩一直不好，老师常常批评他。这次考试好不容易考了90分。发试卷时，老师对他说："你看！这10分是粗心扣的。为什么这么粗心？你什么时候能改掉粗心这个毛病？"这个教育案例能否改用表扬的方式进行教育？请试一试。

(22) 某班是落后班级，在学校的各项活动中排名经常在最后。学校运动会前夕，大家对参加运动会都没有什么热情。请为这个班的班主任设计一段教育口语激励学生。

(23) 给班上一位学习非常好的同学赠言。

(24) 讲述一件失败的事，启示对方不可重蹈覆辙，从反面激励对方。

(25) 续话训练：

① 文杰各科成绩都很差，却特别喜欢钻研怪棋。班主任多次找他分析原因，鼓励他认真学习，上个学期的成绩总算有所进步，可这学期的期中考试又有三科不及格。班主任又找他谈话，不料，还没等老师开口，他就甩出一句话："反正我学不好，老师，您就别再为我操这份儿心了！"老师唬起面孔……

② 王强上体育课从来就不在乎，老师示范，他站在一旁说小话；别的同学练习，他蹲在一边指指点点寻开心；轮到他操作时，他想逞能，可没有哪次能做好。一次跨越跳马，他摔在垫子上龇牙咧嘴出洋相，正当同学们围着他哈哈大笑时，老师拉下了脸，嚷道……

(26) 根据规定情境，设计出适当的激励语言：叶某由于平时不太注意锻炼，期末考试没有考完就因身体不支生病住院了。她为此非常懊悔，请设计一段激励她的话。并思考若该生性格内向，该如何说？若该生性格外向，又该如何说？

(27) 某校一位学生，品学兼优，工作出色，最近被评为全国"十佳"少年，并到全国各地巡回演讲，还受到了国家领导人的亲切接见。学校因势利导，树立她为学习楷模，收集、整理了她的先进事迹，利用广播、墙报广为宣传，并深入组织讨论学习，召开"学先进典型，做优秀学生"的主题班会。请设计一段激发青少年学先进、赶先进的激励语。

(28) 小玲在班上学习成绩不算好，最近由于害了一场病，学习更是落下一大截，期末考试时，她拖了全班的后腿。小玲担心自己的成绩跟不上，又担心老师和同学们歧视她，内心很压抑，整天无精打采，她的最大愿望就是受到老师和同学们的肯定与尊重。请设计一段针对小玲的激励语。

(29) 一名教师，这学期被分配到一个全校出名的差班当班主任，请设计一段调动该班同学积极性、可以改变该班面貌、富有激情的激励语。

# 下篇

# 教师语言技能拓展训练

# 第九章
# 演讲训练...

## 第一节 演讲概述

### 一、演讲的定义

对演讲的定义众说纷纭，比较通用的是：演讲，又叫讲演或演说，是指在特定的时境，在公众场所，以有声语言为主要手段，以态势语言为辅助手段，针对某个具体问题，鲜明、完整地发表自己的见解和主张，阐明事理或抒发情感，进行宣传鼓动的一种语言交际活动。

特定的时境，一般指的是演讲者和听众同处的时间与环境。有声语言是演讲活动的最主要的物质表达手段，它以声音的方式，运载着演讲者经过组织的思想与感情，传入听众的听觉器官，从而产生很强的说服力、吸引力与感召力。态势语言又称形体语言或无声语言，它是指能在一定程度上表达思想感情的眼神、面部表情、手势动作、体态、举止和礼仪等。

演讲就是在特定的时境中，借助于有声语言和态势语言这些物质手段，来组合一个和谐、统一的传达系统，从而达到发表意见、抒发情感、启迪和感染听众的目的。在有声语言和态势语言这两人物质手段中，有声语言始终处于主导地位，态势语言则处于辅助的地位，二者犹如红花绿叶，有机地、和谐地统一在一起，从而构成音美、意美、形美、富有审美价值的口语表达活动。

### 二、演讲的特点

演讲是一种独特的口语表达形式。这种独特的口语表达形式主要有以下五个特点。

(一)群众性、目的性、真实性

**1. 广泛的群众性**

演讲的听众可多可少,少则几十人,多则成千上万人,所以演讲者要从听众的实际出发,使演讲的内容能够尽量多地为群众接受。

**2. 鲜明的目的性**

每次演讲都要有一个或几个既定目的。整个演讲过程就是实现既定目的的过程。所以事先应围绕既定目的做好充分准备,条理清晰地、完整地体现这个目的。

**3. 现实的真实性**

演讲者的活动,不同于表演艺术者的活动。演讲者是现实中的自己,走到讲台上也仍然是他自己面向广大听众直接发表自己的主张和观点。

(二)一人讲,多人听

演讲总是在特定的环境中,以个人面对听众的形式直抒己见,表现为一人讲、多人听的外部特征。我们通常指的是狭义的演讲,它只允许一个人在台上讲,众人在台下听。即使是辩论性质的演讲,也只能一个人讲完,另一个人再讲。

(三)既"讲"又"演",以"讲"为主,以"演"为辅

演讲不同于一般的语言表达形式,而具有一定的"表演"性质。"讲",即陈述,运用有声语言这一手段,把经过组织的思想内容有条不紊地表达出来;"演",指辅助语言表达的表情、动作和姿态等态势语言。

在有声语言和态势语言两大手段中,有声语言始终居于首要的、统帅地位,它主要作用于听众的听觉器官,是听众的听觉接受对象和欣赏对象。态势语言则处于辅助的、从属的地位,它主要作用于听众的视觉器官,是听众的视觉接受对象和欣赏对象。

(四)具有多种艺术形式的特点和因素

演讲是一种综合的艺术,是"拼盘"艺术。就演讲的"表演"性质来说,它需要借鉴、移植播音、诗朗诵、话剧、相声、说评书、讲故事、演小品、做主持等表演艺术中的一些表达方法与技巧。运用这些表达方法与技巧不是简单地相加和拼凑,而是有机地、自然和谐地统一在一起,从属于演讲,服务于演讲,所以,演讲是一种独立的、高级的、典雅的口语表达形式。

(五)具有强烈的说服力、感染力和鼓动性

一次演讲,或者为了让听众接受某种主张、观点,或者为了让听众得到某种新知识、新信息,或者为了打动听众,使听众激动、感奋。要达到这些目的,从演讲的内容到演讲的声音表现形式都应当有较强的说服力、感染力和宣传鼓动性。

演讲最容易激发听众的情感,使听众的思想为之震动,情绪为之高昂,热血为之沸腾。演讲的吸引力和说服力特征,要求演讲者演讲时必须有明确的目的性和很强的针对性;演

讲的感染力特征,要求演讲者演讲时必须感情真挚、有感而发,而不是哗众取宠、沽名钓誉;演讲的鼓动性特征,要求演讲者演讲时情绪饱满、慷慨激昂、催人奋发。

## 三、演讲的形式

演讲作为一种最高级和最高效的口语表达形式,作为一项包含广泛内容的自成系统的社会实践活动,可以用不同标准把它区分为性质相异的若干类型。

(1)按演讲主题内容上的不同分类,大致可分为政治性演讲、学术性演讲、法庭演讲、教育演讲、礼仪演讲五个类型。

(2)按演讲表达形式上的不同,可分为陈述型、论辩型、主情型、鼓动型四类。

(3)按演讲表现风格上的基本情调和表现手法不同,大体可分为慷慨激昂、情感深沉、哲理严谨、明快活泼四大类型。

(4)按演讲活动方式的不同,可分为命题演讲、即兴演讲、论辩演讲三种。

(5)按演讲手段的不同,可分为以宣传主张、阐述道理为主的立意性演讲,以传授知识、讲说技能为主的立智性演讲,以提高人们的思想品德为主的立德性演讲,以及以表达感情、交流感受为主的立情性演讲。

(6)按演讲目的不同,可分为传授性演讲、鼓动性演讲、娱乐性演讲、凭吊性演讲、说服性演讲。

(7)按演讲场所不同,可分为巡回演讲、法庭演讲、大会演讲、街头演讲、课堂演讲、宴会演讲、广播或电视演讲。

(8)按演讲方法的不同,可分为读稿演讲、背诵演讲、提纲演讲、即兴演讲、辩论演讲、对话演讲、化装演讲、配乐演讲、模拟演讲。

(9)按演讲比赛的不同,可分为命题演讲、即兴演讲、论辩演讲、大赛式演讲。

(10)按演讲时间的不同,可分为长篇演讲、短篇演讲、微型演讲、限时演讲。

(11)按演讲要求的不同,可以分为使人知的演讲、使人信的演讲、使人动的演讲、使人激的演讲、使人乐的演讲。

## 第二节　演讲稿的准备

演讲这种口头语言活动,与其他口头语言活动相比,有一个显著的差别,就是内容的原创性。演讲稿必须是演讲者自己或者演讲团队创作的,有很强的时效性和针对性,只在特定的时间、面对特定的对象展开,而其他的语言表演则是演绎别人的作品,是可以反复表演的。因此,演讲实际上有两个步骤,第一个是演讲稿的准备,然后才是口头演讲,演讲稿的好坏直接影响演讲的成败。因此,本讲在开始演讲语言训练之前,先来了解如何准备演讲稿。

演讲稿又称演讲辞,它是演讲者在演讲前事先写出来的、供口头发表演讲的文稿。

演讲稿的含义包括广义和狭义两种。广义的演讲稿,是演讲者为准备在听众面前发表意见、抒发感情而写成的文稿。狭义的演讲稿,专指各种主题演讲稿,即参加各种演讲赛、演讲会使用的文稿。

从以演讲的形式发表来看,演讲稿属于演讲学研究的对象;从内容和形式的构成来看,演讲稿又属于写作学研究的对象。这两个方面是相辅相成、互相制约的:一方面,由于演讲是一种辅之以姿态、动作的讲话,演讲的内容与形式的要求构成了演讲稿自己的特点;从另一方面说,演讲的内容与形式也只有符合发表的要求,才能使演讲获得良好的效果。因此,演讲稿的写作是不同于其他文章的写作的。要研究演讲稿的写作,就需要从演讲学和写作学两个方面进行探讨。

## 一、演讲稿的特点

演讲稿的特点是通过演讲者在特定的时间、空间中,运用有声语言面对听众直接发表的实践活动中显示出来的,主要有如下几点:

(一)社会性

演讲是一种社会活动,它不是个人的自言自语,而是面对广大听众的讲话,并且希望产生作用。演讲由于既有演讲者,又有听众,于是就产生了社会性。既然有社会性,就要注意社会效果。这种效果主要通过演讲稿体现出来。演讲稿要使演讲者在听众中产生热烈的反应,怎样与听众产生交流是执笔人首先应该考虑到的。不仅要考虑到演讲的本身,还要考虑到听众。执笔人必须使自己撰写的演讲内容适应听众。演讲的内容,要能反映群众关心的社会问题,要反映群众熟悉的事物和感兴趣的问题,同时,要能产生良好的社会反响,给社会以积极正面的引导。

(二)有声性

演讲稿要将无声的文字转变为有声的语言。讲稿写完之后,其目的是要讲给别人听。因此,它无法摆脱有声性这个特点。这是写演讲稿时应着重考虑的问题之一。

为了发挥演讲稿的有声性的特点,就要把演讲稿写得"上口"、"入耳"。"上口"是说的方面,"入耳"是听的方面。所谓"上口",就是讲起来与平常说话没有什么差别。所谓"入耳",就是叫人听起来没有什么障碍,如同听平时说话一样顺当。演讲稿写得"上口"、"入耳",经得起说和听的考验,就能充分发挥交流思想感情的作用。

因此,写演讲稿做到与现代的口头语言一致,要通俗易懂,讲究有声性。

(三)整体性

任何脱离整体性而以单体结构形式显示出来的演讲,都不能构成完美有效的演讲。因此,写演讲稿时,必须从它的整体出发。

首先,要明确目的,立定格局。没有明确的目的,演讲就会变成没有中心、没有重点的随意谈话。没有一个格局,演讲就不会有清晰的程序和层次,也就没有严密的逻辑性,讲出的话不仅语无伦次,也会缺乏逻辑的说服性。

其次,语言要朴素,感情要真挚。明白如话、朴实无华、庄重典雅的语言,加上演讲者的感情运用,会使有声语言增加引人的色彩和感人的力量。

再就是声音的变化、热情自如的姿态。用文字写出的演讲稿是无声的,演讲要把无声变为有声,就要注意声音的变化,使它动听、悦耳。如果没有变化,听众就会感到厌烦。而热情自如的姿态,也会给演讲增色。总之,演讲稿和各个部分之间是互相联系、互为依托的,构成不可分割的整体。

### (四)临场性

演讲稿一般都是事先准备好供演讲时使用的,但它并不是一成不变的。因此,写演讲稿时,要充分考虑它的临场性,在保持内容完整的前提下,注意内容的伸缩性。既要有简单的提纲,又要有详细的内容。在说明主要问题或疑难问题时,要储备几个能说明问题的例子,以便必要时使用。运用幽默和笑话时,不要过于随便,要事先计划好加在什么地方适当。

### (五)真实性

演讲稿不同于文学作品的创造,文学作品可以拔高、可以虚构,但演讲必须主题正确、观点鲜明、材料真实,必须讲真话。在演讲中,使用的材料必须实事求是,不能马虎大意,更不能随意拼凑、凭空想象,不管是直接的还是间接的,不管是旁征还是引用,都要做到准确可靠、真实可信。所谓真实,即选用的材料要确凿无误,绝对可靠可信。事实的大小、多少、程度、范围,以至一个细节、一个数字,都要言之有据。

## 二、演讲稿的写作

### (一)确定选题

演讲选题通常有三种情况:一是组织者规定了主题而选题;二是组织者规定了内容的大致范围而选题;三是演讲者自选演讲题。无论哪种情况,撰稿者都有一个选题的问题。演讲的选题非常重要。因此,作者撰稿前,应特别注重演讲稿选题的确立。

第一,选题有强烈的时代感。选题要符合时代精神,体现广大人民群众的愿望及呼声。要选择广大人民群众最关心的、社会现实亟须解决的问题作为选题。不管选什么的题材,演讲者一定要有自己的独到见解,要使人耳目一新,而不是人云亦云;要紧跟时代潮流,体现时代精神,以唤起听众的关切和注意。

第二,选题要有积极意义。要选那些能为听众指明行动方向、给听众行动的手段和方法、给听众以正能量的材料,要选择那些光明的、美好的、富有建设性的题目。

第三,选题要考虑听众需求,要处理好听众的认识能力与选题内容的关系。听众认识能力与选题内容的关系分为三层次:低于选题内容;高于选题内容;适合选题内容。当听众的认识能力低于选题内容或高于选题内容,选题都是不合适的。因此,选题一定要有针对性,要适合听众的需求。演讲内容,必须是听众愿意听的;演讲所分析的,正是听众不理解而想理解的;演讲阐述的,正是听众想知道,或应该知道,或必须知道的。

第四,选题要自己比较熟悉。确立选题时,要选择自己比较熟悉,并且有条件、有把握讲好的题目。所谓自己熟悉的题目,是自己在某一个领域某一个问题上经历了一番辛勤劳动,进行过研究和探讨的。如亲自实践过,收集和整理了有关资料,用心做过周密的思考,获得了一些独到的体会等。许多演讲者的实践证明,选择自己比较熟悉的或是选择和自己的专业、知识面比较接近的题目,就容易讲得深、讲得透,讲出自己的风格。因为熟悉,才有话可说,也才能更好地去感染听众。如果演讲者对自己的题目不熟悉,或者对演讲题目所涉及的基本常识一知半解、似懂非懂,所写出的演讲稿一定内容贫乏,所表明的观点、做出的结论,就必然缺乏坚实可靠的论据。另外,演讲的选题要与演讲者的身份相称,要能够体现演讲者的个性特点和风格。不能选择那些与自己身份根本不相称的题目作为自己的演讲选题。

(二)编列提纲

古今中外演讲史上,仅仅依据提纲而发挥出精彩演讲的例子,可以说是数不胜数。

作为一个演讲的初学者,应该重视编列演讲提纲这项重要的准备工作,养成坚持编写演讲提纲的良好习惯。我们可以从以下几方面来编列提纲。

**1. 拟制好演讲的标题**

大多数演讲稿,都只有一个题目。而少数演讲,不仅有正题,而且还有副题和插题,遇此情况,都要分别列举出来。

**2. 编列演讲的中心论点和分论点**

演讲往往不仅有中心论点,而且还有若干分论点,甚至分论点下面还有更小的论点。编列演讲提纲时,哪个属于中心论点,哪些属于分论点;在几个分论点中,哪个应该在前,哪个应该在后。这些,都应该在演讲提纲中明确、清晰地显示出来。

**3. 列演讲所需要的事实材料、事理材料和参考材料等**

事实材料主要包括例证、数据和实物等;事理材料主要包括科学原理、科学定律、法律条文、有关文件规定以及名言、警句、谚语、成语等;参考材料泛指演讲时需要的各种材料或与演讲内容有关的各种备用材料。这些材料,有的可以简明扼要地摘抄到提纲上,有的可以仅仅在提纲上做个标记而另外制作卡片,必要时还可以编排绘制成不同的图表,这样,使用起来就可以得心应手、灵活方便。

**4. 编列演讲的内在逻辑联系、演讲内容和演讲层次的先后顺序**

不少演讲的头绪繁多,结构层次复杂,蕴含信息量也较大,在编列演讲提纲时就需要分清楚演讲内容的轻重缓急和演讲结构的先后排列。哪些内容应该在前,哪些内容应该放后,这里面有个内在的逻辑联系问题,不能随便颠倒。应该防止出现杂乱无章、轻重倒置、前后脱节或残缺不全等现象。

**5. 演讲的开头和结尾**

演讲的开头和结尾对演讲能否获得成功影响极大。为此,编列演讲提纲时应该考虑清楚:到底采用什么样的方式开头和结尾,才能获得演讲的最佳效果。这两个部分的内容在通篇演讲中占的篇幅虽然不算太大,但其作用却是忽视不得的。在演讲提纲中应该标清如何开头和结尾。

## (三)确定标题

演讲标题涉及演讲稿内容的整体布局,关系到演讲开始能否抓住听众的欣赏心理,吸引听众,并自然地引出演讲内容。演讲稿标题拟制得好,不但可以引起听众的注意,吸引听众听讲,而且还能起到概括文章的思想内容、突出演讲的中心论题、明确演讲所要讨论的特殊对象或所涉及的特定场合及其范围等作用。

演讲稿标题的类型,常用的一般有下列几种:

**1. 提要型**

提要型的标题,即标题概括演讲的基本内容,把演讲内容的核心简明地提示出来。如:

《人总是要点精神的》

《在磨难与痛苦中创造亮丽的人生》

这种类型的标题,有利于集中表达演讲者的思想,使听众一听便知道演讲的中心问题,在思想上打下一个烙印,有利于听众领会、吸收。

**2. 象征型**

象征型的标题,即运用比喻或象征等修辞手法,把抽象的哲理或某种特殊意义具体化、形象化,从而深入浅出地揭示主题。如:

《让美的横杆不断升高》

《扬起生命的风帆》

前一标题用"横杆"作比,把本来抽象的"美"具体化、形象化;第二个标题,演讲者巧比妙喻,赋予理想、信念以生命、感情和思想,鼓励青年荡起双桨,乘风破浪,借此鼓励青年奋发进取。这种类型的标题,一般具有强烈的感情色彩,容易引起听众感情上的共鸣,强化演讲效果。

**3. 含蓄型**

含蓄型的标题,即运用伏笔,造成悬念,引而不发,启发听众思维。用婉转的话来烘托或暗示某种内涵,让人思而得之,而且越思含义越多。如:

《逐日立杖铸丰碑》

《红绿灯下赤子情》

《蜡炬成灰泪始干》

**4. 警醒型**

警醒型的标题,即运用哲言镌语,立片言以居要,提醒、劝谏、鼓励听众,以激发听众的警觉,使之猛醒。如:

《忧劳可以兴国,逸豫适足亡身》

《天下兴亡,匹夫有责》

《有志者事竟成》

**5. 设问型**

设问型标题,即通过设问,提示演讲所涉及的内容,而演讲内容则是对标题设问的回答。如:

《人生的价值何在？》
《我们应该怎样爱孩子？》
《他们很傻吗？》

#### 6. 抒情型

抒情型标题,即抒发情感,以情感人,具有浓烈的感情色彩。如:

《自豪吧！光明的使者》
《我爱长城,我爱中华》
《党啊,亲爱的妈妈》

标题的类型不仅仅限于上述几种。好的标题往往很难一下确定下来。很多演讲常常在准备好演讲内容后,还苦于找不到合适的标题。许多标题的拟制和提炼,要经过反复推敲,深思熟虑,有的甚至是"煞费苦心"。

### (四)演讲稿的开头

一个好的演讲开头,能为全篇演讲定下基调,能起到点明演讲主旨、自然顺畅地引领下文的作用。一篇演讲稿,其类别是属于议论型、叙事型还是抒情型,其格调是庄重严肃、喜庆欢快的还是诙谐幽默的,这些往往在演讲稿的开头即可体察品味出来。这说明演讲稿的开头对定下全篇演讲的格调起着不容忽视的作用。因此,有经验的演讲者在写演讲稿的开头时,往往要对全篇演讲稿的格调和写法,做出一番精心的构思和认真的选择。

根据演讲的规律和实践经验的总结,演讲开头的类型主要有以下十几种:

#### 1. 提问式

一上台便向听众提出一个或几个问题,请听众与演讲者一道思考,这样可以立即引起听众的注意,促使他们很快便把思想集中起来,一边迅速思考,一边留神听。听众带着问题听讲,将大大增加他对演讲内容认识的深度和广度。但提出的问题不能太滥,应围绕中心,饶有趣味,发人深省;如果问得平平淡淡、不痛不痒,反而弄巧成拙,失去这种开场白的优势。

比如法国的戴高乐将军在反法西斯广播演说中的开头:"事情已经定局了吗？希望已经没有了吗？失败已经确定了吗？没有！请你们相信我,我是根据对事实的充分了解说话的,我告诉你们,法国并没有完。使我们失败的那些因素总有一天会使我们转败为胜。"一开始提出了一连串的问题,这些问题正是当时众多法国人关注忧虑的,他们希望得到答案,而戴将军正是把握住了这一点,在悬念之后给予了坚定的回答"没有！",然后从容告诉人民,他"是根据对事实的充分了解说话的",并力述法国"不会完"的各种根据,振奋了当时濒于崩溃的法国人民,增强了法国人民战胜法西斯的信心。这篇仅 50 秒钟的演说,因其特有的开头方式和充满激情及信心,直到今天仍对人们有一种鼓舞的力量。

#### 2. 新闻式

演讲者首先当众宣布一条引人注目的新闻,以引起全场听众的高度注意。
例如,《文明古国的悲哀》演讲稿的开头用的就是新闻式:

据一家国家级的报纸报道:在国外,几乎所有国家的公共场所都专门贴有用中文写的告示牌——请不要随地吐痰和乱扔果皮、纸屑。朋友们,这并非是一件正常的小事,而是对号称文明古国的子孙们的一种讽刺。

这样的开头,一下子就使听众为之震惊,并对事态关注起来。但这种新闻首先必须真实可靠,切不可故弄玄虚,否则,愚弄听众只会引起反感;其次要新,不能是过时的"旧闻"。

### 3. 赞扬式

人们一般有听表扬语言的心理,演讲者在开场时说几句赞扬性的话,可以尽快缩短与听众的感情距离。但要注意分寸,不然会给人哗众取宠、油嘴滑舌的印象。例如,《人才在哪里?》演讲稿的开头:

> 人才在哪里?人才在九百六十万平方公里的土地上,在十二亿人民中间,在当今改革的激流里,在你们——我尊敬的听众之中。

这个开头既有很强的吸引力和感染力,又缩短了演讲者与听众的心理距离,建立了一条很好的友谊纽带。

### 4. "套近乎"式

演讲者根据听众的社会阅历、兴趣爱好、思想感情等方面的特点,描述自己的一段生活经历或学习工作上遇到的问题,甚至自己的烦恼、自己的喜乐,这样容易给听众一种亲切感,从而产生共同语言,双方的感情距离一下子缩短了。演讲者一开场即来个自我介绍,或个人经历,或性格爱好,或表明立场观点,这样开头显得诚挚坦率、气氛融洽,会很快抓住听众。比如抗战期间,著名作家张恨水在成都中央大学演讲的开场白:

> 今天,我这个"鸳鸯蝴蝶派"作家到大学区演讲,感到很荣幸!我取名"恨水",不是什么情场失意,而是因为我喜欢南唐后主李煜的一首词《乌夜啼》。(朗诵该词)这首词里面有"恨水"二字,我就用它做笔名了。

真是快人快语,把自己的文学流派、性格爱好统统"自报家门",毫无隐瞒。这样开场显得真诚坦率,听众理解敬佩。

### 5. 悬念式

也叫"故事式",就是开头讲一个内容生动精彩、情节扣人心弦的故事,或设计一种特别的情境和氛围,令人关注,令人神往,使听众对故事发展和人物命运深表关切,从而仔细听下去。比如,党的早期革命家彭湃当年在海陆丰从事农民工作,一次到乡场上准备向农民发表演讲。怎样才能吸引来去匆匆的农民呢?他想出了一个好主意。他站在一棵大榕树下,突然高声大喊:"老虎来啦!老虎来啦!"人们信以为真,纷纷逃散。过了一会,才发现虚惊一场,于是都围上来责怪他。彭湃说:"对不起,让大家受惊了。可我并没神经病,那些官僚地主、土豪劣绅难道不是吃人的老虎吗?"接着,向大家宣讲革命道理。这次演讲后,该地的农运工作很快就开展起来。

### 6. 直入式

这种开头的方式是开门见山、言简意赅、单刀直入、直截了当接触演讲的主题。如《下一个》演讲稿的开头:

> 当球王贝利踢进一千个球时,有位记者问他,"哪一个最精彩"。贝利回答说:"下

一个!"努力追求"下一个",是优秀运动员和各行各业先进人物的共同品格。

**7. 道具式**

又叫"实物式",演讲者开讲之前向听众展示某件实物,给听众以新鲜、形象的感觉,引起他们的注意。实物可以是一幅画、一张照片、一张图表、一件衣服等。比如,有一次,陶行知先生在武汉大学演讲。他走上讲台后并不立即开始,而是不慌不忙地从箱子里拿出一只大公鸡抱在手上。在台下听众的惊愕中,陶先生从容不迫地掏出一把米放在桌上,然后按住公鸡的头,强迫它吃米,可是大公鸡只叫不吃。他强行掰开公鸡的嘴,把米硬往嘴里塞。大公鸡拼命挣扎,还是不肯吃。这时,陶先生轻轻地松开手,把鸡放在桌上,自己向后退了几步,慢慢地大公鸡自己就吃起米来。接着,陶先生开始了演讲:我认为,教育就跟喂鸡一样。先生强迫学生去学习,把知识硬灌给他,他是不情愿学的。即使学也食而不化,过不了多久,他还是会把知识还给先生的。但是如果让他自由地学习,充分发挥他的主观能动性,那效果一定会好得多!

**8. 幽默式**

用幽默诙谐的语言和新奇贴切的比喻开头,既能紧紧抓住听众的心,引人发笑,又能活跃会场气氛,让人在笑声中思考。

1938年,陈毅率领新四军在开化县休整。当时一个抗日组织召开欢迎大会,主持人介绍陈毅为"将军"。陈毅登上讲台,接过话头大声说:

我叫陈毅,耳东陈,毅力的毅。刚才主持先生称我为将军,实在不敢当,我现在还不是将军。当然叫我将军也可以。我是受全国老百姓的委托去"将"日本鬼子的"军"。这一"将"直到把他们"将"死为止……

这个开场白十分漂亮。演讲者缘情应变、尽情挥洒,讲得自然风趣、幽默传神,活跃了会场,紧紧抓住了听众。

**9. 忠告式**

演讲者采取郑重其事的态度,向听众讲明利害关系,以引起大家的警觉,从而增强演讲的实际效果。一开始就讲出了事态的严峻,能够引起听众的注意和警惕,使听众产生急于欲听下去的迫切感。比如演讲《生活与斗争》的开场白:

生活不是平坦的道路,生活就是斗争,是同惊涛骇浪搏斗,而不是悠闲的旅行。走向生活,就是走向斗争。懂得了生活就是斗争,就不会因一点小小的挫折而痛苦,因一点小小的委屈而伤怀,因一点障碍而徘徊观望,因一点胜利而浮夸骄傲。就会勇往直前,一无所惧。走向生活,是去作生活的主人,而不是去做宾客……

**10. 渲染式**

创造适宜的环境气氛,引发听众相应的感情,引导听众很快进入讲题。

例如,恩格斯《在马克思墓前的讲话》的开头:

三月十四日下午两点三刻,当代最伟大的思想家停止思想了。让他一个人留在房里还不到两分钟,等我们再进去的时候,便发现他在安乐椅上安静地睡着了——但已经是永远地睡着了。

短短的两句话,便把听众引进了一个庄严、肃穆、沉痛、对革命导师敬仰的气氛之中,有利于听众接受演讲的正文所欲展开的谈论。

**11. 名言式**

引用格言、谚语、诗词名句、名人名言等,让听众有回味、咀嚼的余地。哲理性要强,但不要太深奥莫测,甚至晦涩难懂,应当注意语言的通俗性。

例如,《走自己的路》演讲稿的开头:"路漫漫其修远兮,吾将上下而求索。"开头引用屈原《离骚》中的名句,含义深邃而又自然地引出下文。

**12. 即席式**

演讲者就演讲地点的景、物当场设喻,借以说清道理,或在特殊的情况下,采用灵机应变的、机智巧妙、信手拈来的即席方式开头,以沟通演讲者与听众的心灵,缩短距离,增强演讲的形象性和感染力。

例如,一位楚楚动人的女演讲员在观众的掌声中走上讲台,一不小心,在台边摔到,观众大惊。女演讲员站起后,不慌不忙走到话筒前,开口说得第一句是:"谢谢大家,我刚才是被大家的掌声所倾倒了。"语音未落,掌声雷动。

开头忌讳说"我水平有限,有许多不对的地方"、"我没有准备好"、"我在这里班门弄斧,请各位原谅"等等一类语言,也不要一开口就自吹自擂,或炫耀自己的学识,或标榜学历,为自己涂脂抹粉,更不允许讲一些与演讲主题无关的废话。

(五)演讲稿的主体

我们从结构安排和论述方法两方面来看演讲稿的主体。

**1. 演讲稿的主体结构**

演讲稿的主体部分是指开头与结尾之间的文字,是一篇演讲稿的躯干和重点。演讲稿的主体结构的基本要求是:

1)紧承开头

开场白提出了问题,主体就要紧接着加以论述。

2)选好重点

任何一篇演讲稿都有重点和非重点、主要部分和次要部分,重点详写,非重点略写。

演讲稿的重点是指那些能体现演讲中心和目的的,蕴含着深刻思想与充满感情的段落和语句。

演讲稿应该做到重点突出,主题集中,中心明确,切忌流水账、主题不集中,不然无法抓住听众的注意力,难以达到演讲的目的。

3)表明层次

层次,是演讲稿思想内容的表现次序,它既是演讲者思维进程的阶段性的具体表现,也反映了演讲者对客观事物的认识过程。演讲稿划分层次的主要方式有:

(1)平行并列。

这种讲述层次安排的特点是对演讲中心所涉及的几个主要问题分别进行讲述。几个层次之间的关系是平列的,它们从不同角度来表现演讲中心,或从不同侧面去共同论证某一个论点。

(2)正反对比。

这种讲述层次是,把分论点与分论点之间、段落与段落之间形成一正一反的对照,使听众从两种事物的不同或对立中辨明谁是谁非,认识中心论点的正确性。

(3)层层深入。

这种形式是分论点、段落之间步步深入,层层推进。所谓"层层深入",分论点、段落之间必须有严密的逻辑关系,先讲什么,后讲什么,顺序不能随意变动。这种讲述方式一般有两步递进、三步递进或四步递进。

上面说的是演讲稿主体部分安排层次的几种基本方法。应当提出,这些方法并不是机械死板或互相孤立的,在具体运用时,常常是综合使用,富于变化。

写演讲稿的主体部分、安排讲述的层次时容易犯的毛病主要有:一是划分的层次分散或不准确,二是次序排列混乱。要杜绝这些毛病,演讲稿的写作者要认真观察和分析客观事物及其内容联系,通过现象把握本质,并从主题的需要出发,恰当地安排讲述的层次。

4)划分段落

层次是演讲内容的逻辑关系,反映演讲者的演讲思路,而段落是层次的外在表达,是表现演讲思路的步骤。

划分好段落,可以使演讲稿眉目清楚,便于演讲者阅读、理解,并在演讲时做适当的停顿。

划分好段落,有时还会对演讲的内容起强调或加强的作用。

构段时,要注意其内容统一与完整,各段之间应该有内在联系,并且长短要适度。统一,就是一段集中表达一个意思。如果一段中有几个意思,就会使听众抓不住中心。

完整,就是一个意思要在一段里集中讲完,不要分散到几段中重复地讲。

各段之间有内在联系,是指各段之间内容连贯,上下段之间在内容上逻辑联系,体现出一段是上一段意思的必然发展。

长短适度,就是说构段不能太长或短。段落过长或过短都不利于演讲的进行。过短,段分得零碎,无论演讲者或听众都难以掌握一段的意思;过长,会出现一段的内容出现几层意思,而且讲起来缺少停顿,听众听起来太压抑,容易产生疲劳。

5)安排高潮

演讲的高潮,既是演讲者感情最激昂、气势最雄劲的时刻,更是听讲者情绪最激动、精神最振奋的地方。

(1)怎样组织和安排演讲的高潮。

许多有经验的演讲者写演讲稿时,或是通过对所举事例的准确恰当的阐释分析,从中提炼出惊世骇俗的观点及深刻的哲理而片语惊人、掀起高潮;或是运用比喻、排比等修辞手法,妙语连珠,满座皆赞,掀起高潮;或是通过对演讲的中心论点的精练、透辟的议论,使听众为之折服而掀起高潮;或是运用充满感情的语言,设计自然得体的动作,饱含真挚热烈的情感,为听众创造一个真切动人的意境而达到高潮;或是语言运用富于变化,时而严峻论理,时而轻松谈笑,时而慷慨激昂,时而诙谐幽默,使听众情绪起伏,掀起一个又一个的高潮。使演讲上升到立意高远、艺道兼备、刚柔并济、炉火纯青、引人入胜的意境。

(2)组织和安排演讲高潮时需要遵循的一般原则。

第一,体现演讲高潮的那些名言、警句或简短的议论,要从可靠的事实或充分的事理中自然而然地生发出来,切忌牵强附会、生涩难懂。

第二,演讲的高潮要切实体现出情感浓烈、哲理丰富、令人回味无穷的特征。要像磁石那样,紧紧地吸引住听众,台上台下达到高度的和谐统一。

第三,要以简洁明了的语句、亲切得体的方式,生动有力地将自己与听众的思想感情推向高潮。切忌拖泥带水、冗长啰唆。

第四,一般说来,一次较短的演讲,将高潮安排在结尾前比较得体。至于篇幅较长的演讲,则要根据具体情况做出具体的安排,但以在演讲的中间和结尾前出现几次高潮为宜。

**2. 论述的基本方法**

从文体上看,演讲稿属于议论文,演讲者要通过各种方法论述自己的观点,并且让观众接受,从而进一步达到说服、感染、激励的目的。

我们可以采用以下几种方法来展开主体部分的论述。

1)以道理说服人

演讲的论据应准确无误,但又要新颖独特。只有这样,演讲才能吸引听众的注意力和激发听众的兴趣。为了使演讲以理服人,应做到以下几点:

(1)围绕主题说理。

演讲的主题是整篇演讲的中心思想,是灵魂,是核心。因此,在进入正文以后就要紧紧扣住主题,逐层展开,全面论述。无论是阐发精辟的道理还是讲述动人的故事,无论是知识的传授还是激情的迸发,都不能脱离主题而言他。

(2)观点正确全面。

演讲要以理服人,就必须使所持观点正确全面,避免片面肤浅,使观点具有很强的说服力。例如,演讲《教师这个职业》中说道:

> 我承认,教师的工作是辛苦的,因为我们常常需要夜以继日地劳作;我也承认,教师的经济收入是微薄的,因为从未听说过因当教师而发财或成为"暴发户"的;教师的地位,也是很一般,甚至被人瞧不起的,因为我还未曾见过因当教师而发迹,一步而登天的……但是,我不承认教师不是好职业。虽然教师在经济上、生活上待遇差一些,但我们的心灵并不空虚;虽然教师在工作上辛苦一些,但当我们看到学生成才的时候,我们无时不在享受着劳动者丰收后的欢乐和自豪!我们的劳动和社会的进步、人类的文明、祖国的未来紧密地联系在一起,我们的职业充满希望……

这篇演讲辞对教师这个职业,不是像有些演讲那样大谈"园丁"、"红烛"、"灵魂的工程师",而是对教师的实际情况做出全面的剖析,不过誉也不隐讳,讲不足也讲奉献。观点正确、全面而深刻,令人信服。

(3)事实充分有力。

演讲者要想使听众接受自己的观点,必须保证演讲本身的内容精彩丰富,材料翔实有力,因为事实胜于雄辩。所以在演讲中,要借助于事实来支撑所持的观点,用事实说服广大听众,使演讲获得成功。

(4)论证逻辑性强。

演讲是说理的艺术、逻辑的艺术。要说理,就必须借助分析、判断、推理、归纳、反证等逻辑手段。要求演讲者使用概念要准确,运用判断要恰当,进行推理要符合逻辑。判断一篇演讲是否具有说服力,主要看其是否具有严密有力的逻辑性。

2)以情感牵动人

情是艺术之魂,艺术的感染力就在于真挚热烈的情感。演讲中,真挚的情感所产生的渗透力是惊人的,它是一种内在的、征服人心的力量。用情不深,就不可能产生惊心动魄的效果。演讲的情感有五个特点:

(1)情感的真挚激昂。

我国著名的画家范曾对在日本留学的中国学生演讲说:

我每次出国都有一种最深切的体会,无论外面是怎样的花花世界,锦绣乾坤,任它五色迷目,五音乱耳,都不能动摇我对祖国的忠诚;相反,更增加了我对祖国河山的爱恋和怀念。中华大地,无山不美,无水不秀,我从外国的山河里演化不出生动的形象,诱发不出深刻的意境,无法寄托我的情思。

这种真挚感情的自然流露能不引发听众的情感吗?能不使当时的留学生感动得流下眼泪吗?画家范曾的拳拳赤子之心与留学生对祖国的怀念之情达到了共鸣。

(2)情感的丰富多变。

演讲者的情感,不仅要有深度,而且要有广度,即情感丰富多彩和富于变化。根据演讲内容的需要,可以表达喜悦、愤怒、悲哀、深沉等各种情感。抒发情感时,要运用自如,控制适当,恰到好处。

(3)情感的辩证施治。

情感运动同一切事物的发展变化一样,有它的辩证规律。演讲内容能将苦与悲、爱与恨、紧与松、强与弱等这些情感组合在一起,便会产生特殊的艺术效果。景克宁教授有这样一段演讲:

"大革文化之命"的十年,我全家迁返家乡。1970年,我被捕了,下面是捕我时的一段对话:

问:"交出你的反革命罪证!"

答:"你们抄吧!"(抄出《史记》)

问:"这不是要复辟的罪证吗?"

答:"这是历史著作。毛主席说,历史是不能割断的。"(抄出《孙子兵法》)

问:"好哇,你还研究兵法?企图武装暴动!"

答:"毛主席说'知己知彼,百战不殆'就是引证这本书的。"(抄出列夫·托尔斯泰的《战争与和平》)

问:"你还看这个,梦想世界大战吗?"

答:托尔斯泰是非暴力论者,不是战争贩子。(抄出《复活》)

问:"你还想复活?这次可要你永世不得翻身!"

> 我沉默了,我还能说什么呢?

这段演讲辞是把文明与愚昧放在一起对比的,是把对知识的热爱与对愚昧的痛恨放在一起叙述的,两极的鲜明对照引起听众两极情感的撞击,从而产生心灵的震动。

(4)情感的凝聚、升华。

演讲者的情感由淡到浓、由弱到强,逐渐浓化和强化。它在演讲的核心或高潮部分,则形成情感的凝聚点和升华圈。一位因残疾而困扰的青年在演讲中这样说:

> 虽然我不能做运动场上龙腾虎跃的闯将,也不能当风度翩翩的外交家,但我也是个血气方刚、风华正茂的青年,我还有健康的头脑、勤劳的双手,我也要毫不犹豫地投入到改革的洪流中去,在雷与电、风和雨的洗礼中,为振兴中华发出光和热,奉献出微薄的全力。

一篇演讲辞,情感的抒发必须有浓有淡、有强有弱。处理情感的凝聚,就是控制情感的有层次的变化和有目的的爆发。

3)以数据教育人

演讲中,数字往往是不可缺少的,运用和表示的方法也很多,它遍布于历史、政治、经济、科学、教育、文化和整个日常生活中。真实、可靠的数据可使听众产生一种实在感、可信感,在听众的心灵上掀起感情的波澜。演讲者若注意运用数据,必定会使演讲增色生辉,获得成功。有一篇演讲辞说道:

> 在兽性发狂的一个多月中,日本侵略者在南京屠杀了30万个中国人!30万个人排起来,可以从杭州连到南京!30万个人的肉体,能堆成两座37层高的金陵饭店!30万个人的血有1200吨!

通过换算,"30万个人"既具体又鲜明,既生动又形象,数据的辅助作用可见一斑。

4)以兴趣振奋人

一个善于演讲的人,懂得如何根据听众的趣味,把枯燥的或颇为严肃的演讲内容,通过幽默的力量——轶事、故事、趣事、新奇事,使它变得生动有趣,让听众在活泼愉快的气氛中自然而然地接受启迪和教育。演讲中,幽默是使语言更具有渗透力、感召力和凝聚力的艺术,能使演讲锦上添花,精彩迷人。

如丘吉尔在一次演讲前,感觉到台下听众吵吵嚷嚷,走上台首先这样说:只有两件事比餐后的演讲更困难——一件事是去爬一堵倒向你这边的墙,另一件是去吻一个倒向另一边的女孩。在观众的笑声中,他便不失时机地迅速转入正题。

5)以妙语感染人

演讲的语言是表达演讲者思想感情的主要手段。要使演讲的语言生动有力、形象感人,深深拨动听众的心弦,除了要求语言准确贴切、通俗易懂、完整朴素、简洁凝练之外,还要求高超地运用排比和阶升、设问和反问、对比和反复、比喻和比拟、层递和追加等修辞手法,形成演讲者自身独体的风格美。

如拿破仑"雾月政变"时在元老院大厅里斥责督政府的演讲:

> 我为你们缔造了一个光辉灿烂的法国,而你们把法国搞成什么样子?我为你们

创造了和平的局面,而我回来看到的是战争!我为你们从意大利运来了百万黄金,而我回来看到的却是掠夺性的法律和贫困!我为你们取得了胜利,我回来看到的是失败!

这篇演讲辞采用对比性的排比、阶升,使讲话的分量更为有力。

(六)演讲稿的结尾

演讲的结尾,就是演讲的"点睛"。美国作家约翰沃尔夫认为"演讲最好在听众兴趣未尽时戛然而止"。其意就是说,最好在演讲达到高潮时果断"刹车",以此来强化给听众的最佳印象。

拿破仑说过:"兵家成败决定最后五分钟。"我们同样可以说,演讲的成败在相当程度上取决于演讲的结尾。这是因为,如果演讲者设计和安排的演讲开头和高潮精彩,再加上有一个出人意料、耐人寻味的好结尾,那么,就如同锦上添花,会给听众带来一种精神上的愉快和满足。相反,如果演讲者设计和安排的结尾没有新意而贫乏无力,没有激起波澜而陈旧庸俗、索然无味,那会使听众深感遗憾,失望而去。因此,演讲的结尾要比开头和主体部分要求更高,内容要更有深度,语言要更有力度,方法要更巧妙,效果要更耐人寻味。可见,演讲的结尾是走向成功的最后一步,它在整个演讲中起着不可忽视的重要作用。

好的结尾能揭示题旨,加深认识,给听众留下完整深刻的印象;能收拢全篇,使通篇浑然一体;能鼓动激情,促人深思,令人觉醒,能让听众在反复回味中受到教育和启发。所以,每位演讲者不仅要熟练地掌握演讲结尾的艺术技巧,而且要善于设计,安排出既符合内容要求,又符合演讲的时境的新颖而又精彩的结尾,只有这样才能使自己的演讲取得全面成功。

演讲结尾的类型和方法,多种多样,不拘一格,演讲者可根据自己演讲的具体时间、地点、主题、听众及自己个性等因素,选择适合自己结束演讲的方法,使之有效地为演讲的思想和目的服务。归纳起来,常见的演讲结尾方式大体可以分为以下十种。

**1. 总结式**

以总结归纳的方式结尾。这种结尾用极其精练的语言,对演讲内容和思想观点做一个高度概括性的总结,以起到突出中心、强化主题、首尾呼应、画龙点睛的作用。如毛泽东《必须制裁反动派》的演讲结尾:

我们今天开这个大会,就是为了继续抗战,继续团结,继续进步。为了这个就要取消《限制异党活动办法》,就要制裁那些投降派、反动派,就要保护一切革命的同志,抗日的同志,抗日的人民。

**2. 号召式**

这种结尾是演讲者以慷慨激昂、扣人心弦的语言,对听众的理智和情感进行呼唤,或提出希望,或发出号召,或展示未来,以激起听众感情的波涛,使听众产生一种蓬勃向上的力量。如演讲稿《改革需要我们理解,时代呼唤我们奋进》的结尾:

亲爱的朋友们:改革正在呼唤着我们,克服改革面临的困难,实现四化的历史重任已经责无旁贷地落在了我们的肩上。九十年代正在呼唤着我们,这将是一个挑战与机遇同在,困难与希望并存的非常时期,是我们中华民族又到了最危险的时候!起来吧!朋友们!祖国和民族考验我们的时代到了,每一个有爱国之心、民族之魂的炎黄子孙起来吧!让我们同心同德、艰苦创业,把强烈的忧患意识和爱国热情,变为强国富民的创造性劳动,把加速民主政治建设,消除腐败现象的愿望,化为维护安定团结大局的实际行动,为共渡难关振兴中华,起来吧!前进!前进!前进!

### 3. 决心式

以表决心、发誓言的方式结尾。这种结尾感情饱满、态度鲜明、激情奔放,有助于坚定听众的信念,增加演讲的感召力。如演讲稿《无愧于伟大的时代》的结尾:

  同学们,让我们高举起"五四"的火炬,弘扬民主与科学的精神,把爱国之情,报国之志化为效国之行,用我们的热血和汗水、青春和智慧,甚至是生命,向我们的先辈和后代,向我们的祖国和民族呐喊:我们将无愧于伟大的时代,无愧为中华民族的炎黄子孙!我们将无愧为跨世纪的中国人!谢谢!

这种结尾言简意赅,语言真切,充分表达了演讲者鲜明的立场和坚定的决心,从而有力地鼓舞着广大听众朝着这一目标奋进。

### 4. 余味式

以留余味、泛余波的方式结尾。这种结尾语尽而意不绝,意留在语外,像撞钟一样,清音有余,余味袅袅。如演讲稿《人生的价值何在》的结尾:

  我们的雷锋,在他短暂平凡的人生中,创造出了巨大的人生价值,给我们留下了无与伦比的精神财富。那么,亲爱的朋友们,在漫长而又短暂的人生之路上,我们将做些什么?创造些什么?留下些什么呢?

这个结尾采取对比和提问的手法,听后令人深思,发人深省,叫人不得不扪心自问,三省吾身,给听众留下了哲理性的思索和回味。

### 5. 抒情式

以抒情怀、发感慨的方式结尾。如演讲稿《奉献之歌》的结尾:

  啊!奉献,这支朴实的歌,这支壮烈的歌,这支深远的歌,这支永远属于母亲——我们的祖国的歌,让我们每一个中华儿女都来唱这支歌吧!

这个结尾,感慨万千,诗意浓浓,情真意切,情理俱在,给听众以极大的鼓舞和力量。

### 6. 名言式

用哲理名言、警句作结尾。这不仅使语言表达得精炼、生动,富有节奏和韵律,而且还可以使演讲的内容丰富充实,具有启发性和感染力,给演讲的主题思想提供一个有力的证明,使听众在联系和印证中得到更深的启发。如演讲稿《谈毅力》的结尾:

  毅力是攀登智慧高峰的手杖,毅力是漂越苦海的舟楫,毅力是理想的春雨催出的鲜花。朋友,或许你正在向成功努力,那么,运用你的毅力吧。这法宝可以推动你不断地前进,可以扶持你度过一切苦难。记住:"顽强的毅力可以征服世界上任何一座高峰!"(狄更斯语)

**7. 赞颂式**

诚挚的赞颂，本身就充满了情感和力量，最容易拨响听众的感情之弦，引起和谐的共鸣。如《青春的证明》的结尾：

> 我们是航空工业的新一代，又有谁不热爱这伟大的事业呢？尽管我们还稚气未脱，尽管我们才踏上工作岗位，但是在不久的将来，在航空工业的主战场上，将会出现一座新的纪念碑，后人将会看到一条心的钢铁长城，在祖国的蓝天展现。我们是继承的一代，也是发展的一代，我们这一代必将用青春证明，青年是中华的将来！

**8. 祝贺式**

诚挚的祝贺和赞颂本身就充满了情感的力量，最容易拨响听众的感情之弦，产生和谐的共鸣。所以，用祝贺或赞颂的言词结尾，能造成欢乐愉快、热情洋溢的气氛，使人在愉快中增加自豪感和荣誉感，激励人们满怀信心去创造未来。如《在迎新茶话会上的演讲》的结尾：

> 最后，在春节即将到来之际，我借此机会向全市的父老兄弟姐妹们拜个早年。祝老年人春节愉快、身体健康、寿比南山！祝中年人春节快乐、家庭幸福、事业成功！祝年轻人春节欢乐、爱情甜蜜、前程无量！祝大家年年幸福年年富，岁岁平安岁岁欢！谢谢大家！

人一般都喜欢听赞颂的话，因此，相互之间的赞颂成了人们交往的最好手段。通过这些赞颂的话，会场活跃的气氛可达到一个新高潮，讲者和听者的关系变得更融洽了。这样，讲者的思想便给听者留下了一个满意的印象。但要注意演讲者在说这些赞颂的话时，不要过分的夸张和庸俗的捧场，否则听者就会认为你有哗众取宠之嫌。

**9. 点题式**

用重复题目的方式结尾，加深听众对演讲的印象，使听众产生强烈的共鸣。如演讲稿《我爱长城，我爱中华》的结尾就是用点题式：

> 雄伟啊长城，伟大啊中华！我登上崇山峻岭的高峰之巅，我站在万里长城耸入云端的城楼之上，我昂首挺立在世界的东方，在祖国的山川大地，向世界的大洲、大洋，向天外的星球宇宙，纵声呼喊："我爱长城！我爱中华！"

这种结尾方式，既表达了主题的需要，同时又对听众产生振聋发聩的冲击力。

**10. 幽默式**

用幽默、风趣的语言结尾，令人在笑声中深思，并给听者留下一个愉快的印象。
如鲁迅先生《在上海中华艺术大学的讲演》的结尾：

> 以上是我近年来对于美术界观察所得的几点意见。今天我带来一幅中国五千年文化的结晶。请大家欣赏欣赏。

说时一手伸进长袍，把一卷纸徐徐从衣襟上方伸出，打开看时，原来是一幅病态十足的月份牌，引得哄堂大笑。在笑声和掌声结束了他的演讲。

这个别出心裁极具喜剧性的结尾，不仅进一步深化了主题，使听众对那种拙劣的美术创作加深了认识，同时也给听众留下了许多演说者没有讲出来而又令人深思的空白，并让听众在美的享受和回味中,带着愉快的心情离开会场。

演讲者利用幽默结束演讲时,要做到自然、真实,使幽默的动作或语言符合演讲的内容和自己的个性,绝不要矫揉造作、装腔作势。否则只会引起听者的反感。

演讲结尾的方式除以上提到的常用的十种以外,还有不少。如可以用歌声结尾,使听众在美妙的歌声中陶醉而流连忘返;可以利用动作(无声的语言)结束演讲,这是一种具有独特风格的方式;可以用讲故事的方式结尾;可以用提问题的方式结尾;还可以用诗歌朗诵甚至舞蹈表演的方式结尾等等。

为了使收场圆满,结束语有"五忌":

**1. 忌拖沓冗长**

结尾一定要简洁明快,让丰富深刻的内涵与精炼含蓄的语句相结合,造成回味无穷的效果。因此不允许拖泥带水、繁复冗长。重复的话不可多说,与主题无关的话一句也不要说,要学会"醒明本旨"之后"戛然而止"。

**2. 忌节外生枝**

结尾是演讲意旨集中的焦点,或收拢全文,或照应开头,目的是为了突出主题。所以最忌讳当止不止、节外生枝,破坏演讲的完整统一结构,冲淡全篇的中心思想。

**3. 忌缺乏激情**

结尾是演讲主题的升华,是感情的高潮。语言要富有哲理和充满激情,使听众从逻辑思维到形象思维都上升到一个新的高峰,达到既明于理,又动于情。

**4. 忌鲁莽偏颇**

如果不是面对敌人演讲,那么结尾时不要言辞过于激烈、咄咄逼人,要真实、诚恳、友好和有自信。

**5. 忌陈言俗套**

有些人总喜欢说几句别人听厌了的陈言滥语,搬用旧套套,言辞毫无新意,给听众的信息量几乎为零,纯属浪费听众时间。

# 三、演讲稿的修改

好的演讲稿不是一气呵成的,而是反复修改形成的。修改是演讲稿写作过程中重要的必不可少的一环,是提高演讲稿质量的必经之路。

(一)修改的内容

**1. 从主题(思想、观点、意向)着手**

首先要看看你确定的主题是否健康、正确,再看看文字是否把你的主题表达出来,是否充分,是否新颖,有无片面性。有时即使主题正确无误,在修改时也会出现一些预想之外的闪光思想和语言,比原来的要深刻和精彩,修改就是弥补和扩展发挥的极好机会。

**2. 审视结构**

从演讲结构的一般模式看,结构不会有什么大问题,开头、正文、结尾是比较明确的。修改时主要审视的是正文部分。主题有了变化,结构必须随之变动,即使主题没什么变化,由于起草时只是作为一种构想写出来的,一旦落实在纸上,反复审视、推敲,就会发现一些毛病,如逻辑性不强、前后位置不当、层次不清、上下文重复、材料和引文用得不是地方、段落衔接不紧密等,这都需要重新调整和修改,有时还要"动大手术"。

### 3. 推敲润色语言

修改演讲稿写作语言的目的:一是减少语言方面的毛病,二是保持演讲语言的特点。在草稿上,由于当时意念完全集中在主题的表现、事件的陈述等方面,往往无暇顾及语言的运用,不可避免地会出现句子残缺、用词不准、丢字错字等,都需要修改,这是其一。其二,按平时定型的习惯写稿,容易出现书面语言较多的倾向,如句子太长、诗歌化、散文化等。只有经过修改才能保持演讲语言的特点。

推敲、润色语言的主要目的有:

一是把话说得明白。演讲是演讲与听众进行交流的过程,一句话表示不明白就有可能使交流中断,甚至会影响下面的交流。做到明白,首先要做到正确,即选择意义恰当而确定的词语。其次是用现成的、通行的口语。再次是用简明易懂的话,方言、术语尽量少用或不用。

二是把话说得有力。有力是指每句话、每个词都讲得是地方,与语言环境配合得好。这与思想修养、文字功夫有关。

三是把话说得动听。动听就是使听众愿意听,这是作用于听众感情的结果。要让语言动听,首先应该考虑的是用词造句的感情色彩和韵味,表现出诚恳、热情、振作的风貌,利用词句自身具有的那种和谐优美的韵味,把话说得流畅、响亮、生动。

## (二)修改的方法

### 1. 反复修改

演讲稿修改的方法与一般文章的修改方法大致相同,都需要反复推敲、字斟句酌。但演讲稿的修改更应该在文字的口语表达上下工夫。因此,对于比较重要的演讲稿不妨多看、多读、多听、多改它几遍,力求文字和语言上都完美无瑕。

修改是一个永无止境的过程,没有绝对满意的时候。如果有条件,就应争取一直修改到演讲之前,有机会一边讲,一边改,使之更加成熟。反复多次之后,嘴里讲的、手中写的、耳朵听的就会完全统一了。这样上台的时候,就会胸有成竹、临场不慌,即使有临场发挥的成分也能"得心应口",不会使结构紊乱。

### 2. 边讲边改

就是一边讲,一边改;一边改,一边讲;手、口、耳并用。用嘴讲,可以使句子简洁、顺口、有韵味,符合口语特点;用手写,可以去掉口语中啰唆、重复等毛病,使之精炼、准确,达到文学化的要求;用耳听,可以发现那些纸面上虽然顺畅但听起来费解,或者容易产生歧义的字、句,可以发觉那些意义相近而平、仄却不相宜的用语。对这些部分的修改,有助于达到入耳、动听的目的。

边讲边改最大的优点是可以免去念稿、背诵之苦,因为你讲的是你写的,写的也是你讲的,讲熟了也就成为你胸中的东西了。只有这样,你才能神情自若、从容不迫地发挥态势的作用,同听众进行情感交流,保持演讲的畅顺,提高演讲的效果。

## 第三节　演讲的有声语言表达

演讲是"讲"和"演"的结合,它的主要形式是"讲",即运用有声语言并追求言辞的表现力和声音的感染力,是一种口语表达;同时还要辅之以"演",即运用面部表情、手势动作、身体姿态乃至一切可以理解的态势语言,使讲话"艺术化"起来,从而产生一种特殊的艺术魅力。

### 一、演讲有声语言表达的特点

演讲有声语言表达的主要方式是"讲",对演讲者来说,写好了演讲辞,不一定就讲得好,语言的有声表达在演讲中具有非常重要的作用。具体演讲中,同样的话语,有声语言表达不同,效果就不同。从演讲的效果看,口才比文才更为重要。关键不在于说什么(用什么文辞表达),而是在于怎样说(用什么质量的有声语言表达)。因此,我们必须非常重视有声语言表达技能的训练,花大力气训练自己的有声语言运用能力。

演讲在表现形式上又具有现实性和艺术性相统一的特点,因而演讲的"演"不同于朗诵、话剧等语言表演的"演",它是在公开场合中的语言活动,所有外露的情绪、情感都是真实的,是演讲者本人的,而不是表现别人的作品。因此,演讲是介于"讲话"和"语言表演"之间,既有日常生活有声语言的朴素自然,又有艺术有声语言的丰富表现,既有现实性,又有艺术性。需要演讲者充分调动音长(声音的长短)、音强(声音的强弱,包括响度和力度)、音调(声音的高低起伏变化)、音韵(音节和韵律)等各种要素,充分满足演讲表达的需要。

### 二、演讲有声语言基本要求

演讲的语言从口语表述角度看,必须做到吐字发音正确、清晰、优美,词句流利、准确、简洁明了,语调贴切、自然、动情。

(一)吐字发音要标准、清晰、优美

演讲是以声音为主要物质手段的,对语音的要求很高,既要能准确地表达出丰富多彩的思想感情,又要悦耳爽心,清澈优美。为此,演讲者必须努力在语音上锤炼,做到发音正确、清晰、优美,努力使自己的声音达到最佳状态。具体说来,良好的声音表现有以下几方面:

**1. 声音准确清晰**

吐字正确清楚,清晰有力,准确到位,语气得当。

**2. 吐字清亮圆润**

声音洪亮清越,丰满圆润,铿锵有力,悦耳动听。

**3. 节奏富于变化**

抑扬顿挫、轻重缓急,随感情变化而变化,鲜明饱满,节奏自然。

### (二)词句简洁明了,流畅生动

演讲词句多以口语为主,结合书面语。口语与书面语之间有较明显的差距。书面语可以慢慢来理解,而口语则需立即被听懂。演讲中听众主要通过听觉接收信息,演讲者借助口语发出的信息,要让听众立即能理解,必须尽量做到简洁明了、流畅生动。

### (三)语调贴切、自然、动情

语调是口语表达的重要手段,它能很好地辅助语言表情达意。同样一句话,由于语调轻重、高低长短、急缓等的不同变化,在不同的语境里,可以表达出种种不同的思想感情。一般来讲,表达坚定、果敢、豪迈、愤怒的思想感情,语气急骤,声音较重;表达幸福、温暖、体贴、欣慰的思想感情,语气舒缓,声音较轻;表示优雅、庄重、满足的思想感情,语调前后弱中间强。这样,才能声情并茂、绘声绘色、传情达意。

语调的选择和运用,必须切合思想内容,符合语言环境,考虑现场效果。语调贴切、自然正是演讲者思想感情在语言上的自然流露。所以,演讲者要恰当地运用语调,必须准确地把握演讲内容和感情。

## 三、演讲有声语言的节奏

关于发音吐字和语调的训练,我们在其他章节都有系统的基础训练,在这里,我们针对演讲,做演讲有声语言的节奏训练。

对艺术来说,节奏是各种不同要素的有秩序、有规律、有节拍的变化。节奏要起伏结合。朱光潜在《谈美书简》一书中指出,节奏是主观与客观的统一,也是心理与生理的统一。它是内心活动、思想感情的传达媒介。据此分析,演讲者思想感情起伏变化,结构的疏密松散,语调抑扬顿挫、轻重缓急以及演讲者的举止等要素之间有秩序地、有规律地组合,便形成了演讲的节奏。

### (一)演讲节奏的基本类型

演讲时,根据声音形式、语义内容、文辞风格的不同组合,可以概括出以下几种演讲节奏类型:

**1. 柔和轻快型**

这种节奏的特点是声调清晰平和、语速持中略缓、风格柔和雅致,侃侃而谈,娓娓道来,如和风细雨、行云流水。它往往运用于谈话色彩较浓的演讲,比如社交演讲、教学演讲、学术演讲等。

**2. 舒缓平稳型**

这种节奏的特点是语速慢、停顿长、内容风格等变换较少较缓,层次结构相对松散。常常用于比较庄严的演讲,比如工作报告演讲、法庭宣判演讲、政府发言人演讲、新闻发言人演讲等。

**3. 紧凑激昂型**

这种节奏的特点是语速快、停顿短,语音多重少轻,语调多扬少抑,音势节节高起,感情色彩浓重澎湃,冲击力较强,有势不可挡之感。常常用于辩论演讲。

**4. 平铺持重型**

这种节奏的特点是发音不高不低,语速不快不慢,声调不抑不扬,停顿不长不短,风格手法无明显变化,感情色彩比较节制、苍白。常用于政治、外交演讲。

**5. 低沉压抑型**

这种节奏的特点是声音低沉,感情压抑,语速迟缓。常用于悼词、纪念性演讲等。

**6. 综合节奏**

这种节奏是多种节奏模式的组合。表现力强,感情色彩比较丰富,又称交响乐式节奏。常常用于事迹报告演讲、篇幅较长的演讲等。

(二)节奏的实现技巧

演讲的节奏可以通过有声语言的外部调节和内部调节来实现。

外部调节指的是通过调节语音的停顿、重音、语调等来实现听感上的节奏;内部调节是指通过调节演讲的内容安排来实现。这两个方面实际上是内容和形式的关系,是相辅相成的。

下面我们来看如何通过内部调节实现演讲节奏。

**1. 信息的强弱安排**

信息的强弱就是在一定量的有声语言中,为实现演讲的目的恰当安排强信息和弱信息,可以使演讲富于节奏感。例如:

> 我总以为,有春风拂面的地方一定会留下生机盎然,因为春风的柔情里满含着活力;我总相信,有你走过的地方一定会留下阳光明媚,因为你的笑容是那么明朗自然,而科技,科技走过的地方又会留下什么呢?(《科技走过的地方》2002年第七届北京市大学生科普演讲比赛优秀演讲)

"春风"和"你"的出现都是弱信息,是为了引出强信息"科技"而做的铺垫。

**2. 文采的浓淡调配**

文采的"浓"是指语言的华丽、繁复;文采的"淡"是指语言的朴实、简洁。有意识地安排文采的浓淡,可以使演讲有张弛的节奏感。例如:

> 既然是一条羸弱的小溪,就别想像沧海惊涛拍岸;既然是一棵无名的小草,就别想像大树一样伟岸参天;既然是陆地行走的动物,就别像雄鹰那样神气傲慢;既然生命只属于地平线,就甘愿平凡。
> 
> 是彗星也要一闪,是昙花也要一现,是小雨也要把荒漠变成绿洲,让燕子去弹唱明媚的春天。

经过几年的苦心磨砺、惨淡经营,小小的我终于有了一束微笑,虽然并非粲然!当我有一篇文章在报刊上发表,当我有几幅书画在异地他乡展出并获奖时,我的心情那是何等的激动、何等的舒畅,又是何等的甜蜜啊!在孤寂的生活中,我终于找到了一份寄托,寻到了一缕慰藉,也找回了一个充实而又崭新的自我。(《丑女自有风流在》)

第一段中出现了小溪、小草、陆地行走的动物和只属于地平线的生命,彰显着丑女告诫自己别去奢望,要甘心平凡;第二段出现彗星、昙花、小雨和燕子,意在不能就这么平淡地活着,得活出自我的风采。前两段浓墨重彩、华丽浓烈,体现了内心的挣扎,第三段娓娓道来丑女苦心磨砺后的自我欣赏,简洁朴实,使听众听来张弛有度、印象深刻。

**3. 抒情和说理穿插**

抒情就是表达感情,说理就是摆事实、讲道理。两者交错运用,能使演讲富于节奏感。例如:

我是一个中国人,作为一个人,我是幸运的,因为滋养我生命的是一片五千年文明的土地。我的生命之河涓涓流淌着一个古老民族的感情。

两千多年前,中国的圣贤孔子和孟子,以对生命的沉思和对心灵的发现,创造出一系列关爱人类健康成长的教育思想。这些思想,一方面记载于中国历史文献和典籍里,通过文字在知识阶层传播着;另一方面,在中国民间,有更广大的社会群体,以融合渗透在风俗文化与日常生活中的方式,以每一代人生命体验创造出的人生格言警句,言传身教地传播着。

因此,孔子的仁爱思想和中国文化经典——四书五经,并不是高高悬挂在历史的圣坛上,而是通过时间隧道深入到每一个家庭,作为一种人生准则指导着每一个中国人的言行。(徐国静在北京国际会议中心向中外听众做的"中国人爱的哲学"的演讲)

演讲者首先说到自己是一个中国人,抒发作为中国人的骄傲之情,然后很理性地讲道理,为什么孔孟之道令每一个中国人热爱。通过抒情和说理结合的方式,让演讲富于节奏感。

**4. 叙述与议论的交错**

叙述与议论也是演讲不可或缺的表达方式。它们合理和交错地运用,也是演讲富有节奏感的保证。

例如董建华宣布参选连任第二任香港特首的演讲:

特区政府需要重点开展的第四项工作,是珍惜优良传统,倡导自强不信、团结向上的精神。

最近,我留意到香港市民黄秀荣女士的事迹。这一位在过去二十年间,不幸中风多次,身患癌症的女士,在她身陷绝境,甚至想到自杀的时候,凭着对子女、对未来的希望,以救援度日,艰难抚养三个子女。

现在,她的两个女儿大学毕业,儿子中学毕业后也找到工作。一家人住入了新买的居屋,不再靠领取救援过活。

香港单车运动员黄金宝和何兆麟,在刚刚结束的全国第九届运动会上赢得金牌。为了赢取这两面奖牌,他们充分发挥追求卓越、精诚团结的精神,各自谨守自己的岗位,向着既定的目标拼搏。结果,为自己争得荣誉,也为香港赢得光荣。

　　他们的故事,让我感动也感慨。黄女士身上那种自强不息的精神,有没有得到社会的珍惜?黄金宝和队员那种追求卓越、团结向上的精神,有没有得到社会的广泛倡导?我们在肯定社会和思想多元化的前提下,香港需不需要一个休戚与共、相互扶持的社会意识?

　　我相信,答案是需要的。因此,下一任政府需要带动社会在这方面争取共识。我们不但要创造经济上的奇迹,也要追求精神上的成就、升华和满足。进而,使得我们每一位市民,能够为自己的身份而自豪和骄傲。

董建华在这番演讲中,很好地运用了叙述和议论相结合的方式,有理有据,充分达到了他提倡珍惜优良传统,倡导自强不信、团结向上精神的目的。

**5. 整句与散句的兼用**

讲究结构对称、整齐的句子是整句,如排比句、对偶句、反复句等。不求结构对称、整齐的句子是散句。

整句文句整齐、声调铿锵、朗朗上口,有鲜明的节奏感,但集中使用整句,语气显得单调、呆板。散句长短不齐,不如整句节奏感强,但灵活自由,可以调节整句的单调和呆板。整句和散句合理搭配,才能更好地调节和显示语势和节奏。如:

　　中国人终于理性地认识到,现在的中国必须从政治、经济、社会等一切领域里进行深刻的社会变革,这场伟大的变革正是一次全面继承、吸收一切人类外来文化文明成果的过程,历史的发展再一次告诉我们,外来文化对民族文化的发展利大于弊,说到这里,我想用六十多年前一位文学巨匠的话来结束我的发言,"没有拿来的,人不能成为新人,没有拿来的,文化不能成为新文化"。(中国名校辩论大赛《外来文化对民族文化的发展利大于弊》浙江大学)

辩论中较多运用整句与散句搭配的方式,既可加快语速、加大信息量,又可避免陈述的单调和呆板。

## 四、演讲现场交流的方式与互动

由于各种原因,听众的情绪、注意力及场上气氛、秩序常有变化的可能,演讲者要能做到有效控制,调动听众情绪,集中听众注意力,稳定全场秩序,使之向有利方向发展。通常我们可以借助以下应变与控场技巧。

**(一)脱离讲稿**

这既有助于增强听众对演讲者的信服感,也有利于演讲者与听众更好地进行面对面的交流。说话流利,发音准确,较能赢得听众的欢迎。

### (二)动静结合

演讲者不仅要把目光、动作的变换作为表达感情的一种方式,而且要把它作为吸引听众注意力的重要手段。要以恰当的目光、潇洒的动作影响听众,使他们不易出现分心现象。

### (三)变换节奏

演讲者应以抑扬顿挫的语调和疾缓快慢的速度进行演讲。听众注意力分散时,可骤然提高音量或停顿一下,使听众感到新奇而不由自主地把转移了的注意力又集中到演讲者身上。

### (四)设置悬念

在必要的地方设置悬念,以激发听众的兴趣,调动听众的情绪。选择听众兴味正浓之际戛然而止,使悬念最大限度地发挥其奇功异效。

### (五)有意提问

演讲者根据演讲内容和场上情况,在适当之时问句"为什么"或"怎么办",促使听众产生积极的智力活动,须臾之间,不得不思考一番。

### (六)临乱不惊

一旦出现秩序混乱的现象,演讲者须镇定自若,要根据造成混乱的不同原因,采取不同的应变措施。对于演讲者本人来说,要克服因怯场、忘词、口误等因素导致的慌乱。针对这些情况,我们可以采用如下方法来应对:

**1. 排怯场法**

一是增强自信心,在心理上处主动地位;二是了解听众情况,熟悉现场环境,消除陌生感;三是做好周密准备,做到胸中有数;四是刚上台要"目中无人",上台后要"心中有数";五是全神贯注在你的话题上;六是设法释放因紧张而产生的大量热能;七是别去注意会使你慌乱的消极刺激;八是对自己讲一番鼓舞士气的话;九是假定听众是一无所有;十是加强演讲训练,熟能生巧。

**2. 去忘却法**

一是插话衔接法,一旦忘记,可以插入一两句与演讲内容关系不大的问话,趁此短暂的时间尽快回忆起下面要讲的内容。二是重复衔接法,一旦忘记,可以把最后两句再加重语气重复一遍,把断了的思绪链条又接起来。三是跳跃衔接法,一旦忘记,可以不管紧接着的下一句话或下一段,跳跃地讲另一段没有忘记的。实在想不起来,就丢掉算了。

**3. 除口误法**

口误就是讲错了话,比如张冠李戴、讲错了词句、数字、年代等等。一般可以在发觉的时候重复一下,这就是一种纠正,不关键的大可不必纠正。

## 第四节 演讲的态势语言表达

演讲不仅要讲,还要"演"。在演讲过程中,要运用面部表情、手势动作、身体姿态乃至一切可以理解的态势语言,使演讲产生一种特殊的艺术魅力,更生动地传达演讲的内容和思想情感。

### 一、态势语的含义、作用

态势语是无声语言,也称体态语,一般通过服饰、身姿等静态的方式以及手势、表情、目光等动态的方式,来传递、补充、强化有声语言传达的信息内容和思想感情,是演讲者内心思想思维、内在情感情绪的有形显现。

态势语能辅助有声语言表达,给现场听众更生动、更强烈的感染,是演讲中必不可少的重要表达方式。历来备受重视。

古希腊最伟大的演说家德摩斯梯尼有一段有趣的对话:

一个演说家最重要的才能是什么?

表情。

其次呢?

表情。

再次呢?

表情。

法国18世纪伟大的启蒙思想家、法学家孟德斯鸠指出:演讲人的声调语气、眼神和态度所包含的雄辩能力,比字句的选择还有力量。

20世纪的法国现代著名文学家罗曼·罗兰也认为:面部表情是多少世纪培养成功的语言,是比嘴里讲得更复杂千百倍的语言。

加州大学的心理学教授艾伯特·梅拉比安于1971年所做的研究提出梅拉比安沟通模型,认为有效的沟通包含三个要素:肢体语言、声调和说话内容。它们的重要性比例竟然是55∶38∶7。沟通=内容(7%)+语气语调(38%)+表情肢体语言(55%)。

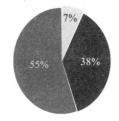

55% 来自视觉的身体语言(仪态、姿势、表情)
38% 来自谈话时的声音面(语气、声调、速度)
7% 来自实际说出来内容

梅拉比安沟通模型显示了在日常交流中态势语的重要作用,同样适用于演讲。

## 二、态势语设计的一般原则

态势语在演讲中必不可少,直接提升演讲的效果,所以需要根据演讲需要精心设计。基本原则是服从四方面需要,即服从内容表达的需要,服从情绪表现的需要,服从对象、场合的需要,服从审美的需要。

## 三、态势语的具体形式及要求

（一）服饰

服饰指服装和饰品,是形体的外延,它能显示人的职业、爱好、社会地位、性情气质、文化修养、信仰观念、生活习惯及风俗及其心理状态等多种信息。因此要根据演讲的内容、情境和环境来选择合适的服饰搭配。演讲的服饰一般要求庄重严肃、朴素简洁、端庄大方。

（二）身姿

"站如松,坐如钟,行如风"是演讲身姿的基本要求。

**1. 站立时要求站立如松**

头部端正,双肩放平,两臂自然下垂,两腿微分,身体重心均衡分布在两腿上,立腰收腹,身体挺直,给人稳健、挺拔的感觉。

**2. 坐下时要安坐如钟**

头部端正,双肩放松,腰背挺直,手自然垂放于腿上或坐椅的扶手上,男性双腿微微分开,女性双膝并拢。落座轻缓,起坐稳重,给人安静、稳重的感觉。

**3. 登台下台时要行走如风**

身姿要端正,昂首挺胸,肩放松,两眼平视,自然摆臂,步伐要稳健而轻捷,步幅适中,速度恰当,给人镇定、自信的感觉。

（三）表情

面部表情是心灵的视窗,是思想感情的外在显现,能最直接地把内在的所思所想、喜怒哀乐等心里的状态、感受传达出来,增强演讲中的互动交流。我们可以从脸色、微笑、目光三个方面来调整面部表情。

**1. 脸色**

脸色是面部表情的变化状态,把自己的感受明确地表现在脸上,可让现场听众准确地理解演讲者的思想感情。还可以借助脸色的变化来调控演讲的现场情绪状态。

演讲者还要学会读懂听众对象的表情,借助对方的表情了解其真实心理,及时调整演讲的内容和节奏。

**2. 微笑**

微笑是面部表情的基本形式。真诚、自然和亲切的微笑来自健康的心理、良好的心态,它能够营造良好的现场氛围,展现演讲者的自信。微笑时要注意场合、注意适度。

**3. 目光**

目光即眼神,是通过视线投射和接触来传递信息和思想感情,是面部表情的核心。它能准确表达人的感情和内心世界,反映着一个人的性格和内心动向。眼神的具体运用可以从投射方向、持续时间及眼神状态三个方面来设计。

(1)恰当运用各种眼神更好地表情达意,并借助眼睛读懂听众。

要根据表达的需要恰当地运用眼神来帮助说话;目光语的内容要与有声语言内容一致,和面部表情互相协调。

(2)目光运用的要求。

①目光保持神采。

②扩大目光语视区,广角度环视表达对每个观众的关注。

③眼神交流,以捕捉反馈信息,针对不同的观众使用不同的目光点视。

(3)目光的不良习惯。

①视线不与观众交流、冷落观众。

②长时间死死盯着一个观众,使对方受到目光侵犯。

③眼球滴溜溜乱转或眼动头不动,让人觉得心不在焉。

④做手势时手到眼不到。

⑤当众说话时挤眉弄眼。

⑥忌暗淡无光,忌一直盯天花板、窗外、资料。

**(四)手势动作**

手势动作是指用手指、手掌和手臂的动作和造型来表情达意、传递信息。它是演讲中传情达意的有效手段,可借助手势描摹事物复杂的状貌,表达潜在情感,强化有声语言的信息,增强演讲的说服力和感染力。有时还可借助手势动作来组织演讲内容,调控演讲现场气氛。

**1. 手势的分区**

手势分三区:肩部以上为上区,多用来表达希望、胜利、喜悦、祝愿、抗议等感情;肩部至腹部为中区,主要用于表达叙事说理等较平静和缓的情绪;腰部以下为下区,一般表示否定、鄙弃、憎恨等内容。

**2. 手势的类型**

(1)情意手势,主要通过手势的方向、节奏、速度和力度的变化,来表达说话者的情感。

(2)指示手势,用于指明谈到的人、事、物及运动方向等。

(3)象形手势,主要是用来模拟人或事物的形状、外貌,可使说明具体、直观。

(4)象征手势,这种手势可以用来表达比较抽象的概念。

**3. 演讲手势的使用原则**

演讲中手势主要集中在中区,高潮部分一般会在上区。设计的基本原则是自然雅观、协调一致、富有变化。

## 第五节 演讲专题训练

### 一、演讲稿写作训练

**1. 根据下列场景主题,拟写演讲稿的题目**
(1)在新同学入学的欢迎会上。
(2)在学校"五四"纪念活动上。
(3)在毕业晚会上。
(4)在母亲节的家校联谊会上。

**2. 根据下列情境,自拟题目,写一篇演讲稿,800字左右**
(1)还礼。
一个拉比在旅途中,碰到一个不喜欢他的人。连续好几天,那个人都用尽各种方法诬蔑他。最后,拉比转身问那人:"若有人送你一份礼物,但你拒绝接受,那么这份礼物属于谁?"那人答:"属于原本送礼的那个人。"

拉比笑着说:"没错,若我不接受你的谩骂,那你就是在骂你自己。"

那人摸摸脑袋,尴尬地走了。

只要保持健康的心态,任何人都影响不了你,更左右不了你。反之,如果你一味地在乎别人的想法或说法,就会失去自我,失去快乐,成为他人思想或言行的奴隶。

(2)最好的裁缝。
纽约的一条街道上,同时住着3家裁缝,手艺都不错。可是,因为住得太近了,生意上的竞争非常激烈。为了抢生意,他们都想挂出有吸引力的招牌招徕顾客。

第一个裁缝在他的门前挂出一块招牌,上面写着这样一句话:"纽约最好的裁缝!"

另一个裁缝看到了这块招牌,连忙也写了一块招牌,第二天挂了出来,招牌上写的是:"全国最好的裁缝!"

第三个裁缝是个犹太人,外出未归。他的老婆眼看着两位同行相继挂出了这么大气的广告招牌,抢走了大部分的生意,心里很是着急,为了招牌的事开始茶饭不思——一个说"纽约最好的裁缝",另一个说"全国最好的裁缝",他们都大到这份儿上了,我能说世界最好的裁缝?这是不是有点儿太虚假了?

几天后,犹太裁缝回家了。老婆向他说出了苦恼,他微微一笑,说不用着急,他们在为我们做广告呢。

他也挂出了自己的招牌。果然,又来了很多生客,这个裁缝从此生意兴隆。

招牌上写的是什么呢?

这个裁缝的口气与前两者相比,很小很小——"本街最好的裁缝!"

犹太人认为,当你的竞争对手超过你时,不要着急,而是要仔细研究他们的优势何在,只要你能够找到答案,再想方设法"站"在他们的肩膀上,那么你就是最好的了。

**3. 阅读下列材料,以"一个人的喝彩"为题,写一篇3~5分钟的演讲稿**

古希腊最伟大的演说家德摩斯蒂尼,在年轻的时候就非常热爱演讲艺术,他虚心学习,梦想有一天自己也能成为一个非常成功的演讲家。然而,当他第一次登台演讲的时候,演说还没有结束,他就被听众轰下了讲台,耳边回荡着铺天盖地的嘲笑和讥讽之声。他无比羞愤地离开人群,并暗暗地发誓今后再也不去碰演讲这"玩意儿"。

就在这时,一个人走到德摩斯蒂尼的跟前对他说:"我是你刚才的一名听众,我知道大家没有公平对待你的演说。其实,你在演讲方面很有天分和潜质,你的眼界很开阔,思想的底蕴也非常丰厚。不要害怕听众的嘲讽,只要你继续努力、不断开拓自己,终有一天他们会重新评定你的。"原来对他说话的是一个叫塞特洛斯的演员。从此以后,他们就成了一对非常好的朋友。在塞特洛斯的鼓励之下,德摩斯蒂尼不但没有放弃演讲这"玩意儿",而且还针对自己的不足,更加着意挖掘起自己的潜质和潜能来。许多年以后,他终于把自己造就成一名伟大的演说家。每每提到自己的这一经历,他都一再告诫年轻人说:"只要还有一个人在为你喝彩,那么,你追求的那'玩意儿'就存在着值得你去为之奋斗的价值!一个人的喝彩,往往就是吹开你失败坚冰的春风!"

## 二、演讲有声语言表达训练

**1. 慢速阅读,做到发音准确**

老骥伏枥,志在千里;烈士暮年,壮心不已。(曹操)

燕雀戏藩柴,安识鸿鹄游。(曹植)

穷且益坚,不坠青云之志。(王勃)

大鹏一日同风起,扶摇直上九万里。(李白)

古之立大事者,不惟有超世之才,亦必有坚忍不拔之志。(苏轼)

生当作人杰,死亦为鬼雄。至今思项羽,不肯过江东。(李清照)

壮心未与年俱老,死去犹能作鬼雄。(陆游)

青年时种下什么,老年时就收获什么。(易卜生)

人并不是因为美丽才可爱,而是因为可爱才美丽。(托尔斯泰)

人的美德的荣誉比他的财富的荣誉不知大多少倍。(达·芬奇)

人的天职在勇于探索真理。(哥白尼)

人的知识愈广,人的本身也愈臻完善。(高尔基)

人的智慧掌握着三把钥匙,一把开启数字,一把开启字母,一把开启音符。知识、思想、幻想就在其中。(雨果)

人们常觉得准备的阶段是在浪费时间,只有当真正机会来临,而自己没有能力把握的时候,才能觉悟自己平时没有准备才是浪费了时间。(罗曼·罗兰)

人生不是一种享乐,而是一桩十分沉重的工作。(列夫·托尔斯泰)

人需要真理,就像瞎子需要明快的引路人一样。(高尔基)

**2. 逐渐加快速度,唇舌的灵活度**

少而好学,如日出之阳;壮而好学,如日中之光;老而好学,如炳烛之明。(刘向)

如果你希望成功,当以恒心为良友,以经验为参谋,以当心为兄弟,以希望为哨兵。(爱迪生)

生活的全部意义在于无穷地探索尚未知道的东西,在于不断地增加更多的知识。(左拉)

生命的意义在于付出,在于给予,而不是在于接受,也不是在于争取。(巴金)

路是脚踏出来的,历史是人写出来的。人的每一步行动都在书写自己的历史。(吉鸿昌)

我们以人们的目的来判断人的活动。目的伟大,活动才可以说是伟大的。(契诃夫)

人,只要有一种信念,有所追求,什么艰苦都能忍受,什么环境也都能适应。(丁玲)

一个没有受到献身的热情所鼓舞的人,永远不会做出什么伟大的事情来。(车尔尼雪夫斯基)

共同的事业,共同的斗争,可以使人们产生忍受一切的力量。(奥斯特洛夫斯基)

我从来不把安逸和快乐看做生活目的本身——这种伦理基础,我叫它猪栏的理想。(爱因斯坦)

### 3. 带感情地朗读,直到感染自己

如果是玫瑰,它总会开花的。(歌德)

如果我比笛卡儿看得远些,那是因为我站在巨人们的肩上的缘故。(牛顿)

善于利用零星时间的人,才会做出更大的成绩来。(华罗庚)

生活得最有意义的人,并不就是年岁活得最大的人,而是对生活最有感受的人。(卢梭)

生活的理想,就是为了理想的生活。(张闻天)

生活的情况越艰难,我越感到自己更坚强,甚而也更聪明。(高尔基)

春蚕到死丝方尽,人至期颐亦不休。一息尚存须努力,留作青年好范畴。(吴玉章)

三军可夺帅也,匹夫不可夺志也。(孔丘)

生命多少用时间计算,生命的价值用贡献计算。(裴多菲)

时间,就像海绵里的水,只要愿挤,总还是有的。(鲁迅)

时间是伟大的作者,她能写出未来的结局。(卓别林)

### 4. 语速对比训练

毫无理想而又优柔寡断是一种可悲的心理。(培根)

时间最不偏私,给任何人都是二十四小时;时间也最偏私,给任何人都不是二十四小时。(赫胥黎)

世界上最快而又最慢,最长而又最短,最平凡而又最珍贵,最易被忽视而又最令人后悔的就是时间。(高尔基)

世有伯乐,然后有千里马。(韩愈)

人生应该如蜡烛一样,从顶燃到底,一直都是光明的。(萧楚女)

人生的价值,即以其人对于当代所做的工作为尺度。(徐玮)

但愿每次回忆,对生活都不感到负疚。(郭小川)

人的一生可能燃烧也可能腐朽,我不能腐朽,我愿意燃烧起来。(奥斯特洛夫斯基克)

**5. 语气对比训练**

人生不是一种享乐,而是一桩十分沉重的工作。(列夫·托尔斯泰)

人生的价值,并不是用时间,而是用深度去衡量的。(列夫·托尔斯泰)

冬天已经到来,春天还会远吗?(雪莱)

过去属于死神,未来属于你自己。(雪莱)

私心胜者,可以灭公。(林逋)

人人好公,则天下太平;人人营私,则天下大乱。(刘鹗)

常求有利别人,不求有利自己。(谢觉哉)

一切利己的生活,都是非理性的、动物的生活。(列夫·托尔斯泰)

人的理性粉碎了迷信,而人的感情也将摧毁利己主义。(海涅)

自私自利之心,是立人达人之障。(吕坤)

**6. 语调对比训练**

你若要喜爱你自己的价值,你就得给世界创造价值。(歌德)

社会犹如一条船,每个人都要有掌舵的准备。(易卜生)

生活只有在平淡无味的人看来才是空虚而平淡无味的。(车尔尼雪夫斯基)

一个人的价值,应该看他贡献什么,而不应当看他取得什么。(爱因斯坦)

人只有献身于社会,才能找出那短暂而有风险的生命的意义。(爱因斯坦)

芸芸众生,孰不爱生?爱生之极,进而爱群。(秋瑾)

生活真像杯浓酒,不经三番五次的提炼呵,就不会这样可口!(郭小川)

充满着欢乐与斗争精神的人们,永远带着欢乐,欢迎雷霆与阳光。(赫胥黎)

生活就是战斗。(柯罗连科)

为了生活中努力发挥自己的作用,热爱人生吧。(罗丹)

希望是附丽于存在的,有存在,便有希望,有希望,便是光明。(鲁迅)

**7. 重音对比训练**

沉沉的黑夜都是白天的前奏。(郭小川)

当一个人用工作去迎接光明,光明很快就会来照耀着他。(冯学峰)

世间的活动,缺点虽多,但仍是美好的。(罗丹)

辛勤的蜜蜂永没有时间悲哀。(布莱克)

希望是厄运的忠实的姐妹。(普希金)

当你的希望一个个落空,你也要坚定,要沉着!(朗费罗)

先相信你自己,然后别人才会相信你。(屠格涅夫)

不要慨叹生活的痛苦!慨叹是弱者……(高尔基)

宿命论是那些缺乏意志力的弱者的借口。(罗曼·罗兰)

我们唯一不会改正的缺点是软弱。(拉罗什福科)

如烟往事俱忘却,心底无私天地宽。(陶铸)

无私是稀有的道德,因为从它身上是无利可图的。(布莱希特)

**8. 变音对比训练,用不同的音高、音强、音长和感情色彩来朗读**

君子喻于义,小人喻于利。(孔丘)

不戚戚于贫贱,不汲汲于富贵。(陶渊明)

富贵不淫贫贱乐,男儿到此是豪雄。(程颢)

清贫,洁白朴素的生活,正是我们革命者能够战胜许多困难的地方!(方志敏)

志不强者智不达。(墨翟)

燕雀安知鸿鹄之志哉!(陈涉)

志当存高远。(诸葛亮)

故立志者,为学之心也;为学者,立志之事也。(王阳明)

贫不足羞,可羞是贫而无志。(吕坤)

生活的理想,就是为了理想的生活。(张闻天)

理想的人物不仅要在物质需要的满足上,还要在精神旨趣的满足上得到表现。(黑格尔)

一个能思想的人,才真是一个力量无边的人。(巴尔扎克)

## 三、演讲态势语训练

**1. 给下面的句子设计相应的手势,然后表演出来**

(1)看!太阳升起来了,它光芒四射、普照人间。

(2)什么是爱?爱不是索取,而是奉献!

(3)小赵,真是个好样的!

(4)中国人民是无所畏惧的,就是天塌下来,我们也顶得起。

(5)同志们,千万注意,这次实验是非常关键的一次。

(6)这种损人利己的行为,我们是坚决反对的。

(7)嫖娼、吸毒,这些旧社会遗留下来的腐败事物,必须彻底清除!

(8)她轻轻地躺倒在草地上,仰望着蓝蓝的天空。

(9)高大的建筑物突然陷入地下。

(10)伸出我们的双手吧,拿出我们的智慧吧,献出我们青春的热血吧,我们是中华儿女,我们要做中华的脊梁!

**2. 朗读下列诗句,给出恰当的表情**

(1)我,常常望着天真的儿童。(微笑)

(2)素不相识,我也抚抚红润的小脸。(亲切)

(3)他们陌生地瞅着我,歪着头。(陌生)

(4)像一群小鸟打量着一个恐龙蛋。(惊奇)

(5)他们走了,走远了……(失望)

**3. 朗读下列片段,给出恰当的表情和动作**

(1)质胜文则野,文胜质则史,文质彬彬,然后君子。(《论语·雍也》)

(2)美国记者根宝在《回忆罗斯福》一书中,写到罗斯福,"在短短的20分钟之内,他的面部表情有:稀奇、好奇、伪装的吃惊、真情的关切、担心、同情、嬉笑、庄严,都有超绝的魅力,但他可不曾说过一个字"。

（3）美国口才教育专家戴尔·卡耐基说："一个人的成功，15%取决于知识和技术，85%取决于沟通——发表自己意见的能力和激发他人热忱的能力。"

（4）世人笑我、说我、欺我、骂我、打我、害我、轻我、贱我，何以处之？只是容他、宽他、由他、怕他、恕他、让他、躲他、不惹他，再过几年你且看他。

**4. 面试情景训练**

请两位同学扮演不同角色进行训练，一位扮演招聘人员，一位扮演求职人员。评求职人员进门的走姿、坐下的动作、坐的姿态，招聘人员的坐姿和神态。

**5. 职业情景训练**

试以导游的身份向游客介绍某一景点，注意身姿端正，动作恰当、自然、协调。

**6. 观察训练**

观看一部影视作品，注意观察片中人物的不同的身姿，分析其中所要传达的信息；观察人物的表情和动作，分析表情动作与片中所表达意思的关系，以及跟人物的身份、年龄等因素的关系等，然后同学间互相模仿表演。

**7. 演讲训练**

阅读下面两段文字，请按内容要求自行设计面部表情和手势，并当众演讲。

美国知名主持人林克莱特有一天访问一名小朋友，问他说："你长大后想要当做什么呀？"小朋友天真地回答："嗯……我要当飞机的驾驶员！"林克莱特接着问："如果有一天，你的飞机飞到太平洋上空所有引擎都熄火了，你会怎么办？"小朋友想了想："我会先告诉坐在飞机上的人绑好安全带，然后我挂上我的降落伞跳出去。"当在场的观众笑得东倒西歪时，林克莱特继续注视着这孩子，想看他是不是自作聪明的家伙。没想到，接着孩子的两行热泪夺眶而出，这才使得林克莱特发觉这孩子的悲悯之心远非笔墨所能形容。于是林克莱特问他说："为什么你要这么做？"小孩的答案透露了这个孩子真挚的想法："我要去拿燃料，我还要回来！！！"

## 四、演讲有声语言和态势语综合训练

（1）根据闻一多《最后一次演讲》的内容，模拟演讲的情境，设计有声语言和态势语，并反复进行练习。

### 最后一次演讲

这几天，大家晓得，在昆明出现了历史上最卑劣最无耻的事情！李先生究竟犯了什么罪，竟遭此毒手？他只不过用笔写写文章，用嘴说说话，而他所写的，所说的，都无非是一个没有失掉良心的中国人的话！大家都有一支笔，有一张嘴，有什么理由拿出来讲啊！有事实拿出来说啊！为什么要打要杀，而且又不敢光明正大地来打来杀，而偷偷摸摸地来暗杀！这成什么话？

今天，这里有没有特务？你站出来！是好汉的站出来！你出来讲！凭什么要杀死李先生？杀死了人，又不敢承认，还要诬蔑人，说什么"桃色事件"，说什么共产党杀共产党,无耻啊!无耻啊!这是某集团的无耻,恰是李先生的光荣!李先生在昆明被暗杀是李先生留给昆明的光荣!也是昆明人的光荣!

去年"一二·一"昆明青年学生为了反对内战,遭受屠杀,那算是青年的一代献出了他们最宝贵的生命!现在李先生为了争取民主和平而遭受了反动派的暗杀,我们骄傲一点说,这算是像我这样大年纪的一代,我们的老战友,献出了最宝贵的生命!这两桩事发生在昆明,这算是昆明无限的光荣!

反动派暗杀李先生的消息传出以后,大家听了都悲愤痛恨。我心里想,这些无耻的东西,不知他们是怎么想法,他们的心理是什么状态,他们的心是怎样长的!其实很简单,他们这样疯狂地来制造恐怖,正是他们自己在慌啊!在害怕啊!所以他们制造恐怖,其实是他们自己在恐怖啊!特务们,你们想想,你们还有几天?你们完了,快完了!你们以为打伤几个,杀死几个,就可以了事,就可以把人民吓倒了吗?其实广大的人民是打不尽的,杀不完的!要是这样可以的话,世界上早没有人了。

你们杀死一个李公朴,会有千百万个李公朴站起来!你们将失去千百万的人民!你们看着我们人少,没有力量?告诉你们,我们的力量大得很,强得很!看今天来的这些人,都是我们的人,都是我们的力量!此外还有广大的市民!我们有这个信心:人民的力量是要胜利的,真理是永远存在的。历史上没有一个反人民的势力不被人民毁灭的!希特勒,墨索里尼,不都在人民面前倒下去了吗?翻开历史看看,你们还站得住几天!你们完了,快完了!我们的光明就要出现了。我们看,光明就在我们眼前,而现在正是黎明之前那个最黑暗的时候。我们有力量打破这个黑暗,争到光明!我们的光明,就是反动派的末日!

李先生的血不会白流的!李先生赔上了这条性命,我们要换来一个代价。"一二·一"四烈士倒下了,年轻的战士们的血换来了政治协商会议的召开;现在李先生倒下了,他的血要换取政协会议的重开!我们有这个信心!

"一二·一"是昆明的光荣,是云南人民的光荣。云南有光荣的历史,远的如护国,这不用说了,近的如"一二·一",都是属于云南人民的。我们要发扬云南光荣的历史!

反动派挑拨离间,卑鄙无耻,你们看见联大走了,学生放暑假了,便以为我们没有力量了吗?特务们!你们错了!你们看见今天到会的一千多青年,又握起手来了,我们昆明的青年决不会让你们这样蛮横下去的!

反动派,你看见一个倒下去,可也看得见千百个继起的!

正义是杀不完的,因为真理永远存在!历史赋予昆明的任务是争取民主和平,我们昆明的青年必须完成这任务!

我们不怕死,我们有牺牲的精神!我们随时像李先生一样,前脚跨出大门,后脚就不准备再跨进大门!

(2)反复朗读马丁·路德·金《我有一个梦想》,根据自己的表达习惯和喜好,改写内容,并模拟演讲的情境,设计有声语言和态势语,反复进行练习,直至脱稿演讲。

**我有一个梦想**

今天,我高兴地同大家一起,参加这次将成为我国历史上为了争取自由而举行的最伟大的示威集会。

一百年前,一位伟大的美国人签署了解放黑奴宣言,今天我们就站在他的雕像前集会。这一庄严的宣言犹如灯塔的光芒,给千百万在那摧残生命的不义之火中受煎熬的黑奴带来希望。它之到来犹如欢乐的黎明,结束了束缚黑人的漫漫长夜。

然而一百年后的今天,我们必须正视黑人还没有得到自由这一悲惨的事实。一百年后的今天,黑人依然悲惨地蹒跚于种族隔离和种族歧视的枷锁之下。一百年后的今天,黑人依然生活在物质充裕的海洋中的贫困孤岛上。一百年后的今天,黑人依然在美国社会中间向隅而泣,依然感到自己在国土家园中流离漂泊。所以,我们今天来到这里,要把这骇人听闻的情况公诸于众。

从某种意义上说,我们来到国家的首都是为了兑现一张支票。我们共和国的缔造者在拟写宪法和独立宣言的辉煌篇章时,就签署了一张每一个美国人都能继承的期票。这张期票向所有人承诺——不论白人还是黑人——都享有不可让渡的生存权、自由权和追求幸福权。

然而,今天美国显然对她的有些公民拖欠着这张期票。美国没有承兑这笔神圣的债务,而是开始给黑人一张空头支票——一张盖着"资金不足"的印戳被退回的支票。但是,我们决不相信正义的银行会破产。我们决不相信这个国家巨大的机会宝库会资金不足。

因此,我们来兑现这张支票。这张支票将给我们以宝贵的自由和正义的保障。

我们来到这块圣地还为了提醒美国:现在正是万分紧急的时刻。现在不是从容不迫悠然行事或服用渐进主义镇静剂的时候。现在是实现民主诺言的时候。现在是走出幽暗荒凉的种族隔离深谷,踏上种族平等的阳关大道的时候。现在是使我们国家走出种族不平等的流沙,踏上充满手足之情的磐石的时候。现在是使上帝所有孩子真正享有公正的时候。

忽视这一时刻的紧迫性,对于国家将会是致命的。自由平等的朗朗秋日不到来,黑人顺情合理哀怨的酷暑就不会过去。1963年不是一个结束,而是一个开端。

如果国家依然我行我素,那些希望黑人只需出出气就会心满意足的人将大失所望。在黑人得到公民权之前,美国既不会安宁,也不会平静。反抗的旋风将继续震撼我们国家的基石,直至光辉灿烂的正义之日来临。

但是,对于站在通向正义之宫艰险门槛上的人们,有一些话我必须要说。在我们争取合法地位的过程中,切不要错误行事导致犯罪。我们切不要吞饮仇恨辛酸的苦酒,来解除对于自由的饥渴。

我们应该永远得体地、纪律严明地进行斗争。我们不能容许我们富有创造性的抗议沦为暴力行动。我们应该不断升华到用灵魂力量对付肉体力量的崇高境界。

席卷黑人社会的新的奇迹般的战斗精神,不应导致我们对所有白人的不信任——因为许多白人兄弟已经认识到:他们的命运同我们的命运紧密相连,他们的自由同我们的自由休戚相关。他们今天来到这里参加集会就是明证。

我们不能单独行动。当我们行动时，我们必须保证勇往直前。我们不能后退。有人问热心民权运动的人："你们什么时候会感到满意？"只要黑人依然是不堪形容的警察暴行恐怖的牺牲品，我们就决不会满意。只要我们在旅途劳顿后，却被公路旁汽车游客旅社和城市旅馆拒之门外，我们就决不会满意。只要黑人的基本活动范围只限于从狭小的黑人居住区到较大的黑人居住区，我们就决不会满意。只要我们的孩子被"仅供白人"的牌子剥夺个性，损毁尊严，我们就决不会满意。只要密西西比州的黑人不能参加选举，纽约州的黑人认为他们与选举毫不相干，我们就决不会满意。不，不，我们不会满意，直至公正似水奔流，正义如泉喷涌。

我并非没有注意到你们有些人历尽艰难困苦来到这里。你们有些人刚刚走出狭小的牢房。有些人来自因追求自由而遭受迫害风暴袭击和警察暴虐狂飙摧残的地区。你们饱经风霜，历尽苦难。继续努力吧，要相信：无辜受苦终得拯救。

回到密西西比去吧；回到亚拉巴马去吧；回到南卡罗来纳去吧；回到佐治亚去吧；回到路易斯安那去吧；回到我们北方城市中的贫民窟和黑人居住区去吧。要知道，这种情况能够而且将会改变。我们切不要在绝望的深渊里沉沦。

朋友们，今天我要对你们说，尽管眼下困难重重，但我依然怀有一个梦。这个梦深深植根于美国梦之中。

我梦想有一天，这个国家将会奋起，实现其立国信条的真谛："我们认为这些真理不言而喻：人人生而平等。"

我梦想有一天，在佐治亚州的红色山冈上，昔日奴隶的儿子能够同昔日奴隶主的儿子同席而坐，亲如手足。

我梦想有一天，甚至连密西西比州——一个非正义和压迫的热浪逼人的荒漠之州，也会改造成为自由和公正的青青绿洲。

我梦想有一天，我的四个儿女将生活在一个不是以皮肤的颜色而是以品格的优劣作为评判标准的国家里。

我今天怀有一个梦。

我梦想有一天，亚拉巴马州会有所改变——尽管该州州长现在仍滔滔不绝地说什么要对联邦法令提出异议和拒绝执行——在那里，黑人儿童能够和白人儿童兄弟姐妹般地携手并行。

我今天怀有一个梦。

我梦想有一天，深谷弥合，高山夷平，歧路化坦途，曲径成通衢，上帝的光华再现，普天下生灵共睹。

这是我们的希望。这是我将带回南方去的信念。有了这个信念，我们就能从绝望之山开采出希望之石。有了这个信念，我们就能把这个国家的嘈杂刺耳的争吵声，变为充满手足之情的悦耳交响曲。有了这个信念，我们就能一同工作、一同祈祷、一同斗争、一同入狱、一同维护自由，因为我们知道，我们终有一天会获得自由。

到了这一天，上帝的所有孩子都能以新的含义高唱这首歌：

我的祖国，可爱的自由之邦，我为您歌唱。这是我祖先终老的地方，这是早期移民自豪的地方，让自由之声，响彻每一座山岗。

如果美国要成为伟大的国家,这一点必须实现。因此,让自由之声响彻新罕布什尔州的巍峨高峰!

让自由之声响彻纽约州的崇山峻岭!

让自由之声响彻宾夕法尼亚州的阿勒格尼高峰!

让自由之声响彻科罗拉多州冰雪皑皑的洛基山!

让自由之声响彻加利福尼亚州的婀娜群峰!

不,不仅如此;让自由之声响彻佐治亚州的石山!

让自由之声响彻田纳西州的望山!

让自由之声响彻密西西比州的一座座山峰,一个个土丘!

让自由之声响彻每一个山冈!

当我们让自由之声轰响,当我们让自由之声响彻每一个大村小庄,每一个州府城镇,我们就能加速这一天的到来。那时,上帝的所有孩子,黑人和白人,犹太教徒和非犹太教徒,耶稣教徒和天主教徒,将能携手同唱那首古老的黑人灵歌:"终于自由了!终于自由了!感谢全能的上帝,我们终于自由了!"

## 五、演讲综合训练

用自己写作的演讲稿,以小组为单位,模拟演讲比赛的情境,按照演讲比赛的时间、方式进行演讲。互相评点,找出演讲中存在的问题,并及时纠正。

# 第十章
## 语言表演训练

## 第一节 语言表演概述

### 一、语言表演的含义

从艺术的角度来说,表演是艺术的一种表现形式,通过人的演唱、演奏或人体动作、表情来塑造形象、传达情绪情感从而表现生活,具体的形式有电影、电视、话剧、戏剧、小品、相声、音乐、舞蹈、魔术、杂技等等。这些表演形式可以从语言的角度主要分为两类:一类是无语表演,用肢体动作来展现作品,表演过程中没有或者极少有语言的参与,如音乐、舞蹈、魔术、杂技等;一类是语言表演,表演时语言和肢体动作同时进行,如电影、电视、话剧、小品、相声等。当然,还有一种介于两者之间,如戏剧、音乐剧等,虽然有语言参与,但语言并不是主要的表现形式。本章的语言表演,指的是表演者通过语言和肢体动作来展现作品的表演形式。

### 二、表演语言的特点

在语言表演中,语言是一种最主要的表现形式和途径,由于处在"表演"这种特定的任务中,说话者所有的言语表达都不是说话者本人的情感和意图,因此表演语言和生活语言、工作语言有着极大的差异。表演语言的特点主要表现在两个方面:

第一,角色性。表演是再现作品的过程,表演者要展现的是作品角色的个性特征和思想情感,这就要求表演者要抛弃自身的语言习惯、语言方式,设身处地、具体而又真实地体验角色的语言习惯、语言方式,从而达到塑造角色、感染观众的目标。

第二,视觉性。语言是听觉符号,但是,作为表演,则是听觉和视觉的结合,语言表演是需要语言和肢体动作相配合才能完成的,因此,一个好的语言表演,不仅要有完美的声音表现，还应配以相应完美的形体姿态、表情动作，这样，才能给观众以愉悦的听觉和视觉感受。

## 三、表演艺术的特点

关于表演艺术的特点最为经典的理论是"三个统一"。

### (一)演员与角色的统一

演员和角色是一对矛盾，是两个个体，但角色是通过演员来诠释的，因此在表演中，演员应"化身为角色"，达到与角色的统一。这就要求演员从自身出发，利用与角色相近之处，抑制与角色的相悖之处，诠释出有演员本身特征的角色形象，使演员和角色高度融合，并相得益彰。

### (二)艺术和生活的统一

艺术来源于生活又高于生活。因此，艺术一方面必须反映真实的生活、自然的角色状态；另一方面应能揭示生活的实质，给人以智慧的启迪、精神的愉悦，满足人们的审美期待和审美需求，这是艺术存在的重要价值。

### (三)体验和体现的统一

体验是对角色的理解，体现则是将这种理解通过各种方式（如语言和肢体动作）外化表现出来。真实生动的体现是以对角色的深刻真切的体验为基础的，外在的语言、表情、形体生发于内在的情绪、思想、情感。表演时，演员不仅要调动整个机体，而且要投入对角色的思想情感的理解，将内心与外部形体结合起来。

因此，表演艺术是美的，也是真实的、自然的。要做到这三方面的统一，表现出生活的真、善、美，对演员来说，从理解力、想象力、表现力等各个方面都提出了要求。

## 四、语言表演训练的意义和训练目标

语言表演是公开展现作品，从表演语言和表演艺术的特点来看，语言表演不仅对表演者的语言能力有着极高的要求，对表演者的理解能力、情绪控制能力、肌体调节能力、心理素质等各方面都有极高的要求，因此，语言表演训练实际上是一种高难度的综合素质训练，对于教师职业训练来说，是提高职业语言能力、提高职业基本素质的很好的方法。

通过语言表演训练，我们要达到的基本目标是：

**1. 增强语音感染能力**

发音准确、音高适度、音量适当，并能使用合适的语势、语速、语气，来增强话语表现力和感染力。

**2. 增强语言组织能力**

用词准确，逻辑合理，表情达意清楚合理。能紧扣话题讲述见闻，当众即兴简短发言，条理清楚地安排内容，并根据不同场合、气氛、对象来组织表达内容、调整内容。尽可能做到见解新颖,表达风趣、幽默,言之有物。

**3. 恰当运用态势表达**

通过恰到好处的目光语、表情语、手势语、体态语的变化来增强话语表达效果,做到态势自然得体、落落大方、辅助语言表达准确无误。

## 五、语言表演基础训练

语言表演的基础训练一般结合语言训练和表演训练两个方面来进行,是表演中的语言训练,我们可以设置一些具体的情境加以练习。

(一)即兴命题练习

此项练习的目标是训练语言组织能力和应变能力。

演员在指定时间即兴创作构思时,要调动自己对生活的理解力和生活的积累,发挥艺术想象力;表演时,调动自己的情绪记忆、信念、感受力、情感与表现力,是综合训练表演元素及将生活转化成艺术的好方法。即兴命题可分为单人和多人,有场景和无场景等。例如:

单人即兴命题:爸爸的生日、发现被盗、喝开水、失恋、等待等。

多人即兴命题:拍照、挤车、相亲、过生日、搜捕等。

有场景:电影院、公园、教室、船上、火车站等。

无场景:一般在室内空旷的场地进行,通过预设不同情境考察自身的模仿和应变能力。

(二)情感投入表演练习

此项练习的目标是训练情绪控制和表现能力。

托尔斯泰曾指出:艺术起源于为了要把自己体验过的感情传达给别人,于是自己心里重新唤起这种感情,并用某种外在标志表达出来。情感是不能仅用手势、表情来表达,角色的情感必须靠演员的情感去体验、去感受、去表达。无论是一个剧本、一段台词还是一个特定的角色、场景都包含着创作人员的情感。在人的情绪体验中包含着正面的如夸奖、考虑、安慰、快乐、爱等等,负面的如忧郁、烦躁、隐瞒、失望等等。此外,还有一类将动作包含在一起的情绪体验如愤怒、怜悯、鄙视、训诫、请求、责备、要求、道歉、拒绝等。因此在表演中,一个语言表演者的情感把握,应该怀着创造的激情深刻把握创作者的心理状态,调动情感、情绪和动作记忆,唤起同角色在某种规定情境中相类似的情感和激情,特别是内部、心灵规定情境的丰富与开掘,靠对生活、对人生的情绪记忆,靠积极动作的刺激与带动,靠与对手真实的、投入的交流,靠情境、情绪、情感的逐步积累。表演者可在以下选题中选择练习体会。

悲痛哀伤的情感场景:突然接到朋友出车祸的消息、接到恋人的分手电话等。

高兴喜悦的情感场景:接到录取通知书后激起的喜悦、接到彩票中心的获奖电话、找工作成功后等。

生气愤怒的情感场景:申请售后服务被拒绝、被冤枉等。

从语言的角度来说,情绪会通过语调表现出来。语调很复杂,我们可以分为最基本的三种,即升调、降调、平调。升调上扬,一般表现激动、疑问的情绪;降调下抑,一般表现果断、压

抑的情绪;平调平稳,一般表现平缓、冷淡的情绪。例如:
你这是赤裸裸的敲诈!(升调,愤怒)
你连世界都没观过,哪来的世界观?(升调,反问)
为了新中国,前进!(升调,号召)
面包会有的,一切都会有的。(降调,坚定)
卖了田卖了地,典了房产,借了高利贷,把一个儿子培养出来,可是今天……(降调,失望)
我们听过无数的道理,却仍旧过不好这一生。(平调,冷静)
亲爱的朋友,每当回首往事的时候,青年时代的经历,也许最使你难忘。(平调,和缓)

(三)对话表演练习

此项练习的目标是训练与其他人配合、整体协调的能力。

对话练习是在规定的情境中通过角色所赋予的不同语言特点和情感世界来展现性格色彩的过程。在对话中,要展现人物情感、人物关系、故事情境。除此之外,还要能开掘台词以外的潜台词,台词以外的动作以及台词与台词之间的深层含义,依据特定的人物关系和情境展开一系列的动作与冲突。

将下列相同的对话台词设计成不同的人物关系,如朋友、恋人、夫妻等,体会不同关系、情境下语言的变化。

情境一:
甲:"你过来!"
乙:"过来了,怎么样?"
甲:"你走吧!"
乙:"这可是你让我走的!"

情境二:
甲:"笑一笑好吗?"
乙:"实在笑不出来!"
甲:"好!那你哭吧!"
乙:"眼泪哭干了!"

情境三:
甲:"没意思!"
乙:"说谁呢?"
甲:"没说谁!"
乙:"说我吧?!"

以下是电视剧《爱情公寓》的对话片段,找同学试着练习。
男:亲爱的,我们今天吃什么?
女:随便。
男:那我们吃火锅吧。

女：不行，吃火锅脸上要长痘痘的。
男：那就吃川菜。
女：昨天刚吃了四川菜，今天又吃？
男：那我们吃海鲜吧。
女：海鲜不好，要拉肚子的。
男：那你说吃什么。
女：随便。
男：那我们先不吃东西了，我们干点别的事情。
女：都行。
男：那我们看电影吧，很久没有看电影了。
女：电影有什么好看的呀，耽搁时间。
男：那打保龄球，运动运动。
女：大热天的，运什么动呀，你不嫌累呀！
男：那我们再喝几杯咖啡吧。
女：喝咖啡影响睡眠。
男：那你到底要怎么样？
女：都行。
男：那我们干脆回家吧。
女：看你。
男：我们坐公车，我送你。
女：公车又脏又挤，还是算了。
男：打车呢？
女：这么近的路，不划算。
男：那走路好了，散散步。
女：空着肚子的，散哪门子步去呀。
男：那你到底想怎么样嘛。
女：看你。
男：那先吃饭。
女：随便。
男：吃什么？
女：都行。
男：……

## 第二节　语言表演实例分析

语言表演有各种形式，本节选取有代表性的三种形式：主持、影视戏剧、相声来做实例分析与相关训练。

# 一、主持

在丰富多彩的校园文化生活中,教师往往在很多场合要担当主持人角色,熟悉主持技巧和语言特点对于深化教育教学效果将会大有裨益。主持可以分为两类:会议主持和活动主持。活动主持包括讲演、论辩、竞赛、联欢等文体、艺术和社交活动的主持。本节我们主要探讨活动主持特点与技巧。

## (一)活动主持人的基本技巧

活动主持人的基本技巧包括工于开场、巧于连接、长于应变、巧于终结和亲切自然五个方面。

**1. 工于开场**

所谓万事开头难,一个良好的开场,对于主持人来说十分重要,可以起到确定基调、营造气氛、表明主旨、沟通感情的作用,使全场人情绪高涨,注意力集中,造成一种全场和鸣共振的态势,从而保证活动的顺利开展。

**2. 巧于连接**

一个活动的主持人,既是整场活动的有机组成部门,又是演说者(或表演者)与受众之间的桥梁,因此,主持人要设计好各项内容之间的连接语(当然有时也需要临时发挥),使之自然流畅,接续无痕,使正常活动浑然一体。

**3. 长于应变**

应变是指主持人在主持活动时应具备一定的应变能力和技巧,及时地进行调整和变通。使用打圆场、打破僵局、摆脱难堪等手段调节现场气氛,化逆为顺,创造出健康活泼的气氛。

**4. 巧于终结**

俗语说:编筐入篓,最难收口。活动进入尾声,虽然就要结束,但仍要讲究技巧,切忌草率急躁,匆匆收场。要巧于终结,再展高潮。结尾没有固定的形式,不同的活动可以有不同的结尾方式,大致说来主要有总结、号召、赞扬、祝贺、抒情等不同形式。

**5. 亲切自然**

主持,本质上是主持人在特定的时境中,围绕中心主题,借助有声语言和态势语等载体,来表达主持人对活动的理解,并注入个人情感因素,使之达到渲染气氛、引起观众共鸣的作用。

## (二)主持表演实例分析

**1. 开场的技巧**

开场,对节目传播效果有重要影响。开场的方法也是千变万化。以下几个案例的开场白,都是各具特点。

[案例1]

在一次《子女眼中的父母》讨论活动中,主持人先导入:

有这样一种说法，一个人来到这个世界上，万物都是可以选择的，要还是不要，调换还是改变。但是只有一样是永远无法选择的，永远不可能变更的，那就是我们自己的亲生父母。也许是命里注定的，在我们一来到这个世界上，首先面对的人与人之间的关系就是与父母的关系。而且与父母之间的恩恩怨怨将会伴随我们一生。好，在今天的话题开始之前，让我们看一段录像。

……

刚才我们播放的录像，是一群三四岁的孩子在讲为什么要爱我们的爸爸妈妈，其实我们在座的人都知道，一个人要爱自己的父母，是不需要理由的。现在我们长大了，有人也做了父母，各位嘉宾你们是否想到您小的时候，您最依赖的父母是什么样子的？您和他们的第一次冲突是什么样的？

[点评]　这段动人的述说，像一颗巨大的情感炸弹，使深沉的气氛顿时弥漫会场，台上台下的情感沟通，观众与主持人的心灵共鸣，很好地定下了活动的基调。

活动的现场一般包括主持人、参与者、听众或观众，主持人如果能直接从这些因素入手，用动人的话语为整个活动或节目创设一种特定的情境，奠定听众或观众的感情基调，援引眼前的景物或环境因素发出感慨、诉诸情感，这种方式与现场的气氛较为和谐，入题自然，我们可以称为"触景生情、借题发挥"。

[案例2]

一些轻松活泼的集会，一些综合板块的演出往往需要一种欢乐、和谐的气氛。节目主持人如果能够运用健康高雅、幽默风趣的话语使节目开场，会很受听众和观众欢迎的。如有一次冯巩和赵忠祥、凌峰、赵本山共同主持《神州风采特别节目》：

主持人一一上场。凌峰首先上场说："为了丰富我们今晚的节目，我们特别为您介绍一位比我长得还困难的来自东北的赵本山。"赵本山接口："我比他还丑？既然如此，我也抓个垫背的，他比我还丑！"冯巩接过来："亲爱的朋友，你们好，我知道我长得丑，属于困难户、重灾区，但跟他二位相比，我可以自豪地宣布：我脱贫致富了！不客气地讲，一看见他们二位，就想起了万恶的旧社会！"

[点评]　这里冯巩出语不凡，幽默迭出，接下去与凌峰、赵本山相互配合，左右逢源、妙趣横生，令观众赏心悦目。这种方法可称为"调侃聊天，兴趣盎然"。

**2. 连接的技巧**

[案例3]

某地方电视台播出了一期敬老孝亲节目，主持人对一位敬老孝亲模范进行采访。

主持人问："您这是种了几亩地啊？"

回答："几十亩。"

主持人问："都种些什么啊？"

回答："什么都有，小麦、玉米，还有一些蔬菜……"

主持人说："哦……"

[点评]　显然，主持人无法接下去了。如果这位主持人稍微具备一些农业方面的常识，或者为本次节目采访临时抱佛脚做些功课，就会进一步从种植作物生长期不同，一年四季都

在地里干活这个角度去做些点评,以表现出采访对象家里家外一把手的紧张生活。遗憾的是该主持人思路不清、目标不明,无法做较好的连接,没有起到相应的宣传效果。

[案例4]

赵忠祥、杨澜主持的《正大综艺》开辟了"老少搭档"的模式,他们的组合亦庄亦谐、相得益彰。最让人记忆犹新的是,他们在现场表现出前后照应、连接巧妙的功力,使观众过目难忘,也使《正大综艺》因为有他们的主持而名扬四方。下面是他们为某一期节目精心准备的一段串场词:

杨:我们每次开头的话,都要讲一件亲身经历的事。我自己经历不多,机会很少,您到过不少地方,讲一个有点惊险的故事吧。

赵:我觉得惊险不如有趣,有趣不如有点道理。我说件小事儿,在1965年。

杨:太遥远了。

赵:那一年,我与朋友们到昌平县城。因为有点事,我先回我住的一个村子,打算第二天回去。可第二天一早起来,漫天鹅毛大雪,公共汽车不通了,只能走回来。走着走着,雪停了。周围银装素裹,一片洁白,空气清新,心旷神怡。我唱着曲子,雄赳赳大步向前。

杨:还挺浪漫。

赵:先经过一个村子,老乡都在家中,可一条小路扫得干干净净。

杨:农民们勤劳。

赵:你说,我该往哪儿走。

杨:人家把路都扫干净了,现成的。

赵:可是出现了一个问题。

杨:怎么啦?

赵:那条路上蹲着三条狗,隔一段一条,正冲着我看呢。(众笑)我想,好狗不挡道,我给你让路绕着走,但根本没这个可能,跟它们商量商量吧。

杨:那怎么商量呀?

赵:我走到第一条狗跟前,做了一个手势,嘴上说:"靠边儿。"它还真乖,站起来踩着雪窝绕到我身后,夹着尾巴又蹲下来了。

杨:多友好呵。

赵:是友好,第二条、第三条照样给我闪道。也可能在与第三条狗打招呼时,我态度生硬了一点儿,我刚没走几步,就听见身后汪汪叫着,三条狗一块儿向我扑来。

杨:赶紧蹲下,你赶快蹲下。

赵:对,人往下一蹲,狗就退几步,以为你抓石头打它。但我一起来,它们叫得更凶,又扑上来。我又一蹲,它们一退,我跳起来就跑。它们一扑,我又蹲下来,再跑。它们气势汹汹,我气急败坏,连蹲五次,这才脱离险境。我觉得我那颗心咚咚地跳,浑身汗也下来了。

杨:谁遇到这事儿不害怕呀。不过要是我……

赵:你怎么办?

杨：我惹不起还躲不起？我绕道踩雪过去就算啦！

赵：好，朋友们，下一站去科伦坡，不是看狗，而是看满树的乌鸦。

[点评]　这段串场词最终的落点是到科伦坡去看乌鸦。但为了活跃场上气氛，引起观众对乌鸦的浓厚兴趣，就穿插了这一小段故事，起到了承上启下、渲染蓄势的连接作用。

### 3. 应变的技巧

[案例5]

2010年3月27日晚湖南卫视《快乐大本营》节目中有一个环节：当主持人问在场的几位女性如果把自己比喻成一朵花的话都是什么花时，谢娜说自己是向阳花，并把观众比作太阳，可谓机敏、贴切。当问到一个演员为什么把自己比作野花时，她说家花没有野花香。这个无心的回答却立刻引发台下的一些议论，这时何炅立即说：

她说的野花不是我们传统意义上的野花，是生活在户外的。在温室里长大的花朵没有经过在片场那么多风吹雨打磨炼出来的女孩有魅力。

[点评]　主持人及时消除了观众的误解，消除了嘉宾的尴尬，对主题也是一次升华。这是"打圆场"的技巧。

[案例6]

在一期《综艺大观》的节目中，一群聋哑孩子表演舞蹈，孩子们越跳越起劲，竟然没注意到老师举手示意结束的手势，现场陷入僵局。主持人倪萍急中生智，举起话筒说：

朋友们，这些孩子听不到掌声，但他们有一双明亮的眼睛，请观众们把手举得高些，告诉孩子们，我们爱他们！

话音刚落，全场观众齐刷刷地举起双臂热烈鼓掌。孩子们一看，立即结束了表演。

[点评]　这不仅及时巧妙地终止了事态的发展，同时为现场增添了热烈的气氛。优秀主持人的这种临场处变的能力，常常让现场的观众从险象中获得惊喜，从平淡中品尝到精彩。这是"打破僵局"的技巧。

[案例7]

云南省永德县公安局民警罗金勇与3名毒贩搏斗时，不幸负伤成了植物人，警嫂罗映珍从此肩负起了照顾丈夫的责任。2008年2月，罗映珍获2007年年度"感动中国"人物称号。在颁奖典礼现场，她一直强调自己只是一个普通妻子，后来更说主持人不应该让自己来到颁奖典礼现场。面对这种情况，主持人白岩松和罗映珍有这样一段精彩对话：

"新的一年到了，如果一切都顺利，金勇会怎样？"

罗映珍回答："最重要的是他的思维，那是医生无法解决的问题。但我相信，经过不停的努力，他会慢慢苏醒过来。"

白岩松继续询问："这是不是一个奇迹？"

罗映珍回答："是奇迹。他第一天能活下来，就是奇迹！"

白岩松听到此话便顺理成章地说："那么一个帮着创造奇迹的人，不该走上这个舞台感动中国吗？你有什么不安呢？"

这时的罗映珍才露出了会心的笑容。

[点评] 面对嘉宾的拘谨和"不配合",白岩松循循善诱、机智引导,在潜移默化中不仅解开了嘉宾的心结,也使得节目现场出现新的高潮。这是"摆脱难堪"的技巧。

**4. 终结的技巧**

[案例8]

会议主持结尾:

今天的会就开到这,希望会上的决定能变为会后的行动。各位在工作中要身先士卒,吃苦在前,享受在后。但愿下一次在这里开的是一个庆功会、表彰会。好,散会!

这是自然的号召式结尾。

论辩主持人结尾:

我一开始就说了,这几位论辩能手,一定会使大家一饱耳福。事实证明了我的话,真是名不虚传!让我们为他们精彩的辩论鼓掌!

这是赞美鼓励式的结尾。

文艺晚会主持人的结尾:

朋友们,教师是伟大而崇高的。他们是蜡烛,燃烧自己照亮别人;他们是小草,默默生存点缀人生;他们是渡船,迎着风险送走人们。在这晚会就要结束的时候,让我们深情地对他们道一声:辛苦了,人类灵魂的工程师!

这是抒情问候式的结尾。

[点评] 这几段结尾用词精练,语言生动,亲切感人,令人回味无穷。

**5. 亲切自然的技巧**

[案例9]

在第十三届青歌赛中,内蒙古的选手林军19岁就离开了家乡,独自闯荡,十多年没有回家。这次参加比赛,他特意把父母从包头请到北京,在现场观看了他的比赛。主持人董卿和林军就有了这样一场对话:

林军:我昨天见到我父母的时候,心里真的七上八下,10年了,我知道这个世界真的很大,也很精彩。但是当我看到我父母的时候,他们的头发已经白了……(林军哽咽了)

董卿(稍作停顿后):林军的这番话倒是也让我想到了,我们的大奖赛从3月16号开始,到4月17号,这段时间该有多少白了头发的爹和娘守在电视机前啊,为了他们的儿女能够踏上今天的舞台,他们也紧张着、激动着、担忧着、不安着……这让我想到了这首流传了很久的诗:慈母手中线,(观众开始应和)游子身上衣,临行密密缝,意恐迟迟归。所以我们也希望孩子们结束比赛回到父母身边的时候向他们表达你们内心的感谢,还有心中的那份爱。

[点评] 一提到"白发亲娘"四个字,试问,谁能不为之动容?而在这段采访中,董卿就抓住这个中国人最真挚,也是最羞涩、最不善于表达的地方发挥,"该有多少白了头发的爹和娘"这句话中,一个能愿动词"该"字,既是揣测,更是用肯定语气发出的感慨,饱含着对亲情

的深刻理解和对父母的爱,从林军谈到了所有的参赛选手,由小及大、由个体到社会,带出普遍的人性的光辉,触及电视机前观众的心房。最后,更吟出那首《游子吟》,加上恰如其分的语气和节奏,引起了观众的广泛共鸣。董卿那平实、自然、充满真情的语言,创造了能够引发受众产生情感共鸣的艺术力量。

## 二、影视戏剧

影视戏剧展现广阔的社会生活。塑造栩栩如生的人物形象,其重要手段是台词(或唱词),即使以"唱"为主的戏曲,也强调说白的功力和韵味,有"千斤道白四两唱"之说。而在众多的戏剧样式中,话剧是一种以说话(对白、独白、旁白)为主要表现手段的戏剧,这种"说话",人们习惯上称它为"台词"。台词对于话剧表演来说是非常重要的。话剧台词的表达是一种艺术性的表达,作为口语训练手段,对提高我们的口语魅力,很有好处。我们下面的分析就主要以话剧为例。

话剧台词的表达训练要注意"演读","演读"就是边读边有表情、语调、态势等演示,在"演"的情境中说出台词,给人以鲜明的角度感。"演读"台词的主要技巧是:

(1)运用再造想象引动感情,产生丰富的"内心视像",使角色语言具有感染力。

因为"心中有形"方能"言之有形";言而有"形",就会形成由己达人的外射趋向。

**[案例10]**

在《地质师》中,当罗大生从大庆油田调回北京,与芦敬重逢之时,他们之间有这样一段对话:

芦敬:你黑了,瘦了,还长了胡子。你们一定吃了很多苦。(停顿。为罗大生倒了一杯茶。)

罗大生:……怎么说呢?那种艰苦是超出人们想象的,甚至超出人的承受能力。(自豪地)你相信吗?我曾经三个月没脱衣服睡觉,浑身长满了虱子,头发长得像囚犯。冬天,手脚都生了冻疮;夏天的雨季,打着雨伞在帐篷里画地层图,脸被蚊虫咬得像馒头……你吃过黄花菜吗?

芦敬:就是那种叫金针的干菜吗?它可以炒肉。

罗大生:肉?(笑了)要是只放点盐,让你拿它当饭吃,你就会觉得自己是食草动物。有的人当了逃兵,有的人病死在那里……可我们是男子汉,真正的男子汉!我闯过来了,连续三年被评为会战红旗手。

芦敬:这真像一场战争。

演员如果要想说好这段台词,他就必须创造出来一系列的"内心视像"。他应该在他的想象中创造出他所说的在大庆生活时的那一幕幕的情景。并且他还要极力地把这种想象所引起的"内心视像"传达给芦敬,让芦敬相信他是经受过了严酷的斗争的考验,确实是一个真正的男子汉。

(2)找出台词的个性、心理依据。

不但要了解角色说了什么,更要了解角色为什么这样说。

[案例11]

著名演员于是之在老舍先生的话剧《龙须沟》中曾经十分成功地扮演了程疯子这个角色。他后来在谈到自己对这一角色的认识时,从这一人物为什么会"疯"了这一点开始,进行了深入的剖析。于是之写道:

旧社会艺人大都受压迫,却未必都疯,凡是疯了的,我想除了社会原因外,相对地说,也多少有些他们自己的弱点;大家都是受压迫的,为什么单独他就疯了呢?那一定是有他个人的思想上成为决定因素的某些弱点。为了使疯子的那些弱点(如自尊、不实际、对现实不满就逃避现实……)找到合理的根据,我把他定位旗人子弟,唱单弦的。因为这些子弟们从小总是娇生惯养,不知道一粥一饭的来之不易。据了解,这些人都嗜唱单弦,原来还都是"票友"。但是,出身这样不好的人,何以又会有那样一种善良的心地呢?我们按程疯子的年龄推算,在他小的时候,正是民国初年,清朝贵族已是没落的时候了。我记得自己小时候听长辈讲说往事,总离不开分家、妯娌吵架、卖产业等等内容;疯子这位子弟,就是在那个环境中长大的,而且,在大家庭里,或者是自己的生母是被迫买来的小老婆等原因,已经是处在被欺侮的地位了。随后,他在不断地"没落"的过程中,了解到更多的事情,对于好歹就大致有个分寸了。因此他可以同情许多受委屈的人,但是"绅士出身像天花病似的……就是病好了之后,满脸的疤总是去不掉的"(《夜店》台词)。他总觉得自己毕竟与大家还有不同,甚至能以自己曾经是个虽是受委屈的少爷而骄傲了。

从于是之对于程疯子这一人物的分析中,就可以看出,这其中既有理性的成分,也就是说,当于是之从社会的、心理的角度对角色去进行分析时,是有着理性的思索的。但是这种理性的分析却都是渗透在感性的印象之中的,它是和于是之自己过去的生活中的回忆与今天的创造性的想象紧密地联系在一起的。由此而认识到的人物,就已经开始在演员的心中产生出"心象"了。人物已经在演员的心里开始活起来了。

(3)灵活运用口语修辞手段及形体动作来进行表演。

生活里千人一腔的现象是没有的。话剧台词的"脸谱化"表达,不符合生活的真实。

例如,人们在说"是"时,往往会加点头这个动作,这是表示肯定的意义。点头说"是"是语言动作及形体动作这一"组合信号"的主体,同时人们还会在"组合信号"的主体上附加许多其他东西来加以限定、说明。语调加强向上、眼睛睁大、双眉向上挑、嘴角上翘,是一种非常积极的肯定;语调轻柔平拉、眼睛睁大、双眉向上挑,但嘴角不动,表示虽然肯定但还需要进一步的了解。语调无力且上行、一条眉毛向上挑,是表面肯定而心存怀疑;语调用力下行、嘴角上翘,而双眼无神,是在保持风度的情况下,极不情愿的肯定;语调无力且下行、面无表情、双眼采取"上视"的视线看着对手,则有口服心不服,带有被迫肯定的意味。这样的变化例子是不胜枚举的。

(4)声音造型戏剧台词强调以声音塑造角色。

首先,要训练自己的声音造型能力,不能拘泥于美声技法。剧情的发展、角色的差异与处境的改变,使不同色彩、不同亮度的声音,甚至鼻音、喉音、气声、沙声、阻噎声等,都成为声音造型的重要工具。

语言表现力在话剧表演中的重要程度是不言而喻的,要训练自己的声音造型能力有多种尝试渠道,以下提供两种基本方法。

首先是做边笑边说的练习。做这一训练时,同学们可以先选一段台词,或者是自己编一个故事。练习开始时,先以笑声练习为引导,当笑声与呼吸已经把握住了之后,就可以在笑声中去说台词或自己编的故事。练习的要求是:笑声要持续不断,语言要尽可能地清晰,感觉要真实。在同学们基本上掌握了技术上的要求之后,就可以先从台词或讲故事开始,然后再把笑声加入进去,形成边说边笑。

[案例 12]

《复活》卡秋莎台词:

您说什么?要跟我结婚?哈哈……什么?你要不跟我结婚就对不起上帝?哈哈……上帝!公爵先生我又从您的嘴里听到上帝了,可那是多么残忍、吃人的上帝啊!我倒是记得那天晚上的事了,您要听吗?

其次是做边哭边说的练习。做这一训练时,同样可以先选定一段台词,或者是自己编一段故事。练习开始后时,无论是用口腔还是用鼻孔吸气时都要发出声音,而在吐气时则发出"呃、呃"的声音,这样先有了哭的感觉后,就可以在保持这种声音的同时说出台词,或者是讲出自己所编的故事,边哭边说。在掌握了技术方法之后,就可以在内心体验的基础上,先说台词,或者是讲故事,然后发展到边哭边说了。但在练习中需要注意,哭的一定要给人以美感,台词一定要清晰。

[案例 13]

周星驰电影《唐伯虎点秋香》台词:

旺财……旺财……旺财你不能死啊,旺财,你跟了我这么多年,对我有情有义,肝胆相照,但是到了现在我连一顿饱饭都没让你吃过,我对不起你啊,旺财!

小强!小强你怎么了,小强?小强,你不能死啊!我跟你相依为命,同甘共苦了这么多年,一直把你当亲生骨肉一样教你养你,想不到今天,白发人送黑发人!

## 三、相声

相声是一种中国曲艺表演艺术,起源于民间笑话,以引人发笑、给人愉快为艺术特色,是所有说唱艺术中最为人们熟悉的品种。

(一)相声语言的特点

相声按照演员人数多少,可分为三种:单口相声、对口相声、群口相声。无论是哪一种,相声的基本表演形式就是语言,一人或多人运用幽默诙谐的语言达到将观众逗乐的表演效果。相声语言的特点较突出地表现在两个方面:口语性和幽默性。

**1. 口语性**

相声起源于民间笑话,是将有趣的故事告诉给观众,而对口相声、群口相声更是通过演员对话的方式来叙述故事,即使是单口相声,也十分注重与观众的互动,因此,相声的语言要求是生活化的语言,贴近人民群众日常生活的语言方式和风格。

**2. 幽默性**

幽默可以说是相声的根本,成功的相声所追求的表演效果就是要让观众发笑,在笑声中获得思考和启迪。相声的幽默表现形式有一个术语——"抖包袱"。"包袱"就是相声的笑料,相声演员通过细密组织、铺垫,在恰当的时候,将包袱蓦然抖开,引来满堂欢笑,这个表演过程就是"抖包袱"。根据不同的角色分工,相声演员分为"逗哏"和"捧哏"两种角色。"逗哏"是故事的主要叙述者,在表演中不断说出笑料,引人发笑。"捧哏"则主要负责衬托、铺垫,与逗哏一唱一和,组织包袱,产生笑料。

**(二)相声语言基本功训练**

相声表演的基本功主要四项:说、学、逗、唱。

"说",指的是相声演员的综合语言能力,相声演员在表演的时候,应该掌握各种的语言表达方式,具体来说包括说、批、念、讲四种。说,指吟诗、对对联、猜谜语、解字意、绕口令、反正话、颠倒话、歇后语、俏皮话、短笑话、趣闻轶事,曲目如《熬柿子》《五星楼》《天王庙》等;批,就是以"批"字当头,以批点的方式串联故事,曲目如《批生意》《歪批三国》《批聊斋》等;念,指"贯口",一气呵成,麻利地有节奏地完成大段念白,曲目如《菜单子》《地理图》《洋药方》等;讲,主要指的是叙述故事,也就是讲故事,曲目如《讲帝号》以及单口相声《解学士》、《化蜡钎儿》等。

"学",各种口技、双簧,模拟方言、市声以及男女老幼的音容笑貌、风俗习惯礼仪。曲目如《学四省》、《学四相》、《规矩套子》等。

"逗",会组织包袱、抓哏取笑,捧哏和逗哏能互相配合,对演员个人来说,要会说单口,既能捧哏,也能逗哏。曲目如《论捧逗》、《找堂会》等。

"唱",相声的"唱"与歌唱演员的"唱"不是一回事,相声的"唱"主要是学唱,学唱各种戏曲、曲艺,或者是通过"唱"的手段来铺陈、表现幽默笑料。曲目如《发四喜》《弦子书》《太平歌词》、《农家乐》、《算了又算》、《十二月探梅》等民间小调。

在相声表演中,这四种基本功也是相声的表演方式,但是,在具体的表演中,它们是融为一体的,完整地表现一个作品,并不能截然分开。其中,"说"和"逗"主要是语言表演,"学"和"唱"主要是肢体和声乐表演,前者对演员的语言技能提出了较高要求,应能做到发音标准、口齿清楚灵活、节奏感强,并且有较强的语言组织能力。下面我们做一些"说"和"逗"的曲目练习。

**[案例14]**

贯口《满汉全席》:报菜名

四干四鲜四蜜饯,四冷荤三个甜碗四点心。四干就是黑瓜子,白瓜子,核桃蘸子,糖杏仁儿。四鲜,北山苹果,申州蜜桃,广东荔枝,桂林马蹄。四蜜饯,青梅,橘饼,圆肉,瓜条。

四冷荤,全羊肝儿,溜蟹腿,白斩鸡,炸排骨。三甜碗,莲子粥,杏仁儿茶,糖蒸八宝饭。四点心,芙蓉糕,喇嘛糕,油炸荟子,炸元宵。

蒸羊羔,蒸熊掌,蒸鹿尾儿,烧花鸭、烧雏鸡、烧子鹅、卤猪、卤鸭、酱鸡、腊肉、松花、小肚儿、晾肉、香肠儿。

什锦苏盘儿、熏鸡白肚儿、清蒸八宝猪、江米酿鸭子、罐儿野鸡,罐儿鹌鹑、卤什件儿、卤子鹅、山鸡、兔脯、菜蟒、银鱼、清蒸哈什蚂。

烩腰丝、烩鸭腰、烩鸭条、清拌鸭丝儿、黄心管儿、焖白鳝、焖黄鳝、豆豉鲇鱼、锅烧鲤鱼、锅烧鲶鱼、清蒸甲鱼、抓炒鲤鱼、抓炒对虾、软炸里脊、软炸鸡。

麻酥油卷儿、卤煮寒鸦儿、熘鲜蘑、熘鱼脯、熘鱼肚、熘鱼骨、熘鱼片儿、醋熘肉片儿。

烩三鲜儿、烩白蘑、烩全丁儿、烩鸽子蛋、炒虾仁儿、烩虾仁儿、烩腰花儿、烩海参、炒蹄筋儿。

锅烧海参、锅烧白菜、炸开耳、炒田鸡、桂花翅子、清蒸翅子、炒飞禽、炸什件儿、清蒸江瑶柱、糖熘芡仁米。

拌鸡丝、拌肚丝、什锦豆腐、什锦丁儿、糟鸭、糟蟹、糟鱼、糟熘鱼片、熘蟹肉、炒蟹肉、清拌蟹肉、蒸南瓜、酿倭瓜、炒丝瓜、酿冬瓜、焖鸡掌儿、焖鸭掌儿、焖笋、炝芹白、茄干晒炉肉、鸭羹、蟹肉羹。三鲜木樨汤!

红丸子、白丸子、熘丸子、炸丸子、南煎丸子、苜蓿丸子、三鲜丸子、四喜丸子、鲜虾丸子、鱼脯丸子、饹炸丸子、豆腐丸子、氽丸子。

一品肉、樱桃肉、马牙肉、红焖肉、黄焖肉、坛子肉、炉肉、扣肉、松肉、罐儿肉、烧肉、烤肉、大肉、白肉、酱豆腐肉。

红肘子、白肘子、水晶肘子、蜜蜡肘子、酱豆腐肘子、扒肘子。

炖羊肉、烧羊肉、烤羊肉、煨羊肉、涮羊肉、五香羊肉、炮羊肉。

氽三样儿、爆三样儿、烩银丝儿、烩散丹、熘白杂碎、三鲜鱼翅、栗子鸡、煎氽活鲤鱼、板鸭、筒子鸡。

烩长脐肚、烩南荠。

盐水肘花儿、锅烧猪蹄儿、拌稂子、炖吊子、烧肝尖儿、烧连帖、烧肥肠儿、烧宝盖儿、烧心、烧肺、油炸肺、酱蘑丁、龙须菜、拌海蜇、玉兰片、糖熘饹着、糖腌饯莲子。

拔丝山药、拔丝肉、鳎目鱼、八代鱼、黄花鱼、海鲫鱼、鲥鱼、鲑鱼、扒海参、扒燕窝、扒鸡腿儿、扒鸡块儿、扒鱼、扒肉、扒面筋、扒三样儿、红肉锅子、白肉锅子、什锦锅子、一品锅子、菊花锅子、还有杂烩锅子。

[案例15]

## 《大话捧逗》(节选)
### 作者:邹僧

表演者:贾玲、白凯南

甲:我是逗哏的,他是捧哏的。

乙:我们俩人是搭档。

甲:下面为大家带来的,是一段传统相声叫做论捧逗,表演者贾玲,谢谢。

乙：我呢？

甲：你不在这儿吗？

乙：我在这儿,你怎么没有报我啊？

甲：抱？抱你啊？当着这么些人呢让我抱你啊？

乙：什么呀,我说的是,刚才报演员名字的时候,你没报我。

甲：哦,你一个捧哏的,还用报啊？

乙：多新鲜啊。

甲：好行行行,重新来啊,下面为大家带来的是一段传统相声,表演者贾玲等。

乙：我这等多半天了,还等啊,不是,怎么到我这,就变等了呢？

甲：你别忘了我是逗哏的,您是捧哏的。

乙：我这捧哏的连名儿都没有啊。

甲：哎哟,你一个捧哏的,我把你好有一比啊。

乙：比从何来？

甲：你是聋子的耳朵——配搭,娶媳妇打幡——凑热闹。

乙：让大伙儿听听这叫什么话呀,有句话说得好,红花需要绿叶衬。

甲：就您还绿叶呢？撑死了就是一片烂菜叶。

乙：不是,我这叶要是烂菜叶,那你这花儿就是爆米花。

甲：哟,你一个捧哏的,敢跟逗哏这么说话？

乙：哎哟,我们相声界有一句名言,叫做三分逗七分捧,我希望能与你共勉。

甲：三分逗七分捧什么意思啊？

乙：就是说呀,你这个逗哏的占三成,我这个捧哏的呀占七成！

甲：那要这么说呀,我们逗哏的占99.9％,您捧哏的占0.1％弱。

乙：还弱？

甲：你也就是一层蒸馏水。

乙：要这么说话,我们这捧哏的占百分之百,你蒸馏水都没有,你什么都没有,你根本就什么都没有。

甲：不是,你怎么看着像急了？

乙：我能不急吗？这么小看我。

甲：那刚才不跟你开玩笑呢吗？

乙：开玩笑啊。

甲：您不能走啊,我这小红花还得靠您这烂菜叶……靠您这大绿叶衬呢。

乙：噢,要这么说呀,今天我这个大绿叶,一定好好衬托你这爆米花……不是,小红花。

## 第三节 语言表演专题训练

### 一、主持人语言训练

（一）会议主持人训练

由班级统一安排，让大家都有一两次主持班会、团支部会议小组会的机会，并确定一个中心议题进行深入讨论。

**1. 训练要求**

(1)周密的准备：主持人对讨论的内容要心中有底，要熟悉有关情况，并做预测思考。

(2)用"开场白"打开局面：这段话要能稳定大家的注意力，导入议题，宣明会旨，形成轻松活泼的会议基调。

(3)冷静疏导：适时对议题做分解，启发大家从不同的角度发表意见。

(4)积极推进：及时提炼出关键处或相异处进行讨论，将议论引向深入。

(5)调节情绪：热情启发，遇有激烈的争论或冲突，以风趣的劝说缓解。

(6)调控议题：偏题、离题时，及时用过渡语将讨论导入正题。

(7)引向终结：审时度势地作会议阶段性小结。最后对议题的讨论做归纳总结，达成共识。

**2. 提示**

(1)"开场白"中可以先提出自己的初步想法，作为议论的依据；也可提出几种看法大家讨论。

(2)会议主持人必须冷静，不可感情用事，遇有争论，一般暂时以中立姿态出现为宜。

（二）节目主持人训练

**1. 训练要领**

晚会主持人的开场白，应该是精妙的语言艺术小品。或即情即景，借题发挥；或从几句诗文、典故出发，来一段诗朗诵；或来一段幽默的令人开怀大笑的"单口相声"；还可以说一段热情的赞许、顺耳的褒奖的话，提个有趣的问题，猜个有关的谜语等等，这样，就能从一开始把大家带入一种欢乐的气氛中。应该将节目的内容、特点、节目之间的内在联系以及对表演者的夸赞等，同生动的艺术语言连缀起来。如果是并无充分准备的聚会联欢，需要就地产生一批余兴节目方可推动联欢会的进行，这时，主持人的能耐就在于善于激情激趣，善于诱发表演的热情了。例如，主持人可以这样说："在座的有本班的歌舞明星，也有身怀特技的武术、健美大师，还有精通戏曲的客串演员，我们欢迎各位伯乐举荐，更欢迎毛遂自荐！"也可以说："为了让各种人才崭露头角，脱颖而出，不致埋没，本次联欢会特设'伯乐奖'和'毛遂奖'!""请不要错过一显身手的大好良机!"……结束阶段,主持人可以用洪亮而热情的语调,将精心设计的终场词朗诵出来。

**2. 训练内容**

(1)主持班级的节目联欢会。

(2)主持一次"20岁同龄人生日联欢会"。

(3)主持一次春游联欢会。

(4)主持一次班级之间的联谊会。

(5)"八一"建军节前夕,学校举办军民共建精神文明音乐会,如果请你担任节目主持人,你如何排定下列歌曲、乐曲的演出顺序,主持音乐会?

《接过雷锋的枪》

电视片《便衣警察》插曲

《歌唱祖国》

《红色娘子军军歌》

《游击队员之歌》

《军港之夜》

电影《地道战》插曲

《我是一个兵》

电影《上甘岭》插曲

《祝酒歌》

《红梅赞》

《再见吧,妈妈》

《延安颂》

《唱支山歌给党听》

电影《英雄儿女》插曲

《十五的月亮》

"长征组歌"之一——《毛主席用兵真如神》

**3. 训练要求**

(1)要有一段精彩的开场白。

(2)要有生动风趣的串场词。

(3)要有热情并富有余味的终场词。

**4. 提示**

(1)最好能对节目内容、表演形式和表演者有些了解(可以先看彩排、访问导演和演出人员等)将有些内容编为串场词。

(2)串场词要灵活,随现场情况有所变化,也不宜太长,不可喧宾夺主,只要起到引发、烘托的作用就行了。

(3)注意掌握节奏,抓好开场、推进、高潮、终结这几个环节。

## 二、影视戏剧语言训练

**(一)请演读下面独白。可先试读,然后录音,在班上交流**

**1. 根据《红楼梦》改编的一段独白**

　　回奶奶的话,我照奶奶的示下告诉平姐姐,外屋桌子上汝窑盘子架儿底下放着一卷银子,那是一百二十两,给绣匠的工钱,等张材家的来,当面秤给他瞧了,再给他拿去。平姐姐说,奶奶刚出来了,她就把银子收起来了,张材家的来取,已经当面秤了给她拿去了。平姐姐还叫我来回奶奶,刚才旺儿进来讨奶奶示下,好往那家子去,平姐姐就按照奶奶的主意打发他去了。平姐姐叫旺儿对那家子说:"我们奶奶问这里奶奶好,我们二爷没在家。虽然迟了两天,只管请奶奶放心,等五奶奶好些,我们奶奶还要会了五奶奶来瞧奶奶呢。五奶奶前儿打发了人来说,舅奶奶带了信来了,问奶奶好,还要和这里奶奶寻几丸延年神验方万金丹;若有了,奶奶打发人来,只管送在我们奶奶这里。——明儿有人来,就顺路给那边舅奶奶带了去。"

**2.《哈姆莱特》中的一段独白**

　　生存还是毁灭,这是一个值得考虑的问题;默默忍受命运的暴虐的毒箭,或是挺身反抗人世的无涯的苦难,通过斗争把它们扫清,这两种行为,哪一种更高贵?死了;睡着了;什么都完了,要是在这一种睡眠之中,我们心头的创伤,以及其他无数血肉之躯所不能避免的打击,都可以从此消灭,那正是我们求之不得的结局。死了;睡着了;睡着了也许还会做梦;嗯,阻碍就在这儿:因为当我们摆脱了这一具朽腐的皮囊以后,在那死的睡眠里,究竟将要做些什么梦,那不能不使我们踌躇顾虑。人们甘心久困于患难之中,也就是为了这个缘故;谁愿意忍受人世的鞭挞和讥嘲、压迫者的凌辱、傲慢者的冷眼、被轻蔑的爱情的惨痛、法律的迁延、官吏的横暴和费尽辛勤所换来的小人的鄙视,要是他只要用一柄小小的刀子,就可以清算他自己的一生?谁愿意负着这样的重担,在烦劳的生命的压迫下呻吟流汗,倘不是因为惧怕不可知的死后,惧怕那从来不曾有一个旅人回来过的神秘之国,是它迷惑了我们的意志,是我们宁愿忍受目前的折磨,不敢向我们所不知道的痛苦飞去?这样,重重的顾虑使我们全变成了懦夫,决心的赤热的光彩,被审慎的思维盖上了一层灰色,伟大的事业在这一种考虑之下,也会逆流而退,失去了行动的意义。

**(二)话剧选段**

恋爱的犀牛

编剧:廖一梅
导演:孟京辉
第五场　恋爱训练
　　恋爱教授:昨天我们讲了如何识别你爱的人和公众美女之间的差别。今天我们的课程是进行倾诉训练,这在恋爱中是至关重要的。一个人的表达能力从未像今天这样成为人的基本生活能力中了最重要的一种。如果你爱一个人十分,而你只能表达出一分,还不如你爱一个人一分表达十分,我们众所周知的作家和音乐家都是声音优美、感情真挚的表达者。为了帮助大家的训练,我已经列出了经典的书目和曲目。记住,倾诉的要诀有三。第一,必须选择好倾诉的情绪,如能在几种情绪间穿梭往复达到统一,那是比较高的境界了。第二,必须相信倾诉的真实性,从而使倾诉具有影响他人的能量。第三,必须选择适当的情境。不恰当的情境会使最好的倾诉变得愚蠢。(放音乐)莫扎特的音乐可以算是很好的倾诉诱导体。现在哪位同学愿意试一试?

同学A:我的爱情丢了,丢失在喧闹的街道边,丢失在岁月的沙漏里,在无穷无尽的货架上,来来往往的出租车里,忙忙碌碌寻求成功的工作中,以及一个又一个男人的面孔间。我已经丢失了我的爱情……

同学B:你,进尼庵去吧!

同学C:我不知道是什么不能让我开口,我有为我那些不可捉摸的言行作过解释,你也从未追问过我,你的泰然处之让我自惭形秽,唯一的借口是我太年轻。

同学D:从我们有意识以来,我们就知道,在这一生当中,随时都有可能面临失去心爱的人的痛苦,无论是死亡或者是一段恋情的结束。而我所感兴趣的部分,正是人们用什么方式来抗拒这种失落……是什么值得我们活在世界上?什么答案可以让我们暂时忘记这个世界只不过是一团屎?

同学E:我可能没有别人对你那么好,但是我会比别人对你好得更长久。

马路:没有父母,没有朋友,没有家,没有事业,没有人需要我。我的人生是零,是空落落的一片。你可以花钱买很多女人同你睡觉,同很多很多萍水相逢的女人上床,但你还是孤单一人,谁也不会紧紧地拥抱你,你的身体还是与他人无关。我觉得我就要这样一年老似一年……直到有一天我看见了你,我觉得你和我一样孤单,我突然觉得我找到了要做的事——我可以使你幸福。她是一个值得你为她做点什么的人……

## 三、相声语言训练

### (一)单口相声

#### 逗你玩儿
#### (马三立)

咱们应该在自己的行为安排上注意,交通法规上,遵守交通安全,生活上呢,时时防火夜夜防盗。你觉得自己住在大杂院,居民区没事;那可不行,应当注意。外出,外衣兜里不要放钱,把钱放在里面。买东西,贼要盯上你,买东西一拿一大把钱,其实就几块钱的东西。让贼看见了,小偷可脑门上没写上小偷,你前边走,他在后面一靠上,你的钱就没了,手快极了。你有事,换房子,从一楼到四楼一走,谁家门口放的鞋啊,衣服,就拿走了,要注意。

街坊大嫂晾几件衣服在门口又怕丢！也不能老是看着还得做饭呢！还得上屋里做饭干别的活,让孩子看着吧,孩子又太小,5岁。这么点小孩,你说,傻吧又不傻,机灵又不太机灵！也没上过学,小孩还不够学龄呢！

"小虎啊,在门口玩会,看着啊！咱晾着衣裳呢！看着小偷别偷了去！看谁拿它你喊我啊！哎！别动啊！你哪也别去啊！就站门口站着啊！有事你招呼我啊,招呼我！"

大嫂屋里干活去了！小孩就站着,小孩嘛！反正就看着这几件衣裳,门口站着也不动弹,老实！四岁五岁来着不够淘气的时候,七八岁讨人嫌他不老实,五六岁他老实,这样站着！你说傻又不傻,这样站着看着！

小偷过来了。"噢,这好地方！几岁了?"小孩一瞧,说:"5岁。""叫嘛?""小虎！""小虎,你认识我吗?""不认识！""不认识,咱俩在一起玩,行不！我叫逗你玩,姓逗,逗你玩！记住了吗?"小虎,答应:"哎！""叫我啊叫我,我姓逗,叫逗你玩,叫我啊！""逗你玩！""哎！对！小虎！""哎！叫我！""逗你玩！""哎,对对！小虎！""哎！""叫我！""逗你玩。""好,太好了！"叫了几句！把褂子带下来了！"妈妈,他拿咱褂子啦！""谁啊?""逗你玩。""好好看着。"又把这裤子拽下来了,"妈妈,他拿咱裤子！""谁啊?""逗你玩！""这孩子一会我揍你,好好看着！别喊！"贼一瞧把褥单子拿下来了！"妈妈,他拿咱被窝面子了！""谁啊?""逗你玩！""这孩子你老不老实,我揍你！"待会出来一瞧！还在这站着。"哟,咱的衣服呢?""拿走了！""谁拿走了?""逗你玩！"还逗你玩呢?！

## (二)对口相声

### 满腹经纶(节选)
#### (苗阜　王声)

苗:亲爱的朋友们,大家(合)过年好！
苗:我们两个都是来自西北的相声演员。
王:西安人。
苗:我叫苗阜。
王:我叫王声。
苗:您看我啊这水平啊跟我旁边这位王声老师啊没法比。
王:哎哟嗬您这话说的。
苗:人家是大学生。(王:咳)
苗:陕西吃饭大学毕业。
王:师范大学,陕西没有吃饭大学。
苗:陕西师范大学。
王:哎。
苗:毕业之后啊,人家没有从事本来的专业。
王:我学什么专业的呢。
苗:人家当年在文学院(王:哎)。进修的是进口挖掘机修理。
王:我学的什么?

苗：进口挖掘机修理啊。

王：我怎么不学手扶拖拉机驾驶呢。

苗：这可能是第二专业吧。

王：哪有这专业，去，有在文学院学这个的吗？我怎么不上蓝翔技校去呢我？

苗：我没有上过大学呀。

王：您问呐。

苗：那您学的是？

王：中文和历史。

苗：中文和历史（王：哎），人家这了不得（王：哼哼），跟人家这个就没法比，虽然我俩是发小儿，一块长起来的。

王：对对对。

苗：可是到了高中之后，我俩的成绩就是越拉越大，越拉越大，越拉越大。

王：为什么呢。

苗：我没上高中，现在醒悟了，得好好学习。

王：努力。

苗：要不这个知识跟不上，跟人家没法搭档，最近我就开始研习各种书籍了。

王：看书了。

苗：可以说已经达到了手不释卷的地步。

王：呦。

苗：《名侦探柯南》、《海贼王》，我都在手里拿着呀。

王：您再看一套《七龙珠》，看一套《圣斗士》，这叫四大名著你知道吗？

苗：是吗？

王：是什么呀您，您看点正经书不成吗？

苗：正经书也看（王：嗯）《成语大词典》。

王：您看什么书？

苗：《成语大词典》。

王：罢了，您各位别笑话他，成语是中国文化的精髓。

苗：对，我小时候就是成语课代表。

王：那是语文课代表，没有学校专门开成语课的。

苗：都学过这东西，好多东西都学过，什么一日为师终身为父、刻舟求剑。

王：这你都知道呢。

苗：千军万马、万马奔腾、愚公移山（拍手），我就喜欢愚公移山。

王：你喜欢这里头的精神。

苗：这是一种精神。

王：愚公的精神。

苗：他鼓舞着我（王：嗯嗯），听说过这故事吗？

王：谁不知道这故事呀。

苗：有个愚公啊，不是打鱼的，有个愚公没事在那刨山啊，刨啊。

王：哎，等会儿，这愚公是个穿山甲变的吧，这是。

苗：哪有穿山甲什么事。

王：愚公移山得拿家伙。

苗：反正是挖山。后来一智叟劝他，别挖了，挖不完哪。好嘛，这么两座大山（王：是是是），王屋与太行，愚公说没事，我挖不完我儿子挖（王：对），儿子挖不完孙子挖（王：是是是），孙子挖不完重孙子挖，反正子子孙孙挖下去总会挖完的（王：持之以恒嘛）好家伙这个精神感动了玉皇大帝（王：上天），派了两个黄巾力士下来，把王屋和太行搬走了。

王：大山搬走了。

苗：好家伙，一搬走豁然开朗（王：嗯），Wi-Fi 信号立马就满了。

王：哎呀，还有 Wi-Fi 什么事啊，这里头？

苗：形容一下呀。

王：没有这么形容的。

苗：世上这个坏事不一定是坏事，好事也不一定是好事。

王：什么意思呢？

苗：山是搬走了，原来山下压着两个妖怪，一个蛇精，一个蝎子精。这下放出来了，得亏老头有一个七彩葫芦籽儿，种下去，库赤库赤库赤长上来了七个小孩儿，有会吐水的，有会喷火的，后来降服了蛇精蝎子精，后来隐居在森林之内。外国有个公主不知得罪了谁，躲在他们居住的这个小屋之内，后来这个公主呢，后妈过来了，变成一个卖苹果的老太太，这个公主咬了一口，嘎嘣死了，剩下半拉，乔布斯拿走了。知道这故事吗？我学得多通透。

王：你开玩笑，您刚说的这个叫愚公移山？

苗：啊。

王：我有点乱，我……

苗：怎么啦？

王：我镇定一下，等会儿，我理理，愚公就是葫芦娃的爷爷，葫芦娃移民之后就是七个小矮人，乔布斯有个师父叫白雪公主。

苗：你看你理得多清楚。

王：我理什么清楚，我理！

……

# 第十一章
# 应聘语言技能训练

　　面临毕业季,相信很多学生最大的心愿就是找一个好的工作。经过了多年的学习,知识的累积、技能的训练、相应的心理准备等等使广大毕业生初步具备了进入职场的条件。近些年来,随着我国市场经济体制的发展和完善,我国人才市场极大扩展,国家大力推行公务员招考制度,企事业单位每年面向毕业生吸纳贤才,更有蓬勃发展的民营私企、外资和合资公司的招聘空前繁盛。这是一个最好的时代,然而也是一个竞争最为激烈的时代。近年来,全国毕业生人数屡创新高,2013 年为 699 万,2014 年为 727 万,加之全球经济不景气的大背景,广大毕业生面临空前的就业压力。

　　北京教育人才中心主任任占忠认为,影响毕业生就业难的因素除了自身竞争力不强、定位不准,还有一个原因就出在应聘环节。

　　比如招聘者在面试时心态不稳,不会表达,招聘方问了一个问题,应聘者答不出来或答不好这都正常,然而有些人生怕对方否定自己,结果胡乱对应,心态大乱,表现大失水准。其实用人单位看重应聘者的口头表达并不是仅仅为了找一个能说会道的员工,而是要在短兵相接中,透过应聘者的谈吐考察应聘者的学识人品、思维技能、性格特征等等,以期为自己募得最为合适的员工。就应聘方来说,良好的语言表达能力是一个高素质人才的必备素质之一。会说话,在应聘中起着非常重要的作用,因此,我们有必要对应聘中语言表达的基本要求、基本环节、基本原则及相应技能做一定的了解,进行一定的训练。

## 第一节　概述

　　应聘语言不同于一般的生活交际语言。面试过程中,我们通常会看到在招聘者故意为之的层层探问下,求职者为了取得特定的职位,其语言表达往往带有很强的装饰性。短促的面试时间中,十面埋伏,双方的语言表达都带有强烈的试探性和目的性,恍若战场交锋,这是不可避免的。面试并不可怕,一个具备良好语言表达习惯的应聘者,若事先做好信息资料的收集准备,并了解和掌握一定的应试语言技巧,再抱以诚实、自信的态度进入应聘环节,时机成熟，相信一定可以取得令自己满意的结果。本章主要就应聘语言方面的问题进行分析和训练。

## 一、应聘语言基本要求

上兵伐谋、临时抱佛脚的做法是不明智的，为了将来毕业找工作时成功应聘，应聘者对自己的语言表达能力的训练应尽早开始。首先，就是要养成一个良好的口语表达习惯，好的开始，是成功的一半。

### （一）注意口语表达的逻辑性

说话言之有物，用词恰当，不犯语法错误，表达流利，言之有理。应聘语言的第一要务是信息传达，任何招聘者都不会欢迎语言表达零乱、说话不着要点、不知所云的人进入自己的工作团队。口语相较于书面语虽然在语法规范上要求略松，但良好的口语表达应该朝出口成章的方向努力，这需要每个应聘者日常话语表达中多注意、多积累。试着控制语速，先想清楚，再做表达，永远让你的思维走在你的嘴巴前面。

### （二）注意发音的清晰度

发音清晰、咬字准确，对于一般人来说不是多么困难的事情。但对于那些天生就有发音器官缺陷的人，个别音素发音不准，如果严重影响人们理解，或影响讲话整体质量的话，应少用或不用含有这个音素的字或词。当然，如果有办法矫正的，应该努力矫正，不要采取消极放任的态度。

### （三）懂得得体地运用语调

不管是哪一种语言，对于各种句式都有语调规范。有些同样的句子，用不同的语调处理，可表达出不同的感情，收到不同的效果。若有人说："我刚丢掉一份工作。"使用同样的反问句："是吗？"做答，可以表达吃惊、烦恼、怀疑、嘲讽等各种意思。

有研究说，使用上扬语调比较容易对听者造成很大的悬念，提高他的兴趣，但若持续时间过长则会引起疲劳。而降调表现说话人果敢决断，有时则显示出他做事说话的主观武断。

得体的语调应该是起伏而不夸张，自然而不做作。但肯定的是，富于感情变化的抑扬顿挫总比生冷平板的语调感人。

声音要自然，不要有恐慌感，否则让考官一听就有些不自在，声音不自然会让你的面试大打折扣。用真嗓门说话，不失自我，这样听起来不仅真切自然，而且有利于缓解紧张的情绪。

### （四）找到适中的音量

说话时不要一惊一乍，音量以保持听者能听清为宜。适当放低声音总比高嗓门顺耳有礼。喃喃低语是没有自信的表现，而嗓门太亮，既骚扰环境，又有咄咄逼人之势。

### (五)学会控制语速

应聘时不要一时语速快得让主考官听不清你说的是什么,一时慢得让主考官听得有些不耐烦。适宜的语速并不是从头到尾一成不变的速度和节奏。要根据内容的重要性、难易度及对方注意力情况调节语速和节奏。说话节奏适宜地减缓比急迫的机关枪式的节奏更容易让人接受。

除了上述五点,还要警惕一个比较容易破坏语言意境的现象——过分使用语气词、口头语。例如,总是用"那么"、"就是说"、"嗯"等引起下文,或者,在英语的表达中使用太多的"well"、"and"、"you know"、"OK"及故作姿态的"yeah"等,不仅有碍于人们的连贯理解,而且还十分容易引人生厌。

最后,比较值得一提的是掌握母语,也就是说中国话能力的问题。许多人在学习外语时相当舍得花工夫模仿所谓标准语音,却忽视了本国语的重要性,不会说像样的普通话,或者在中文的表达中夹进一串英语单词,还意识不到这是一种语言的缺陷。

大多数人对自己的说话习惯、语音语调的真实面貌都没有清晰的自我认知,如果把自己日常生活中的语言录下来再放出来听,往往很容易找到不尽如人意之处,这是自我检查和调节的比较适宜的一种办法。

## 二、应聘话语基本环节

仔细观察就会发现,应聘时的话语表达虽然是招聘者在主导、在提问,但其实这是一个双向交流的过程,应聘者进入应聘对话环节,开始时要慎听,中间时要慎言,结尾时要慎终。换句话说,应聘者不但要会回答问题,首先更要能听懂问题,最后还要懂得把握话语表达的度,当止则止。

### (一)注意听,分清陷阱

在求职面试中,一定要小心主考官的语言陷阱。面试其实就像是一次相亲,应聘者希望找到一个能够了解自己优点的老板,用人单位则希望能找到优秀的合作伙伴。当陌生的双方相见后,都想在短短的一席话中努力地表现出自己的优点、说出聪明的话或立即呈现出特别棒的反应,以便给对方留下良好的印象。面试,双方玩的仿佛是一场智力游戏。

面试官为了不至于"选错郎",也许会在面试中设置种种语言陷阱,以此来探测应聘者的智慧、性格、应变能力和心理承受能力。面试者只有识破这样的语言陷阱,才能小心巧妙地绕开它,不至于一头栽进去。

**1. 用"激将法"遮蔽的语言陷阱**

这是面试官用来淘汰大部分应聘者的惯用手法。采用这种手法的面试官,一般在提问之前就会用怀疑、尖锐、咄咄逼人的眼神逼视对方,先令对方心理防线步步溃退,然后冷不防地用一个明显不友好的发问激怒对方。

如:"你经历太单纯,而我们需要的是社会经验丰富的人","你性格过于内向,这恐怕与我们的职业不合适","我们需要名牌院校的毕业生,你并非毕业于名牌院校"。再如"你的专业怎么与所申请的职位不对口?"

面对这种咄咄逼人的发问,作为应聘者,首先要做的是不管怎样都不要被"激怒",如果你被"激怒"了,那么差不多你就已经输掉了。面对这样的发问,如何接招呢?

如果对方说:"你经历太单纯,而我们需要的是社会经验丰富的人。"

你可以微笑着这样回答主考官:"我确信如我有缘加盟贵公司,我将会很快成为社会经验丰富的人,我希望自己有这样一段经历。"

如果对方说:"你性格过于内向,这恐怕与我们的职业不合适。"

你可以微笑着回答:"据说内向的人通常都具有专心致志、锲而不舍的品质,另外善于倾听,这样会把发言机会多多地留给其他人。"

如果对方说:"我们需要名牌院校的毕业生,你并非毕业于名牌院校。"

你可以幽默地说:"听说比尔·盖茨也未曾毕业于哈佛大学。"

如果对方说:"你的专业怎么与所申请的职位不对口?"

你可以巧妙地回答:"据说,21世纪最抢手的就是复合型人才,而外行的灵感也许会超过内行,由于他们没有思维定势,没有条条框框。"

如果对方说:"你原单位这么好,你却要走,是不是在原单位混不下去只好挪个窝儿?"

应聘者若结结巴巴、无言以对,抑或怒形于色、据理力争,那就掉进了对方所设的圈套。如若应聘者碰到这样的情况,最重要是保持头脑冷静,明白对方在"做戏",没有必要与主考官在情绪上较劲。正确的回答思路,请参看本章案例10的分析。

**2. 挑战式的语言陷阱**

这类提问跟激将式提问有些类似,但激将式提问多为无中生有的故意刁难,意在气场上设置一种高压,而这类提问也许语气柔和平缓,但问题直指求职者的薄弱项,应试者的自信和诚信都会面临严峻的挑战。

对于应届毕业生,面试官会问:"你的相关工作经验比较欠缺,你会怎么看待?"对于女大学生,面试官也许会问:"女性经常会对自己的能力缺乏自信,你又会怎样看待呢?"

如果回答"不见得吧"、"我看未必"或"完全不是这么回事",那么也许你已经掉进陷阱了,因为对方希望听到的是你对这个问题的看法,而不是简单、生硬的反驳。

对于这样的问题,你可以用"这样的说法未必全对"、"这样的看法值得探讨"、"这样的说法有一定的道理,但我恐怕不能完全接受"为开场白,然后婉转地表达出自己的不同意见。

主考官有时还会哪壶不开偏偏提哪壶,提出让求职者尴尬的问题。如:"你的学习成绩并不十分优秀,这是怎么回事?""从简历看,大学期间你没有担任学生干部的经历,这是否会影响你将来的工作能力"等等。

碰到这样的问题,有的求职者经常会不由自主地摆出防御姿态,甚至狠狠反击对方。这样做,只会误入过分自信的陷阱,招致"狂妄自大"的评价。而相对来说比较好的回答方式应该是,既不掩饰回避,也不要太直截了当,用"明谈缺点实论优点"的方式巧妙地绕过去。

比如说,当对方提出你的学习成绩不是太优秀的时候,你可以坦然承认这点,然后以分析原因的方式带你另外的优点。如:"在校期间学习成绩之所以不是十分优秀,主要是由于我担任社团负责人,投入到社团活动上的精力太多。尽管我花在社团的心血也会不断带给我不少的收获,但是学习成绩不是优秀,这一点一直让我耿耿于怀。当意识到这一点之后,我一直在设法纠正自身的偏差。"

在面试中屡战屡胜的小印就有过一次这样的面试经历。

小印的学习成绩并不算顶尖,面试咨询公司时,这便成了考官发起攻击的要害:"你的成绩好像不太出众,你怎么证明自己的学习能力呢?"

小印不慌不忙地说:"除了学习,我还有其他活动。不是只有成绩才可以反映出一个人的学习能力。其实我的专业课都相当不错,如果你有疑问,可以当场测试我的专业知识。"

小印巧妙地绕开了令人感到尴尬的问题,将考官的注意力引导到他非常拿手的专业知识上。

**3. 诱导式的语言陷阱**

这类问题的主要特点是,面试官一般都会设定一个相当特定的背景条件,诱导对方做出一个错误的回答,可事实是也许任何一种回答都不能让对方满意。这时候,你的回答就需要用模糊的语言来表示。

如:"依你现在的水平,恐怕能找到比我们×××更好的公司吧?"

如果你的答案是"对啊",那么说明你这个人也许已在脚踏两只船,"身在曹营心在汉"。如果你回答"不是",又会说明你对自己缺少自信或者你的能力有问题。

对于这类问题可以先用"不可一概而论"作为开头,然后回答:"或许我能找到比贵公司更好的公司,但别的公司或许在人才培养方面不如贵公司重视,机会也不如贵公司多;或许我能够找到更好的公司,我想,珍惜已有的最为重要。"

这样的回答,其实你是把一个"模糊"的答案抛还给了面试官。

还有一种诱导式的语言陷阱是,对方的提问似乎是一道单项选择题,这时如果你对面试官做出了选择,就说明你掉进了面试官的语言陷阱中。比如说,对方问:"你认为金钱、名誉和事业哪个重要?"

对于刚毕业的大学生来说,这三者当然都重要。可是对方的提问却在误导你,让你认为"这三者是相互矛盾的,只能选其一"。这时候切不可中了对方的圈套,应该保持冷静的头脑进行分析,首先可以明确地指出这个前提条件是不存在的,再解释三者对于我们的重要性及其统一性。

你可以这样组织语言:"我认为这三者之间并不矛盾。作为一名受过高等教育的大学生,追求事业的成功当然是自己人生的主旋律。而社会对我们事业的肯定方式,有时表现为金钱,有时表现为名誉,有时则二者均有。所以,我认为,我们应该在追求事业的过程中去获取金钱和名誉,三者对于我们都非常重要。"

与此相类似的还有一种误导式陷阱。面试官早就有所准备,只不过是故意地说出相反的答案。若你一味地讨好,顺着面试官的错误答案往上爬,那么面试的结论肯定是:此人无主见,缺乏创新精神。自然而然就被列为淘汰之列。

**4. 测试式的语言陷阱**

这类问题的特点是针对职业要求设置一个前提,然后让求职者做出相应的回答。比如:"今天参加面试的有十位候选人,如何证明你是这十位候选人非常优秀的一位呢?"这类问题一般是考察求职者随机应变的能力。不管你给自己列举多少优点,别人总有你也许没有的优点,所以正面回答这样的问题却是毫无意义的。你可以从正面绕开,从侧面进行回答这个问题。

你可以回答说:"对于这一点,可能要因具体情况而论,比如贵公司现在所需要的是行政管理方面的人才,虽然前来应聘的都是这方面的对口人才,但我深信我在大学期间当学生干部和主持社团工作的经历已经为我打下了扎实的基础,这也是我自认为比较突出的一点。"这样的回答可以说比较圆滑,很难让对方抓住把柄,再度反击。

有时,面试官还会提出这样的问题:"你对琐碎的工作是喜欢还是讨厌,为什么?"

这是个两难问题,若回答喜欢,似乎有悖现在知识青年的实际心理;若说讨厌,似乎每份工作都有琐碎之处。所以说应当按普遍心理,人们是不愿做琐碎工作的(除非特殊岗位,如家庭钟点工),即考官明知故问,我们可以推测出其醉翁之意不在酒,而在"工作态度"。

我们可以这样表述自己的态度,"琐碎的事情在绝大多数工作岗位上都是不可避免的,如果我的工作中有琐碎事情需要做,那么我会认真、耐心、细致地把它做好。"

这句话既委婉地表达了大多数人的普遍心理——不喜欢琐碎工作,又强调了自己对琐碎事情的敬业精神——认真、耐心、细致。既真实可信,又符合对方的用人心理。

在各种语言陷阱中,最难提防、最危险的,可能要算"引君入瓮"式的语言陷阱。

比如,你前去应聘的职位是一家公司的财务经理,面试官或许会突然问你:"您作为财务经理,如果我(总经理)要求你 1 年之内逃税 100 万元,那你会怎么做?"如果你当场抓耳挠腮地思考逃税计谋,或文思泉涌立即列出一大堆逃税方案,那么你就上了圈套,掉进了陷阱。由于抛出这个问题的面试官,正是以此来测试你的商业判断能力和商业道德。这时就需要记住,遵纪守法是对员工行为的最基本要求。

比如,你正要从一家公司跳槽去另一家公司。面试官问你:"你们的老板是不是很难相处啊,要不然,你为什么跳槽?"也许他的猜测正是你要跳槽的原因,即使这样,你也切记不要被这种同情的语气所迷惑,更不要顺着杆子往上爬。如果你愤怒地抨击你的老板或者义愤填膺地控诉你所在的公司,那么你一定完了,这样不但暴露了你的不宽容,而且还暴露了你的狭隘。

面试中,面试官或许会设计出各种各样不同的语言圈套,记得一定要小心审度,听清提问,测准意图,回答之前一定要保持冷静,不要轻易被套入各项语言陷阱之中。

### (二)注意说,简洁优雅

在面试交谈中,措词的简洁和优雅也是相当重要的一环。如果措词啰唆,或者粗俗不堪,或者故弄玄虚,不管谈话内容多好,也不会有比较好的效果。要做到措词简洁优雅,在交谈中应该着重注意以下几个方面:

**1. 对选择词语的要求**

(1)要避免口头禅。

有些人在交谈中非常爱说口头禅,诸如"岂有此理"、"我以为"、"绝对的"、"没问题"一类的话差不多是脱口而出,不管这些话是否与所说的内容有关联。这类的口头禅说多了,不仅仅影响说话的效果,而且还十分容易地被别人当作笑柄。所以此类的口头禅应当极力地避免。

(2)不要滥用术语,太深奥的词如专用术语也不可多用。

如果不是同一个学者讨论学术问题而不得不用,那么,过多地使用专业术语,即使你使用得恰当,同样也会给别人以故弄玄虚的感觉。

(3)不要废话连篇,找到关键词才能言之有物。

有些人在叙述一件事情时说了很多话,但还是无法把他的意思表达出来。听者花了很长的时间和很多精力,仍然不知道他想说明什么。如果你犯有这种毛病,一定要自己矫正。矫正的最好办法是,在说话之前,先在脑子里对所要说的事情有一个基本的判断,飞快地用几个关键词点亮你的思维,找到关键词,也就找到了话语表达的中心。

(4)相同言词不可用得太频繁。

一般地说,听者总是希望说者的语言丰富多彩。尽管我们不必像某些名人所说的那样,每说一事都要创造一个新词汇,但也应该在许可的范围内尽量地使自己说话的词语多样化,避免多次重复使用同一词汇。即使是一个特别新奇的词,如果你在几分钟之内把它复述了好几次或十几次,那么,人们对它的新奇感就会丧失,并对它产生一种厌倦感。

(5)用语不要过多地重叠。

在汉语里,有时确实要使用叠句来引起别人的注意,或者加强语气。但是,如果滥用叠词,就会显得十分累赘。例如,许多人在疑惑不解的时候常常会说:"为什么,为什么?"其实,一个"为什么"就足以表达你的疑惑之情,为什么偏要多加一个呢,还有的人在答应别人一件事情的时候会说:"好好……"一连说上好几个,其实,说一个"好"字就足够了。如果你有这个话语习惯而不自知,请赶快纠正,最好是请你的同学一起帮你监督纠正。

(6)避免使用粗俗的词。

常言道:"言语是个人学问品格的衣冠。"一个相貌堂堂、看上去高贵华丽的人,如果一开口就说出粗俗不堪的话,那么别人对他的敬慕之心就会马上烟消云散。其实,这些人并非学问品格都不好,只是在追求语言的新奇和俏皮的过程中,不知不觉地染上了这种难以更改的坏习惯。在交谈中,我们一定要下决心改掉这种坏习惯。试着想一想,在一个陌生人面前,你说了粗俗的话,对方该会怎么想呢?他不一定会认为这是一个习惯问题,而很可能会误认为你是一个修养不足、不可交往的人。

上述几点只是列举了几个在日常交谈中易于被人们觉察到的问题。那些比较隐蔽的问题还有待交谈者自己在实践中揣摩和克服。如果你在交谈时能措词简洁、生动、高雅而又贴切,你将有更大的机会吸引对面听众的注意。

**2. 对交谈语句的要求**

(1)精练是语句表达的较高追求。

说话是集字成句、集句成篇,话要一句一句地讲,但组合不好,往往显得言而无物、逻辑混乱。许多人只怕冷场没话讲,却没有注意如何才能把话说得简洁明了。话要说得精练,关键在于话未说出口前先打好一个腹稿,然后再根据这个腹稿叙述出来。不必要的语句,固然会造成语言臃肿,即使一些必要的语句,用得不是地方,也会起副作用。

(2)语句选择要与时俱进。

如非必要,话语交流中尽量使用通用化的句式。在使用大众化的语句时,应该多注意这些含义在口语表达中的特殊方式。语句要显得通俗明朗,尤其值得注意的是某些说法会随着时代变迁而更新。所以,说话者应跟上时代,采用当代通用的说法。

(3)要注意语句表达的有效性。

有时你本身使用的语句是正确的,但也有可能会造成误解。为什么呢?一种情况是你出现口误,由于环境的干扰所造成的精力分散,会造成这样想那样说的情况。另一种情况是聆听的一方由于理解上出了问题,没有正确领会你的含义。因此,出现语言误会。遇到重大的情况,听者还应把说者的话重复一遍,以检验有没有错误的理解。

(4)传情达意是话语活动的终极目标。

语句的准确,不能单从语法和语义的角度去理解。话要说得准确,还要说得合情。交谈是离不开环境和对象的,如何使语句恰如其分地表现此时此地你的感情以引起对方的共鸣,则是更高的要求。应聘中,那些能够引起交谈对象认知和情感认同的语句和表达才能产生最佳的交流效果。

总之一句话,任何人无法用金钱买到巧妙的语句。要获得它,只有多观察生活,或多看一些书,或多注意向那些会说话的人学习。只要多学习、多留意、多练习,就有可能把自己的语句用得简洁明了、传情达意,以促成对谈中的有效沟通。

(三)注意收,适可而止

在交谈中,人们普遍都重视开头语,而对结束谈话,一般都不以为然。话说完了,说声"再见"不就结束了吗?其实,结束谈话也并非如此简单。比如,一方还未说完,对方就不愿听了,怎么结束?两人在交谈中争得面红耳赤又各不相让,该怎样收场呢?两人谈兴正浓,而客观条件又不容许再谈下去,又应该怎样结束?一次好的交谈,欲达到"与君一席话,胜读十年书"的效果,也要有一个很好的结尾。余音绕梁,三日不绝。

那么,怎样结束谈话才能给人留下难忘、美好的印象呢?以下介绍几种结束谈话的技巧:

(1)切忌在双方情绪激烈地讨论某一问题时突然将对话结束,这是一种比较失礼的表现。如果一时出现僵持的局面,应该想方设法改变话题,一旦气氛缓和就应当赶紧收场。

(2)不要勉强地把所说的话拖得过长,当发现谈话的内容已渐枯竭时,就应当马上收尾道别。不然则会给对方留下言语无味的印象。

(3)要小心留意对方的暗示。如果对方对谈话的内容失去兴趣时,可能会利用"身体语言"做出希望结束谈话的暗示。比如,有意地看看手表,或游目四顾、心神不安,或频繁地改变坐姿。遇到这些情况,比较好的方法就是知趣地尽快结束谈话内容。

(4)要把时间掌握得恰到好处。在准备结束谈话之前,先预留一小会儿时间,以便谈话从容地从正题过渡到道别等。突然把谈话结束,匆匆忙忙地离开,会给人以粗鲁无礼的印象。

(5)笑容是结束谈话的最佳句号,由于最后的印象一般是比较深刻的,这种美好印记将会长期留在双方的脑海之中。

(6)在有些交谈结束时,说一些名人格言、富有哲理的话,或是美好祝愿的话,通常会产生非常好的效果。

## 三、应聘答问基本原则

好的应聘状态,不是被动地回答问题,而应是通过语言交流能够充分地展示应聘者良好的道德品质、思维素质、专业素养以及个性特征等并且能够与招聘者真正地交流,对上他的频道,最终打动对方。应聘答问有它的原则,这里包含着应试成功的秘钥。也许你的音色不够别人优美,也许你的反应没有他人迅速,也许你的履历不够他人炫目,总之,你不是宇宙最强,但这又有什么关系?用人单位不会天真到非冠军不取,他们只选对的人。怎么选?很多用人单位认为能够被他们挑选上的人才首先应该具备诚实的基本品质,在此基础之上,他们看重的是应聘者的工作能力,最后,也是起关键作用的是应聘者的个性特征与求职单位的契合度。基于此,我们认为,招聘环节的语言表达,应聘者应该努力地展示自己这些方面的特点。

### (一)诚实

诚实是为人的根本,诚信考核是用人单位在人才招聘流程中设立的第一道门槛。随着就业市场的火爆和部分人员道德品质的滑坡,注水简历就像注水猪肉一样泛滥。各种各样的谎言在面试中层出不穷,应聘者诚信缺失渐渐成为招聘者招聘的一大难题。从小的方面看,雇用一名说谎者会使招聘者日后加大因替换他而额外增加的招聘、培训成本,而更糟的是,招聘者也许会面临业务上的损失甚至是法律诉讼。为此,用人单位加大了对招聘经理在面试环节甄别真假资料和语言的能力训练,他们有一套专门的甄别技巧,诸如履历审核、背景调查、笔试、行为面试等方法,以帮助招聘主考官提高鉴别能力。对于应聘者,即便出于各种各样的苦衷,譬如学历不够、工作经验不够、相关技能不匹配,甚至有处分或犯罪记录等等似乎不得不说谎掩饰,但应聘时最好不要撒谎,先不说你能不能通过招聘者那火眼金睛,就算当场侥幸通过,事后长期地在一起工作,人的本性本来状态暴露无遗,当初的谎言将会付出更大的代价。人而无信,不知其可。用人单位不会给予这样的应聘者和员工任何机会或者发展提升的进一步空间。

聪明而有魄力的用人单位看重的是一个人正视缺陷和错误后努力改进的态度,看重的是一个人基于正确的自我认知上的上升空间。掩耳盗铃是不明智的,最好的做法是坦言缺陷并表明正在改进的态度。一些较好的做法是,不好回答的问题可以持保适度的缄默,不了解的问题干脆承认自己的无知,转而向对方请教表明自己愿意谦虚受教。请记住,招聘环节的很多问题其实根本就没有标准答案,很多刁难性的问题其实就是拿来考验人品。面对诸如"你最大的缺点是什么"这样的问题,那种回答"我觉得我最大的缺点就是工作过分努力"的毫无诚意的回答只能暴露你的投机取巧、自以为是的性格,也只会导致面试失败的结果。

### (二)清晰

清晰的语言反映清晰的思维能力以及明快的行事风格。用人单位对人才的要求中最核心的要素是业务能力,即员工在工作中完成任务和处理问题的能力,这些不但涉及一个人的专业技能,更涉及一个人的组织能力、策划能力、执行能力(包括处理人际关系和突发问题等的能力)。履历表上的学历和专业成绩更多只是标示了一个人的专业技能方向,聪明的用人单位懂得在履历表以外、在面对面的交谈中核实和发觉这个人最为基本的工作潜能。清晰的语音、条分缕析的思维表达正体现了一个人在处理问题和人际关系时所能够具备的基本素质。专业技能之外,这些因素也许更是工作完成好坏的关键。我们认为面试时清晰的语言表达是应聘者应该特别致力的地方。语言的清晰有两个层面:一个是语音上的吐字清楚,发音标准,轻重快慢合度;一个是语义语法表达上的准确而富有条理,明晰而果断坚定。前者是语音的面貌,后者牵涉一个人的思维习惯。我们在前面已经分析过如何做到语音的清晰,现在我们主要分析一下如何在语义表达和语法运用上做到清晰有力。

首先,要言之有物,不能顾左右而言他。在应聘答问环节,针对对方提出的问题,应聘者应集中注意力领会提问者提问的目的,他们想知道些什么方面的信息,尽可能地找到最准确的关键词汇表达你要回答的内容。

其次,找到关键词后,应该迅速地理清思路,找到一种最佳的逻辑结构表达你的意见。常用的逻辑关系有:因果、条件、假设、并列。对应的句式表达为:因为……所以;只有……才能;假设……那么;一方面……另一方面。我们还可以用归纳法,从一般情况个个说起,最后归结到你的结论,也可以用演绎法,先点明你的观点看法,再逐条分析。

最后,不论你对某一问题是否能够形成自己清晰的判定和认知,在表达上,永远不能自欺欺人,借用他人的观点而不加评判或者武断评论而无自己的证据推论都会给面试官留下不好的印象。这样的情况下不如化被动为主动,如坦诚自己对某问题未曾深思熟虑,转而向工作经验和社会阅历都比自己丰富的面试官讨教,至少可以给人留下性格诚实的良好印象。

光线传媒副总裁、《职来职往》节目特约嘉宾刘同在某次媒体采访中给求职者和职场新人提出了建议。作为面试官,刘同称求职者最容易出现的问题是说话逻辑性差,被面试官抓住把柄。刘同表示,求职者往往会说一些不知道从哪儿听来的不准确的话,让面试官反感。"我每次听到'我听说'几个字,就会很反感,感觉求职者对他要面试的这个行业不了解,得到的信息都是道听途说的。"有可能他只是习惯性带出了这几个字,"但是这也表明他的思维还不够严谨"。在刘同看来,能在面试环节脱颖而出的求职者,最突出的特性是表达准确,而能在沟通中让面试官看到真诚的求职者也更容易脱颖而出。

### (三)有趣

这里的有趣不独指会讲笑话,它更倾向于指话语气质,指话语表达中的个性特质的鲜明呈现。有趣的语言令人如沐春风、过耳不忘。虽然每个用人单位都有自己的招聘守则来严格要求自己的人事经理,对招聘职位也会提出特定的业务能力要求,但招聘者在具体招聘中其实或多或少都会带有主观性,这种"私心"的结果是,同等条件下,招聘者更愿意接纳那些在面试中给他们印象深刻的"家伙"。我们说话恳切,有条有理虽然很好,但还不够。话语交流还应看重传播效果,具体来说,要让自己的表达更容易被招聘者记住。怎样被记住?最佳的做法就是"取悦"我们的招聘官。怎么取悦?当然不是不分场合地讲冷笑话。我们最终要让自己成为一个有趣的人,有味道的人,或者说,我们要清楚地了解自身特点,要懂得展示自己的性格优势。每一个人都有自己的性格优势,西方现代心理学把人的性格分为四种气质类型。

(1)多血质:活泼好动,行动敏捷,兴趣易变,容易轻举妄动。
(2)胆汁质:直爽热情,心境变化激烈,反应快但不灵活,抑制力差。
(3)黏液质:沉默少言,反应慢而稳定,抑制力强。
(4)抑郁质:孤僻,羞怯,反应慢且不灵活,但情感体验深而持久。

气质是内在于身而显于言行的,每一种都有其优缺点,每个人都不是单纯一种而是几种气质的混合体,我们要做的是发现并发展自己的性格优势,克服劣势。

多血质的活泼灵动、胆汁质的热情爽朗、黏液质的沉稳大气、抑郁质的执著坚韧,你具备哪一种或哪几种?了解你自己,让你的话语表达彰显你的个性,在面试中通过话语的表达而使自己的优势气质自然流露,不要虚假的包装,不要刻意的表演,忠于自我,无疑是一种使自己舒服、令招聘者动心的做法。试试看,一种源出自我的表达,招聘者一定会从中感受到一个自信的你、有趣的你。

虽然应聘语言有许多应该注意的细节问题,在面对不同的情境时也有许多灵便的处理方式,但万变不离其宗。诚实地说,清晰地说,再辅以源出自我的气质——这就是无论谈论什么话题、无论何种语气、无论何种氛围都应该牢记于心的应聘答问金字塔原则。从基础做起,做不到个性鲜明,起码做到脑袋清晰、诚实有信;做不到遇事不乱,但绝不弄虚作假,保留为人底线,争取一线生机。

## 第二节　应聘实例分析

进入就业季的学生们难免心情忐忑,既兴奋又担忧,或许你与已经毕业的前辈们交流过个中情形,的确存在少数的幸运儿或实力健将,他们也许一击即中,很顺利地找到了自己喜欢的工作。但实际上绝大多数的人都是要经过一而再再而三的努力才能渐入佳境,最终找到令自己满意的工作。失败乃成功之母,应聘受挫并不可惜,善于总结,在经历中发掘教训,那些前辈们的经验能帮助我们少走弯路。

### 一、面试常见问题及其回答要领

求职进入面试环节,我们应该清楚的是招聘者对你的基本情况已经有了大体的了解,现在的面谈,招聘者无非想对应聘者的具体情况做一个核实,再通过答问观察应聘者的业务能力、性格特征等。但他们不会直接说我来看看你简历表上填的东西真不真实,他们往往把考察隐含在一个个具体的提问当中。应聘者要小心识别,听清话中话,不要答非所问。以下是在招聘中出现频率较高的几类提问,怎么回答因人而异,但也可以总结出一些基本的回答要领,大家可以试着对照自己的情况给出适宜的答案。

(一)自我表述类——画龙点睛

面试的问题根据不同的职业需求会呈现出千百种形态,囿于篇幅我们只能归纳出几种基本的提问类型,所有的面试都会涉及的提问就是关于应试者自身情况的问题,这种询问有可能在面试中段出现,但最常见的情形就是让你来场自我介绍式的开场白。实际的情况往往是,一场面试开场时,可能面试官还没想好该问你什么具体问题,又或者他要整理一下前头面试导致的案头上有些凌乱的资料,总之他要给自己一点点"喘息"的时间,所以给你三五分钟让你自说自话。作为应试者,不应该浪费任何一次表现的机会,不要平淡无奇地重复背诵求职书上已有的内容,要利用你的声调、你的故事、你的亮点成功地吸引面试官的兴趣。好的自我介绍需要画龙点睛,要让人留有记忆点。

问题举例:你好,首先给您三分钟,请您做一下自我介绍吧。

[案例1]

我叫杨婉君,很多人都以为这个名字是抄袭琼瑶的,其实是先有我这个"婉君",然后才有了琼瑶的那个"婉君"。但是,同学们觉得叫我婉君有点别扭,所以都叫我杨万君(慢而重地读出),您瞧,在这儿(顺便指着简历上的名字)。我来自广东潮汕地区,会讲潮州话,由于妈妈是客家人,我也会讲客家话,希望在工作当中能够用得上。在今天的候选人当中,我是唯一的非名牌大学毕业生。实际上,我没有考上名牌大学的原因是偏科,高考时数学没及格,可我的文科成绩,在班里一直是前几名。一路走来,虽然经历了很多艰辛,但有很大的收获,所以无论今天能否通过面试,我都非常感谢你们给了我这次面试的机会。在学习方面,我拿过两次三等奖学金。在学校做过新东方职业教育课程的校园代理,我的业绩在20多个学生代理中一直排在前三名,当然了,这和我的危机意识比较强、热爱学习是有关系的。我觉得大学生活使我学会了与人沟通,可能您会觉得,十个大学生有九个会强调自己善于与人沟通,不过我依然觉得这是我大学里面最大的收获。您从简历上看得出来,我大学时在学生会工作了两年半,从干事一直到副主席,这使我有机会同年龄和背景完全不同的人进行交流,从学生到老师,从学校的领导到校外公司的高层,每一种沟通的方式和方法都不同,从而锻炼了我的言语表达能力和与人沟通的能力。今天我来申请这个职位,主要是因为适合我的专业和兴趣,我喜欢做销售,在大学我卖过手机卡,推销过英语课程,我觉得推销成功以后很有成就感。还有,我觉得自己具备推销员的素质,前面我说过,我在大学的推销记录一直是不错的。总体来说,我认为自己非常适合这个岗位的要求,希望能给我一个机会。

[点评] 这是一篇亮点突出、个性鲜明,让人印象深刻、好感倍增的介绍文。如果你的名字很特别,可以像这位同学一样简单介绍一下名字的来历,这样不仅满足了面试官的好奇心,而且可以使面试的氛围变得轻松起来。杨婉君把自己的名字巧妙地跟琼瑶小说联系起来,并且指了指简历,与面试官进行了互动和沟通,拉近了彼此之间的距离。而把自己的家乡告知面试官,很有必要,也很聪明,一方面出于礼貌,另一方面,假设面试官和你是老乡,对你的求职有好处。叙说缺点部分很巧妙,虽然不是出自名牌大学,但实事求是地说了出来,而不是一味寻找借口。人无完人,自暴其短,适当予以补救,转移对方的注意力,幽默地展示自己又不失尊严,乃锦上添花之举。分类介绍亮点时,能突出自己的优势,用数字说话,用事实打动人,说服对方。如果没有业绩突出的经历,就不必面面俱到。对于介绍大学生活的收获虽然不够全面,但至少具备了两个优点:有说服力、个性化。最后陈述申请该职位的原因也较为具体,而不仅仅是抽象述说。另外自己适合该职位的特点,也点到为止,没有陷入不

必要的想象浮夸中。总结起来,好的自我介绍既要充分结合自身实际,也要善于发掘亮点,想象一下你对面的面试官一天面对无数应试者后那麻木的神情吧,找亮点主动活跃会谈的气氛是上上之策,比如说说自己有点故事的名字、自己的家乡口音、自己的非名牌学位等等。

(二)针锋相对类——知己知彼

面试是一场双边拉锯战,但你亦可轻松应对。以诚相待,想象这是一场双方寻求有效沟通,最终能够握手笑谈的会晤。进入面试阶段,如果一个用人单位表现出想录用你的欲望和诚意,他们一定会问到一些"假设性"的问题。比如,假设你是我们的一员,你对你将要工作的地方有何了解,包括公司主营范围、公司文化、同事关系、薪酬、加班加点等等。你的回答对面试成败生死攸关。如果一个应试者对某个公司或者某个职位表现出迫切想要加入的愿望和诚意,那他事先一定会对相关的事项做好万全的准备,包括资料搜集、自我定位、职业规划、心理暗示等等。看似针锋相对的交战,应试者只要做到知己知彼,即可从容应对。

问题举例:你对我们公司了解多少?

[案例2]

北方工大专科毕业生胥金林谈到,他应聘北京物美商城有限公司之前,先特意到物美设在学校附近的超市进行了一番考察,对物美的经营理念、市场定位、目前规模和发展目标有了相当的了解,从公司的宣传栏里了解到了比较详细的背景资料。接着,又上网查阅了许多关于物美以及其他国内外连锁经营的管理知识。在此基础上,他还认真总结整理出一份"管中窥豹,我对物美的几点建议"的文案。面试由物美人力资源部的张总主持,劈头一个问题便是:你对物美有多少了解?考场内鸦雀无声,而胥金林却暗自庆幸:"头筹非我莫属",果不其然,当他对物美的一番陈述并递上"九点建议"的时候,张总连连对他点头,最终他从20多个竞聘者中脱颖而出。

[点评] 面试中间环节的一问一答,多数集中在考察应试者的基本素质及其与拟应聘职位的适应度。面试官会在你的每一个回答中判断你与该职位的匹配度。凡事预则立,不预则废,不打无准备之仗,在去公司面试前上网查一下该公司主营业务是面试前的必修课,遇到这个问题只要把该公司网页上最新最大的新闻说一下就可。但是如果深入了解该公司运营状况,在某些问题上能够提出一些建设性的意见,相信一定能令面试官印象深刻。

[案例3]

复旦大学历史系小张今年一共收到七份录用通知,其中包括四大会计事务所的三份,其面试次数不下十次,成功率极高。那么"面霸"是怎样炼成的?"面试时一锤定音,我认为来自事前充分的准备和平稳正常的心态。"在谈到自己的多次面试经历时,小张同学这样总结。小张坦言自己经历过多家公司的面试"洗礼",最初是一家国际知名电脑公司,由于专业关系,自己对公司的背景完全不了解,首次面试更像"走过场"。之后,小张悄悄做了两件事,一件事是专门找小单位进行"实战"练习,每一次面试自己都做足准备,公司的背景、企业文化、用人之道无一不了然于胸;而面试之前,小张针对自己的简历设想一些问题,并"储备"了不少体现自己领导能力、团队精神、务实态度等的事例。面试过程中,小张认为自己表现自然、态度从容、不卑不亢,努力表现出了符合公司文化的气质。

[点评] 小张的成功之道在于知己知彼。面试时说什么和怎么说都很重要,事先搜集应聘单位的信息是第一步,它能帮助你在应聘中遇到"你对我们公司了解多少"此类问题时有话可说。小张的聪明在于她还从自己的资料库中恰当地调集出与公司文化气质合适的"特质",使自己的话语表达言行举止体现出我与你们相似,我就是你们要找的人的信息。这样双管齐下,想不做"面霸"都难。

[案例 4]

问题举例:你是一个容易相处的人吗?工作中难以和同事、上司相处,你该怎么办?

罗刚参加市公务员考试成功通过笔试和五选一的面试。在面试中他被问及公务员上下级关系很严格,如果遇到不好相处的领导和同事自己会怎么办。罗刚并没有急于表白自己是个人缘好、易相处的人等等,而是略做思量,然后很诚恳地说道:"我认为,职工们能在各个层面上顺畅有效地进行交流,这对一个单位的运转关重要。我认为自己已经在这个方面培养了很强的能力。从上下级关系来说,我认为最重要的是应该意识到每个人以及每种关系都是不同的。对我来说最好的与人相处方式(包括与上级相处)就是始终不带任何成见地来对待这种关系的发展,工作和人事可以分开来想,多对事不对人,但应从心底尊重和体谅对方。我一般都能与同辈相处得很好,当然有时候也可能会同某人发生冲突。这时,我一般会注意寻找冲突的根源,而不是转移到对对方的攻击上,做到对事不对人。我发现这种方法非常有效,它可以使我同任何人都维持一种相互尊重的关系。另外,通过这样做,我往往都能解决问题,甚至会促进与同事的关系。"

[点评] 通过这个上下级关系和朋友关系的问题,面试人可以对求职者的有效沟通技能得出一个总体印象。从某种意义上说,能否与同事愉快相处、有效沟通,在职场上十分重要,因为根据美国劳工部的统计,在离职的人中,80%是因为不能适应其他人。与同事的有效沟通能力将减少面试人的担心,避免他认为你是一个不合适的人选。罗刚的回答表明,求职者理解人际关系的复杂性以及多样性,也明确地表达了高效沟通技能的重要性,同时也显示了自己在这方面的自信。这种回答也表明求职者的心理是稳定的,而且具有很高的人际协调能力。通过将问题和人格区别开来,求职者表明了自己在过去曾经顺利解决过人际关系问题,而且过去在人际关系方面也很成功。

[案例 5]

问题举例:你对薪资有什么要求?

几乎所有的面试应聘中都会提及薪酬问题,大学生面对这样的提问多少有点忐忑,某大型企业来某大学招聘电子类市场营销,名额较多,面试环节多数同学都遇到了这样的提问:我们的新进员工基本工资是 1500 元,你们的理想薪酬是多少?有同学当场就瞪大了眼:"这么少?"有同学却回答得较为谨慎合理:"我是应届生,对工资没有硬性要求,我相信贵公司在处理我的问题上会友善合理。我注重的是找对工作机会,所以只要条件公平,我不会计较太多。"也有同学回答得比较自信得宜:"我受过系统的软件编程的训练,不需要进行大量的培训,而且我本人也对编程特别感兴趣。因此,我希望公司能根据我的情况和市场标准的水平,给我合理的薪水。"

[点评] 之所以面对这类问题很多应试者觉得不安,是因为如果你对薪酬的要求太低,那显然贬低自己的能力;如果你对薪酬的要求太高,那又会显得你分量过重,公司受用不起。实际上,面试官不是真的跟你谈薪资,一些雇主通常都事先对求聘的职位定下开支预算,因而他们第一次提出的价钱往往是他们所能给予的最低价钱,他们问你只不过想证实一下这笔钱是否足以引起你对该工作的兴趣。而且案例中的1500元只是基本工资,稍微了解一下"整体薪资"的构成你就应该知道还有绩效工资、奖金、三险一金、公司福利等等,面试官故意没有说明。这个伏笔是个诱饵,实际利益面前一个人的反应也往往最真实。案例中后两个回答是应届生比较好的回答范本。对于第一份工资,既合理合宜地提出自己的期望和要求,又充分尊重应聘单位的薪酬制定方案,是比较妥帖的做法。

[案例6]

问题举例:如果公司需要经常加班或出差,你怎么看?

肖丽参加一个单位的会计助理职位应聘,面试官是一男一女。主考官是那位稍微年长一些的女性。面试过半,男考官状似为难地提出一个问题:"我们公司在全国各地都有项目,公司需要会计人员长期出差从事审计工作,为此还不得不在双休日经常加班。你看起来比较文静,女孩子们好像也都不太习惯长期跑外地的工作,你现在还觉得你适合我们这个工作吗?"肖丽有一秒钟停顿,然后笑着说道:"我很崇拜像主考官文经理这样的职场女性,我猜您一定经常大江南北到处出差为公司挑选人才吧,但我看您现在精神抖擞不见疲色,而且工作起来有一种从容不迫、娴雅淡定的气质。您是我奋斗的目标!我看似文弱,其实精力很充沛,我有民族舞特长,从小就活泼好动,也很难生个小病。而且我还年轻外加单身,父母身体康健,没有家庭负担,加班或出差,如果工作需要我一定义不容辞。同时我也会提高工作效率,减少不必要的加班,不多浪费公司一度电。"说完,她看到两个主考官都笑着在面前的纸上划了个钩。

[点评] 面试官问加班出差等问题实际上并不证明一定要你加班加点外加出差,有的可能只是想测试你是否愿意为公司奉献。肖丽的回答比较讨巧,先是赞扬了同为女性的主考官,撇去另一男性考官对她的性别"刁难",接着表明了自己有可以被"剥削"的资本和自己愿意被"剥削"的态度。这么机灵可爱的女孩,当然会博得主考官的青睐。

(三)天马行空类——思维先行

不是每一个面试中都有怪题,但应试者往往闻怪题而方寸大乱,都想烧香拜佛求老天不要给自己这样一种考验。事实上,现在越来越多的合资、外资或涉及科技、创意等等的行业在招聘中都会加入这类天马行空类的题目。怪题看似无厘头,实则并不稀奇,只要遵循一定的思路,表现出应试者一定的思维能力,即便无确解的回答,也能让面试官对你刮目相看。

[案例7]

问题举例:中国每年消耗多少高尔夫球?

在微软的面试中,有这样一道面试题:假如你在飞机上遇到一位高尔夫球的生产商,向你询问中国每年消耗的高尔夫球的数量。你怎样回答?怎样回答,对于大多数在现实生活中见都没见过高尔夫球的人来说无疑是一头雾水。一位成功的应试者这样回

答:
　　(1)统计中国高尔夫球场的数目;
　　(2)统计平均每天有多少位客人;
　　(3)统计每位客人平均每天消耗的高尔夫球的数量。
　　然后把三个数相乘,再乘以一年的营业天数,就可以知道中国每年消耗的高尔夫球数量。

　　[点评]　这是一个聪明的回答,其实对于这种不可能回答的问题,我们只要找到它的解决办法就可以了,因为连考官自己也不知道问题的答案。这种提问是用来考察应试者的思维分析能力,重要的是解决问题的方法,而非答案。面试中很多类似的问题,如中国一年的轮胎消耗量、人民大会堂能装多少乒乓球等等,都可以用类似的方法解决。

　　[案例8]
　　问题举例:你喜欢《三国演义》里哪个人物?
　　长虹的面试是采用座谈会的形式,4个同学和主考官围坐在一起,有点像央视《实话实说》栏目的那种氛围。在会谈中,考官拉家常地问他们读过《三国演义》吗?在得到肯定的答复后,考官要他们说说自己最喜欢《三国演义》里的哪个人物,为什么?
　　1号同学脱口而出:"吕布,三英战吕布,吕布一个人单挑刘关张三人,实乃英雄。"考官眼波不兴地说道:"吕布这个人,好色薄情,先是认贼作父,后又弑父夺色,不是英雄,实乃小人。"
　　2号同学想了想说道:"刘备,宽厚仁慈,厚德载物。"考官品了一口茶,说道:"刘备这个人,小事优柔,大事武断。平时遇事只知放声大哭,关羽被杀后,不听劝阻,一意孤行,最终为蜀国的灭亡埋下伏笔。"
　　3号同学冥思良久提出为世代所称颂的人物:"诸葛亮,足智多谋,忠心为国。"考官微微笑道:"诸葛亮的忠,只是愚忠,明知道阿斗是扶不起来的却仍然要扶。在其百年之后,蜀国的灭亡也就不可避免,可悲可叹。"
　　4号同学一直暗暗思量,顿有所悟,灵机一动说道:"金无足赤、人无完人,由于历史局限,《三国演义》中的人物都是有缺点的。抛开历史的恩恩怨怨,单就个人而言,我最喜欢的是《三国演义》中的大乔、小乔,因为孔夫子说过,食色性也。"这下考官说不出话了,因为他的嘴已经笑歪了。这次面试最后在笑声中圆满闭幕。

　　[点评]　面对这种无论怎样回答都不能有正确答案的题目,你还在一根筋地找答案吗?这种刁难式的提问主要也是考察应试者的思维能力,往往针对的是一些需要创新性能力的职位。主考官的一路挑剔让4号同学意识到他需要另辟蹊径,事实上《三国演义》里的任何一位人物,由于历史局限性,都是有缺点的,考官又熟读《三国演义》,不论提出何人,他定能找到其缺点。比较诚恳的回答是说出一位人物后又能评点出他的优缺点,但不如4号同学的回答机敏,他直接跳出了三国英雄人物谱,打破了人们的思维定势,又以圣人的话为自己看似调笑的回答为佐证,既风趣幽默又显沉着机智。

　　[案例9]
　　问题举例:皮鞋和鞋油有什么关系?

270

百事的面试是在一个偌大的会议厅里进行的,一对一。我和百事的人力资源部主任面对面谈了2个小时,有点像央视《东方之子》栏目的氛围。考官是位年轻而漂亮的女主任,比我大不了几岁,身上有种说不出的香味,我不知道这是不是百事的面试手段之一——测试我的定力。美女主任先问了我的一些基本情况和一些专业问题,应该还比较满意。然后她突然话锋一转问道:皮鞋和鞋油有什么关系?

刚听到这话,我几乎不相信自己的耳朵,因为在3秒钟以前,我们还在探讨博弈论、马斯洛需求理论。但我马上意识到关键时刻来了——考官是想看我在突然情况下的反应。因为只有在突发情况下,听其言,观其行,才能反映一个人是否具有沉着冷静、处变不惊的品质。我想了想说:"皮鞋和鞋油是紧密联系的。皮鞋的出现才产生了鞋油,就好像物质的出现产生意识一样。鞋油出现后,推动了皮鞋的进一步发展,就好像意识的改变推动物质的进步一样。它们的关系是荣辱与共,它们的发展是与时俱进的。"从美女考官的眼波中,我知道我离胜利不远了。

[点评] 这道题目其实是要考察应试者思维的延展性,题目只是一个幌子,要顺着给定的对象说出自己对事对人的看法才最为重要。这位应试者能够引入哲学中物质与意识的概念,成功地把皮鞋和鞋油的关系来一番小题大做,令人印象深刻。在回答这类有点风马牛不相及的问题时,引入哲学观点很有必要。哲学是一门使人聪明的科学,它的很多理论放之四海而皆准,它的理论方法可以助益你的思维。在你的回答里,揉进哲学的观点,不仅能让你的回答富有逻辑,更能使它富含理趣,显现出你不一般的思维品质。

## 二、面试常犯错误及其避免方法

成功的面试时时都有,而失败的面试每天也同样在发生,有些失败不是我们能够控制的,但有些错误可一不可再,我们应该吸取前人的教训,避免这些情形的发生。总体来说,面试中常犯的一些错误是出于技能的缺乏,但更多的是正确态度的缺乏。

(一)刻意回避

面试答问第一原则是诚实。不要试图在火眼金睛的面试官眼皮子底下"耍太极",只有以诚相待的对话才会产生令人舒服愉悦的气场。对应试者自己来说,实话实说会有积极的心理暗示作用。刻意回避,投机讨巧,只会让面试官感觉到头痛。

[案例10]
王丽刚大学毕业,在某公司售楼部担任售楼工作三个月不到就因为和顾客吵架又受不了业务主管的训责而辞职了。后经亲戚介绍来到另一家私企应征办公文员一职,她遇到这样的提问:刚工作几个月就想换工作,是工作中间出了什么问题吗?王丽回答说,销售工作压力太大,公司每月有定量要求,完不成每月基本工资根本养不活自己,伺候顾客很难令对方十分满意,几乎天天受气,偏偏销售组长还老是偏袒她的一个老乡,处处针对自己……最后王丽的应试以失败告终。

[点评] 王丽的回答在招聘者看来,既没有正视问题的勇气,更缺乏诚实的品质。虽然

表面像在回答问题,实际上她根本在刻意回避自己的失败。对于一些跳槽找工作的面试者,最不能避免遇到的一个问题恐怕就是"为什么离开原单位"。人事经理许晶华说这是她在面试时常问的问题,这个问题主要考察求职者面对困境的能力和求职者的诚信度。工作中有失误或失败并不要紧,要紧的是一个人能诚恳地面对自己,并有勇于改正的决心和动力。关于离职动机的回答,有两种她不太认同的:一种是抱怨原先的公司不好,有的在理,有的不在理。但是任何公司都会存在着这样或那样的问题,关键是员工遇到问题后如何解决问题,而不仅是抱怨。招聘员工的目的,就是来帮助公司解决问题的。若老是抱怨,而不是从自身找原因,这样的员工到了哪里都不能处理问题。另一种是不诚实,这是让招聘者最头痛的事情。求职者自认为聪明,认为可以瞒过面试者的眼睛,实际上这是最愚蠢的,既然是面试官,总是有一定水准的。若是在原单位由于处理不好人际关系而离开的话,与其冒着被揭穿的危险,还不如坦然地说明事实,如"我想到新的环境重新开始"等等,这样坦然一些,相反更能赢得面试官的认可。

(二)逻辑混乱

面试答问第二原则是清晰。清晰的思维呈现为清晰的言语,它能让应试者表现出自己的能力和担当,让面试官感觉到你是一个可以任用之人。反之,答问时前言不搭后语、思绪仿若信马由缰,则只会被面试官断然否决。

[案例 11]

某世界五百强公司在大学招聘市场部经理及其销售等职,吸引很多学生前来当面投递简历,有 20 多人进入面试环节。面试官对所有人抛出了相似的两个问题,一是应试者人生经历中与人打交道时最失败的一次事件是什么,二是应试者与学业考试无关的最大的兴趣爱好是什么。

对于第一问,有学生回忆半天并未给出清晰的回答,只好挠着脑袋说自己性格较好,一般不太会与人争吵,也不喜欢得罪人。突然又说,对了,有一次在路上走路太快跟人撞一块吵一架算不算失败?对方火气比自己还大,有点莫名其妙。

对于第二问,有学生回答自己最爱玩滑板,从小就酷爱,但那确实浪费了不少学习时间,后来为了考大学也不怎么玩了,上大学之后跟着同学一道最爱玩的变成篮球了。

这两位学生最终都被主考官淘汰。

[点评] 面试中描述性的问题往往用来考察求职者的表达和沟通能力。我们与人交流和沟通,第一位的是要传达信息,传达得是否清晰准确直接影响办事效率。以上的例子,从交流和沟通方面来讲,这些同学答问都有些逻辑混乱。尤其是这些同学准备应征的是市场部职位,从他们的回答来看,第一位同学答问关键点不清晰,一会儿东,一会儿西,思维不连贯、跳跃性太强,很容易让面试官第一轮就把他淘汰掉。第二位同学答问最大的不足之处在于,回答缺乏逻辑性,甚至有自相矛盾的地方。比如一会儿说喜欢什么,但之后又说那是浪费时间之类,前面说最爱的是滑板,后面又说是篮球。也许这两种回答置于口语的语境中不容易被察觉出纰漏,但面试官是张着耳朵在找你的毛病的,面试语言不能过于脱口而出,前言不搭后语。尤其在回答一些需要你自己大段时间陈述的描述性语言的时候,一定要让思

维先行,悄悄打个腹稿,列出重心,围绕中心想好一个基本的前后一致的表达结构,慢慢再开口,边说边想,注意语句间千万不可前后矛盾,自己打自己嘴巴。

(三)答非所问

面试答问不单在答,不善于倾听者亦不善于答。面试中,对于多数提问,面试官都有心理预期,都有他"想听"的方向的答问。一句提问里有多个关键词,但哪一个更关键呢?这就要你结合提问的语境、提问者的重音等等,多从提问者的角度考量这个问题。贸然作答,答非所问,只能令面试官深感遗憾。

[案例12]

某公司给一位跳槽来的应试者出了以下两个题目:

(1)你现在是在国企工作,你提出希望到外企去发展。那么请你告诉我,你认为这两种企业的文化有什么不同?你会如何解决跳槽后产生的问题?

(2)你今后希望从事人力资源工作,那么你认为人力资源从业人员应该具备什么样的素质?

针对第一个问题,应试者回答道国企工作稳定,但薪资不高,发展空间不大,而外企薪资高,给员工更多发展空间。针对第二个问题,应试者回答自己在原单位有多年部门管理工作经验,应该能够胜任新的工作岗位。结果这位应试者面试失败。

[点评] 该位应试者最大的错误是没听清楚招聘者话中的深意,也没从对方角度考虑问题,一味地以己为中心,结果答非所问,没有回答到招聘者的心窝里去。应聘者要善于听取问题,就是要善于从对方的立场考虑问题。对于第一个问题,招聘者想听到的回答是,求职者应从思维方式这些方面来考虑,比如一些国有企业员工思维比较程式化,而外企希望求职者要有开拓精神、创新精神,主动地想问题、解决问题等。第二个问题,有些求职者,完全是从个人的角度出发,谈个人具备的一些素质。招聘者问这个问题的目的,是想了解求职者对人力资源工作的理解程度,希望听到的回答是能从人力资源工作的角度,谈从业人员的素质要求。

(四)言浮于表

话语表达中,栩栩如生的具体事例可以令人印象深刻,泛泛而谈的套话往往显得无关痛痒,令听者昏昏欲睡。并且,牵涉自我素质的陈述,缺乏具体事例佐证的自我表彰亦缺乏使人信服的力量。不要做言浮于表的表白派,要用具体的例证打动你的面试官。

[案例13]

李同学应聘一个行政管理职员工作。他看到招聘公告上对这一职位员工的素质要求中有一条"有团队精神",于是,在面试中他在自我介绍和答问环节多次提及自己"善于和人打交道,有团队精神",但即便这样频繁表白,李同学最后还是没能获得这个工作机会。

[点评] 空泛而公文式的表达就像在背书,要避免落入俗套,就不要说此类话。不然面试官会觉得你很无聊,没创意,也记不住你。你能想象你的面试官听到过多少遍"人缘好的

人"和"有团队精神的人"吗？这些"优点"已经被用滥了，坦白地说，非常平淡无奇。毕竟，能够与人打交道、会团队合作，是完成许多工作的基本的资格。如果想给面试官留下深刻的印象，那么你应该强调自己与此工作相关的独有能力。所以，你不仅仅是一个"有团队精神的人"，而是一个能带领团队跨部门工作的人才，同时，你应该举一个实例，告诉面试官你是怎么取得此类成功的，以证实你确实有那样的能力。不要言浮于表，具体生动的事例远比空泛的标签更容易让语言有味道起来。

（五）过分谦虚

面试中的文化差异会导致一些失败，中国传统文化视谦虚为美德，有西方文化背景的公司或面试者却更希望看到应试者自信不多让的品格。其实二者之间并不存在冲突，在现代，真正的谦逊是懂得尊重他人，真正的自信是勇于展示自己。应试者，尤其是女性应试者，在面试中要勇于展现自己的优点，不要过于谦逊，那样反显唯唯诺诺，容易错失良机。

［案例14］
　　一位女大学生，在一家中外合资的公司应聘，经过一道道关卡，最后只剩下她和一位男大学生。经理是外国人，在与这两人的闲聊中，随便问了三句话。问："会打羽毛球吗？一周有没有把握学会开车？能做几样好菜吗？"男大学生答："会，有，没问题。"女大学生答："打不好，不敢保证，一般吧。"女大学生其实是校羽毛球选手，曾学过开车，经常在家做饭。结果，这家公司聘用了那个男大学生，而对女大学生的评语是："能力差，自卑，缺乏自信，无法胜任本公司职务。"

［点评］　这场面试，是经理对应聘者的心理测试，不是要应聘者去做球手、司机、厨师，而是看看他们是否有勇气、胆识、自信心。显然，由于女大学生不够自信，或者是过于谦虚，她失去了这次求职机会。虽然谦虚是一种美德，但在面试时，对方并不了解每个求职者，此时求职者便应充分展示自信，没必要过分谦虚。要知道，求职时过分谦虚，如同把黄金埋在土里，只会拱手让出宝贵的求职机会。

（六）过分自信

面试中的自信很有必要，但拿捏不好分寸往往适得其反。如果你在面试中突然发现一直是你一个人在说话，旁边的人突然变得很安静甚至变得没有与你交谈的欲望的时候，你就需要及时刹车了。面试是双向交流，一定要及时地观察他人对你言谈的反馈信息。觉得自己越说越顺，会不会是过于自信呢？一定要及时察觉。

［案例15］
　　参加学校里的招聘会时，李魁杀入了一家国内知名企业的面试现场，投简历的有数百人，最后杀进初次面试的只有30多人。当时应试者被分成三人一组回答面试官的问题，李魁觉得要脱颖就必须表现得更积极，所以在回答问题的时候，总是抢在别人前面，比别人多说两句。

面试官问："如果你的同事中有不好沟通的人，你怎么办？"别人还没有说话，李魁就抢着回答："最重要的是工作，每个人都有自己的个性，不需要去勉强。"整个面试下来，有2/3的问题都是李魁回答的,而且越说越顺,根本忘了要收敛。一个星期后,李魁收到通知,被客气地告知不需要参加复试了。

[点评] 这家公司告知李魁是觉得他不注重团体合作精神,太急于表现自己,不是他们需要的人才。也许李魁的初心只是为了展示自己的自信,但弄巧反拙,自信和骄傲有时就在一线之间,过分自信就是自大了。在集体面试时不注意给他人留下余地,处处争抢,这的确会令你的同伴生厌,也会给面试官留下没有团队合作精神、不合群的印象,用人单位绝不会喜欢一个单打独斗看不清形势的"独行侠"。

(七)过于放松

一场面试,在战略上我们应该轻松面对以利发挥,在战术上则每一步都应该慎重以待。面试官善于心理战,他们往往会故意营造一种轻松的氛围让你放松,让你展示真实的自我。作为应试者,则应时刻保持清醒的思维,不可过于放松乃至麻痹大意,失去言谈举止应有的风度。

[案例16]

一位先生曾经去应聘。一切都进行得很顺利,就在商谈到什么时候开始正式工作时,面试的考官站起身来倒杯水,轻松地问张:"你喜欢玩游戏吗?"求职者误认为换个话题轻松一下,随口答道:"通常在工作疲倦后玩游戏放松。"招聘人员脸色马上沉下来说:"工作时间玩游戏,这样的员工我们不能要。"

[点评] 这位先生最大的问题在于大脑过分放松,说话不假思索,面试中藏有陷阱,不一定在开始时,不到最后一秒,绝不能大意马虎,你真的相信面试官会浪费宝贵的面试时间让你放松吗?人在放松时最容易"原形毕露",没有绝对的把握,还是要时刻保持清醒的大脑为好。应试过程由始至终都应该慎重以待,尤其结尾部分,胜利在望,更不能掉以轻心。

面试技巧千千万万,或来自成功的总结,或来自失败的教训,很难一概而尽。更大的变数还在不同的职业有不同的职业要求,同样的问题,不同的职业要求不同的答案。比如:"你平时习惯于单独工作还是团队工作?"回答这类问题我们要明白自己的求职目标是什么。通常需要经常与他人接触的工作(如秘书、公关等)需要团队工作习惯,而一些技术、设计类工作通常独立性更强一些。所以成功面试的技巧还在于回到简单的基础面,如孙子兵法所言,知己知彼,百战不殆。要知道对方是谁,自己如何,找准求职目标,尽量寻找与自己性格和求职预期相伴合的公司和职位,在面试时寻求有效沟通。仔细地听,听出问题的言外之意,真诚地说,展示自己的素质优势。只要用心,也许有效地沟通并非难于登天。

## 第三节 应聘语言技能专题训练

一、思考国企、事业单位,政府行政部门,外资、合资公司及私企对职位有什么不一样的要求?针对不同类别的招聘单位,设计你的自我介绍。

(一)不要写稿背诵,打腹稿,然后在大家面前说出来。

（二）内容要突出自身特点、亮点，点出与招聘单位、职位的契合度。

（三）说话要注意语言的逻辑性、用语的修辞度、避免口头禅等。

（四）500字左右（3分钟以内）。

二、下面是两例应聘教师的自我介绍范文。说说看，他们的亮点在哪里？哪些地方值得我们学习借鉴？

第一例

尊敬的领导，您好！我叫×××，是××大学××系××届的一名毕业生。经过四年的认真学习和不懈努力，我已具备了系统的专业知识和一定的教学实际能力，现在正准备以高昂的热情与所学的知识投入到社会之中，服务于教育事业，实现自身的价值。

贵校良好的管理体制、浓厚的教学氛围和积极进取的精神使我将其作为自己的首选目标，相信在贵校领导的帮助指导下，通过自身的努力，我会成为一名合格的人民教师。希望贵校能给我提供一个施展才华的机会！

我的家乡在×××，纯朴的乡情给予了我善良的品质，艰苦的条件培养了我知难而上、乐观自信的精神。这些都令我获益良多。大学的四年时光里，我自强不息，学以致用。在思想方面，我积极向党组织靠拢，关心集体，团结同学，并加入××协会，多次参加了义务劳动和社会活动。同时我也积极参加中小学实践教学、足球赛等课外活动，力求使自己成为高素质的复合型人才！我相信命运之神会垂青有准备之人。回首过去，深感母校培育之恩；瞩目将来，唯以学识与真诚回报祖国的教育事业。我将以爱心、热心、敬业之心来实现自己的奋斗目标：做一名合格的人民教师！

我或许不是令您满意的，但我相信依靠努力，我将成为最合适的！

我或许不是最优秀的，但我会自强不息，我是有潜力的！

最后，诚挚希望贵校能够垂惠，并祝贵校再创佳绩！

第二例

尊敬的各位考官、各位评委老师：

通过考试，今天，我以本岗位笔试第一的成绩进入了面试。对我来说，这次机会显得尤为珍贵。

我叫××，今年××岁。1997年6月我从××师范学校艺师美术专业计划内自费毕业。由于从1996年起国家不再对自费生包分配，使我与"太阳底下最光辉的职业"失之交臂。幸好，当时河西马厂完小师资不足，经人介绍，我在该完小担任了一年的临时代课教师。回想起那段时光真是既甜蜜又美好，虽然代课工资很低，但听着同学们围在身旁"老师"、"老师"的叫个不停，看着那一双双充满信任的眼睛、那一张张稚气的小脸，生活中的所有不快顿时烟消云散了。我原想，即使不能转正，只要学校需要，就是当一辈子代课教师我也心甘情愿。不料，1998年起国家开始清退临时工和代课教师，接到了学校的口头通知后，我怀着恋恋不舍的心情，悄悄地离开了学校。今天，我想通过此次考试重新走上讲坛的愿望是那样迫切！我家共有三姊妹，两个姐姐在外打工，为了照顾已上了年纪的父母，我一直留在他们身边。我曾开过铺子，先是经营工艺品，后又经营服装。但不论生意做得如何得心应手，当一名光荣的人民教师始终是我心向往之并愿倾尽毕生心血去追求的事业。我曾多次参加考试，但都由于各种原因而未能实现梦想，但我暗下决心，只要有机会，我就一直考下去，直到理想实现为止。

如今的我,历经生活的考验,比起我的竞争对手在年龄上我已不再有优势,但是我比他们更多了一份对孩子的爱心、耐心和责任心,更多了一份成熟和自信。教师这个职业是神圣而伟大的,它要求教师不仅要有丰富的知识,还要有高尚的情操。因此,在读师范时,我就十分注重自身的全面发展,广泛地培养自己的兴趣爱好,并学有专长,做到除擅长绘画和书法外,还会唱、会说、会讲。学高仅能为师,身正方能为范,在注重知识学习的同时,我还注意培养自己高尚的道德情操,自觉遵纪守法,遵守社会公德,没有不良嗜好和行为。我想这些都是一名教育工作者应该具备的最起码的素养。假如我通过了面试,成为众多教师队伍中的成员,我将不断努力学习,努力工作,为家乡的教育事业贡献自己的力量,决不辜负"人类灵魂的工程师"这个光荣的称号。

三、下面是某大型制造企业的结构化面试试题,从简单寒暄到通过面上的题目考察应试者语言能力、灵活应变能力、知识广博度、情绪控制力等。请你根据应聘答问诚实、清晰、风趣的原则设计符合自身性格特点的答案。

您怎么过来的?交通还方便吧?

以前来过××吗?对这里印象如何,跟你所在的城市有何不同的感受?

这几天天气较潮湿(闷热),您还能适应吧?

您来自哪里?

请您先用3~5分钟的时间介绍一下自己。

请您简要介绍一下自己的求学经历。

请您简要介绍一下自己的成长历程。

除了简历上的学习/工作经历,您还会去关注哪些领域?(若答有,则追问:您觉得这跟您目前要从事的职业有哪些利弊关系?答无,则追问:您不觉得您的知识结构有些狭窄或兴趣较贫乏,说说未来的改善计划?)

您在选择工作时更看重的是什么?

您可不可以说说你在薪酬方面的心理预期?

有人说挣未来比挣钱更为重要,您怎样理解?

您觉得你在以前类似于我们提供的这个岗位上的工作经历中,有哪些方面做得不足?(若答有,则追问:您打算在以后的工作中采取哪些改善措施?答无,则追问:您好像不太连续去追求卓越,您认为您能胜任我们提供给您的这份工作吗?)

您认为千里马和伯乐哪一个对企业更为重要?理由是什么?

您学习/工作之余有哪些兴趣爱好?兴趣中有没有比较拿手的?

您在大学所设的专业课中最感兴趣的是哪一门?谈谈您对自己兴趣的相关看法。

您是怎样理解自然科学(比如数学)与社会科学(比如政治经济学)之间关系的,或者说两者有何异同?

就您个人的理解谈谈您怎么看我们公司所处行业的前景和生存途径。

谈谈您目前想去学习或弥补的知识。

如果让您重新选择一次,您对自己的专业领域会有所改变吗?

我们的工作与生活历程并不是一帆风顺的,谈谈您的工作或生活或求学经历中出现的挫折或低潮期,您是如何克服的?(答无,追问:您的生活是不是太过于顺畅,成长中往往伴随着失败,您觉得自己的成长来自于哪些方面?)

假如你的上司是一个非常严厉、领导手腕强硬、时常给你巨大压力的人,您觉得这种上司的领导方式对您有何利弊?

您有没有过失业或暂时待业经历,谈谈那时的生活态度和心情状态。

你有没有过在感情上的失败或不顺利经历,它对您那时和现在的生活有什么样的影响?

假如您喜欢一个人,但您对他(她)表白后受到拒绝并说你们是不可能的,拒绝的原因是他(她)已有女(男)朋友,但他并不讨厌你,接着您将采取什么行动?

假如在公众场合中,有一个人有意当众揭您的短处或隐私,您怎样去处理?

谈谈以往学习或工作中令你有成就感的一两件事,并说说它给您的启示。

说说您对成功的看法。

您认为自己有什么资格来胜任这份工作?

说说您未来3至5年的职业定位计划。

您如何看待学校的学习与工作中的学习的区别?

您怎样看待游戏中的输赢?

谈谈您认真追求过的一件事或一个人,并说说过程和结果。

有人说,满足感/欲望=幸福或成功,即幸福是个人偏好的满足程度,举例来说,一个儿女满堂、子女孝敬的老人他认为自己与李嘉诚有同样的成功感,您怎样理解。

请描述一下您期待中的最适合你自己的企业文化的特点。

假设您的下属未按期完成您所布置给他的任务,这时您的上司责怪下来,您认为这是谁的责任,为什么?

描述一下您对上司所布置任务的完成思想与过程。

当您所在的集体处于竞争劣势时,您有什么想法和行动?

往往跨组织的任务中,由于涉及过多成员,最后易形成"责任者缺位"现象,您如果身处其境,会是什么心态?

您每一次离职时有没有过失落感?您跟过去就职过的公司的一两个上司或同事还有联系吗?并说说他们目前的处境。

请问您在求学经历中参加过哪些社团组织或参加过哪些公益活动,您在其中扮演什么角色?

课堂上您对老师的讲解有所疑惑,您是采取何种方式去消除这种疑惑的?

在长途旅行的火车或飞机上,您不认识周围的人,大家都在沉默,您是如何去适应这种陌生环境的?

工作中您发现上司的管理方式有些不妥,并有了自己的想法,您此时如何去做?

您以往的工作中是如何去约束部属的,是如何去调动他们的积极性的?

假如您是足球队队长,而队中有两名队员有些不和,他们都是主力队员,而此时有一场重要比赛,您如何去协调和处理?

您认为上司对部属做些什么更利于他们的成长?

您来面试前有没有想过整个过程,说说您先前是如何打算应对这场面试的,包括各个阶段。

举个例子来说明一下您曾经做过的一个成功计划及实施过程。

您觉得自己的个性适合井然有序的工作环境还是灵活自如的工作环境？或者其他任何形式的。

说说您在完成上司布置的任务时，在时间方面是如何要求自己的？

假如您目前的处境不算太好，而此时你一位十分要好的朋友跟您借相当于您10％的财产且归还期较长，您会如何去做？

描述一个您在以往工作经历中出现的士气较低沉的团队氛围的情景，那时您的角色是怎样的，现在想起来有何感触？

在工作中您喜欢用那种形式沟通？您认为什么是最有效的沟通形式？

你是否愿意接受心理测试？

你认为做人的基本原则是什么？

您如何描述自己的个性？

请列举您的三大优点和三大缺点。

您原来的同学(同事)通常是如何评价您的？

您所期待的待遇是多少？

您是否介意我们通过您原来的单位进行一些调查？

（摘引自 MBAlib 网站智库文档陈爱吾《面试案例》）

四、模拟招聘过程：一个人面对一个或多个面试官的提问，这是最为常见的面试形式，当然还有集体面试、小组讨论等其他模式。囿于条件，我们这里只是模拟一下传统面试情境。

请两至三位同学扮演招聘单位 HR(Human Resource)，设计招聘现场。现在的招聘如进入面试环节，学校一般会提供小的会议室方便招聘方面试学生，外地来校招聘单位也可能会把面试环节安排在他们暂时下榻的宾馆房间、会议室等等。模拟现场可以设在小的教室、会议室，甚至自己的宿舍。

模拟招聘首先请 HR 设定一个具体需求职位，然后沿着自我介绍环节、提问环节、结束环节的节奏把握整个面试进程，中间可有职业针对性地设计具体问题进行问答交流，应试者也可以试着掌握面试的语言节奏。此模拟过程可结合使用本节其他练习材料进行。

五、假设你接到了下面这家公司的面试通知，面对如下场景，你会如何做答？

××公司财务经理助理面试提纲

（引入语）

1.您好，请坐。欢迎您参加××公司的人才招聘，为了进一步加强我们对您的了解，我们今天将进行半个小时左右的谈话，希望您能够想到什么就回答什么。我们现在就开始，好吗？

（以下考察敬业精神）

2.工作中出现失误是不可避免的。您能否说一下您在工作中出现的最大的失误是什么？

追问:从这次失误中您获得了什么教训?

3.石油富豪盖蒂在管理中发现,下属经理常常会对公司的盈亏情况不敏感,但只要在他们的月工资中扣减1元,他们总是能很快找到财务部门来查询。请问,您对此有何评价?(追问:您认为这对您将来的工作有何启示作用?)

4.假设您到了我们单位,负责某审计项目。您发现,另一部门在账目上有问题,而这个部门的负责人是位工作多年、得到公认的权威。您的做法是什么?

(以下考察分析判断能力)

5.如果您是某部门领导,发现实际库存与账面上的数字有很大出入,您应当采用何种方法来解决这一问题?

6.您认为下列几位人物的共同点是什么?取得成功的主要原因是什么?

钱学森　　比尔·盖茨　　罗马里奥　　贝多芬

(以下考察组织协调能力)

7.您被新任命为一大公司财务部门的负责人,上任后得知,您的前任是因为财务记录不清、管理不善而被解雇的。但他与部门多数员工的私人关系甚好,因此,他的解雇给此部门造成一定的混乱,甚至有几个人扬言要集体辞职。面对这种情况,您该如何开展工作?

8.某天早上,您的上司给您布置了一项任务,要求在下班前完成。这对您已经很吃力了。现在,上司又给您下达一项新任务,要求您也必须在下班前完成。您将怎么办?

(以下考察综合规划能力)

9.管理人员在进行决策时,通常有两种倾向:一种人喜欢采用集体决策的办法,认为集体决策能集思广益,产生不同的解决问题的方法。而另一种人认为个体决策更迅速,更能对问题做出及时反应。结合您所应聘的职位,谈谈您更倾向于哪一种决策方式。为什么?

10.专业题:国家在征收音像出版物与一般的图书方面的增值税有何区别?怎样通过之间的区别合法避税。

六、李强、谭大伟是住在同一个宿舍的学生,他们所学的专业都是市场营销。毕业时,他们在学校的食堂前看到了一家外企的招聘启事,他们都邮寄去了自己的求职材料。后来他们都顺利地通过了笔试,并同时收到了面试通知。

面试时,他们被分在两个会议室。主考官问了李强一系列关于市场营销的问题。李强对答如流,并不时提出自己的新见解,受到了主考官的赞赏。在另一个会议室,谭大伟的面试也进行得很顺利,主考官对他的回答也表示十分满意。

在面试就要结束时,主考官向李强和谭大伟提出了同样的问题:"对不起,我们公司的电脑出了故障,参加面试的名单里没有你,非常抱歉!"

——如果你遇到了这样的问题,你会怎么回应?

七、这是某著名中国高等学府的学生一个应聘过程的案例。此同学应聘企业管理岗位,招聘者不小心把应聘者的简历放在了市场营销类里了,下面是招聘者与应聘者的一段对话:

应聘者:杨先生,我应聘企业管理岗位,但怎么被安排到市场营销部门这里面试?

招聘者:啊,真对不起,是我的疏忽,把你的简历放错了。那么,我想问你,你应聘企业管理的哪个岗位?

应聘者:办公室管理或者行政管理,你看怎么样?

招聘者:请问你了解办公室工作或行政工作吗?

应聘者:行政工作就是进行企业管理工作,请问咱们公司的办公室的工作都有哪些方面的内容?

招聘者:办公室工作细密琐碎,主要是为部门、各部门员工服务的一个部门,很辛苦,当然还不一定显成绩,你觉得你愿意从事这样的工作吗?

应聘者:那么,你们公司的市场营销的工作怎么样?我可以试一试吗?

招聘者:你觉得你从事市场营销工作有什么优势吗?

应聘者:我善于交往,善于处理各种人际关系。我的演讲才能也不错,你也许能从我的交谈中感觉出来,再者,我的学习能力十分强,这是知识经济时代中人才竞争的本质。

招聘者:那么,你告诉我什么叫市场营销?

应聘者:市场营销比销售大一些,市场营销还要管到研究、开发、生产、销售等方面。

招聘者:还有吗?

应聘者:市场比销售高级一些。

招聘者:你能告诉我市场营销的"4P"策略是什么吗?并告诉我 4P 的英文。

应聘者:产品 Products 渠道 Place 价格 Price 推销……

招聘者:你能告诉我们市场营销与销售的出发点有何不同吗?

应聘者:推销是往外出卖产品,而市场营销是有组织有计划的销售自己的产品。

招聘者:NO,很抱歉,我不能给你机会,因为你出错的地方太多了。

应聘者:您能不能再问一些问题,跟我再谈一谈?

招聘者:NO。

——谈谈看,这位应聘者在应试环节出现了什么样的错误,应如何避免?

(摘引自《现代礼仪》)

八、这是微软公司面试招聘出的一道题目:

我们都知道,水能够把水中的鱼托起来,那么请回答这个问题:如果我们有一个桶只有半桶水,把桶放到天平上,水和桶刚好重 45 公斤。然后把一条 5 公斤的鱼放进桶里,现在总重量为多少?

很多人回答:45 加 5 是 50 公斤。招聘者这时候冷静地追问:"这怎么会是正确的呢?你知道水是会把鱼托起来的。"

——如果你是应聘者,接下来,你会怎么回答?

(摘引自 MBAlib 网站《外企招聘员工怪题实例》)

九、下面是一份常见的招聘单位面试评价报告书。作为一名应聘者,怎样才能达到最好的应聘效果,得到里面的最高分,尤其是"表达能力"一环,请谈谈你的看法?

## ××公司面试评价报告书

姓名_____

应聘职位_____          日期_____

在下列各项目中选择一个最适合的判断,并给下面的补充评语栏加注

| 外貌 | 举止 | 表达能力 | 工作知识 | 工作兴趣 |
| --- | --- | --- | --- | --- |
| (1)不注重服装和仪表<br>(2)对着装粗心,仪表较差<br>(3)着装简洁实用,仪表整齐<br>(4)良好的着装<br>(5)完美的着装和仪表 | (1)无气质,缺乏自信,不修边幅<br>(2)时常表现出不确定的、很差的样子<br>(3)有良好的自制力,看起来自信<br>(4)对自己很肯定,反映出自信心<br>(5)高度自信,感染人 | (1)无法交流,思维混乱,词汇匮乏<br>(2)不善言谈,思维和观点模糊<br>(3)谈话清楚,表达思想适度<br>(4)谈话、思维很清楚,带有自信<br>(5)谈话清楚、简明、自信,语言表达非常好 | (1)有具备属于这个职位的知识<br>(2)需要相当的培训<br>(3)只具备基本知识,但可以在工作中学习<br>(4)对工作精通,需要一点点的培训<br>(5)对工作非常精通,不需要任何进一步培训 | (1)没有,不关心,没兴趣<br>(2)对本职位工作持疑问态度<br>(3)真心希望工作<br>(4)对本职位有很强的兴趣,提出问题<br>(5)迫切想得到工作,提出很多问题 |

评委自由提问_____

补充评语

　　总体印象评价:□不满意　　□一般　　□满意　　□很好　　□优秀

　　主试者:_____

　　日　　期:_____

(本讲文中所有案例均来自互联网,无法一一注明源出处,在此一并致谢!)

# 参考书目

[1] 胡敏,林素韵.朗诵主持演讲[M].长沙:湖南师范大学出版社,1999.
[2] 李红岩.诗歌朗诵技巧[M].北京:中国广播电视出版社,2001.
[3] 梁伯龙,李月.戏剧表演基础[M].北京:中国戏剧出版社,2008.
[4] 陆澄.诗歌朗诵艺术[M].上海:上海人民出版社,2009.
[5] 刘宁.话剧语言训练教程[M].北京:文化艺术出版社,2011.
[6] 金幼华.实用口语技能训练[M].杭州:浙江大学出版社,2006.
[7] 乔梁.实用口才知识与技巧大全:口才技巧珍藏版[M].北京:中国纺织出版社,2011.
[8] 孙汝建.口语交际理论与技巧[M].北京:中国轻工业出版社,2008.
[9] 王建华.大学生口语交际教程[M].北京:高等教育出版社,2011.
[10] 王劲松.普通话与口才训练[M].合肥:安徽大学出版社,2009.
[11] 谢伦灿.即兴说话技巧大全[M].修订版.北京:石油工业出版社,2006.
[12] 徐世荣.普通话朗读辅导[M].北京:文字改革出版社,1978.
[13] 邢捍国.青年播音主持与才艺表演训练[M].北京:中国传媒大学出版社,2012.
[14] 余敏.出版集团研究[M].北京:中国书籍出版社,2001
[15] 张颂.朗读学[M].北京:中国传媒大学出版社,2010.

# 附录一

## 湖南科技大学"中华诵·经典诵读大赛"参赛获奖作品

(一)参赛获奖情况一览表

| 年份 | 作品 | 朗诵者 | 单位 | 奖项 | 指导老师 |
|---|---|---|---|---|---|
| 2008 | 我的心 | 张嘉元 | 人文学院 | 湖南省一等奖 | 赵江平 |
| 2008 | 我是叶尔羌河的纤夫 | 张嘉元 | 人文学院 | 全国大学生组第一名 | 赵江平 |
| 2009 | 珠贝,大海的眼泪 | 夏莉 | 教务处 | 湖南省教师组一等奖 | |
| 2009 | 春天,遂想起 | 翁荣 | 体育学院 | 湖南省教师组一等奖 | |
| 2009 | 青春中国 | 罗玺 | 学工处 | 湖南省教师组二等奖 | |
| 2009 | 再别康桥 | 江军 | 人文学院 | 湖南省一等奖 | 赵江平 |
| 2009 | 天上的草原 | 张俊 | 人文学院 | 湖南省一等奖 | 赵江平 |
| 2010 | 我的祖先名叫炎黄 | 刘金旭 | 人文学院 | 湖南省特等奖 | 赵江平 |
| 2010 | 把安宁还给可可西里 | 陈玉奇 | 人文学院 | 湖南省二等奖 | 赵江平 |
| 2010 | 破阵子 | 骆尧 | 人文学院 | 湖南省二等奖 | 赵江平 |
| 2010 | 我的南方和北方 | 马力、江军、刘诗梦、林芳竹、丁莉阳、陈玉奇、刘金旭、冯帆、张秦源 | 人文学院 | 湖南省二等奖 | 赵江平 |
| 2011 | 卧薪尝胆 | 刘金旭 | 人文学院 | 全国大学生组一等奖 湖南省一等奖 | 赵江平 周兴杰 颜红菊 |
| 2011 | 别了,哥哥 | 廖尧鑫 | 机电学院 | 全国大学生组二等奖 湖南省一等奖 | 赵江平 周兴杰 颜红菊 |

续表

| 年份 | 作品 | 朗诵者 | 单位 | 奖项 | 指导老师 |
|---|---|---|---|---|---|
| 2011 | 寄自高原 | 林芳竹 | 人文学院 | 全国大学生组三等奖<br>湖南省一等奖 | 赵江平<br>周兴杰<br>颜红菊 |
| 2011 | 最后一只藏羚羊 | 张秦源 | 人文学院 | 湖南省二等奖 | 赵江平<br>周兴杰<br>颜红菊 |
| 2014 | 秋瑾 | 杨小乐、姚凯、白凝龙、李婧域、瞿敏、孙海华、范琳琳、彭琴、陶健、肖体文、刘雷、姜龙、王玥、陈婧若文、李幸、孙梅梅、彭福蓉、李亚楠 | 人文学院 | 本书交稿时最后结果还未确定 | 赵江平<br>颜红菊 |

（二）参赛作品文本

## 我的心

作者　巴金

朗诵：张嘉元　湖南科技大学人文学院 2004 级

中华诵·2008 经典诵读大赛　全国总决赛大学生组第一名　湖南省一等奖

近来不知道什么缘故这颗心痛得更厉害了。

我要向我的母亲说："妈妈，请你把我这颗心收回去罢，我不要它了。"记得你当初把这颗心交给我的时候，你对我说过："你的爸爸一辈子拿了它待人、爱人，他和平安宁地过了一生。他临死把这颗心交给我，要我将来在你长成的时候交给你，他说：'承受这颗心的人将永远正直、幸福，而且和平安宁地度过一生。'现在你长成了，那么你就承受了这颗心，带着我的祝福，到广大的世界中去罢。"这几年来我怀着这颗心走遍了世界，走遍了人心的沙漠，所得到的只是痛苦。正直在哪里？幸福在哪里？和平在哪里？这一切可怕的景象，哪一天才会看不见？这一切可怕的声音，哪一天才会听不到？这样的悲剧，哪一天才不会再演？一切都像箭一般地射在我的心上。我的心上已经布满了痛苦的创痕。因此我的心痛得更厉害了。

我不要这颗心了。有了它，我不能够闭目为盲；有了它，我不能够塞耳为聋；有了它，我不能够吞炭为哑；有了它，我不能够在人群的痛苦中找寻我的幸福；有了它，我不能够和平地生活在这个世界；有了它，我再也不能够生活下去了。妈妈，请你饶了我罢，这颗心我实在不要，不能够要了。

我夜夜在哭，因为我的心实在痛得忍受不住了。它看不得人间的悲剧，听不得人间的哀号，受不得人间的凌辱。它每一次跟着我游历了人心的沙漠，带了遍体的伤痕归来，我就用我的眼泪洗净了它的血迹。然而它的伤痕刚刚好一点,新的创痕又来了。又一次它似乎也向我要求了:"你放我走罢,我实在不愿意活了。请你放了我,让我把自己炸毁,世间再没有比看见别人的痛苦而不能帮助的事更痛苦的了。你既然爱我,为何又要苦苦地留着我?留着我来受这种刺骨刻心的痛苦?"我要放走它,我决心让它走。然而它却被你的祝福拴在我的胸腔内了。

我多时以来就下决心放弃一切。让人们竞争,去残杀;让人们来虐待我,凌辱我。我只愿有一时的安息。可是我的心不肯这样,他要使我看,听,说:看我所怕看的,听我所怕听的,说我所不愿说的。于是我又向它要求到:"心啊,你去罢,不要苦苦地恋着我了。有了你,无论如何我不能够活在这样的世界上了。请你为了我的幸福的缘故,撇开我罢。"他没有回答。因为它如今知道,既然它已被你的祝福系在我的胸膛上,那么也只能由你的诅咒而分开。妈妈,请你诅咒我罢,请你允许我放走这颗心罢,让它去毁灭罢,因为它不能活在这样的世界上,而有了它,我也不能够活在这个世界上了。

我有了这颗心以来,我追求光明,追求人间的爱,追求我理想中的英雄。到而今,我的爱被人出卖,我的幻想完全破灭,剩下的依然是黑暗和孤独。受惯了人们的凌辱,看惯了人间的惨剧。现在,一切都受够了。可是这一切总不能毁坏我的心,弄掉我的心,因为没有得到母亲的诅咒,这颗心是不会离开的。所以为了你的孩子的幸福的缘故,请你诅咒我罢,请你收回这颗心罢。

在这样大的血泪的海中,一个人一颗心算得什么?能做什么?妈妈,请你诅咒我罢,请你收回这颗心罢。我不要它了。

可是我的母亲已经死了多年了。

## 我是叶尔羌河的纤夫

作者　辛勤

朗诵:张嘉元　湖南科技大学人文学院2004级
中华诵·2008经典诵读大赛　全国总决赛大学生组第一名　湖南省一等奖

从古老的传说
从西域殷红的血管
从丝路煞白的泪痕
从塔克拉玛干嘹亮的歌喉
从刀朗舞曲奔放的旋律
我跟跟跄跄地走来
光着脊梁
高挽着裤管
拉起了太阳捻成的纤绳
啊,我是叶尔羌河的纤夫
我是 昆仑的儿子

（记得，母亲生我的时候难产
经历了伟大而痛苦的分娩
当我第一次向安拉交上
汗与血的试卷时
我那稚嫩的脚丫
却深深地陷进 冰凉的河滩）
我是剽悍力的结晶
每一个原子
都慷慨释放着所有的能量
我是绿洲与大漠之间的分界线
枯寂常与我为伍
生命也不时地向我呼唤

啊，我是叶尔羌河的纤夫啊
是疲惫延伸出的箭头
是贫困的线谱上站起来的惊叹
是从骇浪上起跑
竭力追赶光明的好汉

伴随着十二木卡姆散板的旋律
像蟒蛇一样
从葱岭的胸怀中爬过来的河流
我拉着纤
突厥式的弓影
永久的摄入昆仑的眼帘
强健的身躯
像尊美的雕像
给懦弱者以无畏
给胆怯者以勇敢
扣进古铜色脊梁的绳痕
像先哲的箴言
渗血的足迹
并不孤单
它有丰富多彩的插图——
满载痛苦和欢乐的渡船……

啊，我是叶尔羌河的纤夫
我的纤绳
是齿轮和麦穗的情友
凝聚着愚昧对文明的思念

记录着荒芜对丰饶的梦幻
我的歌声
像叶尔羌河的桃花春水
消融着冰冷的记忆
流淌着求索的悲欢

啊,我是叶尔羌河的纤夫
我曾差半步
就跌倒于洪水漫延的河岸
可是我终究没有倒下
因为我有一双厚实的脚板
深深地踏进了母亲的爱恋

啊,我是叶尔羌河的纤夫啊
我拉起一个民族的信念
我的头颅
渴望成为滚动的车轮
我的脊背
为昨天的跋涉流下艰辛的汗滴
也为明天开创载负深沉的宣言

啊,我是叶尔羌河的纤夫
我的名字
矗立在茫茫的塔克拉玛干……

## 珠贝——大海的眼泪

作者　舒婷

朗诵:夏莉　湖南科技大学教务处副处长
中华诵・2009经典诵读大赛　湖南省教师组一等奖

在我微颤的手心里放下一粒珠贝,
仿佛大海滴下的鹅黄色的眼泪……
当波涛含恨离去,
在大地雪白的胸前哽咽,
它是英雄眼里灼烫的泪,
也和英雄一样忠实,
嫉妒的阳光,
终不能把它化作一滴清水;
当海浪欢呼而来,

大地张开手臂把爱人迎接，
它是少女怀中的金枝玉叶，
也和少女的心一样多情，
残忍的岁月，
终不能叫它的花瓣枯萎。
它是无数拥抱，
无数泣别，
无数悲喜中，
被抛弃的最崇高的诗节；
它是无数雾晨，
无数雨夜，
无数年代里，
被遗忘的最和谐的音乐。
撒出去——
失败者的心头血，
矗起来——
胜利者的纪念碑。
它目睹了血腥的光荣，
它记载了伟大的罪孽。
它是这样伟大，
它的花纹，它的色彩，
包罗了广渺的宇宙，
概括了浩瀚的世界；
它是这样渺小，如我的诗行一样素洁，
风凄厉地鞭打我，
终不能把它从我的手心夺回。
仿佛大海滴下的鹅黄色的眼泪，
在我微颤的手心里放下了一粒珠贝……

### 春天，遂想起

作者　余光中

朗诵：翁荣　湖南科技大学体育学院教师
中华诵·2009经典诵读大赛　湖南省教师组一等奖

春天，遂想起江南，
唐诗里的江南，九岁时
采桑叶于其中，捉蜻蜓于其中

江南
小杜的江南
苏小小的江南
遂想起多莲的湖,多菱的湖
多螃蟹的湖,多湖的江南
吴王和越王的小战场
(那场战争是够美的)
逃了西施
失踪了范蠡
失踪在酒旗招展的
(从松山飞三个小时就到的)
乾隆皇帝的江南

春天,遂想起遍地垂柳
的江南,想起
太湖滨一渔港,想起
那么多的表妹,走在柳堤
(我只能娶其中的一朵!)
走过柳堤,那许多的表妹
就那么任伊老了
任伊老了,在江南
(喷射云三小时的江南)
即使见面,她们也不会陪我
陪我去采莲,陪我去采菱
即使见面,见面在江南
在杏花春雨的江南
在江南的杏花村
(借问酒家何处)
何处有我的母亲
复活节,不复活的是我的母亲
一个江南小女孩变成的母亲
清明节,母亲在喊我,在圆通寺
喊我,在海峡这边
喊我,在海峡那边,
喊,在江南,在江南
多寺的江南,多亭的
江南,多风筝的
江南啊,钟声里

的江南
(站在基隆港,想——想
想回也回不去的)
多燕子的江南

## 青春中国

作者　打油郎

朗诵:罗玺　湖南科技大学生命科学学院副书记
中华诵·2009经典诵读大赛　湖南省教师组二等奖

用茫茫的夜色作墨
用疮痍的土地作纸
在鸦片战争的硝烟之后
是谁?
写下的两个字——中国
让人读得昏暗读得疲惫
更让人读得心痛读得悲愤
那萎缩在清末史书里的
消瘦的中国呵
那跪倒在《南京条约》里的
软弱的中国呵

那一天,无数的青年
走上了街头
面对淋漓的鲜血
面对惨淡的人生
他们的呐喊如同一阵阵惊雷
激荡着这昏睡的土地
他们就像一束束火焰
在曲折的道路中蔓延
盛开成五月绚丽的花朵
此后,他们加入到共产党人的行列中

他们义无反顾地选择了
用铁锤砸碎黑暗
用镰刀收割光明
他们走过漫道
他们越过雄关
他们驰骋疆场
他们英勇杀敌

他们要以枪杆做笔
写下一个崭新的中国
他们要以热血为色
描绘一个青春的中国

许多年后的今天
当我的目光穿越历史的峰峦
我依然可以感受到他们的呼吸
我又看见了
一群又一群的青年
那挂满汗水的面孔
我又听见了
他们嘹亮的歌声
在荒芜的土地上回荡
他们用无怨无悔的青春
在悠悠岁月中
写着一首爱的诗篇

是的,岁月悠悠、人生漫漫
那是一首激情澎湃的诗篇
那是一片开满鲜花的风景
那是一曲气势磅礴的交响
那是一座壮志凌云的丰碑

哦,中国,我要为你写一首诗
用太阳金色的语言
用心海浩瀚的蔚蓝
哦,中国,我要为你画一幅画
用春天百花的色彩
用五星红旗的光芒

今天,一个大写的中国
让人读得光明、读得酣畅
今天,一个腾飞的中国
更让人读得生动、读得自豪
这就是在世界的东方喷薄而出的
希望的中国
这就是在中国共产党领导下的
辉煌的中国
这就是我们的
青春中国!

## 再别康桥

作者 徐志摩

朗诵:江军 湖南科技大学人文学院 2005 级
中华诵·2009 经典诵读大赛 湖南省一等奖

轻轻的我走了,
正如我轻轻的来;
我轻轻的招手,
作别西天的云彩。

那河畔的金柳,
是夕阳中的新娘,
波光里的艳影,
在我的心头荡漾。

软泥上的青荇,
油油的在水底招摇;
在康河的柔波里,
我甘心做一条水草!

那榆荫下的一潭,
不是清泉,
是天上虹;
揉碎在浮藻间,
沉淀着彩虹似的梦。

寻梦?撑一支长篙,
向青草更青处漫溯,
满载一船星辉,
在星辉斑斓里放歌。

但我不能放歌,
悄悄是别离的笙箫;
夏虫也为我沉默,
沉默是今晚的康桥!

悄悄的我走了,
正如我悄悄的来;
我挥一挥衣袖,
不带走一片云彩。

## 天上的草原

作者　阿木古郎

朗诵：张俊　湖南科技大学人文学院 2005 级
中华诵·2009 经典诵读大赛　湖南省一等奖

　　在儿时依稀的记忆中，我是出生在飘着炊烟的白色毡房，茫茫的大草原啊，是我熟睡时的摇篮、是我嬉戏时的玩伴、也是我学习时的殿堂。养育我的这片土地，我当作自己一样爱惜，沐浴我的这江河水啊，你为何总像母亲的乳汁一样纯香？苍鹰在天穹中寻望，黑色的骏马在肆意飞奔，平顶山下，成群的牛羊，还有你，我天上的草原，还有你那悠扬的牧歌，夜夜伴我入梦乡。我喜欢纵马驰骋，放声歌唱，那就像是回到了传说中的时代，我向往着像我的祖辈那样成为一匹苍狼去周游世界，去看看祖父故事中那无边的海洋。

　　而现在，我是真的离开了你，来到这陌生的地方，不见了蒙古包，不见了牧场，只为心中一个小小的理想而不停地奔忙。其间有欢笑也有泪水，曾经骄傲也曾经气馁。但是，但是我从未曾后悔呀，因为每当我拖着疲惫的身体入睡时，我发现你那悠扬的牧歌，又在我的耳边回响；我发现我的那颗心啊，一直跳跃在绿宝石似的草原上。如水晶般清澈的河水啊，我真的发现，那歌声就像是号角，而那颗心源源不断地带给我力量与希望！

　　滕格里塔拉，我天上的草原，直到现在我才明白，为什么我的祖辈千回百转历经艰险，都要重回你的身旁，为什么我身在异乡总觉得你在不住地把我盼望！

　　蒙古人，是草原的儿子，草原的儿子就是这样的恋乡啊。

　　滕格里塔拉，我天上的草原，请你听我讲，我也是草原的儿子啊，我也是草原的儿子啊，我今日所做的一切，就是为了有朝一日，能够重回你的身旁，替你抚去脸上的皱纹，替你驱赶那肆虐的风暴，让你昔日的笑容重新绽放！

　　等着我呀，我天上的草原，我长生天的故乡，我的亲娘！

## 我的祖先名叫炎黄

朗诵：刘金旭　湖南科技大学人文学院 2008 级
中华诵·2010 经典诵读大赛　湖南省特等奖

伏羲女娲给了我最初的模样
当夸父追逐着自己的理想
当后羿射下第九颗太阳

我的始祖开始走出蒙昧洪荒
将一个不朽的传奇开创
我的祖先名叫炎黄
我沐浴着轩辕氏的荣光
龙的血液在我的体内流淌
华夏是我的骄傲

我骄傲
为这典雅高贵的礼仪之邦

那时候
别人还只会用兽皮遮蔽风霜
我的祖先已经穿起最美丽的衣裳
他们用纤细柔软的蚕丝
编织出飘逸舒展的华章
他们用玄曛古朴的色彩
将天地菁华都披在身上

那时候
别人还只会把神话传唱
我的祖先已经创造无数辉煌
他们充满自信从不依靠神灵的力量
并用图画般美妙的文字
记录下历史的短暂与漫长
他们让五千年文明跃然纸上
洋洋洒洒浩瀚无双

那时候
别人还在为生存争斗奔忙
我的祖先已闲逸优雅仿佛神仙一样
看日升日落创造出动人的篇章
观草木枯荣吟哦出凄美的诗行
他们的胸襟宽阔如同海洋
心怀天下敢于担当

那时候
别人还不知何谓廉耻纲常
我的祖先已将孝悌忠信当作行为的方向
他们爱好和平反对无节制的扩张
温润如玉谦恭礼让
他们秉承中庸之道拒绝虚伪无常
不偏不倚正直端良

那时候
别人还在迷途中寻找信仰
华夏的小小儿郎已俨然国之栋梁
孔融四岁知让梨
甘罗十二做宰相

项橐七岁为圣师
李泌同龄震唐皇
他们年幼聪慧出口成章
用一个个神奇的传说证实着
少年智则国智少年强则国强

我的祖先名叫炎黄
长江黄河流过我的家乡
我欣赏琴的高远剑的清刚
爱慕松竹坚贞幽兰芬芳
我喜欢瞻视如翚般美好的飞檐
那惊心动魄令人永世难忘

我的祖先名叫炎黄
我居住的土地被称做古老的东方
有人说这里曾经黄金遍地
没有贫穷疾病从不荒凉
说这里神秘美好
是所有人类的向往

我的祖先名叫炎黄
曾经富庶的国度叫做宋明汉唐
这里的人们含蓄平和
却又不乏狂放张扬
这里没有残暴的杀戮
只有日月流光蔓延着平静安详

也曾有人打破这绝美的一切
让我的祖先蒙羞让我的家园遍体鳞伤
但我依然自豪
为奋起抗争的前辈为那斩不断的源远流长

我的祖先名叫炎黄
我继承着往圣的智慧先贤的理想
五千年挥不掉的烙印深刻心上
让我清楚地知晓
炎黄是我的庇佑
我将延续炎黄的荣耀
不灭的希望

我的祖先名叫炎黄
我沐浴着轩辕氏的荣光

龙的血液在我的体内流淌
华夏是我的骄傲
我亦愿作华夏的好儿郎
再次证明
少年智则国智少年强则国强
无愧祖先
无愧炎黄

## 我的南方和北方

作者　赵凌云

朗诵：马力、江军、刘诗梦、林芳竹、丁莉阳、陈玉奇、刘金旭、冯帆、张秦源
均来自湖南科技大学人文学院
中华诵·2010经典诵读大赛 湖南省集体项目二等奖

大兴安岭雪花还在飞舞，
长江两岸柳枝已经发芽，
海南岛上到处盛开着鲜花，
我们的祖国多么广大。

自从认识了那条奔腾不息的大江，我就认识了我的南方和北方。
自从认识了那条奔腾不息的大江，我就认识了我的北方和南方。
我的南方和北方相距很近，近得可以隔岸相望。
我的北方和南方相距很远，远得无法用脚步丈量。
大雁南飞，用翅膀缩短着我的南方与北方。
燕子归来，衔着春泥表达着我的北方与南方。

我的南方，也是柳永和李煜的南方。
一江春水滔滔东流，
流去的是落花般美丽的往事和芬芳。
梦醒时分，
定格在杨柳岸晓风残月中的那种忧伤，
也注定只能定格在南方才子佳人忧怨的面庞……

我的北方，也是李白和高适的北方。
烽烟滚滚，战马挥缰。
在胡天八月的飞雪中，
骑马饮酒的北方将士，
正开进着刀光剑影的战场。
所有的胜利与失败，

最后都化作了边关冷月下的一排排胡杨……

我曾经走过黄山、庐山、峨嵋、雁荡，寻找着我的南方。
我的南方却在乌篷船、青石桥、油纸伞的深处隐藏。
在秦淮河的灯影下，我凝视着我的南方。
在寒山寺的钟声里，我倾听着我的南方。
在富春江的柔波里，我拥抱着我的南方。
我的南方啊！杏花春雨，小桥流水，莺飞草长。

我曾经走过天山、昆仑、长白、太行，寻找我的北方。
我的北方却在黄土窑、窗花纸、蒙古包的深处隐藏。
在风沙走石的戈壁滩，我与我的北方并肩歌唱。
在塞外飞雪的兴安岭，我与我的北方沉思凝望。
在苍茫一片的山海关，我与我的北方相视坚强。
我的北方啊！大漠孤烟，长河落日，唢呐嘹亮。

都说我的南方富饶，
可那万古稻田、千里水乡，是父辈们用汗水和泪珠浇灌，
是改革者用勇气和智慧酝酿。
不管是大名鼎鼎的鱼米之乡，还是深圳、温州小港，闪亮的名字，
其实是斧凿刀刻般，拓印在爸爸妈妈的皱纹上。

都说我的北方贫穷，
可是我分明听到，
听到了振兴老东北，开发大西北的战鼓隆隆作响。
听到了劳动号子安塞腰鼓响彻九曲黄河旁。
听到了那平喘多年的老机床，又开始欢快地歌唱。
听到了爸爸用粗糙的大手拂去汗珠后的步履铿锵。
我知道，你醒了，我的北方。

从古到今，那条奔腾不息的大江就像一根琴弦，弹奏着几多兴亡，几多沧桑。
在东南风的琴音里，我的南方雨打芭蕉，荷香轻飘，婉约而又悠扬。
在西北风的琴音中，我的北方雪飘荒原，腰鼓震天，凝重而又张狂。
我的南方和北方！
我的北方和南方！
我们永远的故乡和天堂！

### 卧薪尝胆

电视剧《卧薪尝胆》片段：祖庙独白
朗诵：刘金旭　湖南科技大学人文学院2008级
中华诵·2011经典诵读大赛　全国大学生组一等奖　湖南省一等奖

列祖列宗,勾践来看望你们了。面对列祖列宗,勾践有四大罪状:

罪其一,不自量力,以弱国之兵力抗击强国,造成了黎民百姓的生灵涂炭。

罪其二,国有良士不听劝告,一意孤行,把越国送上了覆亡之路。

这罪其三,面对吴国,竟然屈膝投降,藏辱纳耻啊!

罪其四,也是罪不可赦之处,居然沦为吴国之奴。

列祖列宗啊,是你们流血流汗,开辟了这片蛮荒之地。你们刀耕火种,经历了百年的沧桑,经历了礼乐的教化,才形成了当今之越国。我们越国之弱小啊,是你们让它,仍然挺立于诸强的环伺之地。这是何等的不易!

是勾践,是勾践不应该啊!葬送了列祖列宗的千秋伟业。

列祖列宗在上,越国的王位是勾践夺来的。因为勾践以为,只有勾践才能富国强兵,只有勾践才能保全社稷之长存。

但是,列祖列宗容许勾践说一句不敬之语吧。他们给勾践留下的是怎样的一个越国。越国的光辉早已暗淡无光,先民死地求生的欲望早已荡然无存,剩下的是什么?剩下的是朝中的奢靡,剩下的是后宫无耻的浪笑。更可怕的是,面对强势举国上下悲诿以退让。所以,面对吴国的凌辱,勾践该如何是好呢?勾践选择了抗拒,虽然经过拼死一搏,但是还是把越国送上了覆亡之路。

面对这一切,勾践应该粉身碎骨,以死来谢罪列祖列宗,谢罪国人。但是,勾践不想死。勾践,也不能死。不是勾践怕死,也不是勾践贪生,因为,勾践,心存不服!

难道,弱,一定要被强所欺凌吗?小,一定要被大所吞并吗?仁德一定要败给暴政,天理一定要输给强权吗?

勾践不服!

今天面对列祖列宗勾践发下誓,只要勾践一息尚存,一定要强兵富国、拯救黎民百姓于水火之中;逆转乾坤之倒转,还天理之公平!

如若勾践不能实现此诺言,再让勾践黄沙遮面,尸骨不全吧。

勾践在此别过了。

## 别了,哥哥

作者:殷夫(1910—1931),曾任共青团中央机关刊物《列宁青年》和青年反帝大同盟刊物《摩登青年》编辑。

朗诵:廖尧鑫  湖南科技大学机电学院 2010 级

中华诵·2011 经典诵读大赛  全国大学生组二等奖  湖南省一等奖

别了,我最亲爱的哥哥,
你的来函促成了我的决心,
恨的是不能握一握最后的手,
再独立地向前途踏进。

二十年来手足的爱和怜,
二十年来的保护和抚养,
请在这最后的一滴泪水里,
收回吧,作为噩梦一场。

你诚意的教导使我感激,
你牺牲的培植使我钦佩,
但这不能留住我不向你告别,
我不能不向别方转变。

在你的一方,哟,哥哥,
有的是,安逸,功业和名号,
是治者们荣赏的爵禄,
或是薄纸糊成的高帽。

只要我,答应一声说,
"我进去听指示的圈套,"
我很容易能够获得一切,
从名号直至纸帽。

但你的弟弟现在饥渴,
饥渴着的是永久的真理,
不要荣誉,不要功建,
只望向真理的王国敬礼。

因此机械的悲鸣扰了他的美梦,
因此劳苦群众的呼号震动心灵,
因此他尽日尽夜地忧愁,
想做个普罗米修士偷给人间以光明。

真理和愤怒使他强硬,
他再不怕天帝的咆哮,
他要牺牲去他的生命,
更不要那纸糊的高帽。

这,就是你弟弟的前途,
这前途满站着危崖荆棘,
又有的是黑的死,和白的骨,
又有的是砭人肌筋的冰雹风雪。

但他决心要踏上前去,
真理的伟光在地平线下闪照,
死的恐怖都辟易远退,

热的心火会把冰雪溶消。

别了,哥哥,别了,
此后各走前途,
再见的机会是在,
当我们和你隶属着的阶级交了战火。

1929.4.12

## 寄自高原

作者　林莽

朗诵:林芳竹　人文学院 2009 级
中华诵·2011 经典诵读大赛　全国大学生组三等奖　湖南省一等奖

我来到的地方
有着悠久的历史
和古老的传说
有着朝圣者的荒漠古道
和挺立于心中的神女雪峰
她们圣洁的祷告
使树木狂舞　流水欢歌
我听见一个灵魂在抽泣
他把自己　神圣　纯洁
写在被泪水洗过的天空
写下树木的絮语
太阳的浓香
谷物和群鸟的声音
这是对大自然最神圣的颂歌
这是纯洁之泉
无限宽阔的源流
马群飞驰　我们扬鞭而来
高歌悠远　我们于神同在

一路上　我颤栗而来
一路上　我哭泣而来
一路上　我屏住了呼吸
一路赞颂　一路景仰
在漫漫长空
在无尽戈壁
在鸟群呼啦啦升腾的瞬间

在冷彬林的一片低鸣中
雪源消融　汩汩流淌
闪烁着阳光一样的词句
闪烁着一颗灵魂
崇高而神圣的敬意

## 最后一只藏羚羊

作者　彭波

朗诵：张秦源　人文学院 2009 级
中华诵·2011 经典诵读大赛　湖南省二等奖

夕阳西下，晚霞轻柔地洒在可可西里的土地上，宁静而贫瘠的土地仿佛又多了几分生机。

我呆呆地矗立在寒风中，影子拉得很远很远，我的脚下就是我刚刚死去的妻子和女儿，他们已经被踩躏得面目全非。四周满是我部族的尸体，他们的皮全部被扒光。空气中弥漫着血腥气，地上血流成河。在夕阳的照耀下，显得愈加惨烈。

我，这场大屠杀中唯一的幸存者，便成了可可西里最后的一只藏羚羊。

就在几年前，我们藏羚羊还是个有着 20 万之多的种族，那时候啊，我们几个部族一起在荒无人烟的草原上驰骋，烟尘蔽日，黄土漫天，情景极为壮观！每逢产子季节，妻子们便要跟丈夫告别，成群结队地去到北方。当几千只小藏羚同时出世时，整个大地都泛起了血光！当他们带着孩子重返南方，我们的部族便又充满了生机与希望。

我曾经无比自豪于自己是一只藏羚羊，我们生活在遥远的可可西里，那里气候恶劣，土地贫瘠，可我们却有着惊人的耐力。什么水草丰茂地方，对我们没有任何吸引力，我们常常悠然地卧在雪中，或是在猛烈的冰雹中嬉戏。那时的可可西里只有我们，无异世外桃源。那梦一般的世界曾经是多么美丽……

我清楚地记得，就在那个夏天，在母藏羚羊产子的北方，人类早已准备好了一杆杆猎枪，使产子的圣地变成了血腥的屠宰场，我同伴的尸体几百只几百只地跪在地上，他们的皮被全部剥光，有的甚至是被活生生地剥光。我开始后悔自己是一只藏羚羊，其实我们长得并不美丽，我们只不过是有了一身价值连城的皮毛而已，可就是因这一身皮毛，几年来，不知多少兄弟姐妹惨遭杀戮，而且所有的尸体都被剥了皮啊！粉红色的肉上鲜血淋漓！现在的可可西里不再是美丽的少女，而成为恐怖的墓地。十几万只藏羚羊长眠在这里……

为了活命，我们这个在几次大屠杀中唯一幸存的部族，开始迁徙，几千只藏羚羊浩浩荡荡的向北方前进。途中我由于身体不适掉了队，落在后面休息，可就在这个时候，就在这个时候我听远处响起了密集的枪声，我绝望地闭上了眼睛……

我俯下身体舔着我的爱妻，它的眼睛还是那么大，那么明亮，只是充满了恐惧；我又去亲吻我的小女儿，她的眼中只有惊诧与好奇。女儿啊！你还太小，爸爸知道你是至死也不明白发生了什么事情。其实，其实爸爸也不明白，为什么？为什么人类在自己的亲人死去时，悲痛欲绝,却能够坦然地去杀掉别人的亲人?难道他们在开枪时就没有一丝犹豫吗?难道他们动手时没有一丝怜悯吗?如果当他们的亲人惨遭杀害,他们却无能为力反击时,他们又会怎么样?

这时,一丝声响在我背后响起,我慢慢地转过身,眼前是乌黑的枪口,在惨烈的夕阳下,在同伴的尸体中,我竟露出了一丝惨淡的笑容,无知的人类啊!你们究竟还要愚昧到几时啊?你们毁灭了我们,其实正是在毁灭你们自己啊!你们今天践踏在我们的尸体上,可总有一天你们的尸体将会被自己践踏。

## 秋瑾

朗诵:杨小乐、姚凯、白凝龙、李婧域、瞿敏、孙海华、范琳琳、彭琴、陶健、肖体文、刘雷、姜龙、王玥、陈婧若文、李幸、孙梅梅、彭福蓉、李亚楠

朗诵者均来自湖南科技大学人文学院

湖南省学生中华经典诵读大赛(2014)参赛作品

齐:万里乘云去复来,只身东海挟春雷。
　　忍看图画移颜色,肯使江山付劫灰。
　　浊酒不销忧国泪,救时应仗出群才。
　　拼将十万头颅血,须把乾坤力挽回。

旁白:当秋瑾拖着沉重的镣铐走过这条晦暗的青石街,遥远的天际还未有一丝曙色。尽管身后对着冰冷的枪口,她依然用坚定的目光注视着东方的晨星。

贵福:秋瑾,你出身名门,不好好相夫教子,出来造反,这也叫妇道?!

秋瑾:妇道?男的要是死了,女的要戴三年的孝,终身不得再嫁。可女的要是死了,三日未过男的就出去偷鸡摸狗!国家都要亡了,你还在这里讲妇道?!

旁白:这是1907年7月15日。6天前,由于革命党人徐锡麟安庆起义失败,在绍兴策应的秋瑾被叛徒出卖不幸被捕。当天晚上,绍兴知府贵福对秋瑾进行了残酷的拷问。

贵福:有人告发你和革命党交往甚密,你还不从实招供?!

秋瑾:我和谁交往甚密,大人你最清楚。

贵福:你!你这是造反!

秋瑾:对,我就是造反!大清索我的命,我诛大清的心!大清索我的命,我诛大清的心!

贵福:反了反了!把她给我拿下!

旁白:在贵福的严刑拷打之下,秋瑾拒不招供。仅仅在纸上写下:秋风秋雨愁煞人。在死牢中,她望着漆黑的墙壁,仿佛看到的是她牺牲的战友徐锡麟。

徐锡麟:秋瑾,秋瑾,还记得我教你做望远镜的镜片吗?

秋瑾:我当然记得!你还告诉过我,望远镜可以望到很远很远的地方。二十八星宿,都可以看得很清楚。

徐锡麟:没错,我们今天看到的星星的光,是走了成千上万个光年才来到我们的眼前。所以不要气馁,我们今天所做的事,很可能要等到后人,才能看到。

秋瑾:要等到后人,才能看到。徐大哥,我现在明白了,用不了多久,黄泉路上,我们又可以像当年一样,对酒当歌!

徐锡麟:好,对酒当歌!

齐:不惜千金买宝刀,貂裘换酒也堪豪。一腔热血勤珍重,洒去犹能化碧涛。一腔热血勤珍重,洒去犹能化碧涛。

旁白:天色渐渐明亮,秋瑾微微看到前方不远的断头台。在这小小的轩亭口聚集了成百上千来看热闹的昔日的乡里。贵福坐在监斩台上,拿出一张照片递给秋瑾。

贵福:这两个孩子,就要失去母亲啦!

旁白:看着照片上两个稚嫩的孩子,秋瑾心中的最后一道防线几乎被冲垮!一时间,她的耳畔变得嘈杂起来,整个世界都在拷问她!

旁观1:你不好好在家过日子,偏偏出来造反,连头都没啦!

旁观2:哈哈哈,据说人家还要劝牢头儿造反呐。

旁观1:这女子,简直是疯啦!

旁观2:方圆大户人家,却落了个这样的下场。

旁观1:妹妹啊,你就不想想沅德和桂芳,这次回来为啥还抛掉这个家不顾啊?!

旁观2:贵福大人真是给咱行了一件大善事啊。看看!看看!这是给咱除了一害啊!

旁观1:你也不想想王家是书香世家,也能容得了你这样的媳妇!

旁观2:连孩子都不顾了,世上也有你这样的妈妈!

秋瑾:我死!我死,是为了所有的孩子。我也是母亲,我怎么会不想念自己的孩子。可是我始终无法忘记,我到京城的那一天,一个母亲抱着她的孩子拦住我们的车,跪下来,求我们给她点儿吃的。我给了她一个馒头,这个时候,无数的难民冲了上来,把我们的车子晃得左右摇摆。从那个时候起,我就知道只有我和我的孩子得到温饱,是不够的。我希望全天下的母亲和孩子,都可以得到温饱!

领1:革命是什么,革命是为了给天下人造一个风雨不侵的家!

领2:革命是什么,革命是让中国人拥有自己的银行、铁路,有可以追寻的民生幸福!

领3:革命是什么,革命是让我们普天之下的老百姓不再做任何人的奴隶!

齐:我们相信,中国一定有个可赞美的光明前途。

领1:欢歌将代替了悲叹,笑脸将代替了哭脸,

领2:富裕将代替了贫穷,康健将代替了疾苦,

领3:智慧将代替了愚昧,友爱将代替了仇杀,

齐:生之快乐将代替死之悲哀,明媚的花园,将代替凄凉的荒地!

秋瑾:我死,是为了天下的孩子。我希望若干年后,他们能够看到自己年迈的母亲像我现在一样,宁静地,微笑。

# 湖南科技大学"芳菲之歌"优秀女生报告会演讲稿

(一)湖南科技大学"芳菲之歌"优秀女生报告会简介

湖南科技大学"芳菲之歌"优秀女生报告会是湖南科技大学传统的思想政治教育特色品牌和湖南省道德素质提升工程的示范项目。该活动1992年启动,每年选拔十位优秀女生报告人,向全校师生介绍宣传她们的先进事迹,2014年是第22届。22年来,在200多名"芳菲女生"榜样的激励下,更多优秀女生脱颖而出,在广大学生中产生了良好反响。并且,通过22年的建设与发扬,也产生了良好的社会反响,多次受到上级有关部门和兄弟院校肯定,它与"青春之歌"优秀男生报告会、"理想之歌"优秀毕业生报告会共同组成"三支歌",以此为中心的"'三支歌'唱响校园文化主旋律"项目荣获2012年教育部"全国高校校园文化建设优秀成果"一等奖,获得湖南省高校校园文化优秀成果二等奖、湖南省高等教育省级教学成果二等奖等。

2014年"芳菲之歌"优秀女生报告会组织方信息:
主办方:湖南科技大学学生工作处(部)
承办方:湖南科技大学艺术学院
总顾问:朱川曲、陈安华
总策划:李红革、戴树根、张琳
策划:莫江平、罗登辉
文字及报告指导:颜红菊　赵江平
2014年"芳菲之歌"优秀女生获奖名单:
申中美,潇湘学院,2012级会计专业
代新新,法学院,2011级
李欣桐,商学院,2012级
王宁,数学与计算科学学院,2011级
欧飞飞,研究生院,12级美术学版画专业
王伶,艺术学院,2012级

马灿,建筑与城乡规划学院,2011级
龙宇琪,信息与电气工程学院,2011级
李玲,外国语学院,2011级
刘淑瑜,管理学院,2011级
夏韵竹,体育学院,2011级

(二)"芳菲之歌"优秀女生报告会演讲稿

## 永不停歇的脚步

潇湘学院,2012级会计专业　申中美

尊敬的各位领导、老师,亲爱的同学们:

大家晚上好!

我是潇湘学院会计专业的申中美。我今天报告的主题是"永不停歇的脚步"。

大学,是陶渊明所述的世外桃源,优雅闲适。然而在朋友眼中,我却几乎是没有寒暑假和周末的。与快节奏生活的结缘源于2012年我被湖南科技大学潇湘学院录取了,高昂的学费对于农村家庭来说是个沉重的负担。奶奶年迈多病,还有一个弟弟正在上初中,迫于生计,父母常年在外打工,从小我就成为广大留守儿童中的一员,跟着奶奶一起长大。面对高昂的学费,我告诉妈妈,不用担心,我已经是一个大人了,我要融入社会,做一个坚强独立的女孩儿。从此,勤工俭学与我的生活紧紧连在一起。毕业那年暑假在长沙一家印刷厂做了为期两个月的文秘专员,通过辛勤劳动为自己凑齐了学费;12年寒假更是一个人前往广州番禺的一家电子厂,二十几天的努力换得了两个月的生活费。之后的寒暑假和周末我都没有闲着,做实习生、做家教、做代理、发传单、做服务员等等。勤工俭学这条路上,再苦再累我一直没有停止脚步。一直想通过自己微薄的力量为我的家庭带来哪怕是一点点的改变,让家人过得更好。

立身百行,以学为基。作为一名大学生,我时刻明白自己的主要任务,在搞好学习的前提下,做好学生工作,做好社会实践。大学三年,我参加大小的活动比赛十多场,还通过考试获得各项技能证书。我的学习成绩始终保持专业前五,同时我还选择学生工作来不断发现大学旅程里的好风景。我先后担任了学院团委副书记、新生助理班主任、党建办公室副主任、学生会副主席等职务。这期间很多人曾问我,别人的大学都轻轻松松,你为什么要让枯燥乏味的工作占满你所有的时间呢?我也曾经动摇过,当我在办公室整理资料通宵未眠,早上的阳光刺得我眼睛发涩时;在受了批评,受了委屈后,一个人躲在天台给自己鼓劲儿时。被学习、工作压得喘不过气,我不是没有哭过,但哭过之后,一个农村女孩儿的坚定让我相信,优秀不是有多少成绩,而是坚持了我的坚持!即使很辛苦,很累,但是前行就会有风景,越坎坷,越美丽!

我就任学院团委副书记接到的第一个任务,就是组织学院暑期"三下乡"社会实践活动。没有水电,没有床铺,上厕所要跑到30米开外的煤房。但是既来之则安之。在那里再热再累,每天的工作我还是要认真地布置好。短短的10天里,我们修好了近400件电器,为50多户留守老人上门服务,走遍所有村庄进行调研、宣讲和援助,还当起了孩子们的老师!当当地领导亲切慰问我们的时候,郴州电视台对我们进行采访报道时,当离别那一刻,孩子们哽咽流泪不让我们走的时候,我真切地明白了什么才是一个学生干部要恪守的信念!我懂得了一个当代大学生应有的责任和担当!我也清楚地认识到了人生路上的每一滴汗水和泪水都自有它的意义。

我很庆幸我的大学时光一直走在路上,用一个农村女孩儿坚强的脚步来不断发现人生旅途里的无限风光。我参加挑战杯、职业规划大赛、辩论赛,在竞争中不断提高自己;我参与省重点社会实践项目、SRIP等多项课题研究,在探索中不断锻造自己;我当团副、当助班,在历练中不断充实自己;我写作、绘画、打球,在尝试中不断丰富自己。三年来,我先后获得教育部国家奖学金,湖南省百佳党员,湖南科技大学优秀学生、优秀学生干部、优秀共青团干部、三下乡先进个人等多项荣誉。但是我想,荣誉并不是最终目标,重要的是在大学的旅程里,我学会了做一个人生的行者,用永不停歇的脚步去不断蜕变,不断开拓新的未来!

学弟学妹们,不要停下你们的脚步,光阴易逝,但最好的时光却在你们踏实努力、勇往直前的路上,所以趁着青春正好,去发现自己人生旅途里的无限风光吧!把自己打造成自己最好的作品!

我的报告完毕。谢谢大家!

### 我是辩手,我在辩护席上守护梦想

法学院,2011级 代新新

尊敬的各位领导、老师,亲爱的学妹们:

大家好!我是来自法学院的代新新。我今天报告的主题是"我是辩手,我在辩护席上守护梦想"。

我始终认为,我是一个平凡的女孩,和大家一样,有自己最初的梦想。是对梦想的坚持,让我不断地朝着梦想的方向进步,让我连续收获两次省级大奖,让现在的我站在了离梦想触手可及的地方。

因为初中时一次家庭变故,我萌发了将来要做律师的梦想,我来到湖南科技大学法学院,站在了梦想的起点上。大一快结束的时候,我听说湖南省首届模拟法庭大赛即将举行,我们学院将组织队伍代表学校去省里参赛。听到消息我兴奋极了,模拟法庭比赛是我们法学领域唯一接近实务的对抗赛,并且能够和省里各大高校切磋较量,无疑是一次很难得的机会。我跃跃欲试地去报名,非常幸运地被老师选中参加暑期的培训。可是,我才大一,同时入选的学长学姐都非常优秀,想要最终得到去省里比赛的名额,我只能付出比别人更多的努力。

于是,我在跟随学校党委宣传部参加完暑期社会实践活动之后,放弃了回家的机会,马不停蹄地进入培训。法学知识储备不够,就买书回来拼命补;看着法条干瞪眼不会分析案子,就查阅大量司法解释和相关案例;训练场上紧张没有气势就对着镜子练。那个炎热的暑假,我在宿舍、自习室、培训教室三点一线奔波着。终于,功夫不负有心人,我如愿得到了代表学校去省里参加比赛的资格。可是,真正的磨炼才刚刚开始,我们学校的代表队由一个大二的三个大一的组成,而别的高校基本都是由大三大四甚至研究生组成的精英阵容,我们这群稚嫩的队伍必须把自己磨炼得更加强大才不会辜负学校、老师的期待。于是，各科老师轮番上阵对我们进行知识强化；各种类型的案件接踵而来让我们分析理解做模拟训练；各种团队默契磨炼更是让人应接不暇，甚至，为了能够读好陈词，我们每天早上6点起床进行晨读、朗诵。

正当我积极准备模拟法庭比赛的时候，我所带领的法学院辩论队参加了学校举行的樱花杯辩论赛，作为队长，我无论如何不能在这个时候对他们不管不顾；同时我还要准备我暑假参加的暑期社会实践活动的汇报答辩。于是，组织队员参赛、分析讨论辩题、准备答辩，让我本就被上课和模拟法庭训练充斥的生活愈加忙碌不堪。别人中午休息的时候，我在教室分析案子、模拟训练、写法律文书，当别人看电影散步的时候，我在会议室和我的队友讨论辩题。每天夜里在电脑显示屏的余光下写文书或者做PPT的时候，我都会想，要是每天都48个小时就好了。

这样忙碌的生活持续了两个多月，每一次想要放弃的时候，想到我今天又离我的律师梦近了一点点，我就会无比兴奋，浑身充满了前进的力量。最后，我们代表学校参加省级模拟法庭大赛，伴着紧张与雀跃的心情，带着我们训练3个多月的成果，一路披荆斩棘、过关斩将，为学校夺得二等奖！与此同时，我参加的暑期社会实践活动被评为校级优秀，我所带领的法学院辩论队在学校樱花杯辩论赛上夺得亚军，我个人在最后总决赛场获得优秀辩手称号。我知道，在追梦的道路上，我又前进了一小步。

大二快结束的时候，第二届模拟法庭比赛又拉开了帷幕，为了弥补首届比赛没有进入决赛的遗憾，我再次报名参加。实习完一个月后，我放弃了回家的机会开始进行培训，相比去年的紧张忐忑，我多了一份淡定与从容，同时还有责任和期待。和前一年一样，我们依旧是大一大二的组合。让大一的小学妹在培训中得到提升、和我们一起在省里的比赛中走得更远，是作为学姐的我比去年多出来的责任。

新学期开始，在我进行着和去年一样紧张繁重的训练时，我的任课老师找到我，希望我能负责一个课题，申报湖南省大学生研究性学习和创新性实验计划项目，于是，我咬咬牙，又一次开始了艰苦卓绝却让我热血沸腾的"拼命三娘"的生活。我知道，这一切终将是值得的。

我的坚持，终于有了回报，我们的模拟法庭队伍成功杀入决赛获得亚军，让湖南省所有的高校看到了湖南科技大学法学院的光芒！不仅如此，我负责的研究课题成功申报湖南省大学生研究性学习和创新性实验计划项目，与此同时，我的专业成绩上升到年级前十，大三下学期一开始，我就跟着我的老师做法律实务，不仅赚得了一些生活费，更使我积累了办案经验，真正接触到了现实的法律诉讼。今年二月份，湖南省一家著名的律师事务所向我抛出了橄榄枝，今年三月到九月，我全心备考，在盛夏的酷暑和浩如烟海的法条中坚持了6个月，就在今天上午我进行第一场芳菲之歌报告的时候，消息传来，我考过了有"中华第一考"之称的司法考试，顺利地通过了作为一名律师的职业资格考核！我知道，我的梦想离我不再遥远，我终于站在了与梦想触手可及的地方。

亲爱的学妹们，梦想是生命的导向，梦想的方向决定生命的质量。追梦的过程中有顺心、如意，也有挫折、沮丧。但只要你有坚定理想，不抛弃、不放弃，为选择而坚持，为梦想而拼搏，你定会绽放耀眼的光芒！

我的报告完毕。谢谢大家！

## 不忘初心，方得始终

商学院，2012级　李欣桐

尊敬的各位领导、老师，亲爱的同学们：

大家好！

我是来自商学院12级财务管理专业二班的李欣桐。很高兴能站在这里与在座各位一起分享我在青春年华里的故事。台湾作家凌茜曾说："埋没在红尘中的我们，哪怕此刻无法踏上征途，那么至少将我们的初心好好地珍藏在心中，不让它因岁月的冲刷而斑驳失色。"今天，我演讲的题目便是"不忘初心，方得始终"。

我是一个平凡却又因梦想而不平凡的女生。我的大学生活因为时常穿梭于各个城市参加模特赛事而变得与众不同。小的时候，我就很羡慕电视里各种国外时装周上模特靓丽的身影，就一直梦想着自己有一天也能够属于那个闪闪发光的T型台。但内向和胆怯让我怀揣着梦想却没有勇气去付诸行动。直到高三毕业那年，我终于在家人的鼓励下报名参加了国际职业模特大赛西北赛区的比赛，第一次站在了面对上千观众的舞台，那种紧张与激动的感觉是无以言表的。那次比赛我获得了西北赛区十佳"最佳上镜奖"，并且取得了ACI国际职业模特资格认证。第一次的尝试让我更加坚定了走下去的信心，更加确信了战胜自己的可能。在慢慢接触到模特这个领域后，我才体会到，T型台上的一颦一笑、一个美丽的转身，都是背后日日夜夜的苦练、艰辛与忍耐换来的。对于模特们，凌晨出门，连夜彩排，夏衣冬穿，冬衣夏穿，为了达到舞台效果，通宵踩着十几二十厘米的高跟鞋，走在只有一米宽的舞台上练习，这些都只是家常便饭。然而正是这样一个残酷的环境，才造就了舞台上一个个美丽动人的瞬间。舞台给予我的力量、自信和勇气，远远超过了我所付出的东西。因此，在大二的时候，我又报名参加了2013年湖南新丝路模特大赛，并获得了亚军。那场比赛让我成长进步了不少，为期一周的训练，掺杂着汗水、泪水。每天四五个小时的睡眠时间，脚被高跟鞋磨得到处是血泡，紧张的排练，竞争的激烈，教练的训斥，这些都让我一度想要放弃。但不服输的劲头让我毅然选择了坚持下去。记得当时导演对我们说过这样一番话：比赛最值得我们去珍惜和关注的东西不是结果，而是过程。每一段经历都是在为我们以后的成功积蓄力量。我想，这一段经历让我深刻体会到了在追求梦想的道路上，唯有坚持，唯有忍耐才能有所收获。在座的各位是否也有过这样艰难徘徊的时候呢，面对自己的怯懦和逃避时，是选择妥协还是勇敢地战胜自己。代表湖南赛区去三亚参加全国总决赛，中国超级模特大赛全国二十强，参加中国国际时装周，这些荣誉都让我更加相信：不忘初心，方得始终。模特比赛让我从一个内向、胆小的女孩儿成长为一个能够大方地在T型台上面对观众展示自我的女生。舞台给予我的信心和勇气让我更加有力量去面对以后的生活和学习。在这里，我感谢那些帮助过我的人，同时，也感谢自己的坚持。

大学四年，看似漫长，实则转眼即逝，如何度过这四年将决定毕业后我们会有怎样的人生。对于学校的课程，我不敢放松。因为我知道，在面对即将到来的毕业和越来越激烈的竞争，唯有努力提升自己的能力与专业知识，才能让自己在毕业后立足于社会。在学校，大部分的空余时间，我都是在教室和图书馆度过的。并因此收获了连续两年专业第一的成绩。

我的努力得到了老师和同学的认可,国家励志奖学金和校优秀共青团员的荣誉激励我更加奋发向前。同时,我还参加了舞蹈班和小语种的学习班,拓展兴趣。在学院学生会工作中,我也愿贡献自己的一份力量——担任文娱部副部长和礼仪队队长,且也曾是校艺术团的一员。一项项富有创造力与活力的活动,让我们团委学生会这个团队更具青春力量,我也从中锻炼了自己的能力。虽然有时候会累得喘不过气来,但坚持下来后,我逐渐找到了平衡学习与参加活动的方法。我相信,不忘初心,方得始终,活着即是一种修行。

  通往什么方向,拥抱何种人生,是一种缘分,更取决于自己的选择。一种选择,一生的道路。我衷心地希望在座的各位都能同我一起在大学里收获属于自己的那份精彩。

  谢谢大家!

## 五彩缤纷湖科路　赤橙黄绿大学行

数学与计算科学学院,2011 级　王宁

尊敬的各位领导、老师,亲爱的同学们:

  大家好,我是王宁,来自数学与计算科学学院。今天我汇报的题目是五彩缤纷湖科路赤橙黄绿大学行!

  2011 年,一张大学录取通知书让我和湖南科技大学开始了一场浪漫的约会。从那一刻到现在,我走过了一千零八十九天,也经历了无数色彩纷呈的故事,而"芳菲之歌——优秀女生报告会"便是其中一抹最靓丽的颜色!

  初识"芳菲之歌"是大学一年级,我在台下,学姐们在台上,那时我把"芳菲之歌"简单地定义为学习好、组织一些活动,获得很多奖励。于是我加入学生会,还参加了数学学院首届模拟招聘会大赛。决赛现场,我看到很多对手都是我一直敬佩的学姐学长,说实话,我很怕自己不行,但不服输的倔强告诉我不能后退。也许正是这份冲劲,让我在比赛最后赢得了第一名。那一刻,我的大学是绿色的,是枝头长出的第一棵嫩芽,象征着新生的活力!

  因为这次的表现,院学生会推荐我参加湖南科技大学第五届职业生涯规划大赛院选拔赛,而那时距比赛交作品只有两天,不到四十八小时。于是白天上课,晚上赶稿,一熬就是两个通宵,早上来不及合眼就要匆匆下楼,负责进行每天的早签工作。最后我的策划书获得学院唯一一个满分,我还代表学院参加校级比赛获三等奖,数学学院也因此获得优秀组织奖。这是我和我的学院第一次可以站在职业生涯规划决赛的舞台上,对我们来说这都是突破。那时,我们是金黄色的,是喜悦,更是激励!

  随后,步入大二,作为工作人员,我有机会第二次听到芳菲之歌。此刻,我对芳菲之歌有了新的看法,优秀不仅仅依赖于简单的成功,那更是一个人对周围环境所释放的正能量。一枝独秀未必佳,满园春色才成景!于是,我谢绝第二年的职业生涯规划大赛学院对我的邀请,而是站在选手背后,给予他们指导、建议和帮助。因为此刻,已经是院学生会体育部副部长的我,眼中看到的不是我自己的发展空间,而是学院学生工作整体的前进方向,我希望能给新生更多机会,让新的力量不断注入学生工作的团队里,可以把"从无到有,从有到优"的精神一届一届传承下去。作为学生工作的开拓者,我做到了激流勇进甘于退,荆棘前路敢于行!

正是感受到了学生工作挑战与突破的乐趣,我成为了数学学院第一个想做体育部部长的女生,面对质疑,我只想说谁说女子不如男,行动证明我能行!于是,对于工作我比男生更拼,作为院男子篮球队负责人,我坚持陪同训练,记录每天训练情况,负责一切后勤工作,最后篮球队在同年的校篮球赛中实现历史性突破,首次进入八强。我高兴得一跃而起,像个男生一样摇起院旗在球场上欢呼,那时我是红色的,是从内心深处散发着热血与激情。

接着在学生会换届中,我自信满满地竞选体育部部长一职,按照故事的发展,我下面要说的应该是我成功了,但这一次我失败了,不仅如此,我还因为英语四级没过而不能入党,这个时候我的世界变成了暗淡的灰色。随后我迎来了和"芳菲之歌"的第三次亲密接触,这一次我大三,是"芳菲之歌——优秀女生报告会"的候选人,竞选时听着她们的优秀事迹,彼此之间的差距摧毁我了建立已久的自信,这次失利把我的生活染成了黑色,我怀疑自己、否定自己,甚至痛恨自己怎么那么不争气!

但我深深明白,抱怨带不来荣誉,成长需要磨砺!跌倒了爬起来,我还是最勇敢的自己!于是我重整行囊,重新出发!站在数学学院团委副书记的位置上,我开展各项学生工作,通过四级,顺利加入中国共产党,还成功主持申报湖南省大学生德育实践项目微电影重点项目,获得湖南科技大学光影十年摄影三等奖、大学生文化作品展览二等奖和湖南省首届微电影大赛作品优胜奖,以及湖南省"学习贯彻十八大精神,全面提高党的建设科学化水平"理论研讨优秀成果二等奖。

我不记得为了这些我熬过多少个日夜,但我记得每个夜晚陪伴我的虫鸣与蛙叫,记得指尖敲击键盘的声音和室友熟睡的梦呓,这一年我将新生的绿、自信的黄、热血的红、暗淡的灰和失意的黑重新整理,我看到的是大学生活因酸甜苦辣而带来的成长与震撼。这是我最真实的经历和对优秀最成熟的定义。

有人说优秀是结果,有人说优秀是过程,而我认为优秀是一种态度,是一种不断超越自我的精神!小小突破,大大超越!小小梦想,大大希望!我们都是科大的花,终将芳菲满校园!

我的报告完毕。谢谢大家!

## 乘着艺术的翅膀

### 研究生院,2012级美术学版画专业 欧飞飞

尊敬的各位领导、老师,亲爱的同学们:

大家好!我叫欧飞飞,来自研究生院,是一名12级美术学版画专业的研究生,我今天报告的题目是"乘着艺术的翅膀"。

我从小就喜欢画画,从小就有一个成为画家的理想。08年9月,我幸运地被湖南科技大学艺术学院录取。大三时,我主修了我最喜欢的版画专业。版画和其他画种不同,它不是用画笔在画纸或画布上作画,而是用刀在木版上作画。刚开始接触木版画时,在刀法训练中,因为控制不好刀的走向,所以常常伤到自己的左手手指,右手也在刻板子的过程中磨出了好多水泡。汽油和清漆在木版画创作中必不可少。但我不喜欢闻汽油和清漆的味道,闻久了,就会头晕且头痛。就是在这样的创作环境下,我经过两年的学习,在2012年5月成功

举办了"试飞"二人版画毕业作品展。6月,我的论文《论黑白木刻版画特殊技法的应用》被评为校级优秀本科毕业论文。9月,我怀着对艺术的执著与追求,凭借着自己的努力从激烈的竞争中脱颖而出,顺利地被湖南科技大学研究生院录取。

绘画作品最终展现在人们面前的时候,人们看到的只是它完美的样子,其实,只有作者自己才知道,每一幅画的诞生就像是母亲孕育孩子一样艰辛。记得研一时,在版画作品《一米阳光》的创作中,我因为好久都找不到适合的绘画语言来表达自己内心的想法,心里感到非常焦躁和沮丧,一个人就在版画工作室哭了起来。但是,我明白,哭完之后还得继续创作。于是,我慢慢静下心来,调整心态,开始学习和借鉴别人的绘画语言,并融入到自己的绘画创作中,形成了自己独特的表现形式。付出总有回报。最终,《一米阳光》版画作品入选了"湘高速杯"湖南省版画艺术作品展,后又被湖南省当代版画艺术馆收藏。第一次拿到800元的收藏费,我为此高兴了好久好久。

绘画是一个缓慢的凝固过程,需要厚重的积淀才能慢慢创造出升华的形式。通过研一的不断学习与探索,研二时的我又到了另一个状态,我觉得画里面的生命力非常可贵,《山多象》是我通过《山海经·南山经》"祷过之山多象"的启示,将山体、星象和生命三者有机地组合在一起,而创作出来的一系列饱含生命形态又具有中国禅学意境的版画作品。2014年8月,版画作品《山多象之一》入选首届南京国际美术展。这次展览征集了全球4507名艺术家的20087件作品,而评审出的入围版画作品只有50件,《山多象之一》就是其中一件。9月,《山多象之一》还远赴英国,参加了由亚伯利大学主办的湖南版画家英国作品展;此外,《山多象之二》入选第十二届全国美术作品展湖南优秀作品展;《山多象之六》入选第十二届全国高等院校版画年会作品展;《山多象之七》入选湖南省青年美术家采风创作展。《山多象》系列让我知道了,自己能用绘画语言表露心声,让别人听见,让社会认可。

随后,我的绘画作品得到了更多肯定。《春意》在湖南省第四届大学生艺术展演活动艺术作品展中荣获二等奖;《春暖花开》在湖南省美术家协会美术作品展中荣获优秀奖;《瓷中景》入选第十五届全国藏书票暨小版画艺术展;《传统与现代》入选第十五届中南星奖设计艺术大赛;《纸醉金迷之一》入选第十一届全国高等院校版画年会作品展;《一家三口》获第四届全国院校美术大赛优秀奖。多幅版画作品被美国友人、莞城美术馆等个人和机构收藏。今年9月,我在艺术学院成功举办了个人版画作品展。此外,我还主持了湖南科技大学研究生创新基金基础项目《肌理语言在丝网版画创作中的创新应用研究》,有七篇相关论文先后发表在《美术教育研究》、《创作与评论》等省级学术刊物上;并一次性通过了全国英语六级考试、全国计算机二级考试,顺利地加入了湖南省美术家协会;在2013年和2014年分别被评为湖南科技大学优秀研究生和优秀研究生干部,获得了2014年湖南科技大学"九·三"华源励志奖学金和研究生国家奖学金。

读书、绘画之余,我还喜欢自由写作,喜欢用文字去记录我的生活与艺术。散文作品曾在2011年全国散文作家论坛征文大赛中荣获一等奖,在湖南科技大学首届"我的研究生老师"中荣获优秀奖。作品《东江湖 我心中的冷翡翠》、《写给李菁的一封信》先后发表在湖南科技大学报和文艺青年报上。

心有多高,理想的天空就有多高。我愿意乘着艺术的翅膀,翱翔在理想的天空,越飞越远,越飞越高。

我的报告完毕。谢谢大家！

## 用苦难涂抹最美人生

艺术学院,2012级　王伶

尊敬的各位老师,亲爱的同学们：

大家好！

我是来自艺术学院12级美术学二班的王伶,今天我的报告题目是"用苦难涂抹最美人生"。

不错,在我的美术专业中,只需要红、黄、蓝三色就可以调出最美的色彩。但在我过去的二十年里,有一种颜色却占据了我大部分的人生——苦难,尽管如此,我仍然用其将生活绘得丰富多彩。

3岁时,父亲因病抛下我和母亲走了。5岁时,母亲也因肠癌去世了,我成了孤儿。

所谓的祸不单行莫过于此吧,在不幸中最大的幸运在于当时的我尚且年幼,蒙昧无知,不懂得何为"孤儿",更不懂父母永久地离开是要多久。我和70高龄的外婆生活在一起,而唯一的经济补给就是姨夫家的资助和政府每月15元的补贴。我们省吃俭用,为的是留足学费让来年我能够继续上学,就是在这样的东拼西凑中,我竟然也顺利地上到了高中。也就是在这期间,我与画画结下了不解之缘。初三那年,老师发现我每次都把作业本画上装饰,就知道我很喜欢美术,于是把我推荐给一位绘画老教授。老教授在得知我的家境后,把原本就很便宜的学费再给我减半。这一切,让我深深认识到了机会来之不易。每节课、每分钟,我都格外认真,因为努力也经常受到老师的表扬、鼓励。后来,老师还会给我免费加课,并常常赠我一些绘画工具。就这样,初中结束了。高中母校因为要申请美术特色教育学校,对于学习美术的学生有优惠减免。于是我很幸运地能继续学习绘画,并成为一名艺术生,日日夜夜用画笔耕耘。终于,功夫不负有心人,2012年高考,我以高出录取分数线102分的成绩,被湖南科技大学录取,可惜的是,这个好消息却未来得及和外婆分享,她在2011年就去世了。

考上大学,对于他人应是人生中一大快事,对我而言,心中却是百味杂陈,不仅要面对至亲的离去,更要面对巨额的大学学费。外婆去世后,我暂时寄居姨父家中。可是姨父母都已双双下岗了,家里还有一个初中在读的弟弟。我的"新家"依然贫困。但庆幸的是在村领导以及社会爱心人士的帮助下,凑齐了大学学费。

有了学费后,我马不停蹄地开始暑假打工。由于没有工作经验且年龄尚小,我只能从最基层的工作做起——发传单、卖冰淇淋、做检票员等等。只要我能争取到的兼职,我都去做。有时一天做4份兼职,回到家里直接累倒在床上,第二天仍然继续。因为我知道,我没有选择的余地,只有努力工作,我才能让自己在学校吃饱饭,能继续画画。当我把暑假两个月3500元的工资拿在手中的时候,我很开心——我不仅赚足了一个学期的生活费,还有钱给姨父母买礼物。

上大学后,我在为一名小学生辅导功课的同时,还为一家儿童俱乐部当小老师。后来又做家教工作。但有得必有失,因为大一花了不少时间做兼职,学习成绩却是不大理想的。专业排名在40多。看到这样的成绩,我悔不当初,想起了进入大学前,我在学习上的付出,想起了曾经灯下熬夜画画学习的日子,而现在,我却每天只顾着赚生活费而荒废了学习。进入大二,我转变思想,学生应当以学习为主,哪怕我生活贫困需要赚取生活费,但是最重要的始终都是学习,于是我开始主攻学习战场,平常有空就去画室画画,经常加量完成老师布置的作业。当室友在寝室讨论今天去哪里玩儿的时候,我在画室里画画或者学习理论知识。功夫不负有心人,大二学年我的成绩位居专业第三,并获得2014年湘潭市"骏马杯"书画大赛优秀作品奖、"校第四届书画大赛"设计类二等奖等。当然,大二时我还是在休息日兼任校外一个画室的老师,教学龄前儿童画画。为此,我大量阅读关于如何教学龄前儿童美术的书籍,并会请教我的专业老师,我的工作能力得到了主管方的认可,让我从助教升为主教老师,单独带班。在学校里,我担任了艺术学院勤工助学部副部长,后来又留在学工办当助理,因在学校表现突出,获得了湖南科技大学2012—2013学年特殊贡献奖、湖南科技大学2013年度"勤工助学之星"等。

很幸运今天能够站在芳菲之歌的舞台上为大家讲述我的经历,虽然过去20年里我的人生如此困顿,如此贫困,但是我从来不曾放弃希望,那是对人世间美好生活深深的眷恋与向往,希望未来的路上,我能够通过自己不断积累的努力,换一个喜乐平安的人生,也希望自己在这个社会扎根立足后,能够有能力去帮助更多像我一样的人。苦难不可怕,贫穷也不可怕,最可怕的是在经历苦难后丧失了对生活的信心。

逆境总是有的,但人生的脚步却不会因此停止。不要屈从于命运的安排,不要让逆境和苦难成为前进路上的绊脚石,而应该让逆境和苦难成为人生的财富,成为踩在脚下的垫脚石,引领我们走向成功之路!

我的报告完毕,谢谢大家!

## 平凡脚步　耀眼光彩

建筑与城乡规划学院,2011级　马灿

尊敬的各位领导、老师,亲爱的学妹们:

大家好!

我叫马灿,来自建筑与城乡规划学院。很高兴今天能有这样的机会与大家共同交流,我今天报告的主题是"平凡脚步,耀眼光彩"。

在建筑与城乡规划学院的学生党支部办公室,经常会看见一个奔波忙碌的身影,每天做着平凡而琐碎的事情,这个人就是我。上大学之前我从来没有做过学生干部,但是我知道学生工作虽然看上去平凡而琐碎,但是这份工作不仅需要无私奉献的热情,更充满了激情与挑战。于是我选择学生会作为我放飞梦想的起点,选择学生工作作为我挥洒青春的舞台。

在同学们的信任下我被选为班级团支书,对我来说这是一个陌生又富有挑战的职位,但正是因为陌生所以我只能付出更多的时间,对学校的制度不了解,我就一遍又一遍地翻阅学生手册;不会合理安排工作,我只能一点一点虚心地向学长学姐们请教。因为我知道,从没做过不是我做不好的理由,坚持不懈才是我赢得大家认可的关键。

在担任班级团支书的同时,我还进入了学院网络部,一切也是从零开始。美工、视频制作、电子杂志、网站管理,这些都是我曾经听都没听过的东西,我只能对着电脑慢慢地钻研,一点一点地学,我凭着一股勇往直前的冲劲和百折不挠的韧劲,在磨砺中逐渐成长。大一下学期,我走上了学院网络部部长的竞选台,在黑板上郑重地写下"马灿"两个字。经过公开选拔,我成为迄今为止网络部第一任也是唯一一任女部长。当选的那天有人羡慕,有人怀疑,大家都在等着看,看这个女生怎么挑起学院网络宣传的重任。

作为部长,学院网站管理的重担便落在了我的肩上,从没有接触过网站管理的我面对学院网站后台一串串代码,真是一个头两个大,那一排排像蝌蚪一样的代码左看右看我都看不懂。怎么办?想想那些怀疑的目光,一股强大的动力推动着我走进了图书馆,如饥似渴地翻阅着一本本和网站管理与维护相关的书籍,从基本的网站运作到认识一些代码,我慢慢地学,在电脑上一点一点细致地操作。功夫不负有心人,我的付出得到了回报,对于网站的管理与维护,内容更新与调整我都了然于心。在我任职的一年里,学院网站建设得到了大家的认可,同时网络部分管的其他工作也取得了优异的成绩。

记得2013年三个学院联合举办的"I-Class"班级视频制作大赛,从写策划到联系其他学院,从教低年级如何制作视频,到为他们指出视频存在的问题,我赢了得大家的尊重。为了能够给大家呈现一场精彩的视频大赛,我熬夜几个晚上一遍又一遍地观看各班交上来的视频,严格把关,仔细筛选,并将修改意见整理后反馈给各参赛班级。经过各班的精心修改与完善,我院的视频在比赛中拔得了头筹,包揽了大赛的一二等奖。参赛作品《谁的青春不迷茫》荣获第七届中国大学生DV艺术节最佳美术设计奖。

大三,我被任命为院学生党支部副书记,管理全院10个学生支部,200多名学生党员。这是一份责任重大又容不得半点马虎的工作,关系到全院学生党员的管理与发展。建筑楼学生党支部办公室成为我的第二个家,在这里我和其他支部委员们相互讨论学院学生党支部建设与学生党员发展等工作。从入党积极分子培训到拟发展对象培养考察再到党员的发展,见证一位位优秀的同学积极向党组织靠拢、壮大我们党组织队伍。

如果说有人问我在学生工作中收获了什么,让我告诉你:我收获了自信,收获了坚强,收获了浓浓的爱。所以一年后的我又竞聘了14级新生助理班主任,我热爱这份工作,更热爱与新生一同成长的美好时光。

虽然我一直战斗在学生工作的最前线,每天都有做不完的事情,但学院的挂牌考试制度督促着我不忘学生的天职是学习。一份份名列前茅的成绩单证明了我的拼搏,校优秀学生、校优秀共青团员、校优秀共青团干部、国家励志奖学金、国家奖学金,一张张荣誉证书见证我的成长。

学妹们,我和你们一样是一个平凡的女生,但正因为平凡,我们可以让思想、情怀、品格盛开在青春校园,在未来的大学生活中,唱一支热烈而充实的歌;正因为平凡,我们可以自由地去发展、去创新;正因为平凡,我们的人生有了更多的未来,在逐梦的路上我们终将耀眼!

我的报告完毕。谢谢大家!

## 奋斗,为青春喝彩

信息与电气工程学院,2011级　龙宇琪

尊敬的各位领导、老师,亲爱的同学们:

大家好！

我是龙宇琪，来自信息与电气工程学院。很高兴能有这样一个机会与大家共同交流，我今天汇报的题目是"奋斗，为青春喝彩"。

2011年9月，告别了懵懂纯真的高中时代，带着缤纷的梦想，我来到了湖南科技大学。初入校园，迷茫的我睁大着眼睛环顾四周的学长学姐们，在这里，我看到有人为了喜爱的舞蹈音乐而痴迷付出，有人为了深奥的理论知识而刻苦钻研，有人为了精彩的比赛活动而废寝忘食。

经过一番思索，我选择了创新赛作为我放飞梦想的起点，选择了实验室作为我挥洒青春的舞台。大二下期，我组建了一个团队参加第六届全国机械设计创新大赛，作为团队里面唯一的女生，同时也是控制电路部分的总负责人，我过上了那种起早贪黑的生活。比赛期间我才深深地体会到"学到用时方恨少"的真谛。一个简单的电路设计要用到数电模电、单片机等一系列课本里面学到的知识，一个实际的零件尺寸和受力分析，没有精确的设计和计算，我们的方案就会出问题。由于我们用到的电路芯片资料和编程软件都是英文的，面对通篇专业词汇的文章，也只能一字一句地翻译。就这样，我们一路过关斩将，顺利晋级省赛。

然而，距离省赛只有一个月的时候，老师的一句"你们的作品创新度不够，需要改掉所有方案"让我们重新跌入谷底。那个晚上我独自站在信息楼的天台上，辛苦了这么久的方案现在被全盘否定，作为队长的我该如何面对我的组员，现在距离比赛已经不到一个月了，我们还能继续前进吗？就在我苦恼犹豫时，父亲打来电话：孩子，不抛弃不放弃，要做就一定要做到最好！是的，同样是女生，别人在追韩剧，我却在泡实验室，别人在聊八卦，我却在画电路板，别人在逛街看电影，我却在图书馆查资料，付出了这么多，我怎能轻易放弃！我不一定是最优秀的，但我一定要让我的团队是最优秀的！于是，我整理好心情，重新出发。我们将作品重新定位为铰链四杆机构动态全息演示台。在翻阅了无数相关的文献资料后，我们重新设计制图，熬过了一个又一个夜晚；数据材料欠缺，烈日下我们跑遍大半个湘潭去做调研。每一个阶段的进展，都让我们感到欢欣鼓舞。我们曾经说过："荣誉是我们向往的，却不是我们在乎的。"因为我们真正在乎的是这样一个机会，这样一个过程！这段时间我几乎每天都泡在实验室，困了，桌子当床板，饿了，泡面当粮食。"苦心人，天不负。"比赛现场，我们的3D全息投影作品效果赢得了评委们的一致赞赏，捧回了第六届全国机械设计创新大赛一等奖的荣誉！

除了实验室，我也在学生会担任过部长、主席等多项职务。作为整个学生会的领头羊，迎新一线，为了迎接我院428名新生，我两天一夜没有闭眼；军训场上，为了给他们加油打气，烈日下我扯着嗓子喊：你们是军人，更是不能输的90后！舞蹈房内，为了使毕业生晚会取得圆满效果，晚上十一点仍然可以看到我们忙碌的身影；"三下乡"时，为了给乡村留守儿童圆梦，我策划了募集500本图书的捐赠活动；在这个职位上，很多时候单凭简单的吃苦耐劳，尽职尽责是远远不够的，更多的是需要运筹帷幄决胜千里的果敢与胆识！作为一个女生，也许我少了几分男生独具的阳刚与威武，但女生独有的坚韧与细腻却让我在男生众多的信息学院独有一片天地！

大学三年来，我一直保持着专业前三的成绩，获得过湖南科技大学优秀学生、优秀学生干部、优秀共青团干部、五四青年标兵、十佳大学生等多项荣誉，在这些荣誉的背后也包含着那些我默默付出的日日夜夜。我也不喜欢早起的寒冷与孤独,也会难过自己的作品被人全盘否决,也会害怕工作完成不好拖累团队进度。但因此,大学才是一段难言轻松却弥足珍贵的岁月,科大实验室和十教附二看到的每一次晨曦和繁星可以作证;信息楼席地而坐的每一个拐角和舞蹈房排练的每一个节目可以作证;策划书上每一份定格的文字和每一张鲜红的证书可以作证。在这方土地上,在这段人生最宝贵的岁月里,在成功与失败摸爬滚打中,志存高远褪去了天真稚气,成熟稳重磨去了年少轻狂,唯一不变的是我对青春梦想的追求!

亲爱的学妹们,愿你们把握好大学的美丽时光,青春很短,白驹过隙,时不我待;青春很长,只要有昂扬的斗志,就依旧是青春的模样!

我的报告完毕。谢谢大家!

## 优秀女生　奋斗成就

*外国语学院,2011级　李玲*

尊敬的各位领导、老师,亲爱的同学们:

大家好,我是来自外国语学院11级日语专业的李玲。很高兴能有这样一个机会与大家共同交流,我今天报告的题目是"优秀女生　奋斗成就"。

梅花香自苦寒来,我认为优秀的人就是无论世界给予何种重压,都会在生命这场旅程中奋斗不息,创造属于自己的价值。下面,我想跟大家分享我的故事,分享我奋斗不息的信仰。

我的家庭很普通,但也是衣食无忧,不用为生计担忧。可是,一切都在初二那年发生改变。当时,妈妈因病需要手术,家中的早餐店铺依靠爸爸一个人几乎维持不下去。面对一笔巨大的手术费,面对病床上的妈妈,面对店里忙得昏天黑地的爸爸,年幼的我被吓到了。我呆呆地站在病床前,低着头含着泪,没有说一句话,那时候,我看到了妈妈脸上的担忧。我犹犹豫豫,捏紧了书包带,上前一步紧紧抓住姐姐的手,对妈妈说:"家里的店子就交给我和姐姐吧!"那时候,我看到了妈妈脸上的泪珠。就这样,带着丝丝不安,和姐姐一起开始帮助爸爸打理生意。刚开始招揽生意我真的觉得有些丢人,会脸红,会羞涩地躲得远远的。可是脑海里一想起妈妈躺在冰冷的病床上的画面,我不停地质问自己,难道我就是个胆小鬼吗?我就被这点事打败了吗?我不赚钱妈妈怎么看病?所以我攥紧拳头,咬咬牙,逼着自己扯着喉咙叫卖。对没有做过家务事的我来说,收拾碗盘、在大水盆里洗一堆堆的碗碟、摔碎了碗、割伤了手、弄脏了校服,真的委屈,想哭。可是,每个人都有一行热泪,再苦也要面对,因为坚强。每个人都有无言的伤,痛也要承受,因为成长。对我而言,可能我过早地看到了社会的人情冷暖,可是我并没有因此畏惧,反而用积极的心态与生活抗争,用奋斗加快自己成长。

儿时的苦难造就了我坚忍不拔、积极向上的性格,我更加坚信只要奋斗不息,人生定会成功。2011年,我怀着满腔热血来到湖南科技大学,大学生活,我选择了丰富精彩,选择继续奋斗成就我的人生。从大一时的组织部委员到大二的组织部部长,我怀着生命不息奋斗不息的信仰走过了这充满欢笑与汗水的旅程。校运会的时候,被翻墙离开会场的学姐指着鼻子骂,我把它当做磨炼;上交五四材料的时候,因为寝室停电,我跑到网吧写材料直到凌晨3点,我也把它当做磨炼。

大三,参与SRIP科研创新课题,整整两周,我和组员奋战在电脑前,搜集资料,确定课题、拟写申报书,除了上课就是坐在电脑前,经过两周的奋战,课题分别通过校级、省级审核。与此同时,我还投身于附小支教工作。面临着繁重的考试,为了不耽误孩子们上课和自己的复习,我每天结束专业课就去附小,守在孩子们教室门外看自己的功课,等他们一结束就放下自己的功课去指导他们;带孩子们去排练舞蹈,下大雨有孩子的父母没来接,我一个个送回家,从南校到北校我绕了整个学校。我想我用奋斗的信念,切身感受了"春蚕到死丝方尽,蜡炬成灰泪始干"这句千古名句的美妙。

大四,我又担任了新生助理班主任,开始了忙碌而又辛苦的生活。每天只能够睡六个小时,烈日炎炎下,我穿梭在迷彩服中。酷暑中,我奔走于学院、新生寝室、训练场三点之间;夜色朦胧时,我在路灯下翻看军训感言。所有的工作,都是为了积累经验,丰富自己的人生,磨炼自己奋斗不息的毅力。

工作总是忙碌的,那我是如何安排自己的时间学习呢?俗话说"笨鸟先飞",既然我比别人的时间少、工作多,我就要先学会飞行,才可以在天空留下美丽的弧线。大学四年,我一直在与时间赛跑。课间同学们在玩手机,我就记单词;早上室友还在睡梦中,我早早地出去早读;夜晚,室友都睡了,我还在台灯下温习功课;周末,朋友出去唱歌,我在奋战日语考级。忙碌的时候,我漱口、洗澡都在默记单词。所有的付出都有了回报,我取得了专业前三好成绩,一次性通过大学英语四级、六级及计算机二级。先后获得了国家奖学金、国家励志奖学金、五四青年标兵、十佳大学生等荣誉。

学妹们,让我们行动起来,在有限的生命旅程中,找好自己的目标,奋斗向前,让青春开出绚烂的花朵。要相信,一分耕耘未必有一分收获,但九分耕耘一定有一分收获。

我的报告完毕,谢谢大家!

## 挑战自我,勇往直前

管理学院,2011级 刘淑瑜

尊敬的老师们、亲爱的同学们:

大家上午好!

我是来自管理学院人力资源管理专业的学生刘淑瑜。可能大家看到我的第一印象就是:哎呀,怎么这么黑!是的,我是来自海南的姑娘,因为从小帮家里干农活,所以晒得很黑。而又因为黑得明显,就免不了受别人异样的眼光,更多的是对我的不信任和看不起。所以在别人异样的眼光里,曾经的我开始怀疑自己,变得自卑。但我知道自卑是没有用的。独自一个人从海南来到湖南上大学,我带着自己的目标和憧憬,我要打破自己自卑的现状!我相信,外貌并不能代表个人的价值,如果有价值的人都会变成珍珠,那我就要做一颗有价值的黑珍珠!

为了挑战自己,让自己变得大胆、自信,我加入了管理学院辩论队,在一次次辩论赛中锻炼自己的综合能力,在思想与思想的碰撞中寻找突破自己的力量,让自己敢于在台上表达自己的想法,敢于发现自己的美。除此之外,我还参加了演讲比赛、职业生涯规划大赛、模拟招聘大赛等十几项比赛。在这些比赛中,我收获的是以前那个自卑的我所预见不到的东西。而谈到比赛,就不得不说说占据了我两年大学生活的四大科技赛事。全国大学生课外学术挑战杯二等奖、全国大学生创业计划竞赛一等奖、全国大学生电子商务"三创"挑战赛湖南赛区三等奖,还有学校SRIP项目的顺利结项。其实我的学习底子很差,对于做项目脑袋更是一片空白,看到别人都很有知识和见解,我决心不能再让自己被无知绑架。我知道我的起点很低,但是我相信我上升的空间会很大。于是我开始接受挑战,一边做项目一边搜集资料,自学相关知识,学习软件操作……从来没有那么强烈地渴望学习知识,那么渴望用自己的努力去向别人证明自己!做大学生创业计划竞赛时,我担任项目第二负责人,我不仅要梳理我们的工作思路和根据发现的问题调整计划,还要协调组员之间的工作,提高团队的向心力,和大家一起全力朝着省赛的目标努力。当我作为主答辩人,在答辩台上用PPT向评委老师展示我们联合创意有限公司的时候,自豪感油然而生。虽然最终因种种原因我们遗憾地与省赛失之交臂,但是那段熬夜奋斗、痴痴讨论的场景现在仍历历在目。

除了在学校锻炼自己,我还决定走出去到社会接受考验。所以从大一开始我就积极参加社会实践:电子产品专柜客户引导、悠悠帮旅游有限公司的营销推广实习、广东古镇灯饰客户专员。大三暑假在聚成管理咨询顾问有限公司实习。在聚成的实习对我影响最大,在公司接受一系列的上岗培训,实习期间还有幸被总经理推荐主持了客户的一场招商会,三次到客户公司组织他们的高管和员工进行学习,在专项开展的团训中担任助教。就在上个月,我还得到了在人力资源外包行业世界五十强的荟才人力资源有限公司实习的机会。当大一大二很多同学还在迷茫的时候,我已经在忙碌中找到自己的方向;当大三大四很多同学都松懈的时候,我已经在朝自己的目标一步步迈进。

如果说参加比赛和实践是为了突破自己,那么参加公益活动和志愿活动就是我内心深处最真实的情感表达。和平小学支教、百公里毅行的"保护湘江、捐赠图书"公益活动、韶山文明引导,以及我当班长时组织班上同学开展的"暑期红色之旅"活动,重走革命路,慰问老红军。作为一名大学生,我知道我们肩上有着怎样的社会责任,我透过活动本身看到的是活动背后的意义和影响。公益活动它带给我的是思考,是行动,是感悟,是生命的价值。

回头看我的大学,虽然刚进大学时我学习底子很差,成绩年级倒数,但现在我已经取得了年级第七、班级第四的好成绩,连我自己都不敢相信!但是我做到了,今天站在台上的我就是最好的见证——只要努力就没有什么不可能!我没有做什么很伟大很有影响力的事情,我只是做那个最好的自己,努力让自己过得更有目标更有活力,努力用自己的坚强与毅力去战胜困难,那些付出的汗水见证着我平凡的努力。即使是做一颗黑珍珠,我也要焕发出属于自己的光彩!我曾经羡慕拥有白皙皮肤的人,但现在,黝黑的皮肤见证着我对自己的挑战。一直很喜欢一句话:只有走出来的美丽,没有等出来的辉煌。我不是最优秀的,但是我做出了最好的自己!我是刘淑瑜,我一直在践行着我的座右铭:挑战自我,勇往直前,永不言弃!

我的报告完毕。谢谢大家!

## 梦想,只是一转身的距离

体育学院,2011级　夏韵竹

敬爱的老师,亲爱的同学们,大家好!

我是来自体育学院的夏韵竹，很高兴能够在这里为大家做演讲。我演讲的主题是"梦想，只是一转身的距离"。我想说的总结为六个字：选择、坚持、相信。人生中，我们会面临许多的选择，需要我们坚持，更加需要我们自己的相信。大学三年中，我获得了多项省级、校级、院级的奖励和荣誉，其中，我觉得分量最重的，是获得了湖南省大学生"思八达杯"体育舞蹈锦标赛女子恰恰冠军。而我有这样的成绩更是来源于我的选择、坚持、和相信。下面我跟大家说说我的故事。

我是一名体育人，也是一个舞者。穿上7.5 cm的舞鞋，飞扬的短裙、足尖轻点、伴着热烈奔放的乐曲优雅转身，是我最大的梦想。然而，大一入学前，田径场才是我的主场。中学五年的田径训练，让双腿早已习惯了钉鞋与沙粒的摩擦、起跑线与汗水的交融。关于舞蹈，关于梦想，似乎只是一个遥不可及的传说。梦想究竟有多远呢？或许是万水千山，又或许只是如同舞者那般一转身的距离。

是坚持有五年基础的田径，还是选择从零开始的体育舞蹈？起初我也挣扎过、犹豫过。最终，我还是选择了体育舞蹈。而这个选择，让我有了一段新的故事。一直都是学校体育成绩第一的我，到了大学，换了一个专项，信心十足地给自己拟定目标，要成为第一。但是理想很丰满，现实却很骨感。在跑道上，只需要你鼓足力气向前冲就可以了，而在舞蹈房，需要刚柔并济，最重要的是，要挑战7.5 cm的舞鞋。老师说，舞蹈没有别的近路，就是要练，不停地练习。而我，连站立都很难。刚练舞的时候，最期待的是老师说休息，因为舞鞋，脚掌已经充血红肿，疼痛难忍，因为难以适应，我和同学们的距离也慢慢拉大了。我能穿上钉鞋征服跑道，能换上跳鞋征服沙坑，却征服不了一双舞鞋。

坚持你所选择的。既然已经选择了，那么爬也要爬完这条路。五年的训练，一直以来的第一，我的自尊心、我的骄傲不允许我这样落后。我不相信自己会败给一双舞鞋，在跑道上，我可以穿着钉鞋叱咤风云，在舞台上，我坚信也可以穿着舞鞋展现自我。为此，我增加了每天的训练时间，无论什么天气，坚持早上5点起床去舞蹈房，忍着疼痛，练习所学的动作，一次次地摔倒，一次次地爬起，满身的青红紫绿。终于，在一次舞蹈课上，从来都不是老师口中优生的我，在一个动作上获得了表扬，老师让我为大家展示，我深深地记下了这一刻，我知道这美丽的一瞬间来之易，这是我用整整一个学期的努力换来的。我想我和舞鞋的距离近了一点点。

此后，我更加努力，表扬越来越多，我知道我离成功又近了一点点。老师也越来越看好我，推荐我去参加表演，为此我学习化体育舞蹈妆，购置舞蹈用品，定做舞蹈服……我仿佛看到了我在舞台上的舞姿，听到了台下观众的掌声。但是，生活在这个时候跟我开了一个玩笑，一次意外，我的右脚受伤了，去很多家医院检查，无一例外，都是骨折。我整个脑子充斥的是休养3个月，我有100天不能跳舞。我无法想象，3个月的空白如何填补，和舞伴之间的差距、默契怎样弥补，但我只能回家休养。刚回家那段时间，我抵触任何关于舞蹈的东西，把舞鞋丢弃在角落，不看舞蹈视频，不问舞蹈课的进度。一次偶然看到电视画面上两个拉丁舞者演绎着浪漫婉丽的爱情故事，穿着红色舞鞋的拉丁舞者在经历强烈的心理挣扎后，潇洒转身。梦幻般的旋转让我陶醉，不知不觉中拄着拐杖的我随着音乐旋转起来，这一举动，让我受伤处疼痛难忍，整夜失眠。

终于熬过了100天，我做的第一件事，是换上舞鞋，却突然发现迈不开舞步。骨折，让我曾经的努力付诸东流。我沮丧到了极点,然而,是坚持的信心让我重新开始了训练。我从基本步练习,到体力、腿部力量的加强,再到快节奏的转圈,每一次都是连续三个舞曲接五十个来回的基本转圈,累到摔倒爬不起来,转到强烈呕吐,压脚背到指甲脱落,练习走步到脚趾流血,压韧带到掉眼泪,压膝盖到站不起来……

  不放弃,一直坚持,我相信我能行,才有了现在的我。今天,对我来说是一个非常重要的日子,不仅是我作为芳菲优秀女生在这里做报告的日子,也是我参加湖南省大学生运动会摩登舞比赛的日子,刚刚从战场上转移到这个讲台,演讲结束后,还要立即赶回去参加比赛。湖南省大运会结束后,我还将去参加12月上海的全国比赛。请同学们为我加油,为我祝福吧,希望能在本次比赛中获得佳绩,也希望在今后的比赛中再续辉煌。

  裙角飘飘,足尖炫动,那一转身的距离到底有多遥远?经历风雨才会见彩虹,转过去才能面对梦想,选择所喜欢的,坚持所选择的,相信所坚持的。祝福我,也祝福亲爱的学妹们,一转身就看见自己的梦想!

  我的报告完毕。谢谢大家!

  (注:由于时间冲突,夏韵竹同学没能参加芳菲之歌的现场演讲,但这份精彩的演讲稿相信能激励每一位读到它的人。)